ANDREAS KNUF, ULRICH SEIBERT

Selbstbefähigung fördern – Empowerment und psychiatrische Arbeit

Mit Beiträgen von:
V. Aderhold, Th. Bock, R. Geislinger,
H. Maimer, E. Mayer, P. Stastny, W. Werner,
G. Wörishofer, M. Zaumseil

Psychiatrie-Verlag

Die Deutsche Bibliothek - CIP-Einheitsaufnahme

Knuf, Andreas: Selbstbefähigung fördern – Empowerment und psychiatrische Arbeit /
Andreas Knuf und Ulrich Seibert
Bonn : Psychiatrie-Verl., 2000
ISBN 3-88414-253-4

Psychiatrie-Verlag im Internet: http://www.psychiatrie.de/verlag

Umschlaggestaltung: Dorothea Posdiena, bild-werk, Dortmund
Typographie: Iga Bielejec, Nierstein
Druck und Bindung: Clausen & Bosse, Leck

Einleitung 5

Was ist Empowerment?

Konzepte und professionelle Haltung

Neue Wege

Anhang

Einleitung

Der Begriff »Empowerment« (deutsch »Selbstbefähigung« oder »Selbstbemächtigung«) entstammt historisch der amerikanischen Emanzipationsbewegung der Frauen und der Befreiungsbewegung der Schwarzen. In beiden Fällen ging es um eine Auflehnung gegen Unterdrückung und Machtlosigkeit. Dazu erforderlich war ein Zurückgewinnen von Stärke und Kraft, aus der heraus es gelingt, sich für die eigenen Rechte einzusetzen und sich nicht länger unterlegen zu fühlen.

Im Bereich der Psychiatrie steht der Begriff Empowerment für die Zurückgewinnung von Einflussmöglichkeiten Betroffener auf ihr eigenes Leben – sei dies nun durch die Bewältigung der psychischen Erkrankung, durch vermehrte Mitbestimmung bei der Behandlung und den Behandlungsstrukturen oder durch Einflussnahme auf politischer Ebene. Seit etwa zehn Jahren gibt es im deutschsprachigen Raum eine immer größer werdende Selbsthilfebewegung, die inzwischen aus Hunderten von Selbsthilfegruppen und zahlreichen größeren Selbsthilfeorganisationen besteht – ohne die es dieses Buch vielleicht gar nicht geben würde; viel jedenfalls haben wir von ihnen gelernt. Gemeinsam fordern sie eine »subjektorientierte Psychiatrie«, gleichberechtigten Umgang zwischen professionell Tätigen und Betroffenen sowie den Abbau von Zwang, Gewalt und Bevormundung in der psychiatrischen Behandlung. Auch auf einer individuellen Ebene gewinnen immer mehr psychiatrieerfahrene Menschen ihre eigene Stärke zurück. Sie haben die Rolle des »passiven Hilfeempfängers« hinter sich gelassen und werden zu mündigen Behandlungspartnern.

»Selbstbefähigung fördern!«, so lautet das Anliegen des vorliegenden Buches. Wie aber können professionell Tätige das Empowerment ihrer Klienten fördern, begleiten und unterstützen? Welche Voraussetzungen müssen geschaffen werden, damit es Menschen gelingt, »sich ihrer ungenutzten, vielleicht auch verschütteten Ressourcen und Kompetenzen (wieder) bewusst zu werden, sie zu erhalten, zu kontrollieren und zu erweitern, um ihr Leben selbst zu bestimmen und ohne ›expertendefinierte Vorgaben‹ eigene

Lösungen für Probleme zu finden« (WEISS 1992)? Wir unterscheiden dabei klar zwischen dem eigentlichen Empowerment, das nur der Betroffene selbst vollbringen kann, und der Unterstützung von Empowerment als Aufgabe professioneller Arbeit. Wir Herausgeber und die meisten Co-Autoren sind professionell Tätige und beleuchten aus unserem Erfahrungshintergrund die Frage nach den Bedingungen, die Empowerment erst möglich machen und unterstützen.

Damit geht es uns in erster Linie um einen Perspektivenwechsel und eine veränderte Beziehung zwischen Betroffenen und professionell Tätigen: Aus ohnmächtigen Hilfeempfängern werden Menschen mit eigener Meinung, die nicht länger nur auf die Hilfe von außen vertrauen. Aus (omni)potenten Helfern werden Berater und Förderer eines zunehmenden Emanzipations- und Partizipationsprozesses.

Immer noch wird nur ein kleiner Teil jener Selbsthilfe- und Selbstbestimmungsmöglichkeiten genutzt, die sich psychiatrieerfahrenen Menschen bieten. Ein Grund dafür ist sicher, dass die psychiatrische Behandlung den Betroffenen nicht selten Steine in den Weg legt: zu viel professionelle Verantwortungsübernahme, unzureichende Mitsprache und Information bei der Medikation oder der Therapieplanung, lähmende Traumaerfahrungen während der Behandlung. All dies kann es Betroffenen schwer machen, sich ihrer eigenen Stärke bewusst zu werden. Inhalt dieses Buches ist es, diese Hindernisse zu benennen und Möglichkeiten zu ihrer Überwindung aufzuzeigen.

Erst seit einigen Jahren richtet sich das professionell-psychiatrische Interesse auf die Selbsthilfemöglichkeiten psychiatrieerfahrener Menschen, auf Bewältigungsstrategien und individuelle Vorsorge. Während psychiatrische Forschung, Diagnostik und Therapieplanung bisher nur auf die Defizite ihrer Klienten gerichtet war, werden zunehmend mehr die Fähigkeiten und Ressourcen gewürdigt und gefördert. Für die psychiatrische Behandlung ergeben sich damit vollkommen neue Unterstützungsmöglichkeiten. Dieses Buch stellt professionelle Methoden und Konzepte vor, wie vermehrte Selbsthilfe ermutigt und gefördert werden kann.

Inwiefern eine Behandlung tatsächlich an den Bedürfnissen der Betroffenen orientiert ist, muss sich vor allem in jenen Bereichen psychiatrischer Arbeit erweisen, die von den Betroffenen häufig nicht als »nutzerorientiert« erlebt werden: Dies sind in besonderer Weise der Umgang mit

Medikamenten und der Einsatz von Gewalt und Zwang in der Psychiatrie. Wir haben uns deshalb mit diesen Themen besonders ausführlich und kritisch beschäftigt und beschreiben, wie vermehrte Selbstbestimmung und eine bedürfnisorientierte Behandlung realisiert werden können.

Wir verstehen unser Buch in erster Linie als Fachbuch für Mitarbeiter psychiatrischer Einrichtungen. Trotzdem braucht dieses Buch möglichst viele psychiatrieerfahrene Leser. Nur sie können letztlich beurteilen, inwiefern die vorgestellten Konzepte wirklich nutzerorientiert und ob sie tatsächlich in der Lage sind, Selbstbefähigung zu fördern. Wir haben uns deshalb bemüht, ein für alle beteiligten Gruppen lesbares und verständliches Buch zu schreiben. Gleichzeitig haben wir auf eine möglichst konkrete Darstellung unserer Konzepte und Methoden Wert gelegt. Nur auf dieser »Mikroebene« ist unserer Meinung nach ein Austausch von Betroffenen und professionell Tätigen über die unterschiedlichen Vorstellungen psychiatrischer Hilfeleistung möglich. Hier muss die Qualität einer Leistung »bestehen« können!

Am Ende unserer zweijährigen Arbeit an diesem Buch sind wir hocherfreut über die Fülle von Erfahrungen und Praxiskonzepten, die wir zusammentragen konnten. Wesentlich dazu beigetragen haben natürlich unsere Co-Autoren. Ihnen ist es auch zu verdanken, dass dieses Buch bei allen Erfordernissen an die Geschlossenheit des Ganzen doch im Detail lebendig und praxisnah geworden ist.

Andreas Knuf und Ulrich Seibert im April 2000

WAS IST EMPOWERMENT?

GOTTFRIED WÖRISHOFER

Sehen und fragen

Vom Ursprung des Empowerments

In den siebziger Jahren war ich das erste Mal in einer – wie es damals noch hieß – Nervenklinik. Um zu erklären, wo ich abgeblieben war, schrieb ich an einen meiner Lehrer:»Ich bin in der Psychiatrie gelandet!« Der Brief wurde vom Stationsarzt zensiert. Der Ausdruck »gelandet« erregte Anstoß. Dabei könnte man ihn doch positiv verstehen: Da kam einer auf den Boden, fand den Grund wieder ... wenngleich dieser Grund der Grund eines Verlieses war. Mit Verlies ist nicht einmal die Klinik gemeint, sondern das vormals tragende Selbst, das eingebrochen war.

Nun liegst du mit »zerschlagenen Gliedern« auf dem Grund deiner selbst, und zwar verlassen, obwohl manche, Angehörige wie Freunde, sich rührend um dich kümmern. Verlassen deshalb, weil du selbst dich nicht mehr erreichst. Piet C. KUIPER (1991, S. 99) drückt das in *Seelenfinsternis* so aus: »Die Isolierzelle einer psychiatrischen Einrichtung hat nichts Grausames. Nicht der Aufenthalt in einer solchen Zelle ist schrecklich, sondern die Tatsache, dass er notwendig ist. Die Dunkelheit herrscht im eigenen Innern.«

Einige Wochen nach seiner erstmaligen Einlieferung in ein psychiatrisches Landeskrankenhaus schreibt ein 19-jähriger Patient an seine Freundin: »Endlich bin ich fähig, ein Lebenszeichen von mir zu geben. Es ist ein sehr schwaches Zeichen. Du wirst sicher auf irgendwelchen Umwegen von meinem trüben Schicksal erfahren haben. Und du wirst schockiert gewesen sein. Meinen Nervenzusammenbruch empfinde ich ebenso als einen Absturz in die endlosen Tiefen menschlicher Existenz.«

Von dieser – immer noch schwach und nur beispielhaft ausgeleuchteten – Situation der erstmaligen Aufnahme in eine psychiatrische Klinik möchte ich ausgehen, wenn ich über »Empowerment in der psychiatrischen Arbeit« nachdenke. Zugegeben: »Empowerment« ist nicht das erste Stichwort, das mir dabei einfällt. Der weit gehend elaborierte Begriff entzieht sich dem schlichten Verstehen, hat sich sogar zur Methode entwickelt und eine zusammengesetzte Bedeutung mit vielen Inhalten angenommen. Im Erstaufenthalt geht es hingegen um etwas ganz Einfaches. Um eine Entscheidung. Um die Weichenstellung zwischen:

1 Zeigt sich nochmals eine Zukunft? Lässt sich eine Lebensperspektive wiedergewinnen, die der verlorenen gleichkommt, oder

2 muss ich mit einer psychischen Querschnittslähmung rechnen?

Um mit (einem abgewandelten Zitat von) Romano Guardini zu sprechen, ist diese Frage viel zu ernst, um sie allein den Psychiatern zu überlassen. Wäre der Jugendliche Opfer eines Motorradunfalls, würde er fraglos jede nur erdenkliche medizinische und rehabilitative Hilfe erhalten, die diese Gesellschaft bereitzustellen in der Lage ist. Es gehört zu den bittersten Feststellungen, die wir als Psychiatrie-Erfahrene treffen müssen: Für Erstbetroffene in der Psychiatrie wird nur ein Bruchteil jener Bemühungen aufgewendet wie beispielsweise für den verunglückten Motorradfahrer. Das gilt in finanzieller wie in personeller Hinsicht.

Selbst wenn dieser Aufwand angeglichen würde, ist keineswegs garantiert, dass eine Genesung eingeleitet werden könnte. Muss man nicht die Befürchtung haben, mit dem gesteigerten Aufwand würde lediglich der Behandlungseifer in der bekannten Richtung perfektioniert werden?

Zuallererst müsste das seelische Unglück des Jugendlichen *gesehen* werden:

* ein Schmerz, der nicht schreit, gehört,
* eine Wunde, die nicht blutet, erkannt und
* eine Lähmung, die nicht im Rollstuhl sitzt, wahrgenommen werden.

Zugegeben: Dieses mehrfache Nichts-von-etwas ist schwer zu »sehen«. Dennoch führt an diesem Sehen kein Weg vorbei. Im bloßen Diagnostizieren wird es am gründlichsten verfehlt, weil das Diagnostizieren nichts Individuelles zeigt, lediglich Symptome zuordnet. Gefordert ist nicht jenes Sehen, das etwas hineinsieht, sondern jenes, welches sich etwas zeigen lässt, gerade nicht einordnet, nicht unter einen Oberbegriff stellt, sondern sein und gelten lässt, ja zur Geltung bringt. Nur in einem Sehen dieser Art kann sich die Dimension einer psychotischen Erstkrise zeigen und sehen lassen – kann hervor ans Licht kommen.

Ich möchte hoffen, dass jemand, der »Empowerment« unterstützen will, über die Notwendigkeit dieses Sehens mehr und mehr Klarheit gewinnt. Mit Diagnostizieren jedweder theoretischen Herkunft (auch der psychotherapeutischen) ist es nicht getan. Oder kann im Ernst jemand der Überzeugung sein, in dieser von vielen ja ähnlich erlebten Situation des Erstaufenthaltes könnte es hilfreich sein, man würfe eine giftige Schlange in das dunkle Verließ »im eigenen Innern«? Was Not tut, ist fürs Erste: Gesehen werden und das zu schätzen, was jemand erlebt hat. Dann ist es möglich, einer – der entscheidenden – Entscheidung Bahnung zu verschaffen, die allem Empowerment notwendig vorausliegt: Ich entscheide mich, der aufkeimenden Hoffnung und Zuversicht eine Chance zu geben – ich scheue mich dieser »Keimlegung« den Namen »Empowerment« (ein Wort in Lederkluft) zu geben und doch fängt wohl alles »empowern« damit an.

Es klingt nach verdammt wenig, was ein professioneller Therapeut, Arzt, Helfer hier beisteuert, und ist dennoch das Kostbarste, was in dieser Zeit gegeben werden kann: die Einräumung der Möglichkeit von Selbstgewinnung und in eins damit die Ermöglichung von Zukunft. Alle schizophreniehaltigen Diagnosen konterkarieren die Möglichkeit von Zukunft, weil sie offen oder verdeckt eine negative Prognose mit sich führen und im Betroffenen jene psychische Querschnittslähmung entfalten, die Empowerment kurz- und langfristig vereitelt. Es gilt aber, langsam und nach dem eigenen Maß, jede Faser seiner Identität zurück- und neu zu gewinnen, um das zu bewältigen, was einem aufgegeben ist. Dabei sind die Chimären der »bösen« Prognose die schlechtesten Ratgeber, denn sie kleiden sich in einen Wahrheitsanspruch, der ihren Verkündern nicht zusteht. Schließlich ist Zukunft unwissbar, offen – selbst wenn in 90 Prozent aller Fälle ...

Neben dem – sagen wir einmal – vorschnellen Diagnostizieren gibt es einen zweiten Umstand, der ein Erwachen der Kraft (em-power) untergräbt: die ausschließlich biologisch-chemische Konzeption von Heilung bei psychischen Erkrankungen. Um Missverständnisse zu vermeiden, möchte ich an dieser Stelle festhalten, dass es mir nicht darum geht, die Leistung und Bedeutung pharmakologischer Interventionen klein zu reden oder gar zu bestreiten. Im Gegenteil: Sie haben aus meiner Sicht wesentlich dazu beigetragen, dass Betroffene einen größeren Handlungsspielraum gewinnen und mit einiger Erfahrung bei der Zuhilfenahme von Medikamenten ein erfolgreiches Selbstmanagement üben können. Wogegen ich mich wende ist die Ausschließlichkeit. Dabei interessiert mich an diesem Punkt wieder nicht eine Entstehungstheorie von psychischer Krankheit oder Ähnliches, sondern die

Behandlungserfahrung während des Erstaufenthaltes, weil dort jeder Anlauf zu einem Aufschwung – Empowerment – seinen Anstoß findet oder ... im Sande verläuft.

Es entspricht psychiatrischer Kunst und ist zielführend, daher legitim und angemessen, auch bei einer Erstbehandlung Psychopharmaka in der gebotenen Vorsicht zum Einsatz zu bringen. Dass allerdings hiermit schon das Ende der psychiatrischen Kunst erreicht sein soll, ruft den Widerstand vieler Patienten hervor. Kein Mensch kann es hinnehmen, nur und ausschließlich als Stoffwechselstörung betrachtet zu werden (in dieser Phase; es mag eine spätere Phase geben, in der gerade diese Auffassung ein Stück weiterhilft). Trotz Applikation von Medikamenten und entsprechender Symptomminderung stellt sich das Gefühl, (gut) behandelt zu werden, nicht ein. Wenn nur mein Chemiehaushalt beeinflusst wird, darüber hinaus jedoch niemand über die existenziellen Probleme mit mir spricht, leidet die Arzt-Patient-Beziehung unter einem schwer wiegenden Mangel: Sie wird nämlich subjektiv gar nicht als Behandlung erfahren. Im Verzicht auf eine personale Begegnung, d. h. im Verzicht auf die personalen Fähigkeiten des Psychiaters, wird dem Patienten letztlich der Arzt vorenthalten, und dieser beraubt sich wiederum seiner Wirksamkeit als Seelenarzt (psych-iatros), die ja nicht in der Tablettengabe festgemacht werden kann. Subjektiv habe ich ein seelisches Leid, dem ein seelisches Äquivalent abhelfen muss – selbst wenn die Wirkung des Medikamentes nicht bestritten, sondern anerkannt wird.

Im ausschließlich biologisch-chemischen Behandlungskonzept wird der Mensch zu »tief« angesetzt, d. h. erniedrigt, und es ist nur logisch und spricht für die Gesundheit der Patienten, wenn sie sich wehren, d. h. eine Non-Compliance an den Tag legen. Solange die Arzt-Patient-Beziehung nur als Vehikel zur Erlangung von Behandlungsbereitschaft im Sinn von Medikamenteneinnahme gilt, gehört diese Erniedrigung zum Wesen dieser Beziehungsstruktur, d. h., sie erlangt keine Arbeitsfähigkeit und verbaut sich selbst jede Verhandlungsbasis.

Den Gegensatz von Behandeln versus Verhandeln, wie er in den letzten Jahren aufgeworfen wurde, gilt es zu radikalisieren, d. h. tiefer zu verstehen, sofern er nicht nur ein pfiffiger Slogan bleiben soll. Gerade in der erstmaligen Aufnahmesituation ist der Patient (noch) nicht als Verhandlungspartner etabliert, denn wäre er das, würde das bedeuten, er hätte eine gewisse – wenn auch begrenzte – Souveränität über seine Lebenslage im Ganzen, von der aus er »in Verhandlung treten« kann. Dieser anzustrebende Umstand liegt, wenn es gut geht, vielleicht einige Jahre später vor, nach dem dritten, vierten oder fünften Aufenthalt und sofern die Genese der Erkrankung eine gewisse Transparenz im Patienten erlangt hat, ihn im positiven Sinn zum »Erfahrenen« gemacht hat. Beim Erstaufenthalt sieht man sich jedoch einer ungeheuren Komplexität von Problemen ausgesetzt, wie es der Einbruch und Einsturz des Selbstbildes eben mit sich bringt. Orientierungslosigkeit, Verzweiflung und Hilflosigkeit werden in der Regel die Befindlichkeit ausmachen. Dem Psychiater wird zugestanden und zugeschrieben, in dieser Lage Orientierung zu geben. Damit geraten wir mitten in ein heikles Problem: die Vertrauensfrage. Die Betroffenen sind genötigt, da ihnen nichts anderes übrig bleibt, einem Menschen zu vertrauen, dessen Vertrauenswürdigkeit nicht im Ansatz erwiesen ist. N. LUHMANN (1989, S. 45) nennt dies treffend eine »riskante Vorleistung«.

In der Arzt-Patient-Beziehung wird der Vertrauensakt nicht extra geleistet, sondern ist bereits in die Arztrolle eingeschrieben. Der Arzt ist ein Vertrauenhabender. Sonst ist er kein Arzt. Vertrauen reduziert Komplexität (LUHMANN) und gibt Orientierung. Die Frage ist, warum die spezifische Weise, wie in der heutigen Psychiatrie Orientierung gegeben wird, nicht zu einer Bestätigung und Festigung des Vertrauens in sie führt, sondern bei vielen zum genauen Gegenteil. Interessanterweise ist die Kritik an der Arzt-Patient-Beziehung nicht neu, jedenfalls kein Produkt nur der neueren Generation von Psychiatrie-Erfahrenen. Der leider in Vergessenheit geratene J. CUSTANCE hat in seinem 1954 auf Deutsch erschienenen Buch *Weisheit und Wahn* aus dreißigjähriger Psychiatrieerfahrung den Schluss gezogen: »Die Beziehung zwischen Arzt und Patient ist einer der Hauptfaktoren bei der Heilung jeder Krankheit und im Falle einer Geisteskrankheit ist sie vielleicht der überragende Faktor. Ich kann nur sagen, nach den berichteten Vorfällen (…) habe ich keinen weiteren Versuch gemacht mich den Ärzten anzuvertrauen; ich habe sie mehr oder weniger als Feinde, jedenfalls aber eindeutig als ›auf der anderen Seite‹ angesehen.« (ebd., S. 277)

Die ausschließlich biologisch-chemische Behandlungsstrategie, welche mit ärztlicher Autorität empfohlen, besser: dringend und sogar ultimativ nahe gelegt wird, lässt irgendwelche anderen Aktivitäten, die über die Medikamenteneinnahme hinausgehen würden, als sinnlos erscheinen. Damit sind dem Patienten Bemühungen, die möglich wären, schon vor ihrer

Entdeckung aus der Hand geschlagen, und es geschieht das, was unter allen Umständen vermieden werden muss: Der Patient wird im Wortsinne als Er-Leidender, als Passiver gesehen und – was noch weit verhängnisvoller sein kann –: Es besteht die Gefahr, dass er diese Sicht übernimmt. Dabei kommt es aufs genaue Gegenteil an: Ich bin überzeugt – und nicht wenige teilen mit mir diese Überzeugung –, dass ein »Genesungsprozess« umso günstiger verlaufen kann, wenn ich mich prinzipiell als lernfähig definiere und die psychotische Architektur eines Umbaues für fähig oder mindestens für bewohnbar halte. Freilich darf man sich keinen Illusionen hingeben. Es handelt sich ja nicht um eine Gleichung mit nur zwei Unbekannten, die in 10 Minuten (oder einem Klinikaufenthalt) zu lösen wäre. Die Unbekannten in dieser Gleichung sind zahlreich – die Lösungswege langwierig. Aber müssen wir nicht schon aus intellektueller Redlichkeit, mehr aber noch aus ethischer Verantwortung, von einer grundsätzlichen Lösbarkeit ausgehen und die theoretische Vorannahme der Unlösbarkeit fern halten, sprich die psychische Querschnittslähmung als Prognose ausschließen? Ob sie eintrifft, das muss das Leben entscheiden, und nicht der Psychiater.

Neben der kunstfertigen Gabe von Medikamenten ist es vielleicht die wesentlichste Aufgabe aller psychiatrischen Therapie, jenes Erweckungsereignis zu begünstigen oder zu vermitteln, das die Patienten zu »sich« bringt, zu sich selbst erwachen lässt. »Es schläft« eben nicht nur »ein Lied in allen Dingen«, sondern ebenso gut »ein Gesundes in allem Leiden«, das tätig werden will – sofern es nur erwacht, zu sich kommt und aufsteht. Weniger metaphorisch gesprochen, lautet die Gretchenfrage des Empowerment: Wie lässt sich *Lernfähigkeit* im Umgang mit sich und der Welt erlernen und – »lehren«? Selbstredend ist »Lernen« in diesem Kontext kein schulisches Einverleiben vorhandenen Stoffes, sondern eher vergleichbar mit dem kreativen, forschenden Vordringen in ein unbekanntes Gelände. Dabei geht es nicht ohne Zumutung, der Einzelne muss sich selbst etwas zumuten – und Zumutungen von außen nicht nur kritisch prüfen, sondern auch zurückweisen, wenn es Not tut. Wie lässt sich nun jene Lernfähigkeit vermitteln? Wahrscheinlich entzieht sie sich curricularen Strategien. Die Basisfähigkeit des Therapeuten sollte aus meiner Sicht nichts anderes als »das Fragen« sein. Fragen, wenn sie offen gehalten und nicht sofort mit der nächstbesten Antwort zugestopft werden, sind geeignet Interesse zu wecken und wach zu halten. Das Offene einer Frage, d. h., wenn ausgehalten wird, Antworten fern

zu halten, bildet den offen-aufgespannten Raum, in dem sich freie Hypo-
thesen einstellen können, die auch konkret-praktisches Experimentieren
ermöglichen. An manchen Psychiatrie-Betroffenen beobachte ich einen ausgeprägten Eigensinn, der es kaum erlaubt, etwas anderes zu denken als das,
was immer schon gedacht wurde. Gelingt es beispielsweise den Rat eines Beraters oder die Bewältigungsweise eines anderen mit Interesse, unvoreinge-
nommen und ruhig anzuhören, vielleicht sogar probehalber als Möglichkeit
für sich selbst zu betrachten? Da gibt es Defizite.

Nicht selten vermögen aber die Therapeuten gegen die Befangenheit
der Betroffenen nur ihre eigene professionelle Selbstgewissheit ins Feld zu
führen und werden damit erst recht nicht zur Erweiterung des »geistigen
Einzugsgebietes« beitragen. Wie, wenn erst im fragenden Suchen jener offene Raum entstünde, der ein Finden heilsamer Haltungen ermöglicht? Ist
vielleicht der offene Raum selbst schon das Heilende?

In einem späteren Stadium, wenn sich die Psychose entgegen aller
Hoffnung erneut einstellt, wieder breit macht und ihre Tiefschläge und Beeinträchtigungen entfaltet ... spätestens dann gilt es den Forschungsauftrag
anzunehmen, der einem gestellt ist. Nur: Wie das Interesse an einem aktiven
Reflektieren seiner Situation aufrechterhalten, wenn der gleiche psychotische Vorgang, wie es scheint, sich unverändert wiederholt? Eine arge Herausforderung an die Duldsamkeit und Motivation des oder der Betreffenden, gäbe es da nicht doch die kleinen Fortschritte, die es zu sehen gilt – mit
Hilfe eines Therapeuten oder einer Therapeutin, die danach fragen? Jene,
die nicht einstimmen in die unbedachte Rede von der Drehtürpsychiatrie,
was eine ausgesprochen depressive Interpretation von Wiederholung darstellt. Inzwischen verfügen wir doch über Erfahrungen, dass Wiederholun-
gen eine Auslenkung nach oben bekommen können. Die Wiederholung
bleibt nur dann eine Wiederkehr des Gleichen, wenn aus den Erfahrungen
kein Nutzen gezogen wird. Hierin liegt ein weites Feld für therapeutisches
Geleit – für Ermutigen und Anerkennen, für sparsam gesetzten Rat wie für
handfeste Unterstützung beim Lösen von Konflikten, für Zurückhaltung
ebenso wie für ein beherztes und spontanes Helfen. Da jedes einzelne Geschehen in diesem therapeutischen Geleit Premierencharakter hat, lässt sich
vom grünen Tisch der Empowermenttheorie aus kaum eine Empfehlung erteilen. Es bleibt der Umsicht und Erfahrung der Therapeuten anheim gestellt, ob, wie und in welchem Grad sie unterstützen. Das Wort von der »Hil-

fe zur Selbsthilfe« ist auch hier richtig, klingt aber zu banal-mechanisch und hat die Wirkung eines Tranquilizers. Die Empowermentidee darf sich damit nicht ruhig stellen lassen, sondern muss stets von der Frage beunruhigt sein: Was ist denn das für eine Hilfe, die zur Selbsthilfe verhilft?

»Empowerment« –
eine Arbeitsdefinition von Betroffenen

Der Begriff »Empowerment« – etwa »Stärkung der Eigenmacht« von Klienten – erfreut sich in der Psychiatrie derzeit zunehmender Beliebtheit. Nahezu jedes Programm zur psychiatrischen Betreuung nimmt für sich das Ziel in Anspruch, die Eigenmacht der Klienten zu stärken, und doch liegen in der Praxis kaum taugliche Bestimmungen des Begriffs vor. Zudem lässt sich keineswegs belegen, dass Programme, die auf diesem Konzept basieren, sich in irgendeiner Form von anderen unterscheiden.

Empowerment bedeutet Selbstbefähigung oder Selbstbemächtigung und meint damit zunächst den Versuch des betroffenen Menschen, seine verloren gegangenen Fähigkeiten und seine Macht bzw. seien Einfluss zurückzugewinnen. Professionelle Arbeit kann diese Prozesse nur fördern und unterstützen, sie jedoch nicht primär bewirken. Was unter Empowerment zu verstehen ist, muss zunächst von den Betroffenen bestimmt werden.

Anders als in Europa wird der Begriff »Empowerment« in den USA bereits seit Jahrzehnten von Selbsthilfeorganisationen und -gruppen benutzt. Eine Arbeitsgruppe bekannter Vertreterinnen und Vertreter der amerikanischen Selbsthilfebewegung unter der Leitung von Judi Chamberlin hat die folgende Arbeitsdefinition formuliert, die professioneller Empowerment-Arbeit zur Orientierung dienen kann (Quelle: www.power2u.org/empower/working_def.html, zuletzt aufgerufen 4/2000). Sie umfasst 15 Punkte:

1 die Fähigkeit, eigene Entscheidungen zu treffen – was den Betroffenen von den Professionellen oft abgesprochen wird;
2 über den Zugang zu Informationen und Ressourcen zu verfügen – Professionelle haben immer noch oft eine eher paternalistische Haltung;
3 über mehrere Handlungsalternativen zu verfügen, unter denen man wählen kann;
4 Durchsetzungsfähigkeit – nicht psychiatrisch diagnostizierte Personen werden für solches Verhalten auch »belohnt«, in der Psychiatrie hingegen wird eher »bestraft«;

5 das Gefühl zu haben, als Individuum etwas bewegen zu können –
Hoffnung ist ein elementarer Bestandteil menschlichen Lebens;

6 kritisch denken zu lernen; Konditionierungen zu durchschauen und
abzulegen – das Erzählen der Lebensgeschichte, nicht der Fallgeschichte
ist wichtig;

7 Wut erkennen und äußern zu lernen – der Ausdruck von Ärger bedeutet
nicht automatisch eine »Dekompensation«, wie es so gerne dargestellt
wird;

8 sich nicht allein zu fühlen, sondern als Teil einer Gruppe zu begreifen;

9 zu der Einsicht zu gelangen, dass jeder Mensch Rechte hat, auch
Psychiatrie-Patienten;

10 Veränderungen im eigenen Leben und im Umfeld zu bewirken – bewirkt
ein Mensch Veränderungen, stärkt er oder sie dadurch das Gefühl,
über Kompetenz und Kontrolle zu verfügen;

11 neue Fähigkeiten zu erlernen, die der Betroffene, nicht der Professionelle für wichtig hält;

12 die Wahrnehmung anderer bezüglich der eigenen Handlungskompetenz
und -fähigkeit zu korrigieren – es ist ein Vorurteil, dass psychiatrische
Patienten nicht ihre Bedürfnisse und Wünsche wahrnehmen könnten;

13 Coming out bezüglich der eigenen Krankheit, das demonstriert Selbstbewusstsein;

14 ein niemals abgeschlossener, selbst gesteuerter Prozess inneren
Wachstums und innerer Entwicklung – Stärkung der Eigenmacht ist
kein Endpunkt, sondern ein fortlaufender Prozess;

15 sich ein positives Selbstbild zu erarbeiten und die Stigmatisierung zu
überwinden – dies wiederum fördert die Fähigkeit, das Leben aktiv zu
gestalten, und damit ein positives Selbstbild.

An diesen Bausteinen muss sich professionelle Arbeit orientieren, will sie die
Betroffenen im Sinne der Selbstbefähigung unterstützen.

ULRICH SEIBERT

Die »Nutzer-Orientierung«
in der Psychiatrie – ein Paradigmenwechsel
hin zum Empowerment?

Warum Nutzer-Orientierung?

Die Empowerment-Bewegung der Psychiatrie-Erfahrenen ist eine Reaktion auf die Erfahrungen am eigenen Leib: Zwangsbehandlungen gehörten in der Psychiatrie zum Alltag und die Bedrohung durch möglichen Zwang ist auch heute noch allgegenwärtig. Mit dem alten Zitat »Und bist du nicht willig, dann brauch ich Gewalt« charakterisieren ehemalige Patientinnen und Patienten oft ihre Erfahrungen und Befürchtungen. Dadurch wird auch das Image der Psychiatrie geprägt. Die Empowerment-Bewegung zielt auf eine grundlegende Veränderung der Psychiatrie: Ihre Aufgabe soll die Hilfe für Betroffene sein, um die Probleme zu bewältigen; das kann langfristig nur über die Eigenverantwortung laufen – wie bei anderen medizinischen Behandlungen und psychosozialen Beratungen auch.

Zwangsunterbringungen und Zwangsbehandlungen als wesentliches Element der Psychiatrie stehen vom Prinzip her der Eigenverantwortung entgegen.

Solange der Zwang als Mittel der Wahl ständig zur Verfügung steht und nicht auf extreme Fälle von Fremdgefährdung und Suizidalität beschränkt und unter umfassender Kontrolle gehalten wird, bleibt der Zwang ein Paradigma der Psychiatrie. Dem steht das Prinzip der strikten Nutzerorientierung gegenüber. Diese Orientierung muss auch nicht dadurch in Frage gestellt werden, dass es Einzelfälle von gerichtlich definiertem Zwang geben wird. Der Unterschied im konkreten Fall ist an der Frage zu entscheiden: Findet diese Behandlung oder Betreuung im Einvernehmen mit dem Klienten statt oder gegen seinen Willen?

Selbstverständlich ist die Empowerment-Diskussion nicht auf alltägliche Beratungen und Behandlungen bezogen, die auch bisher ohne Zwang oder Drohung von Zwang stattfinden; dies gilt beispielsweise für weite Bereiche der ambulanten ärztlichen und psychosozialen Tätigkeiten und für Kliniken, die keine Möglichkeit der Zwangsbehandlung vorgesehen haben.

Die »Nutzer-Orientierung« ist ein zentraler Begriff bei der Unterstützung von Psychiatrie-Klienten im Sinne von Empowerment-Strategien. Der Begriff stammt aus der Diskussion über die »Dienstleistungsgesellschaft«, die längst auch Behörden und das Gesundheitswesen erfasst hat. Die heute allgemein erwartete »Kundenorientierung« geht auch an der Psychiatrie nicht spurlos vorüber.

»In einer Zeit zunehmender Individualisierung und Differenzierung scheinen generalisierte und typisierte Leistungsangebote, etwa des Staats für seine Bürger, zunehmend unpassender.« In der seit Jahren laufenden Debatte »wird das öffentliche Recht immer mehr durch das Privatrecht, der Verwaltungsakt durch den Vertrag ersetzt«, so J. SCHWEITZER u. a. (1995, S. 60).

Wer bisher gewöhnt war, Psychiatrie unter dem Aspekt von amtlichen Eingriffen und staatlich verordneter Versorgung zu sehen, muss sich auf dem Weg von der Fremdbestimmung zur Selbstbestimmung teilweise ziemlich umstellen. Wie gesagt, ist das für einen großen Teil der Psychiatrie heute schon weit gehend selbstverständlich: Auf die Freiwilligkeit ihrer »Kunden« angewiesen sind niedergelassene Ärzte und gemeindepsychiatrische Angebote (mit Ausnahme der Gesundheitsämter, die an Zwangsmaßnahmen beteiligt sind). Trotzdem gilt es auch bei diesen ambulanten Angeboten umzudenken. Dazu ein Beispiel:

Herr Ludewig gerät in mehr oder minder psychotischen Zeiten manchmal in Streit mit Verwandten in der Nachbarschaft. Deren immer wieder gestellte Bitte an die professionellen Helfer lautet: »Tut doch was, dass er seine Medikamente regelmäßig nimmt, dann gibt es überhaupt keine Probleme!« Die Erkenntnis, dass die Einnahme der Medikamente nur über die Eigenverantwortung des Betreffenden gehen kann, ist für sie bitter. Hilfe kann hier nur heißen: Alle gemeinsam müssen die Wege suchen, wie die Probleme von allen besser gelöst werden können. An die Stelle einer amtlichen Zwangshilfe tritt die Notwendigkeit von mehr Kooperation.

Empowerment von Psychiatrie-Erfahrenen beeinflusst nicht nur die Helfer-Klient-Beziehungen, sondern erfordert auch mehr Aktivität und Flexibilität von den Menschen im sozialen Umfeld eines psychisch Erkrankten. Und das bringt ein verstärktes Bedürfnis nach Hilfe und Unterstützung für diese Menschen im Umfeld mit sich.

Die Diskussion über den Wechsel von der vorgegebenen Struktur amtlicher Einrichtungen zum aktiven Nutzer professioneller Leistungen läuft schon lange (LUGER 1998; SEIBERT 1978). In der Psychiatrie ist eine positive Folge davon die Entwicklung der Gemeinde-Psychiatrie und der Bettenabbau in den ehemaligen Anstalten. Es geht jetzt um weitere Schritte auf diesem Weg. Ein neuerer Begriff ist die »Qualitätsentwicklung« von »Leistungsangeboten«: Sie läuft im Wesentlichen über Rückmeldungen von Nutzern, was sie gut und was sie nicht hilfreich finden. Hier liegen Parallelen zu Verbaucherorganisationen vor: Die Selbstorganisation der Psychiatrie-Erfahrenen mit Umfragen unter ihnen sowie die Interessenvertretung entsprechen den Aufgaben einer solchen Verbraucherorganisation. Für die professionellen »Anbieter« ist die Situation ebenfalls entsprechend: Negative Rückmeldungen sind auch für Psychiatrie-Professionelle oft unangenehm, aber Rückmeldungen überhaupt führen zur »Qualitätsverbesserung« und damit zu befriedigender Arbeit. Wenn man sich einmal an diese Form der Kooperation gewöhnt hat und sie als normal empfindet, dann macht sie wenig Angst.

»Dienstleistungsabusus« (SCHWEITZER 1995, S. 63) ist ein Begriff, der den Unterschied deutlich macht zwischen freien, ökonomisch orientierten Angeboten einerseits und jenen Angeboten andererseits, die vom Staat, von der Krankenkasse oder ähnlich finanziert werden. Es tauchen bei diesen Leistungen Fragen nach der »Berechtigung« auf, wenn die professionelle Seite ein Bedürfnis nicht befriedigen will oder kann. In einer Diskussion von Psychiatrie-Erfahrenen mit einer Psychiatrie-Koordinatorin kam das Problem zur Sprache: »Die Krankenkasse und die Klinik wollen mich nach kurzer Zeit wieder heimschicken, obwohl ich zu Hause nicht zurechtkomme. Muss ich in Zukunft meinen Behandlungsanspruch per Gericht einklagen?«

Ein anderes Problem: Die Bedürfnisse von Psychiatrie-Erfahrenen entsprechen oft nicht den Möglichkeiten oder Fähigkeiten der Anbieter. Beispielsweise gibt es für suizidale »Borderliner« nur sehr wenige therapeutische Angebote; sie können oft nicht an ihrem Wohnort bleiben. Bisher gehen entsprechende Entwicklungen nur in einem Zeitraum von Jahren voran. Nutzer-Orientierung muss deshalb auch heißen, dass strukturelle Mängel, fehlende Angebote u. a. eingefordert werden müssen. Das kann nicht ein einzelner Betroffener bewerkstelligen, sondern dafür sind Organisationen notwendig. Also: Ohne »Verbraucher«-, also Selbsthilfeorganisation würde der Nutzer-Orientierung ein wesentliches Element fehlen.

Begriffe und Denkmodelle

Zahlreiche Begriffe tauchen in diesem Zusammenhang auf. In der Sozialarbeit und der Psychotherapie hat sich die Bezeichnung »Klient« auch in Deutschland eingebürgert. Klient heißt eigentlich (französisch und englisch: client) »Kunde«, durchaus im Sinne von zahlendem Kunden. Die »Klientel« ist die Kundschaft. Klient enthält aber auch einen Ansatz von Abhängigkeit: Rechtsanwälte sprechen traditionell von ihren Klienten, die sie dann im Prozess vertreten. Klientenorientierung (SEIBERT 1978) in der Sozialarbeit meint aber schon, dass der Klient Auftraggeber ist, wie beim Rechtsanwalt, auch dann, wenn Professionelle in bestimmten Bereichen für den Klienten arbeiten. Klientenorientierung bedeutet vor allem, dass der Auftrag jederzeit zurückgenommen oder geändert werden kann. Es muss also eine laufende Abstimmung über den Auftrag stattfinden.

Der Begriff »Kunde« passt im Deutschen eher nicht, weil hier ausschließlich der geschäftliche Bereich gemeint ist: eine Leistung gegen unmittelbare Bezahlung. Psychiatrische Leistungen sind (bisher) bei uns vor allem durch öffentliche Gelder finanziert.

»Nutzer« ist dagegen inzwischen ziemlich geläufig geworden. Falsch ist die Verwendung des Begriffs aber für Personen, die nicht zu ihrem Nutzen untergebracht sind, sondern zum Nutzen (zur Sicherheit nämlich) der Allgemeinheit. Man könnte sich natürlich streiten, ob eine Zwangsunterbringung auch dann für den Betroffenen einen Nutzen hat, wenn er sie ablehnt. Das ist etwa so plausibel, als würden Inhaftierte zukünftig als »Nutzer« von Haftanstalten bezeichnet. Der Begriff »Nutzer« ist zu reservieren für Menschen, die selbst den Nutzen sehen und bejahen. Es kann durchaus sein, dass jemand zunächst gegen den eigenen Willen behandelt wird, später aber darin einen Nutzen für sich sieht; die Definition als Nutzer muss aber in jedem Fall vom Betroffenen festgelegt werden, nicht allein von professioneller Seite.

Etwas Verwirrung könnte der auch bei uns gebräuchliche Begriff »User«, der im Drogenumfeld üblich ist, stiften – hier »used« (nutzt) jemand nicht die helfende Einrichtung, sondern eine Droge. Der Ex-User ist aber als selbsterfahrener Therapeut eine wichtige Person in der Drogentherapie und hier gibt es durchaus Parallelen. Psychiatrie-Erfahrene Ex-Nutzer von Einrichtungen können wichtige Arbeit leisten (P. Stastny berichtet in diesem Buch von »Peer-Specialists«). Aber der Begriff Ex-Patient ist vielleicht besser, weil er weniger Verwirrung stiftet.

Anders als beim selbst definierten Nutzer ist der Begriff »Patient« zu sehen: Patient heißt »der Leidende«. Es handelt sich um die medizinische Definition der Person, die vom Arzt behandelt wird. Damit ist nichts darüber gesagt, ob diese Behandlung gewünscht wurde. Mit »Patientenorientierung« bezeichnet man aber dasselbe wie bei Klientenorientierung: Der ausschließliche Auftraggeber ist der Patient selbst; die Behandlung ist durch ein Vertragsverhältnis zwischen Arzt und Patient begründet und begrenzt.

»Psychiatrie-Überlebende« (englisch: survivors) ist ein in der antipsychiatrischen Selbsthilfebewegung geläufiger Begriff. Er ist nicht so gemeint, dass den ehemaligen Patienten der Tod gedroht habe, sondern dass im alltagssprachlichen Sinne ihr «Leben zerstört wurde«. Ihnen ein psychiatrisches Behandlungsangebot machen zu wollen, könnte Zynismus sein. In der radikalen Antipsychiatrie wird jegliche psychiatrische Behandlung abgelehnt, also auch eine in unserem Sinne nutzerfreundliche. Dahinter steht die Vorstellung, dass Psychiatrie sich nicht vom Gewaltaspekt trennen kann.

Ebenfalls der Selbsthilfebewegung entstammt der Begriff »Psychiatrie-Erfahrene«. Damit ist zumeist der Wunsch nach einer nutzerorientierten Psychiatrie verbunden. Entscheidend für die Empowerment-Diskussion sind die Aussagen dieser Personen über ihre Erfahrungen und Bedürfnisse.

Eine besondere Konstellation der Psychiatrie ist die Möglichkeit, dass »Auftraggeber« nicht die psychisch Kranken oder Psychiatrie-Erfahrenen sind, sondern Dritte. Darauf geht J. SCHWEITZER genau ein (1995, S. 67–70). Es ist realistisch zu sagen, dass in der traditionellen Psychiatrie die Auftraggeber bei stationärer Behandlung (vor allem bei Zwangsunterbringung) sehr oft andere Personen sind, etwa Betreuer, Vormundschaftsrichter, Polizei. Indirekt können es auch Angehörige sein, wenn sie bestimmte Erwartungen an die Behandler richten. Unklar sind auch außerhalb von Kliniken die Aufgaben von Betreuern: Das Vormundschaftsgericht benennt die Aufgabenbereiche. Im Einvernehmen mit behandelnden Ärzten kann es zum Beispiel heißen, die Betreuerin soll dafür sorgen, dass »die Betreute« alle zwei Wochen zum Psychiater geht und sich eine Depotspritze verabreichen lässt.

Wer ist hier Kunde? Da eigentlich der Arzt selbst den Auftrag gegeben hat, ist er selbst dann sein Kunde? Klar ist hier nur, dass es sich nicht um »Patientenorientierung« im oben genannten Sinn handelt.

Betreuer können den Vormundschaftsrichter als Auftraggeber sehen und dann ähnlich wie ein Gerichtsvollzieher ihren Auftrag ausführen; dabei handelt es sich um das Gegenteil von Nutzer-Orientierung. Andere Betreuer verstehen sich als Helfer des Betreuten und orientieren sich an dessen Wünschen und Bedürfnissen.

Um die Fragestellung etwas zu vereinfachen: Wenn nach einer Straftat eine psychiatrische Behandlung als Bewährungsauflage vom Richter angeordnet wird, dann steht der Betroffene vor der Frage: Komme ich der Auflage nach und gehe ich zum Psychiater oder lasse ich es bleiben? Der Besuch beim Psychiater wird mit der Frage beginnen: Was fehlt ihnen, was kann ich für sie tun? Für den professionellen Helfer bleibt also der »Kunde« klar. Nicht der Richter ist sein Auftraggeber. Der Richter ist ein Teil der Lebenswirklichkeit des Betroffenen; diese Lebenssituation veranlasst den Betreffenden zum Psychiater zur Behandlung zu gehen. Dort muss er wieder selbst sagen, was er möchte.

Einem Vorurteil möchte ich noch vorbeugen: Die Begriffe Komm- und Gehstruktur werden manchmal mit der Klientenorientierung in Verbindung gebracht: Es gibt die Meinung, der Kunde müsse zum Helfer kommen, wenn er etwas braucht; der Helfer gehe ihm nicht nach. Das klingt so, als ob ein Hausbesuch oder eine andere Art, den (potenziellen) Klienten aufzusuchen, der Nutzer-Orientierung widersprechen würde. Diese Vorstellung ist falsch. Die ambulante Altenhilfe und die Heizungswartung durch den Installateur sind eindeutig am Interesse der Kunden orientiert, obwohl sie zu Hause aufgesucht werden. Es ist eher eine technische Frage, wie hier Angebot und Nachfrage zueinander kommen.

Ein ähnlicher Scheinwiderspruch ist die Idee von »Befürsorgung«: Da »Fürsorge« als staatlicher Eingriff früher in einen schlechten Ruf gekommen ist, verbinden heute noch manche Menschen die Fürsorge mit Bevormundung. Tatsächlich wollen aber Klienten und Patienten zumeist fürsorglich behandelt werden. Der fürsorgliche Umgang wird also sehr oft zum ausdrücklichen Bedürfnis des »Nutzers« gehören. Daneben gibt es natürlich auch die unerwünschte Überbefürsorgung und die »fürsorgliche Belagerung« in der Psychiatrie, die gewiss keine Empowerment-Strategien sind.

»Ich brauche diese Behandlung nicht«

Es ist kein Geheimnis, dass viele Menschen mit psychischen Krankheiten einschließlich Psychosen nie in psychiatrischer Behandlung waren. In der Fachwelt wird darüber sehr wenig diskutiert, aber Th. BOCK ist dieser Frage nachgegangen (1997). Wenn wir die Augen offen halten, dann werden wir auch im privaten Umfeld viele solcher Beispiele kennen. Ein Teil der betreffenden Menschen war vielleicht mal in einer Behandlung, hat daraus aber wenig Nutzen gezogen, ist verschreckt worden und vermeidet dann weitere entsprechende Kontakte.

Die Tatsache der nicht behandelten psychischen Beeinträchtigungen, Störungen oder Krankheiten steht in einem eigenartigen Widerspruch zu der Auffassung von Psychiatern, Vormundschaftsrichtern und gesetzlichen Betreuern, für die eine »fachgerechte« Behandlung einen so hohen Wert hat, dass sie auch gegen den Willen der Betreffenden durchgesetzt werden muss. Unter dem Aspekt der Nutzer-Orientierung ist hier jedoch Skepsis angebracht. Das Recht jedes Menschen auf Nicht-Behandlung wird sonst sehr ernst genommen: Viele Krebskranke lehnen eine operative, radiologische oder chemotherapeutische Behandlung ab. Sie nehmen damit bewusst eine mögliche Verkürzung ihres Lebens in Kauf. Niemand zweifelt an ihrer Krankheitseinsicht und spricht von »Selbstbeschädigung«, es wird keine Betreuung nach BGB eingeleitet.

Ein Beispiel aus dem Psychiatrie-Bereich: Eine magersüchtige und medikamentenabhängige, dreißigjährige Frau steht unter Betreuung mit dem Auftrag der »Gesundheitsvorsorge und Zuführung zur ärztlichen Behandlung«. Nach einem Jahr stellt sie einen Antrag auf Aufhebung der Betreuung; der Antrag wird abgelehnt, weil sie nicht regelmäßig zum Arzt gegangen ist. Die Diskussion des Falles ergibt folgendes Bild aus professioneller Sicht: Ihr extremes Untergewicht und ihre depressiven Phasen sind lebensbedrohlich – sie könnte an einer Infektion oder an Herzversagen plötzlich sterben. Die Beteiligten haben kein Verständnis dafür, dass sie sich weder in Psychotherapie begibt noch nachhaltig etwas gegen ihr Untergewicht tut. Daraus wird »fehlende Krankheitseinsicht« abgeleitet, die wiederum die Grundlage für die Betreuung und bevorstehende Zwangsbehandlungen ist. Tatsächlich kennt die intelligente Klientin aber ihr Krankheitsbild sehr gut – ihr Lebensmut ist allerdings gering und ihre Lebenssituation wenig ermutigend. Wenn sie die Betreuung derzeit nicht mehr haben möchte (vielleicht weil sie gerade etwas Eigeninitiative entwickelt), dann ist sie am selben Punkt wie unzählige andere Süchtige, die schauen müssen, wie sie über die Runden kommen, aber für eine Therapie nicht genügend motiviert sind. Es ist eigentlich rein zufällig, dass diese Frau psychiatrisiert worden ist und zwangsbehandelt wurde, im Gegensatz zu Tausenden anderen.

Wahrscheinlich würde die Frau bei strikter »Nutzer-Orientierung« eher selbst nach therapeutischen und anderen Hilfen suchen als mit dieser aufgedrängten Betreuung. Aber die Vorstellung von ihrem möglichen Tod nach Aufhebung der Betreuung ist für die beteiligten Professionellen fast unerträglich – ich erinnere zum Vergleich an das Beispiel Krebserkrankung. Es handelt sich hier ja überhaupt nicht um einen Fall von akuter Suizidalität, die einen gerichtlichen Eingriff nahe legen könnte, sondern es geht einmal mehr um die Entscheidung über eine medizinische Behandlung und persönliche Betreuung. Die Entscheidung der Betroffenen wird nicht akzeptiert, sondern die Professionellen wissen es besser und unterwerfen sie der Zwangsbetreuung, die auch Grundlage für eine mögliche Zwangsbehandlung ist. Mit der Anwendung von Zwang wird hier das Vertrauensverhältnis nachhaltig gestört, sodass die tatsächlichen Hilfebedürfnisse der Betroffenen nicht mehr zum Tragen kommen können. Bei strikter Klientenorientierung würde es zu genau der Form von Hilfe kommen, die dem Bedürfnis und der Entscheidung der Klientin selbst entspricht – das wäre auch im Hinblick auf ihre gesundheitliche Gefährdung wesentlich effektiver.

Die Nutzer als Auftraggeber

Nutzer können eine Dienstleistung nur in Anspruch nehmen, wenn sie die Dienstleistung kennen. Außerdem spielt in vielen Fällen das Vertrauen in den Anbieter eine entscheidende Rolle. Am Beispiel der niedergelassenen Ärzte ist dies alles gut zu beobachten. In anderen Zweigen der Medizin gibt es seit vielen Jahren eine sehr wirksame Öffentlichkeitsarbeit in allen Medien. Dadurch sind auch Tabubereiche, wie Erkrankungen der Sexualorgane, inzwischen kommunizierbar geworden und führen zur Inanspruchnahme von Ärzten. Ähnliches zeigt sich gegenwärtig in Bezug auf Depressionen – seitdem kann auch von Betroffen und ihren Angehörigen freier darüber geredet und Hilfe gesucht werden.

Andere psychiatrische Angebote bleiben vergleichsweise im Verborgenen. Fernsehsendungen über Stimmenhören, Zwangsbehandlungen oder neuere Schizophrenietheorien kommen äußerst selten und dann eher im Nachtprogramm vor. Wenn man Menschen mit erheblichen psychischen Leiden fragt, warum sie nicht in Behandlung gehen, dann kommt fast immer heraus, dass sie früher schlechte Erfahrungen gemacht haben und nicht wissen, dass es heute wesentlich bessere Hilfen gibt; oder sie haben einfach große Angst vor dem Stigma »Geisteskrankheit« und haben keine Alternativen kennen gelernt.

In einem unserer Psychose-Seminare war als Angehörige die Tochter einer schwer depressiven Frau, eine Gymnasiastin. Sie fragte, warum in der Schule niemals über psychische Krankheiten gelehrt werde. Ihre Anregung, dazu wenigstens mal eine AG einzurichten, stieß sogar bei der Schulpsychologin auf Ablehnung.

Meine These ist: Die bisher bei Menschen mit psychischen Erkrankungen bestehende Abstinenz gegenüber qualifizierter Behandlung ist nicht eine Folge von »krankheitsbedingter Uneinsichtigkeit«, sondern eine Folge fehlender nutzerfreundlicher Angebote im öffentlichen Raum. Warum sollte ein Mensch mit massiven Ängsten (egal ob wahnhaft oder nicht) keine Hilfe wollen? Warum sollte jemand bei ständigen Zerwürfnissen mit Angehörigen nicht nach einem geeigneten Moderator suchen? Dazu bedarf es keiner besonderen Krankheitseinsicht; es genügt ein früherer oder gegenwärtiger Leidensdruck – und verständnisvolle, persönlich engagierte Fachleute.

Konkret müssen neue Konzepte für Behandlungen ausgearbeitet und angeboten werden. Dann können sie per Behandlungsvereinbarung im Vorfeld einer akuten Krise ausgehandelt werden. Bei den dazugehörigen Gesprächen kann sich ein Vertrauensverhältnis entwickeln, das auch in schwierigen Zeiten belastungsfähig ist.

Abschließend noch einmal zu dem obigen Beispiel der magersüchtigen Frau: Wenn ein für sie attraktives Hilfeangebot besteht, dann ist die vormundschaftsgerichtliche Betreuung überflüssig, und damit fällt die Bedrohung und »Entmündigung« durch mögliche Zwangsmaßnahmen weg. Ihr wird ein Stück Eigenverantwortung überlassen, aber auch zugemutet; falls sie sich dadurch überfordert fühlt, kann sie selbst Hilfe holen – sofern sie »im Angebot« vorhanden ist.

Eine problematische Seite für uns professionelle Anbieter darf gleichwohl nicht übersehen werden: Auch wir werden häufig durch die Bedürfnisse, Wünsche und Aufträge unserer Klienten überfordert. Es bleibt uns nichts anderes übrig, als unsere Grenzen zu benennen, die in der Belastbarkeit liegen können, im Zeitbudget, in der fachlich-spezialisierten Kompetenz und in »Riesenerwartungen« der Klientel. Hier sehe ich eine wichtige ethische Komponente in der Helfer-Klient-Beziehung: Wenn ich Erwartungen nicht erfüllen kann oder will, dann kann ich nicht guten Gewissens den Klienten »im Regen stehen lassen«, was heute oft genug geschieht. Einmal muss meine Grenze und meine diesbezügliche »Verweigerung« verstehbar sein, erklärt werden, damit sie nicht als persönliche Zurückweisung erscheint. Zum Zweiten sollte meine Hilfe auch ein Stück »Clearing« sein, also andere Möglichkeiten benennen, vielleicht noch gemeinsam suchen. Zum Dritten sollten Versorgungslücken öffentlich gemacht werden, um Abhilfe zu schaffen; dazu brauchen wir unsere Berufsorganisationen und politische Gremien sowie die Klienten Anschluss an ihre Selbsthilfeorganisation.

Persönliche Anmerkung

Die Arbeit an diesem Text wie an dem Buch insgesamt hat mich immer wieder an einen Zwiespalt geführt: die Blickrichtungen der Psychiatrie-Erfahrenen einerseits und der Professionellen andererseits. Die Aufgabe, die wir uns mit dem Thema »Empowerment« gestellt haben, verlangt aber diese Doppelperspektive. Mein Anliegen ist die Herstellung eines Zusammenhangs zwischen beiden Seiten. Deshalb mein besonderes Interesse an der »Psychodynamik« zwischen psychiatrischem Handeln der Professionellen und dem Handeln und Erleben der »Nutzer«. Ich verstehe meine Aufgabe als Brückenbauer.

KONZEPTE UND
PROFESSIONELLE HALTUNG

ANDREAS KNUF

Steine aus dem Weg räumen!

Empowerment und Gesundheitsförderung in der Psychiatrie

Der erste Schritt in der Unterstützung von Empowerment-Prozessen besteht nicht darin, zusätzliche Angebote zu machen oder eine weitere Aktivität von professioneller Seite zu entfalten. Zunächst ist es erforderlich, psychiatrische Arbeit daraufhin zu untersuchen, welchen Einfluss sie auf das Empowerment ihrer Klienten und Patienten haben kann. Vor jeder neuen Aktivität sollten jene Steine aus dem Weg geräumt werden, durch die Betroffene bei ihrer Selbsthilfe und Selbstbestimmung behindert werden. Solche Steine gibt es viele. Sie führen nicht nur zu geringerer Eigenaktivität von Klienten, sondern fördern auch Chronifizierungsprozesse und stehen einer Gesundung häufig im Weg. Empowerment und Gesundheitsförderung stehen daher eng beieinander.

Erlernte Hilflosigkeit

Viele psychiatrieerfahrene Menschen befinden sich im Zustand der so genannten erlernten Hilflosigkeit (SELIGMAN 1995) oder Demoralisierung. Sie haben immer wieder die Erfahrung gemacht, keinen oder kaum einen Einfluss darauf zu haben, was in ihrem Leben mit ihnen geschieht: ob sie wieder krank werden, wie sie in der Klinik behandelt werden, ob sich Freunde zurückziehen, ob ihnen ein beruflicher Wiedereinstieg gelingt usw. Ganz besonders psychoseerfahrene Menschen sind diesen Erfahrungen ausgesetzt, und zwar häufig jahrelang. Schon vor dem Ausbruch einer Psychose haben viele Betroffene nicht mehr das Gefühl, Herr oder Frau der Lage zu sein. Sie befinden sich in einer häufig als bedrohlich und ausweglos erlebten Situation, die sie oft weder bewältigen noch durchschauen können und aus der ihnen als letzter Ausweg nur die Psychose bleibt.

Auch die Inhalte der Psychose zeigen die Hilflosigkeit und das Ausgeliefertsein des Betroffenen. L. BINSWANGER (1956) hat dies eindrücklich am

Beispiel des paranoiden Erlebens verdeutlicht, in dem sich der Betroffene ausliefert an die »Entscheidungen fremder Mächte oder fremder Menschen«. Dieses Ausgeliefertsein wiederholt sich nun noch einmal in der Behandlung: angewiesen auf die Wirkung der Medikamente, in einer therapeutischen Umgebung, die wenig eigene Einflussmöglichkeiten bietet und in der sich der Betroffene oft nicht einmal aus freien Stücken befindet.

Hier zeigt sich eine unheilvolle Passung zwischen dem Krankheitserleben selbst, dem sich die Betroffenen häufig hilflos ausgeliefert fühlen, und einer Behandlung, in der sich diese Erfahrung der Hilflosigkeit wiederholt. Insofern kann die klassisch-psychiatrische Behandlung, in der die Betroffenen wieder in das Gefühl der Hilflosigkeit verwickelt werden, auch als Spiegel der psychotischen Symptomatik und somit als Gegenübertragungsphänomen verstanden werden.

Dieses dauerhafte Gefühl, die Geschehnisse durch das eigene Verhalten kaum beeinflussen zu können, bewirkt verschiedene Defizite (HERRIGER 1997), die bei psychiatrieerfahrenen Menschen immer wieder beobachtet werden können: Sie erfahren ein Defizit an Motivation und Antrieb. Nimmt man den Menschen die Kontrollerfahrung, so vermindert sich ihre Handlungsbereitschaft. Es vollzieht sich eine stille Entwertung von motivationaler Kraft, die in Passivität und resignativem Rückzug mündet. Zudem kommt es zu kognitiven Beeinträchtigungen: Gangbare und Erfolg versprechende Problemlösungswege werden nicht mehr wahrgenommen und bleiben ungenutzt, die Wirksamkeit verfügbarer Bewältigungsressourcen wird zu gering eingeschätzt. Letztlich münden diese Defizite in einer emotionalen Reaktion, die in vielem der Depression gleicht. Viele Erlebnis- und Verhaltensweisen Betroffener wie die postpsychotische Depression, Antriebs- und Interesseverlust bis hin zu spezifischen Denkstörungen, die heute einer »endogenen« Krankheitsdynamik zugeschrieben werden, dürften zumindest teilweise Folgen erlernter Hilflosigkeit sein.

Auf der konkreten Wahrnehmungs- und Handlungsebene zeigt sich die erlernte Hilflosigkeit bei psychiatrieerfahrenen Menschen in vielfacher Weise (in Anlehnung an KIEFFER 1984):

* Die Wirklichkeit wird als unverrückbar erlebt, nicht mehr durch eigenes Handeln beeinflussbar. Daraus folgt ein resignatives Akzeptieren des Gegebenen.
* Die Geringschätzung der eigenen Meinung.

⁕ Das generalisierte Misstrauen gegenüber einer Umwelt, die als unwirklich, abweisend und feindlich erlebt wird.

⁕ Das Gefühl des Ausgeliefertseins und die Erfahrung der eigenen sozialen Verletzlichkeit.

⁕ Das Gefühl der Zukunftsverschlossenheit.

Die zum Teil sehr wütenden Reaktionen einiger Betroffener auf die Behandlung bzw. im Anschluss an die Behandlung lassen sich als Bemühen interpretieren, nicht in das Gefühl der Hilflosigkeit abzurutschen. Wie WORTMAN und BREHM (1975) theoretisch begründen, tritt vor dem Gefühl der Hilflosigkeit eine Phase ein, in der der Betroffene versucht sich durch verschiedenste Verhaltensweisen und zum Teil auch durch aggressive Reaktionen vor dem Gefühl der Hilflosigkeit zu schützen. Ärger auf die Behandler und die Verweigerung weiterer Behandlung können daher Anzeichen für Gefühle der Demoralisierung und auch der Traumatisierung sein, die als Selbstschutzmechanismen gegen Passivität durchaus positiv zu beurteilen sind. Professionell Tätige sollten sich auf eine Auseinandersetzung über den Ärger der Betroffenen einlassen und die zu Grunde liegenden Gefühle respektieren.

Aufgabe von Empowermentarbeit ist es zunächst, Bedingungen zu schaffen, die es ermöglichen, dass psychiatrieerfahrene Menschen nicht in den Zustand der Demoralisierung geraten. Bei Betroffenen, die bereits diese Lernerfahrung gemacht haben, sind spezifische Methoden notwendig, um ihnen das Gefühl der Einflussnahme zurückzugeben. Diese beiden Ansätze sind Bedingungen der Möglichkeit von Empowerment. Ohne das Gefühl, im eigenen Leben etwas bewirken zu können, besinnt sich niemand auf seine eigenen Kräfte und Möglichkeiten. Es gibt einen direkten Zusammenhang zwischen der Möglichkeit, wichtige Entscheidungen im eigenen Leben selbst treffen zu können, und der individuellen Aktivität und Handlungsbereitschaft (ZIMMERMAN 1990).

Traumatisierung

Viele psychiatrie- bzw. psychoseerfahrene Menschen sind traumatisiert. Verschiedenste Traumata wie Gewalterfahrungen oder sexueller Missbrauch können Auslöser oder Risikofaktoren für eine psychotische Erkrankung sein (HILSENBECK 1998). Aber auch die Erlebnisse in der Krise und die Behandlung selbst wirken auf viele Betroffene traumatisierend und behindern Empowerment-Prozesse. Für Menschen, die bereits vor ihrer Erkrankung traumatische Erfahrungen erlitten haben, wirken sie retraumatisierend, d. h., sie aktivieren eine verstärkte Reaktion infolge der Erinnerung an die bereits durchlittenen traumatischen Erfahrungen. In der psychiatrischen Arbeit und Forschung gibt es bisher kaum eine Sensibilität für die Gefahr von Traumatisierungen und ihre Verarbeitungsformen und dies obwohl zahlreiche Betroffene auch öffentlich auf die von ihnen erlebten Traumatisierungen aufmerksam gemacht haben (z. B. STEIN 1996). Eine Betroffene berichtete einmal:

»Es war für mich schrecklich, in der Psychiatrie eingesperrt zu werden. In meiner Psychose war ich der Überzeugung, ich sollte vom Geheimdienst ermordet werden. Jetzt war es Wirklichkeit geworden: Ich wurde eingesperrt und schließlich zur Hinrichtung auf einem Bett fixiert. Man gab mir die Todesspritze, doch die Dosis reichte wohl nicht aus, weshalb ich am nächsten Tag eine weitere bekam. Irgendwann konnte ich meine Gesichtsmuskeln nicht mehr bewegen, meine Zunge spielte verrückt, die Spritze wirkte also, der Todeskampf begann ... So ging es noch einige Tage, bis die Psychose langsam abklang. Jetzt kann ich mit Abstand darüber berichten, doch damals war es die Wirklichkeit für mich! Auch wenn es jetzt vorbei ist, bereitet mir die Erinnerung daran weiterhin Schrecken und Angst, nachts wache ich schweißgebadet mit diesen Erinnerungen auf.«

Wer würde eine solche Erfahrung nicht traumatisch erleben? Die Feststellung »Das war ja nur psychotisches Erleben« ändert nichts daran, dass dieses Erleben *als* Wirklichkeit erlebt wurde und damit auch *wie* Wirklichkeit zu behandeln ist.

Im Zusammenhang von Psychose- und Psychiatrieerfahrung können folgende Traumatisierungen auftreten:

* **Traumatisierungen vor der Psychose / Psychiatrieerfahrung**
  Sexueller Missbrauch, Broken Home, Alkoholismus in der Familie, Gewalterfahrungen usw.
  Durch diese Traumatisierungen werden später erlittene Traumata unter Umständen noch bedrohlicher erlebt.
* **Erfahrungen in der Krise**
  Verlust des Vertrauens in die Welt, in die eigene Person und die Umgebung, massive Angst- und Verfolgungsgefühle, Katatonie, Halluzinationen, Derealisations- und Depersonalisationserlebnisse.

✳ **Art der Klinikeinweisung**
Eventuell Gewalterfahrung, Polizeieinsatz, Suizidversuch.

✳ **Gewalterfahrungen während der Behandlung**
Erfahrung des Freiheitsentzugs, der Zwangsmedikation, Fixierung usw.
(bei sich und bei anderen).

✳ **Wirkung von Medikamenten**
Vor allem Nebenwirkungen, auf die der Betroffene nicht vorbereitet ist.

✳ **Selbst- und Fremdstigmatisierung**
Abwertung als »verrückt«, aus der Gesellschaft ausgeschlossen, ohne
Perspektive.

✳ **Folgen der psychischen Erkrankung**
Arbeitslosigkeit, Verlust von Freunden, Trennung vom Lebenspartner
Die Folgen dieser Traumatisierung sind denen der Demoralisierung teilweise vergleichbar und lassen sich manchmal nur schwer von der Krankheits-
symptomatik unterscheiden. Das gilt vor allem für die post-akute Zeit, in
der es häufig zu typischen Traumafolgen kommt, wie etwa ständige Beschäftigung mit den Ereignissen, Schlafstörungen, Vermeiden von Aktivitäten, Konzentrationsstörungen und Interesseverlust (GREEN 1993). Aber
auch akut-psychotische Erlebnisweisen können schon als Reaktion auf
vorhergehende traumatisch erlebte psychotische Erfahrungen verstanden
werden: Die psychotische Krise selbst wirkt, während sie stattfindet, nicht
selten als Trauma. Dadurch verstärken sich psychotische Phänomene sekundär. Verschiedene, heute der Psychose zugeschriebene Erlebnis- und
Verhaltensweisen sind teilweise schon traumatische Verarbeitungen, also
Folgen der eigentlichen psychotischen Erlebnisweise. Beides lässt sich nur
schwer voneinander unterscheiden, da Psychose und reaktive Traumatisierung parallel ablaufen. So ist zum Beispiel ein häufig vorkommendes Trau-
masymptom der Verlust von Vertrauen in andere Menschen, wodurch eine
paranoide Symptomatik natürlich verstärkt oder (bei abklingender Krankheitsdynamik) auch ersetzt werden kann. Auch für andere Erkrankungen
wird in jüngster Zeit eine Parallelität von Krankheitsdynamik und traumatischer Verarbeitung angenommen, wie dies etwa W. BUTOLLO (1997) für die
Angststörungen beschreibt.

In der Psychose zeigt sich die »Ursituation des eigentlichen traumatischen Affektes« (SELLSCHOPP 1999), wozu Gefühle des Zerreißens, des
Schrecks und des Verlusts von Wirklichkeitsgefühl gehören. Die Traumati-

sierung und die psychischen Reaktionen darauf verstellen die Möglichkeit von Empowerment, da sie Passivität, Rückzug oder aggressive Selbstschutz- reaktionen bewirken. Ziel der professionellen Unterstützung von Empower- ment muss es daher sein, für diese Traumatisierungen sensibel zu werden und sie weitestmöglich zu verhindern. Heute werden diese Traumata in der Regel nicht einmal besprochen, Psychose- und Psychiatrieerfahrungen wer- den von Angehörigen, Betroffenen und Therapeuten häufig übergangen, sie sollen am besten vergessen und dadurch bewältigt werden. Doch traumati- sche Erfahrungen bedürfen gerade der Aussprache, der Rückversicherung und des Verständnisses durch andere Menschen, sollen sie nicht langwierige negative Folgen nach sich ziehen.

Traumatisierungen und Hilflosigkeitserfahrungen, die sich nicht bei allen, aber bei vielen psychiatrischen Patienten finden, haben schwer wie- gende Folgen für ihren künftigen Umgang mit ihrem Leben. Die Folgen sind nicht selten Passivität, Rückzug und Hoffnungslosigkeit, was wiederum die Krankheitsdynamik aufrechterhält und damit Chronifizierungsprozesse be- wirkt. Vor allem führt dies auch dazu, dass Betroffene nicht in der Lage sind ihre eigenen Selbsthilfe- und Handlungsmöglichkeiten kennen zu lernen. Sie bleiben auf Hilfe von außen angewiesen, weil sie immer wieder ihre eigene Ohnmacht erfahren haben und dies zu einem überdauernden Gefühl der Hilflosigkeit geführt hat. Selbst in neuen Situationen, in denen ihnen durch- aus Handlungsmöglichkeiten zur Verfügung stünden, sind sie nicht in der Lage diese wahrzunehmen und zu erproben.

In der Empowerment-Arbeit geht es nun darum, den Handlungs- spielraum der Betroffenen wieder zu erweitern, indem ihnen das Gefühl der Beeinflussbarkeit und der potenziellen Selbstwirksamkeit zurückgegeben wird. Dies ist vor allem bei Menschen schwierig, die langjährige Misser- folgs- und Ohnmachtskarrieren hinter sich haben. Erlittene Traumata lassen sich nicht durch Stillschweigen bewältigen. Vielmehr ist Unterstützung bei der Verarbeitung ebenso erforderlich wie ein Gespräch darüber, wie solche Geschehnisse in der Zukunft vermieden werden können. Dadurch lässt sich die Angst vor einem neuerlichen Trauma zumindest reduzieren. Jede Ge- walt- und Ohnmachtserfahrung, der psychiatrieerfahrene Menschen ausge- setzt waren und die von ihnen als belastend erlebt wurde, muss besprochen werden, egal ob es sich um Zwangsmedikation, Zwangsunterbringung oder andere Gewaltausübung gehandelt hat (FRITZ u. a. 1991).

Verstehen, bewältigen und Sinn erfahren

Die Vermeidung von Hilflosigkeitserfahrungen und Traumatisierungen ermöglicht zum einen Empowerment-Prozesse, zum anderen wird damit Einfluss genommen auf Gesundungsprozesse. Hilfreich beim Verständnis dieser Zusammenhänge ist das Konzept der Salutogenese, wie es von dem israelischen Gesundheitsforscher A. ANTONOVSKY (1997) theoretisch konzepiert und methodisch fundiert wurde. Für unseren Empowerment-Ansatz ist es deshalb von Interesse, weil es unseren Blick nicht auf Defizite psychiatrischer Behandlung richtet (Hilflosigkeitserfahrungen, Traumatisierungen usw. sollten vermieden werden), sondern positiv formuliert, welche Gefühle, Erwartungen und Kognitionen wir bei unseren Klienten fördern sollten. A. Antonovsky beschäftigt sich nicht mit der Frage, wodurch kranke Menschen krank geworden sind, sondern warum gesunde Menschen gesund bleiben bzw. wie kranke Menschen wieder gesund werden. Nach seinen Forschungen ließ sich ein »Einstellungsfaktor« ermitteln, der großen Einfluss auf die Gesundheit einer Person hat, das so genannte Kohärenzgefühl (sense of coherence). Ihm liegen drei Gefühle zu Grunde:

1 **Gefühl von Verstehbarkeit (sense of comprehensibility)**
   Die Erwartung bzw. Fähigkeit von Menschen, Stimuli – auch unbekannte – als geordnete, konsistente, strukturierte Informationen verarbeiten zu können und nicht mit Reizen konfrontiert zu sein, die chaotisch, willkürlich, zufällig und unerklärlich sind.

2 **Gefühl von Handhabbarkeit bzw. Bewältigbarkeit (sense of manageability)**
   Überzeugung eines Menschen, dass Schwierigkeiten lösbar sind. Das Ausmaß, in dem man wahrnimmt, dass man geeignete Ressourcen zur Verfügung hat, um den Anforderungen begegnen zu können.

3 **Gefühl von Sinnhaftigkeit bzw. Bedeutsamkeit (sense of meaningfulness)**
   Das Ausmaß, in dem das Leben als emotional sinnvoll empfunden wird und die Probleme und Anforderungen des Lebens es wert sind, dass man Energie in sie investiert und sich für sie einsetzt.

Diese drei Gefühle beschreiben ein eher generelles Konstrukt und können dementsprechend kaum voneinander getrennt werden. Dennoch war für Antonovsky das Gefühl der Sinnhaftigkeit das letztlich bedeutsamste Element.

Das Ausmaß dieser drei Gefühle entscheidet darüber, wie groß die Widerstandsressourcen einer Person gegen Erkrankungen aller Art sind. Ebenso entscheiden diese drei Gefühle darüber, inwieweit ein Mensch fähig ist seine Handlungsmöglichkeiten auszuschöpfen. Sind diese drei Gefühle stärker ausgeprägt, so wird er besser in der Lage sein mit verschiedenen Situationen angemessen umzugehen und einen Sinn in seiner Aktivität sehen: Wenn mir klar ist, was gerade geschieht, ich eine Vorstellung davon habe, dass diese Situation lösbar ist, und ich weiß, wofür ich das tue, dann kann ich auch schwierige Situationen bewältigen.

Gerade bei psychiatrischen Klienten sind diese Gefühle häufig nur sehr schwach ausgeprägt (SAMMALLAHTI u. a. 1996). Dies liegt zu einem Teil in der Dynamik der Erkrankungen begründet: So haben Menschen mit psychotischen Erkrankungen auf Grund möglicher kognitiver Störungen Schwierigkeiten, Informationen sinnvoll einzuordnen und zu hierarchisieren. Auch Reizüberflutung verhindert eine sinnvolle Verarbeitung und beeinträchtigt die Auswahl angemessener Lösungen. Folge solcher Einschränkungen ist ein immer weiter sinkendes Gefühl von Verstehbarkeit und Handhabbarkeit. Auch das Gefühl von Sinnhaftigkeit sinkt bei vielen psychiatrischen Erkrankungen verständlicherweise. So stellt sich einerseits tatsächlich die Frage nach dem Sinn immer wiederkehrender Krankheitsphasen, andererseits wird vielen psychiatrischen Erkrankungen ein »psychischer Sinn« abgesprochen, indem diese Erkrankungen lediglich als Folge einer fehlregulierten Hirnphysiologie interpretiert werden. Besonders wichtig ist für viele Betroffene zudem, dass sie nicht auf gängige Sinnmuster zurückgreifen können, wie etwa eine verantwortliche Tätigkeit oder die Gründung einer Familie. Ihr Alltag ist stattdessen häufig von Unterforderung, Langeweile und geringem Sinngefühl geprägt.

Auch wenn das Konzept des Kohärenzgefühls bisher kaum auf die psychiatrische Arbeit bezogen wurde und Studien größtenteils fehlen, so ist es doch ein hilfreiches und praktikables theoretisches Konzept, nach dem psychiatrische Arbeit ausgewählt und bewertet werden kann: Welchen Einfluss hat welches professionelle Handeln auf das Gefühl der Verstehbarkeit, der Handhabbarkeit und der Bedeutsamkeit bei den Klienten? Wie können gerade bei jenen Menschen, bei denen auf Grund der Erfahrungen in der Krise oder des Krankheitsverlaufs eine Reduktion dieser Haltung zu erwarten ist, diese Gefühle wieder aktiviert werden? Der Bezug dieses Konzepts zum Empowerment-Ansatz mag spontan eingängig sein; es wäre jedoch eine bisher ausstehende wissenschaftliche Beschäftigung mit diesen Zusammenhängen notwendig. Dabei ließe sich ermitteln, ob und welche Beziehungen zwischen dem Kohärenzgefühl einerseits und der Behandlung bzw. den Umständen der Erkrankung andererseits bestehen und inwiefern das Kohärenzgefühl in Zusammenhang mit Gesundungs- bzw. Chronifizierungsprozessen gebracht werden kann.

Empowerment-Haltung

Empowerment-Arbeit erfordert eine veränderte professionelle Haltung, aus der sich dann auch veränderte Methoden ergeben. Grundlage einer veränderten Haltung kann die Theorie der Menschenstärken nach Weik sein, die in vielen Bereichen der psychosozialen Arbeit Einzug gehalten hat. »Diese Perspektive nimmt an, dass jede Person eine innere Kraft besitzt, die man als Lebenskraft, Fähigkeit zur Lebenstransformation, Lebensenergie, Spiritualität, regenerative oder heilende Kraft bezeichnen mag. (...) Der Prozess des Empowerment erweckt oder stimuliert diese eigene natürliche Kraft des Einzelnen. (...) Die Perspektive der Menschenstärken nimmt an, dass Menschen in ihrem Handeln immer dann, wenn ihre positiven Kapazitäten unterstützt werden, auf ihre Stärken zurückgreifen. Ein Überzeugungsmodell, das auf dem Glauben an die inneren Fähigkeiten für Wachstum und Wohlbefinden aufbaut, bedarf daher eines sensiblen Gespürs für die Ressourcen der Menschen, ihre Talente, Erfahrungen und Ansprüche. Durch diese sensible Aufmerksamkeit wird die Wahrscheinlichkeit für positives Wachstum um ein Vielfaches erhöht.« (WEIK 1992)

Doch gerade die psychiatrische Forschung und Praxis tut sich mit dieser Haltung schwer, was in erster Linie historisch-konzeptionelle und strukturelle Gründe hat. So lässt die »traditionelle Vorstellung von der persönlichkeitszerstörenden Macht der Psychose (...) Autonomieerwägungen keinen Raum« (BÖKER / SCHAUB 1997). Zudem wird ein bei langjährig erkrankten Menschen oder bei Menschen in akuten Krisensituationen sinnvoll erscheinender Verhaltensstil mit viel Fürsorge und Verantwortungsübernahme durch professionell Tätige häufig zu einer generalisierten Haltung, die auch bei gesünderen oder schon wieder stabilisierten Patientinnen und Patienten angewandt wird.

Vertrauen in die Fähigkeit jedes Einzelnen

Die psychiatrische Arbeit tut sich weiterhin schwer damit, die Fähigkeiten der betroffenen Menschen wahrzunehmen, zu würdigen und zu fördern. Zu lange war der professionelle Blick ausschließlich auf die Defizite eines Menschen ausgerichtet. Eindrückliches Beispiel ist das bis in die neunziger Jahre verbreitete Vorurteil, psychosekranke Menschen seien auf Grund ihrer Persönlichkeitsstruktur nicht in der Lage Selbsthilfegruppen zu gründen. Heute gibt es mehrere Hundert Selbsthilfegruppen und -organisationen psychoseerfahrener bzw. psychiatrieerfahrener Menschen in Deutschland, in der Schweiz und in Österreich, die sich in nur wenigen Jahren gegründet haben und die ein beachtliches Engagement an den Tag legen.

Ein anderes ebenso eindrückliches Beispiel ist die lange vernachlässigte Bewältigungsforschung bei Psychosen, die heute deutlich zeigt, dass so gut wie alle Betroffenen versuchen durch eigenes Verhalten ihre Erkrankung und die Krankheitszeichen zu beeinflussen, was ihnen auch vielfach gelingt (SCHAUB 1993).

Positive Veränderungen werden von professioneller Seite selten den Bemühungen des Betroffenen zugeschrieben, vielmehr wird zunächst auf die Behandlung und vor allem auf die Medikamente attribuiert. Negative Veränderungen werden in erster Linie der Krankheitsdynamik zugeschrieben. Der Betroffene selbst erscheint als Spielball zwischen Krankheit und von außen kommender Behandlung.

Zu den Fähigkeiten der Betroffenen gehört es auch, häufig erstaunlich gut angeben zu können, was sie in Krisen brauchen oder wie sie sich die Lösung einer momentanen Schwierigkeit vorstellen. Professionell Tätige fragen Betroffene noch viel zu selten, was sie brauchen und was ihnen gut tut. Vor allem während der akuten Krisenzeit sollen sie dazu prinzipiell außerstande sein. Dabei kommt es nur darauf an, ernsthafte Anliegen von solchen zu unterscheiden, die Ergebnis einer momentanen, kurzfristigen Dynamik sind. Absprachen können getroffen werden, sei dies in Form der immer verbreiteteren Behandlungsvereinbarungen (DIETZ u. a. 1998) oder individueller Absprachen, die in jedem Setting möglich sind.

Nicht beurteilende Grundhaltung

Für psychiatrisch Tätige ist es nicht einfach, den Eigen-Sinn ihrer Klienten zu akzeptieren. Sie ertragen die Lebensentwürfe einiger Klienten nicht und versuchen daher, ihre Klienten von Lebensentwürfen zu überzeugen, mit denen in erster Linie die professionell Tätigen besser zurechtkommen. Manche Reha-Bemühungen werden nicht deshalb angestrengt, weil sie vom Betroffenen gewünscht werden, sondern weil professionelle Helfer sie für ihre Klienten für sinnvoll erachten. Die verständlicherweise fehlende Motivation lässt solche Bemühungen in der Regel schnell scheitern und vermittelt dem Betroffenen ein weiteres Misserfolgserlebnis.

Den Lebensentwurf eines Betroffenen zu akzeptieren darf nicht mit einer »Ist-mir-egal-Haltung« verwechselt werden. Hier werden die Vorstellungen gerade nicht akzeptiert, sondern der professionell Tätige zieht sich aus Enttäuschung über die geringe Kooperationsbereitschaft des Betroffenen aus der Beziehung zurück. Das dadurch häufig vorprogrammierte Scheitern bestätigt ihn dann wiederum in seiner Einschätzung, dass nur der von ihm propagierte Weg Erfolg versprechend gewesen wäre. Respekt vor unkonventionellen Lebensentwürfen bedeutet, diese zu akzeptieren und die Betroffenen bei der Verwirklichung zu unterstützen.

Was sich hier leicht schreiben lässt, kann in der Praxis ungemein schwierig sein, etwa wenn sich der Betroffene offensichtlich selbst schädigt. Akzeptieren kann nicht heißen, allem zuzustimmen, was der Betroffene wünscht, wohl aber, jeden Wunsch mit dem Betroffenen auf seine »Tauglichkeit« hin zu überprüfen. Ich erinnere mich an eine Fallsupervision, in der wir Mitarbeiter einer psychiatrischen Einrichtung über die beruflichen Perspektiven eines Klienten sprachen und erst nach etwa 30 Minuten bemerkten, dass wir gar nicht wussten, wie sich der Betroffene selbst seine zukünftige Arbeitssituation vorstellte.

Dabei haben nicht nur Therapeuten, sondern auch ihre Klienten ein Recht auf Irrtum, d. h., auch ein riskanter Weg verdient es häufig, vom Betroffenen mit professioneller Unterstützung beschritten zu werden. Wenn sich dieser Weg als Irrweg herausstellt, ist das keine Bestätigung dafür, dass doch nur die Vorstellung des Profis richtig ist, sondern dass auch der Betroffene Fehlentscheidungen treffen kann. Versuch und Irrtum sind sehr wichtige Voraussetzungen für autonomes Handeln.

Passive Aktivität

Professionell Tätigen fällt das Nichthandeln schwerer als das Handeln. Dabei ist gerade die professionelle Zurückhaltung die Ermöglichung dafür, dass Betroffene ihre eigenen Fähigkeiten entdecken und nutzen lernen. »Man hilft den Menschen nicht, wenn man für sie tut, was sie selbst tun können«, dieses inzwischen geflügelte Wort A. Lincolns mag sofort einleuchten und doch ist seine Umsetzung in der psychiatrischen Arbeit alles andere als leicht.

Passivität von professioneller Seite bedeutet nämlich in gewisser Hinsicht ein »Sichausliefern« an den Patienten und an die Erkrankung. Die Entscheidungen und Lösungsversuche Betroffener sind meist nicht so geradlinig, wie sie von professioneller Seite gewünscht werden. Professionellen fällt es zudem schwer, Vertrauen in die Fähigkeiten des Gegenübers aufzubringen. Ohne Vertrauen aber ist Abwarten, ist »Lernenlassen« nicht möglich. Wenn der Betroffene etwas in meinen Augen garantiert nicht kann, dann brauche ich nicht zu warten, dann ist vielmehr Fremdhilfe angebracht. Professionelle Zurückhaltung ist damit immer an Vertrauen gebunden. Wenn Vertrauen nicht vorhanden ist, werden Lösungswege vorgegeben, Aufgaben abgenommen, Entscheidungen stellvertretend getroffen, kurz: Der professionell Tätige gerät in einen »fürsorglichen Aktivismus«, der dem Wohl und dem Schutz des Betroffenen dienen soll.

Diese Tendenz gibt es in fast allen helfenden Berufen und ist vor allem in der Psychiatrie eine große Gefahr. Schwer psychisch kranke Menschen sind während ihrer akuten Krankheitsphasen auf viel Unterstützung angewiesen; diese Unterstützung dann zum rechten Zeitpunkt zurückzunehmen und dem Gegenüber damit wieder mehr zuzutrauen, das ist ein schwieriger Balanceakt. Dabei sind natürlich nicht nur die professionell Tätigen an die schon eingeübte Rollenaufteilung der akuten Krankheitsphase »gefesselt«, sondern ebenso die Betroffenen selbst und auch ihre Angehörigen. Passive Aktivität bedeutet dann unter Umständen, einem Patienten gegen seinen eigenen Willen Unterstützung zu entziehen, worauf dieser im ungünstigen Fall mit Ärger oder mit Regression reagiert, möglicherweise aber auch mit zunehmender Aktivität.

Vor allem in Gruppen spüren professionell Tätige einen großen Druck zur Gestaltung und auch zur »Unterhaltung«. Passive Aktivität in der gruppentherapeutischen Arbeit bedeutet stattdessen, sehr sensibel für die Gruppenprozesse zu sein, unangenehme Stimmungen oder Ratlosigkeit mitzutragen, Gruppenabläufe weniger zu planen und Offenheit für neue und unerwartete Ideen zu beweisen.

Empowerment-Prozesse lassen sich nicht planen, erst recht nicht von professioneller Seite. Sie verlaufen weder geradlinig, noch sind sie »Erfolgsstorys« (Herriger). Das Finden des eigenen Weges braucht viel Zeit. Gerade bei schwer beeinträchtigten Menschen vollzieht sich Veränderung in einer anderen Geschwindigkeit als im Leben der professionell Tätigen. »Professionelle Fertigprodukte« (KEUPP 1993) beinhalten immer die Gefahr, dass sie den Betroffenen einerseits überfordern und ihn andererseits daran hindern, seine eigenen Ressourcen zu mobilisieren.

Gerade die neuen Bemühungen zum Qualitätsmanagement und zu den personenzentrierten Hilfen im ambulanten Bereich (KAUDER/APK 1997) können dazu führen, dass die Eigenzeitlichkeit der Betroffenen und ihre Fähigkeiten zur individuellen Problemlösung den strukturierten und zeitlich »vorgegebenen« Hilfeplänen geopfert werden. Überhaupt stehen Therapeuten und psychiatrische Einrichtungen zunehmend unter »Erfolgsdruck«, sie müssen positive Veränderungen vorweisen, andernfalls wird ihre Arbeit als nicht erfolgreich betrachtet. Dieser Leistungsdruck und die damit verbundene Ungeduld verhindern Empowerment-Prozesse. Professionell Tätige sind dann schnell verleitet, positive Veränderungen gemäß ihrer Vorstellungen zu planen. Notwendig ist vielmehr ein großer Respekt vor der Eigenzeit des Klienten (JOST 2000) und der Verzicht auf zu sehr strukturierte Hilfepläne und zu eng gefasste Zeithorizonte. An die Stelle von Planbarkeit und Kontrolle tritt die »Kunst des Indirekten« (SCHERNUS 2000).

ANDREAS KNUF

Aufklärung und Informationsaustausch als Empowerment-Strategie

Wissen darüber, was in und um uns herum geschieht, ist für jeden Menschen außerordentlich wichtig. Besonders bedeutend sind Informationen dann, wenn uns etwas Unerwartetes oder nicht Verstehbares geschieht. Dann entscheidet unser Wissen darüber, ob wir das zunächst Unverstehbare in unsere bisherigen Erfahrungen integrieren können, wie wir uns in dieser Situation verhalten und ob wir uns dem Ereignis gewachsen fühlen oder passiv und resignativ werden. Informationen zu vermitteln ist daher eines der wichtigsten Elemente einer selbstbefähigenden Behandlung.

Erhält jemand zu wenig Informationen, kann das zu einer unnötigen Verunsicherung führen, zum Beispiel wenn über Nebenwirkungen von Medikamenten nicht hinreichend informiert wurde und bei ihrem Auftreten nicht angemessen reagiert werden kann. Aber auch zu viele Informationen können verunsichern, da Wichtiges von Unwichtigem nicht mehr unterschieden werden kann, wodurch ein Verstehen der Zusammenhänge und ein angemessenes Handeln wiederum behindert werden. Dasselbe gilt für unverständlich vermittelte Informationen, die ein zunehmendes Gefühl von Hilflosigkeit bewirken können, etwa wenn dem Betroffenen verschiedene Begriffe für seine Diagnose mitgeteilt werden. Falsche Informationen können das Vertrauensverhältnis zum Therapeuten erschüttern und Informationen zur falschen Zeit können einen Rückzug oder sogar einen Abbruch der Beziehung bewirken.

Vor allem im psychiatrischen Bereich ist das Wissen vieler Betroffener ausgesprochen schlecht. Dies zeigt sich besonders eindrücklich bei der Aufklärung über die Diagnose Schizophrenie: Verschiedene Studien belegen, dass kaum die Hälfte der Betroffenen über ihre Diagnose informiert ist (u. a. ZÖLLNER / DÖPP 1979; LUDERER / BÖCKER 1993), wobei wiederum die Hälfte der Betroffenen nicht von ihrem Arzt, sondern durch andere Quellen informiert wurde. Viele Therapeuten halten gerade bei schizophrenen Men-

schen eine Aufklärung für nicht wichtig oder verzichten darauf, weil sie befürchten die Diagnose könne dem Betroffenen schaden (LUDERER 1994).
Auch die Aufklärung über die Behandlung ist häufig ausgesprochen dürftig.
Vor allem über Nebenwirkungen von Medikamenten wird schlecht informiert. In einer Studien von C. S. BROWN u. a. (1987) hatten nur 17 Prozent
der Befragten Kenntnis über die Nebenwirkungen ihrer Medikamente. 19
der 30 von G. P. ALBUS u. a. (1980) befragten Ärzte waren der Auffassung,
wenn Patienten zu viel wüssten, würde die ärztliche Arbeit unnötig er-
schwert.

In zahlreichen Untersuchungen (siehe etwa LUDERER 1989) waren
die Betroffenen unzufrieden mit der Informationsvermittlung und forderten
mehr Informationen. Auch der Großteil derjenigen, die ihre Diagnose nicht
kennen, wünscht darüber informiert zu werden. Von den Betroffenen wird
ebenso wie von deren Selbsthilfegruppen und Interessenvertretungen darüber hinaus eine einfühlsame und verständliche Information gefordert. So
beklagten viele schizophrene Patienten, dass sie zwar über akute Krankheitszeichen informiert wurden, das subjektive Erleben und die im Anschluss an eine akute Krise auftretenden Veränderungen aber unberücksich-
tigt blieben.

Informationsrecht und Aufklärungspflicht

Jeder Betroffene hat Anspruch darauf, über seine Diagnose und das Krank-
heitsgeschehen ebenso informiert zu werden wie über die Behandlungsmaßnahmen. Von der Aufklärung darf nur dann abgesehen werden, wenn bleibende Gesundheitsschäden oder eine übermäßige psychische Belastung zu
befürchten sind, was als Ausnahme anzusehen ist. Bezüglich der Behandlung
übt der Betroffene das Selbstbestimmungsrecht aus, d. h., er kann frei entscheiden, ob er die angebotene Behandlung nutzen möchte oder nicht. »Aus
dem Selbstbestimmungsrecht und dem Grundrecht auf körperliche Unver-
sehrtheit (Art. 2 GG) ergibt sich, dass jede Heilbehandlung der Einwilligung
durch den Betroffenen bedarf.« (BRILL 1998) Nur unter eng umgrenzten
Bedingungen ist das Selbstbestimmungsrecht eingeschränkt, dann nämlich,
wenn die Einwilligungsfähigkeit des Betroffenen in Frage steht. Dies ist etwa
der Fall, wenn Betroffene nicht in der Lage sind, die Aufklärung zu verstehen, oder die Einsicht in die eigene Störung eingeschränkt ist. In allen ande-

ren Fällen muss der Betroffene so aufgeklärt werden, dass er in die Lage versetzt wird von seinem Selbstbestimmungsrecht Gebrauch zu machen. Hierzu sind in der Regel Informationen über die geplante Behandlung sowie über Risiken und Alternativen erforderlich. Selbst bei vollkommen einwilligungsfähigen Menschen geschieht dies häufig nicht, wie die oben dargestellten Umfrageergebnisse bestätigen. Nach erfolgter Aufklärung muss der Betroffene in die Behandlung einwilligen, wofür im englischsprachigen Raum der Begriff »informed consent« (informierte Zustimmung) benutzt wird (siehe den Beitrag von M. Zaumseil in diesem Buch).

Aufgeklärt wird heute in der Regel mittels der so genannten Spontanaufklärung: Der Arzt informiert den Patient darüber, was ein »verständiger Durchschnittspatient in der gleichen konkreten Situation zu erfahren wünscht« (KLEIN / WEISSAUER 1994). Es liegt dann am Patienten, die ihn interessierenden weiterführenden Fragen zu stellen. Diese Form der Aufklärung dient in erster Linie der rechtlichen Absicherung der Behandler. Die Betroffen sind häufig überfordert, nur ein Bruchteil der Patientinnen und Patienten ist in der Lage, die entscheidungsrelevanten Fakten aufzufassen.

Ziel selbstbefähigender Behandlung ist es, den Betroffenen dabei zu unterstützen, möglichst mündig und selbstbestimmt entscheiden und handeln zu können. Dazu erforderlich ist ein »Bildungsprozess« (siehe die Beiträge zur Medikation), der weit mehr umfasst als das bloße Zur-Verfügung-Stellen von Informationen. Vielmehr ist derjenige, der informiert, auch dafür mitverantwortlich, dass sein Gegenüber diese Informationen versteht. Es ist unlauter und falsch, eine misslungene Aufklärung zunächst auf mögliche Informationsverarbeitungsstörungen des Betroffenen zurückzuführen. Aufklärung und Informationsvermittlung müssen mögliche kognitive Defizite ebenso berücksichtigen wie die emotionale Situation, in der sich der Betroffene befindet. Dazu sind in der Regel mehr als nur ein ausführliches Gespräch erforderlich; derjenige, der aufklärt, muss sich Zeit nehmen, den Betroffenen zum Nachfragen ermuntern, weitere Gespräche anbieten usw.

Während des Prozesses der Informierung ist es Aufgabe des professionell Tätigen, den Betroffenen gemäß seiner individuellen Bedürfnisse aufzuklären. Aufklärung im Sinne von Empowerment bedeutet nicht zwangsläufig möglichst viele Informationen zur Verfügung zu stellen, sondern flexibel auf die Bedürfnisse des Betroffenen einzugehen. Wenige Betroffene wünschen kaum Informationen, viele wünschen ein mittleres Maß und einige erwarten eine sehr umfangreiche Informationsweitergabe und sind zumeist selbst auch bereit, sich mit Hilfe von Büchern, Zeitschriften oder Internetangeboten zu informieren. Dem Betroffenen sollten alle Informationen angeboten werden, die er wünscht.

Informationsvermittlung ist immer emotional

Der Begriff »Informationsvermittlung« legt zunächst nahe, dass es sich um eine sehr kognitive Angelegenheit handelt. Informationen erhält man in der Schule, auf einem Lehrgang oder in einem Fachbuch. Immer geht es darum, neues Wissen aufzunehmen. Gleichwohl gibt es keine Kognitionen ohne emotionale Beteiligung (CIOMPI 1982). Das gilt vor allem dann, wenn jemand über seine Erkrankung informiert wird, und erst recht, wenn es sich um eine schwer wiegende Erkrankung wie etwa eine Psychose handelt. Es geht um Informationen über ein Erleben, das den Betroffenen vollkommen aus dem Gleichgewicht gebracht hat und ihn häufig in seinem Leben so erschüttert hat, wie nie etwas anderes zuvor. Jede Auseinandersetzung mit diesem Erleben ist eine höchst emotionale Angelegenheit; dies muss bei der Vermittlung von Informationen berücksichtigt werden. Eine einseitig kognitive Auseinandersetzung mit der Psychose ist in vielen Fällen ein von Professionellen wie Betroffenen gemeinsam unternommener Versuch, sich vor den auf beiden Seiten vorhandenen emotionalen Inhalten wie Angst oder Bedrohung bzw. den Erinnerungen an psychotische Erlebnisse zu schützen. Dies ist sinnvoll, wenn es sich um einen nötigen Selbstschutz des Betroffenen handelt, kann aber Handlungsmöglichkeiten behindern, wenn es in erster Linie der Therapeut ist, der sich zu schützen versucht.

Hinter den meisten Sachfragen, die in Angehörigen- oder Patientengruppen und Psychose-Seminaren gestellt werden, verbirgt sich nicht nur der Wunsch nach Antwort, vielmehr verweisen sie auch auf ein persönliches Problem des Fragestellers (BLANKE 1986). Beispielsweise wird immer wieder gefragt: »Woher kommt die Psychose eigentlich?« Wer diese Frage stellt, der möchte nicht nur das Vulnerabilitäts-Stress-Modell oder die neuesten Ergebnisse der Vererbungsstudien erfahren (die kennt er häufig sogar schon, wie sich bei genauerem Nachfragen erweist). Diese Frage hat häufig einen ganz anderen Hintergrund, der etwa lautet: »Ich kann einfach nicht verstehen, wie es zu dieser Psychose kam. Mir fällt es auch schwer, mich damit abzufinden. Immer wieder frage ich mich, warum gerade ich? Habe ich etwas falsch gemacht in meinem Leben?« Der Fragende hat einerseits ein Recht darauf, die von ihm erwünschten Informationen zu bekommen, ebenso hat er aber ein Recht auf eine Unterstützung, die es ihm ermöglicht, sich mit diesen eher emotionalen Inhalten zu beschäftigen.

Dem Betroffenen fällt es häufig schwer, seine persönlichen Probleme, Befürchtungen und Unsicherheiten als solche wahrzunehmen und sie auszusprechen; in vielen Fällen traut er sich auch nicht sie anzusprechen, etwa wenn er die Erfahrung gemacht hat, dass sein Gegenüber wenig Zeit hat und für ein längeres Gespräch über dieses Thema nicht offen ist. Eine Frage zu stellen ist um vieles einfacher, vor allem dann, wenn es mein Gegenüber gewohnt ist, kluge Antworten zu geben. Vor allem Ärzte werden deshalb häufig gefragt. Ich habe sehr oft Frage-Antwort-Spiele beobachtet, bei denen die eigentliche Intention des Fragenden nicht aufgegriffen wurde. Sie gehen immer auf zweierlei Weise aus: Entweder verstummt der Fragende, nachdem ihm geantwortet wurde, und wirkt dabei unbefriedigt. Oder der Fragende fragt immer weiter, ihm fallen immer neue Fragen ein, weil er mit seinen eigentlichen Anliegen nicht verstanden wurde.

Informationsvermittlung bedeutet, auch die emotionale Seite zunächst sachlich wirkender Informationen im Gespräch zu berücksichtigen. Dies kann etwa geschehen durch Nachfragen: »Wie geht es Ihnen, wenn wir hier über die Prognose Ihrer Krankheit reden?« Manchmal ist es auch möglich, leicht suggerierend die emotionale Seite einer Frage anzusprechen und den Klienten oder Angehörigen konkret zu fragen, ob er weitere Informationen wünscht oder ob er ein für ihn schwieriges Thema besprechen möchte.

Nur so viele Informationen, wie emotional verarbeitet werden können, werden auch aufgenommen. So wird die häufige Erfahrung verständlich, dass Betroffene nach einer ausführlichen Aufklärung kaum mehr wissen als zuvor. Sie haben sich verschlossen, weil die Diagnose oder anderes Wissen über ihre Erkrankung eine zu große Bedrohung für sie gewesen wäre. Deshalb muss auf Seiten des Therapeuten viel Sensibilität dafür vorhanden sein, wie viele und welche Informationen der Betroffene aufnehmen und integrieren kann.

Bei der Aufklärung über Krebserkrankungen ist der Begriff des »Middle Knowledge« bekannt (FALLER 1998), der das Nebeneinander von Wissen und Nicht-Wissen bzw. Nicht-wissen-Wollen beschreibt. Nicht alles wissen zu wollen ist häufig ein Schutzmechanismus, der etwa bei einer unter Umständen tödlich verlaufenden Erkrankung wie dem Krebs ganz nachvollziehbar erscheint, der aber auch bei psychischen Erkrankungen, vor allem bei Psychosen, am Werke ist – denn was ist in den Augen der meisten Menschen die Psychose anderes als ein »gesellschaftliches Todesurteil«? Es ist in den meisten Fällen nicht sinnvoll, den Betroffenen am ersten oder zweiten Tag seines Klinikaufenthaltes ausführlich über seine Erkrankung und die Behandlungsmöglichkeiten zu informieren, wie dies verschiedentlich geschieht (DIEHL 1986). Auf der anderen Seite ist es aber schon geradezu skandalös (und zudem rechtswidrig), wenn Patienten zum Beispiel erst nach mehreren Monaten der Behandlung mit Neuroleptika über die Nebenwirkungen informiert werden, wie dies vor allem in älteren Publikationen favorisiert wurde (AYD 1977).

Mut machen

Informationen sind kein Selbstzweck. Sie sollen den Betroffenen befähigen, sich selbst mit seiner Erkrankung besser einschätzen zu können, und ihn in Zukunft bei der Bewältigung der Erkrankung unterstützen. Jede Information ist nur so gut, wie sie positive Konsequenzen für den Betroffenen und vor allem für seine Zukunft hat. Nichts ist verhängnisvoller als Informationen, die eine Zukunft verbauen, indem sie eine so negative Sicht entwerfen, dass eine lebenswerte Perspektive nicht mehr offen steht. Hunderttausenden von Menschen hat die Kraepelin'sche Diagnose der »Dementia praecox« geschadet und sie in die Chronifizierung oder den Suizid mit hineingetrieben.

Verschiedene Studien belegen die große Bedeutung von Hoffnung und positiven Zukunftserwartungen (RALPH u. a. 1996; BLANCH u. a. 1993; SCHAUB 1993). So fand A. Schaub einen signifikanten Zusammenhang zwischen dem Gefühl von Hoffnung bei den von ihr befragten Betroffenen und deren Bereitschaft zu Hilfe suchendem Verhalten. Einige Patienten gaben in dieser Untersuchung an, ihre Angehörigen hätten für sie in den Zeiten ihrer größten inneren Not zeitweise die Funktion einer »stellvertretenden Hoffnung« gehabt: Sie selbst hätten nicht mehr auf eine Besserung ihres Zustandes hoffen können, aber die Hoffnung ihrer Angehörigen habe sie mitgetragen. Andere Untersuchungen (CIOMPI u. a. 1979; DAUWALDER u. a. 1984) fanden, dass die Zukunftserwartungen der Betroffenen, ihrer Angehörigen und der professionell Tätigen der beste Prädiktor für den weiteren Krankheitsverlauf waren.

Nun bewirkt die psychiatrische Behandlung, vor allem die stationäre, viel zu häufig *keine* positiven Zukunftserwartungen. An Stelle von Hoffnung machen sich eher Angst und Verzweiflung breit angesichts der momentanen Lage und der weiteren Perspektive. In einigen Bereichen arbeitet die psychiatrische Behandlung sogar gezielt mit Angst und Resignation, etwa um die Compliance der Betroffenen zu fördern. Wer nicht mit einer medikamentösen Rezidivprophylaxe einverstanden ist, der erhält nicht selten die Information, seine Erkrankung würde mit allergrößter Wahrscheinlichkeit innerhalb kürzester Zeit wieder auftreten, wenn er nicht bereit wäre Medikamente zu nehmen. Hier wird sogar absichtsvoll eine negative Zukunftserwartung erzeugt.

Bei einigen Betroffenen ist die eigene Einschätzung der Schwere der Erkrankung auch negativer, als sie auf Grund heutiger Erkenntnisse sein müsste (BECHTER 1993). Deshalb ist es wichtig, im Gespräch herauszuarbeiten, welche Zukunftserwartungen der Betroffene hat und ob diese angemessen sind. Pessimistische Erwartungen kommen zum Beispiel zustande, wenn Patienten während ihrer Behandlung auf den Stationen schwerstkranke Mitpatienten kennen lernen und erfahren, dass sie dieselbe Diagnose haben.

Bei der Informationsvermittlung und natürlich auch bei der Erarbeitung eines Krankheitsmodells ist es wichtig, dass diese für den Betroffenen so Mut machend und hoffnungsvoll wie möglich sind. Dabei geht es nicht darum, Psychosen oder andere psychische Erkrankungen »besserzureden«, als sie sind. Auch negative Aspekte, wie etwa die Suizidgefahr oder die Gefahr der Chronifizierung sollten offen angesprochen werden, nur so wird ein angemessener Umgang mit der Erkrankung und eine Berücksichtigung der Gefahren möglich. Es geht aber darum, die Wichtigkeit von Hoffnung, Mut und positiven Zukunftserwartungen immer vor Augen zu haben. Dazu ist ein Hineinversetzen in die Lage des Betroffenen notwendig. Es geht darum, alles, was unnötige negative Erwartungen erzeugt, zu vermeiden.

Dies gilt etwa für die Wortwahl: Begriffe wie »Defektzustände«, »fortschreitende Chronifizierung« usw. tun ihre Wirkung. Auch pauschalisierende Einschätzungen, etwa zur Prognose (»Sie werden nie wieder in Ihrem Beruf arbeiten können.«), sind nicht nur falsch, da unsere Erkenntnisse solche prognostischen Aussagen im Einzelfall überhaupt nie erlauben, sondern haben zudem weitere negative Auswirkungen auf den Betroffenen. Professionell Tätige sollten sich nicht nur davor hüten, negative Erwartungen auszusprechen, sondern auch, solche Einschätzungen überhaupt vorzunehmen. In den meisten Fällen sind sie schädlich, da sie stärker negative wie positive Konsequenzen haben. »Stellvertretende Hoffnung« gelingt nur, wenn sie ehrlich gemeint ist und der Therapeut tatsächlich an einen positiven Verlauf oder die Möglichkeit dessen glaubt.

Das Nicht-Wissen akzeptieren

Wir alle – professionell Tätige, Betroffene und Angehörige – würden gerne wissen, wie psychische Erkrankungen entstehen, welche Faktoren den Verlauf bestimmen, wie Heilung oder Besserung zustande kommt usw. Dies gilt vor allem für schwere psychische Störungen, bei denen auch nach 100-jähriger Forschung die Ursachen im Dunkeln bleiben. Uns allen fällt es schwer, mit dem Nicht-Wissen zu leben. Gerade deshalb suchen wir nach einfachen Erklärungen, die uns Halt bieten im Dschungel des Unwissens. Viele Angehörige und Psychiatrieerfahrene tun dies, indem sie sich eine für sie plausible Erklärung suchen und diese von ihren Therapeuten gerne bestätigt bekommen würden. Wissenschaftler und Therapeuten tun dies, indem sie eine bestimmte Hypothese vertreten, obwohl sie wissen, dass sie in der von ihnen angenommenen Form sicher nicht stimmt. So ist die allerorts vertretene Dopamin-Hypothese zur biochemischen Verursachung der Schizophrenie einerseits unbewiesen und andererseits in ihrer simplifizierten Form heute wissenschaftlich auch widerlegt (KAHN / DAVIS 1995). Auch wer die Vulnerabilitäts-Stress-Hypothese vertritt, hat nebenbei nicht selten seine eigene »Haushypothese« und vermittelt diese auch. So fanden H. J. LUDERER und F. M. BÖCKER (1993), dass die behandelnden Ärzte der von ihnen befragten schizophrenen Patienten die Erkrankung in 94 Prozent der Fälle doch auf *rein* biologische Bedingungen zurückführten.

M. BLEULER (1976) mag Recht behalten, der meinte, wir seien dem Verständnis der Psychosen heute schon sehr nahe, wollten die sich aus aller bisherigen Forschung ergebenden Erkenntnis aber nicht wahrhaben: dass es nämlich keine klare Ursache der Schizophrenie und anderer Psychosen gibt und es folglich auch keine alleinig richtige Behandlung geben kann. Diese Wahrheit hilft uns wenig bei unserem Bemühen um Halt und Orientierung angesichts einer Krankheit, die uns immer noch ratlos macht und in Angst und Schrecken versetzen kann. Vieles bleibt offen und an Sicherheit ist wenig gewonnen, es gibt keine »wahre Sicht« der Psychosen und keine eindeutigen Therapiekonzepte.

Das Nicht-Wissen zu akzeptieren heißt in erster Linie, alles, was wir wissen, mitzuteilen, und das ist schon sehr viel. Psychiatrieerfahrene Menschen sind auf dieses Wissen angewiesen und brauchen die Orientierung nötiger als alle professionell Tätigen. Es heißt aber auch, über das, was wir nicht wissen, keine Aussagen zu machen und hier verschiedene Ansichten gelten zu lassen. So ist es beispielsweise unrichtig und zudem unnötig zu behaupten, die Schizophrenie sei ein »vorwiegend erbbedingtes Leiden« (HUBER 1987) oder sei ausschließlich auf gesellschaftliche Faktoren zurückzuführen, wie dies von Seiten der Antipsychiatrie geschieht.

Bei ersterkrankten Menschen oder Betroffenen mit wenigen Krankheitsphasen findet sich häufig die Erwartung an die professionell Tätigen, eine möglichst »stichfeste Erklärung« für die Erkrankung geliefert zu bekommen. Hier sind möglichst klare Informationen wichtig, da sich nur mit ihnen der starken Verunsicherung und Angst entgegentreten lässt. Menschen nach mehreren oder vielen Krankheitsphasen erleben es aber im Gegensatz dazu häufig als hilfreich, wenn auch von professioneller Seite das Nicht-Wissen eingestanden wird. So ist es nicht mehr ihr persönliches Unvermögen, weshalb ihnen vieles an ihrem Leiden nach langer Zeit noch immer unverständlich geblieben ist. Vielmehr ist diese Krankheit an sich so undurchschaubar, dass Wissenschaftler, Praktiker und sie als Betroffene vielen Phänomenen ratlos gegenüberstehen. Auch in Befragungen fordern Betroffene eine beidseitige Demut gegenüber der Erkrankung und ein »Zulassenkönnen von gemeinsamer Hilflosigkeit« (NOUVERTNÉ 1993).

Psychoedukative Gruppen, Psychose-Seminare und individuelle Gespräche

Informationsvermittlung darf nie einseitig vom Therapeuten zum Betroffenen erfolgen. Beide wissen viel und haben einiges zu sagen. Ein Lehrer-Schüler-Verhältnis ist zum einen vollkommen unangemessen und bewirkt zum anderen, dass sich der Betroffene unwissend und passiv erlebt. Zu einem wahren Verständnis psychotischer Krisen sind wissenschaftliche Erkenntnisse ebenso von Belang wie die subjektiven Erfahrungen der Betroffenen. Durch die Würdigung seines Wissens und seiner Erfahrungen erlebt der Betroffene dann häufig erstmals, dass seine persönlichen Erfahrungen wertvoll und hilfreich sind, so wertvoll, dass sich der Therapeut für sie interessiert und sie gleichberechtigt neben den wissenschaftlichen Erkenntnissen stehen können. S. SCHÜNEMANN-WURMTHALER und B. SIBUM (1995) formulieren ihre Haltung in psychoedukativen Gruppen folgendermaßen: »Nicht ›Sie brauchen Hilfe, ich weiß für Sie den richtigen Weg‹, sondern ›Ich trage bei, was ich weiß, Sie ergänzen dies durch Ihr Wissen, und wir beide lernen etwas Neues daraus.‹«

Sie beschreiben weiter, dass es auch für sie als die »offiziellen Experten« in ihren psychoedukativen Gruppen einiges zu lernen gab: »Auch die Einschätzung der Eigenkompetenz der Betroffenen im Umgang mit der Erkrankung bzw. Verletzlichkeit hat sich auf Seiten der Moderatoren erheblich verändert. (...) Auch scheinen Vorbehalte und Ängste, sich mit dem psychotischen Erleben selbst intensiv auseinander zu setzen, auf Seiten der Professionellen stärker ausgeprägt als auf Seiten der Betroffenen. Insofern hat die Erfahrung der Gruppenarbeit eine spürbare Rückwirkung auf den Umgang mit Betroffenen im beruflichen Alltag nach sich gezogen.«

Wissensvermittlung und Aufklärung können sowohl in Einzelgesprächen, in Gruppenkontakten wie auch durch die Weitergabe von schriftlichem Informationsmaterial erfolgen. Seit einigen Jahren werden in vielen psychiatrischen Kliniken die »psychoedukativen Gruppen« angeboten, die die Patienten möglichst hinreichend über alle für sie relevanten Aspekte der Erkrankung und Behandlung informieren sollen (etwa BÄUML u. a. 1996; WIENBERG u. a. 1995; KIESERG / HORNUNG 1994). Eine Umfrage unter allen 123 psychiatrischen Kliniken in Süddeutschland ergab, dass in den letzten fünf Jahren in etwa zwei Dritteln aller Kliniken psychoedukative Gruppen angeboten wurden (BUTTNER / KISSLING 1996).

Innerhalb der Selbsthilfebewegung und auch unter professionell Tätigen gibt es große Meinungsunterschiede darüber, ob und inwiefern psychoedukative Gruppen als Ansatz zur Selbstbefähigung aufgefasst werden können. Einerseits bilden diese Gruppen heute für viele Betroffene die einzige Möglichkeit der umfangreichen Information. Andererseits sind sie in der Gefahr – und das zeigen allein schon Begriffe wie »Psychoedukation«, »Patientenschulung« oder »Patientenunterricht« – das klassische Gefälle zwischen Betroffenen und Professionellen weiter zu verfestigen. Gefragt ist aber vielmehr ein Informationsaustausch statt einer einseitigen Informationsvermittlung. Ziel psychoedukativer Programme sollte es sein, die Betroffenen so zu informieren, dass sie mit möglichst wenig Fremd- und möglichst viel Selbsthilfe ihre psychischen Schwierigkeiten bewältigen können und möglichst eigenständig Entscheidungen über die von ihnen gewünschte Art der Fremdhilfe (Behandlung) treffen können. Dazu ist die Informationsvermittlung in den meisten psychoedukativen Gruppen jedoch zu einseitig. Wie die oben schon vorgestellte Befragung unter psychiatrischen Kliniken in Süddeutschland ergab, wird die Verbesserung der Compliance als das Hauptziel solcher Angebote angesehen: 83 Prozent aller befragten Kliniken gaben diese als wichtigste Zielsetzung an, während andere Ziele, etwa die Nutzung eigener Selbsthilfemöglichkeiten, für weniger wichtig erachtet wurden. Hauptinhalt der Gruppengespräche ist denn auch die Rolle der Neuroleptika in der Behandlung: 96 Prozent der befragten Kliniken! Der mit Abstand am niedrigsten bewertete Informationsinhalt war »Rechtliche Bedingungen«, der von fast der Hälfte der befragten Kliniken als unwichtig oder eher unwichtig eingestuft wurde.

In den Inhalten und Zielsetzungen psychoedukativer Gruppen spiegelt sich somit die gängige psychiatrische Praxis wider, die in erster Linie medikamentenorientiert arbeitet und die Selbsthilfefähigkeiten und psychotherapeutischen Möglichkeiten zumeist unterbewertet. Eine unter dem Aspekt des Empowermentgedankens angebrachte Kritik an den psychoedukativen Gruppen ist damit in erster Linie eine Kritik am gängigen Behandlungskonzept und nicht am Konzept des Informationsaustausches in Gruppen. Wissensvermittlung und Erfahrungsaustausch in Gruppen bildet für viele Betroffene eine sehr sinnvolle Möglichkeit, sich ausführlich und prozesshaft (d. h. über einen längeren Zeitraum, sodass eine weitere Auseinandersetzung mit den Informationen möglich wird) mit der eigenen Erkrankung auseinander zu setzen. Aber nicht jede psychoedukative Gruppe ist ein Instrument zur Unterstützung von Empowerment, in vielen Fällen werden Empowermentmöglichkeiten sogar behindert.

So reduzierte sich zum Beispiel nach einem von P. HORNUNG u. a. (1996) durchgeführten »Psychoedukativen Training für schizophrene Patienten« das Zutrauen der Patienten, ihre Medikation innerhalb bestimmter Grenzen in Absprache mit dem Arzt eigenständig zu dosieren. Stattdessen wurde ihnen beigebracht, ohne Absprache mit dem Arzt keinerlei Dosismodifikation vorzunehmen, ein unter dem Aspekt der Selbstbefähigung absurdes Lernziel, da viele Betroffene Änderungen ihres Befindens sehr gut wahrnehmen und durch leichte Dosisveränderungen unmittelbar und kurzfristig darauf reagieren können.

In psychoedukativen Gruppen sollte unter dem Blickwinkel des Empowerment u. a. Folgendes beachtet werden:

* Vermeidung eines Lehrer-Schüler-Verhältnisses durch Informationsaustausch statt Informationsvermittlung.
* Informationen sollen den Betroffenen befähigen, möglichst eigenständig Entscheidungen zu treffen. Informationen dürfen daher nicht einseitig sein, etwa um die Compliance zu fördern, sondern sollen ein Abwägen verschiedener Alternativen ermöglichen.
* Selbsthilfe geht stets vor Fremdhilfe. Daher sollten mögliche Selbsthilfeansätze vorgestellt werden. Überhaupt muss der individuellen Selbsthilfe auch zeitlich ein großer Stellenwert eingeräumt werden.
* Nicht für jeden sind Gruppenangebote sinnvoll. Gerade für erstkrankte Menschen, die sich noch nicht lange mit der Erkrankung auseinander setzen, ist häufig eine individuellere Information im Rahmen von Einzelgesprächen erforderlich, um den emotionalen Verarbeitungsmöglichkeiten gerecht zu werden. Eine Informationsvermittlung, die dies nicht berücksichtigt, kann Rückzug oder sogar vermehrte Krankheitsuneinsichtigkeit bewirken und Selbstbefähigungsmöglichkeiten behindern.

Die Berücksichtigung dieser Anregungen für die Arbeit in psychoedukativen Gruppen würde eine Annäherung solcher Gruppen an die Idee der Psychose-Seminare bewirken (BOCK 1998). Ziele und Anliegen der Psychose-Seminare, wie etwa mehr Selbstbestimmung, ein wechselseitiger Lernprozess oder die Berücksichtigung subjektiver Erfahrungen, sind unter dem Aspekt des Empowerment auch für Informationsgruppen zu fordern.

ANDREAS KNUF

Selbstbefähigende Psychotherapie der Psychosen

Lange ist es noch nicht her, dass Psychiater heimlich Psychotherapieausbildungen machten und Psychologen in den Psychiatrien schlicht für überflüssig gehalten wurden. Und doch sind es auch weiterhin vor allem psychoseerfahrene Menschen, die häufig lange und nicht selten auch vergebens einen Psychotherapeuten suchen. Noch heute werden selbst angehende Psychotherapeuten mit Skepsis »geimpft«, wenn es um die Psychotherapie der Psychosen geht; zu groß soll die Gefahr der psychotischen Dekompensation sein angesichts der engen Beziehung zum Psychotherapeuten und der aufgeworfenen Konfliktthemen, denen psychoseerfahrene Menschen auf Grund einer geringen Ich-Stärke nicht gewachsen seien.

Vor allem die Betroffenenverbände und Selbsthilfegruppen (siehe etwa VOELZKE 1998) fordern ein vermehrtes Angebot psychotherapeutischer Hilfen für psychiatrie- und insbesondere psychoseerfahrene Menschen. Es liegt nicht in erster Linie an einem mangelnden Interesse der Betroffenen, dass psychotherapeutische Hilfen bei Psychosen auch heute noch ein Randdasein fristen. Vielmehr sind es wohl eher gewisse Vorbehalte und auch Ängste auf professioneller Seite, die mit dazu geführt haben, dass bis heute noch kein Konzept für eine praktikable Psychosenpsychotherapie vorliegt, das sich auch in der alltäglichen Arbeit hätte durchsetzen können. Zwar haben sich vor allem analytisch orientierte Psychotherapeuten um die Entwicklung einer Psychosenpsychotherapie bemüht (BENEDETTI 1993; MENTZOS 1997), doch erfordert diese Methode in der Regel eine langjährige Behandlung und eine umfangreiche Ausbildung des Therapeuten – Voraussetzungen, die in der psychiatrischen »Regelversorgung« häufig nicht gegeben sind.

Auch wenn sich psychotherapeutische Arbeit bei psychoseerfahrenen Menschen in großem Stil bisher nicht durchsetzen konnte, so haben trotzdem so gut wie alle therapeutischen Schulen zum Teil sehr wichtige Beiträge zur Psychosenbehandlung geleistet (HUTTERER-KRISCH 1996). Dabei wurde größtenteils versucht die spezifischen Methoden und Theorien der jeweiligen Schule auf die Psychosenbehandlung zu übertragen, die spezifischen Besonderheiten der Psychosen wurden insgesamt jedoch wenig berücksichtigt. Auch wenn es auf Grund der Verschiedenartigkeit psychotischer Störungen keine allgemein gültige Behandlungsempfehlung bei Psychosen geben kann, so gibt es doch bestimmte psychosetypische Grundelemente, die jede Therapie enthalten sollte. So halte ich es beispielsweise für unverantwortlich, eine Psychotherapie durchzuführen, ohne Frühwarnzeichen einer psychotischen Krise und angemessene Reaktionsweisen zu bearbeiten.

Hier sollen wichtige *psychosespezifische Therapieelemente* vorgestellt werden, die zugleich die Selbstbefähigung psychoseerfahrener Menschen so weit wie möglich fördern. Dabei lassen sich folgende Grundgedanken einer selbstbefähigenden Psychotherapie beschreiben:

* Die Beziehung zwischen Klient und Therapeut sollte möglichst partnerschaftlich gestaltet sein, d. h. unter anderem, dass die Therapieziele gemeinsam festgelegt werden.
* Die Betroffenen sollen darin unterstützt werden, mit möglichst geringen Abhängigkeiten von Institutionen, Medikamenten und Bezugspersonen zu leben (BDP 1998), vorausgesetzt sie wünschen dies.
* Alle Möglichkeiten von Selbsthilfe und Einfluss auf Ausbruch, Verlauf und Folgen psychotischer Krisen müssen gewürdigt und unterstützt werden. Überhaupt sollen alle Eigenaktivitäten des Betroffenen, sofern sie ihm nicht schaden, herausgearbeitet und gefördert werden.
* Das Psychoseverständnis wird gemeinschaftlich erarbeitet und nicht von therapeutischer Seite vorgegeben. Das Verständnis des Betroffenen wird gewürdigt, nur offensichtlich schädliche Vorstellungen werden im gegenseitigen Austausch eventuell korrigiert.
* Gefühle von Hilflosigkeit und Demoralisierung sollen verhindert werden. Stattdessen sollen die Selbstständigkeit, das Selbstbewusstsein und das Gefühl von Selbstwirksamkeit gefördert werden.

Im Weiteren werden vier psychosetypische Grundelemente einer selbstbefähigenden Psychotherapie vorgestellt. Sie sind in erster Linie in einem ambulanten Setting realisierbar und setzen voraus, dass sich der Betroffene gegenwärtig nicht in einer akut-psychotischen Krise befindet und sein psychotisches Erleben zumindest teilweise als solches wahrnehmen kann. Die Arbeit mit diesem Ansatz erfordert eine psychotherapeutische Grundqualifikation und vor allem ein umfangreiches Wissen über die besondere Problematik der psychotischen Erkrankungen und Erfahrungen in der Arbeit mit diesen Menschen.

Abbildung 1   Stufenweises Vorgehen bei der selbstbefähigenden Psychotherapie der Psychosen

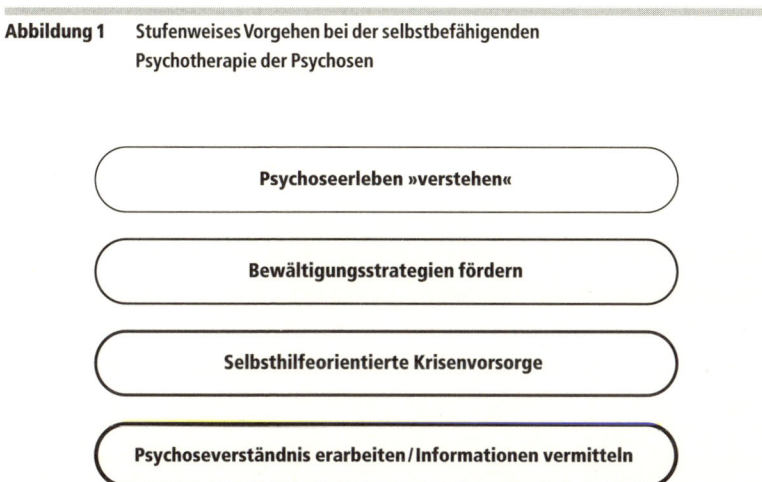

Nicht alle hier beschriebenen Grundelemente kommen in jeder Psychotherapie zum Tragen. Es hängt sehr vom Betroffenen selbst, vom Krankheitsverlauf und von der jeweiligen Situation ab, wie intensiv ein psychotherapeutischer Prozess sein sollte. Während einige der beschriebenen Elemente in keiner Psychotherapie fehlen sollten, sind andere nur bei einigen Betroffenen angezeigt. Daher ist es sinnvoll, die vier Grundelemente als Pyramide oder Treppe darzustellen: In den meisten psychotherapeutischen und beraterischen Gesprächen werden die Erarbeitung eines Psychoseverständnisses und die Informationsvermittlung am Anfang des therapeutischen Prozesses und der Auseinandersetzung mit der Erkrankung stehen. Möglichkeiten der selbsthilfeorientierten Krisenvorsorge und der Erarbeitung von Bewältigungsstrategien schließen sich an. Die Beschäftigung mit der möglichen Sinnhaftigkeit bzw. Sinnfindung einer psychotischen Erkrankung wird häufig in einer späten Phase der Therapie im Mittelpunkt stehen. Weiter unten liegende Elemente sind in vielen Fällen Voraussetzung dafür, höherstufige Themen zu bearbeiten. Während etwa die Erarbeitung eines Psychoseverständnisses und die hinreichende Informationsvermittlung in der Regel Grundvoraussetzung jeder Psychotherapie sind, ist das Bemühen, Psychoseinhalte zu verstehen, nur bei einigen Betroffenen angezeigt und wird auch nicht von allen gewünscht. Die weiter unten liegenden Elemente haben daher zumeist in frühen Phasen der Psychotherapie und Beratung Priorität.

Natürlich ist mit diesen psychosespezifischen Grundelementen noch keine Psychotherapie in ihrer ganzen Breite beschrieben. Dies ist auf Grund der Vielfalt und Komplexität auch gar nicht möglich. Gerade bei Menschen mit psychotischen Krisen geht es immer wieder um die kleinen und großen Schwierigkeiten des Alltags, um Arbeit, Partnerschaft, soziale Kontakte. Schwierigkeiten in diesen Bereichen sind häufig der Anlass für eine Therapie und müssen daher besprochen und bearbeitet werden. So wird in der Regel der Alltag Dreh- und Angelpunkt der Gespräche sein.

Auch wenn das hier vorgestellte Konzept nicht wissenschaftlich evaluiert ist, so darf es doch eine empirische Fundierung beanspruchen. Zum einen sind einzelne Elemente inzwischen durchaus evaluiert worden (SÜLLWOLD / HERRLICH 1998; SCHAUB 1993), zum anderen entspricht es den grundlegenden Wirkprinzipien von Psychotherapien, wie sie etwa von GRAWE (1998) und GRAWE u. a. (1994) zusammengefasst wurden.

Im Folgenden werden diese vier Grundelemente selbstbefähigender Psychotherapie anwendungsnah vorgestellt.

Psychoseverständnis erarbeiten und Informationen vermitteln

Die Erarbeitung eines sinnvollen Psychoseverständnisses ist aus verschiedenen Gründen wichtig für die psychotherapeutische Arbeit: Zum einen entscheidet das Psychoseverständnis einer Person über ihr Behandlungsverständnis (KANFER u. a. 1991), d. h. darüber, was jemand von der Behandlung erwartet, inwieweit er bereit ist mitzuarbeiten und welche Hoffnung er mit der Behandlung verbindet. Zum anderen bewirkt das Psychoseverständnis einen bestimmten Bezug des Betroffenen zu sich selbst und dazu, wie er in Zukunft mit sich und seiner Erkrankung umgehen wird. Psychotherapie ist aus der Sicht des Betroffenen nur dann sinnvoll, wenn er zuvor ein Psychoseverständnis entwickelt hat, in dem Psychotherapie als Möglichkeit der Beeinflussung seinen Platz finden kann. Andernfalls hat er keinen Grund sich in Psychotherapie zu begeben und sich dort zu engagieren.

Eng mit der Erarbeitung eines Psychoseverständnisses ist die Informationsvermittlung bzw. der gegenseitige Informationsaustausch zwischen Betroffenen und professionell Tätigen verbunden. Gerade im Empowerment-Ansatz ist es wichtig, die Betroffenen ausreichend über alle Aspekte der Erkrankung, Behandlung, Prognose usw. gemäß ihrer individuellen Bedürfnisse zu informieren. Da die Informationsvermittlung nicht nur für die Psychotherapie, sondern für jede Form psychiatrischer Arbeit von Bedeutung ist, wird sie in einem eigenen Kapitel dargestellt (siehe den Beitrag zu Aufklärung und Informationsaustausch).

Z. J. LIPOWSKI (1993) beschreibt verschiedene Deutungsmöglichkeiten einer Erkrankung durch den betroffenen Menschen: Die Krankheit kann als Feind, als irreparabler Schaden, als Bestrafung, als Schwäche, als Herausforderung, als Erleichterung oder als Wert verstanden werden. Es erscheint sofort plausibel, dass die Bedeutung, die einer Erkrankung beigemessen wird, direkt über die Bewältigungsform entscheidet. Betrachte ich etwa meine Erkrankung als irreparablen Schaden (wie dies die Vulnerabilitäts-Hypothese nahe legen mag), so werde ich mich womöglich als behinderten Menschen betrachten, der nie wieder ein normales Leben führen wird. Verstehe ich die Psychose hingegen als Wert, etwa als Selbstfindung, so kann die Psychose unter Umständen sogar einen Reiz gewinnen.

Ein selbstbefähigendes Psychoseverständnis

Ein Psychoseverständnis, das Selbstbefähigung ermöglicht, muss folgende Bedingungen erfüllen:

* Das Entstehungs- und Verständnismodell des Betroffenen muss gewürdigt werden, egal wie merkwürdig es zunächst wirken mag. Vor allem bei länger erkrankten Menschen hat es eine Funktion und kann nicht einfach durch ein anderes ersetzt werden.
* Es muss die Einflussmöglichkeiten beinhalten, die psychoseerfahrene Menschen haben, um sich selbst vor weiteren Krisen zu schützen und mit den auch außerhalb von Krisen bestehenden Beeinträchtigungen zurechtzukommen. Andernfalls besteht die Gefahr, dass Betroffene in ein Gefühl von Passivität und Hilflosigkeit geraten.

❋ Nicht das Modell ist entscheidend, sondern seine Wirkung auf den Betroffenen, sein soziales Umfeld und die Behandlung. Jedes Modell ist willkommen, das ein möglichst hohes Maß an Aktivität ermöglicht. Das Vulnerabilitäts-Stress-Bewältigungsmodell ist dazu in der Regel hilfreich.

❋ Es muss für den Betroffenen nachvollziehbar sein und ihm seine Angst nehmen können. Dazu müssen seine Erfahrungen in dieses Modell integriert werden. Es muss auch eine Erklärung für verschiedene Symptome liefern können und die eventuell noch bestehenden Defizite verständlich werden lassen.

❋ Das Modell muss der jeweiligen Phase der Auseinandersetzung mit der Erkrankung angemessen sein.

❋ Jedes einseitige Psychoseverständnis (nur die Gene, meine Mutter, mein Fehlverhalten ...) ist auch unter dem Aspekt der Selbstbefähigung problematisch, da die eigenen Einflussmöglichkeiten entweder unterschätzt oder überschätzt werden.

Erarbeitung eines Psychoseverständnisses

Vor allem unmittelbar nach der ersten psychotischen Krise, aber auch nach weiteren Krisen, geht es zunächst darum, den Betroffenen zu entlasten. Vor allem Ersterkrankte sind durch ihre psychotischen Erlebnisse vollkommen verunsichert und verängstigt und teilweise sogar traumatisiert (siehe Kapitel »Steine aus dem Weg räumen«). Hier ist es wichtig, Sicherheit zu vermitteln, etwa indem der Behandler mitteilt, dass ihm die Erkrankung bekannt ist, dass sie in der Regel in kurzer Zeit wieder abklingen wird und dass der Betroffene danach wieder in gewohnter Weise erleben und wahrnehmen wird.

Die Erarbeitung eines Psychoseverständnisses in seiner eigentlichen Form kann erst nach dem Abklingen der akuten Symptomatik beginnen. Dabei hat der Betroffene natürlich schon ein bestimmtes Verständnis seiner Erlebnisweisen, noch bevor er eine Diagnose erfahren hat. Zumeist ist es an dem orientiert, was in der Bevölkerung über psychische Erkrankungen gedacht wird. Obwohl alle psychotherapeutischen Schulen dem Erklärungsmodell des Patienten eine große Bedeutung beimessen und in einem Gespräch darüber auch einen ersten Zugangsweg zum Patienten sehen, sind es vor allem psychiatrische Patientinnen und Patienten, die sich darüber beklagen, dass sich Fachleute häufig nicht für ihre individuellen Erklärungsmodelle interessieren (BOCK 1992). Dabei entscheidet die subjektive Theorie des Betroffenen maßgeblich über seine Art der Auseinandersetzung mit der Erkrankung. Wie G. WIENBERG (1995) nach der Sichtung zahlreicher Studien zusammenfassend feststellt, sind die Krankheitskonzepte der Betroffenen vor einer Information durch die Behandler in der Regel mit dem heute gängigen Vulnerabilitäts-Stress-Bewältigungsmodell kompatibel. Die meisten Betroffenen gehen von einer multifaktoriellen Genese ihrer Psychose aus, vollkommen einseitige, abseitige esoterische oder wahnhafte Erklärungen sind eher selten.

Jedes Psychoseverständnis hat eine Funktion, einen psychischen »Sinn«. Allgemein haben wir Menschen ein großes Bedürfnis danach, Ereignisse zu verstehen und zu durchschauen. Schicksalsschläge machen uns Angst, weil sie eben undurchschaubar sind und wie aus heiterem Himmel über uns hereinbrechen. Die subjektive Krankheitstheorie steht im Dienst der Krankheitsbewältigung und verdient die Würdigung und das Verständnis des Therapeuten. Ein Beispiel kann dies verdeutlichen:

> Eine junge schizophrene Frau nimmt an, sie sei deshalb an einer Psychose erkrankt, weil sie als 5-Jährige aus ihrem Bett gefallen sei und sich dabei so erschreckt habe, dass sie stundenlang habe weinen müssen. Hier wird eine Verbindung zwischen zwei Ereignissen hergestellt, die 20 Jahre auseinander liegen. Dieses Verständnis verschaffte der Betroffenen Erleichterung (»Ich bin nicht schuld, ich kann nichts dagegen machen.«) und war eine Gegenerklärung zum Krankheitsverständnis ihrer Mutter, die den »schlechten« Lebenswandel der Tochter für den Krankheitsausbruch verantwortlich machte.

Die Entwicklung eines Psychoseverständnisses ist ein Prozess, der viel Sensibilität und Zeit benötigt. Mit einem einmaligen Diagnosegespräch ist es nie getan. Wie bei anderen Erkrankungen auch, gibt es bei den Psychosen verschiedene Phasen der Auseinandersetzung mit der Erkrankung und mit der Diagnose. In all diesen Phasen ist eine Unterstützung der Betroffenen hilfreich. Dies gilt vor allem dann, wenn das soziale Umfeld nicht in der Lage ist ihn bei dieser »Bewältigungsarbeit« zu unterstützen, sondern versucht das Geschehene durch Totschweigen zu bewältigen.

W. BÖKER (1997) schlägt ein Konzept für die Erarbeitung eines gemeinsamen Psychoseverständnisses bei ersterkrankten schizophrenen Menschen vor, das durchaus als selbstbefähigend bezeichnet werden kann. Ziel dieses Ansatzes ist es, eine gemeinsame Interpretationsbasis zwischen Be-

troffenem und Therapeut über die psychotischen Erfahrungen zu schaffen.
Dabei müsse zunächst berücksichtigt werden, dass das psychotische Erleben
für den Ersterkrankten zumeist vollkommen unerklärlich ist und keinen
Vergleich mit anderen, vielleicht schon erlebten Erkrankungen, wie Kinder-
krankheiten oder einem Beinbruch, zulässt. Entsprechend bedeute es auch
eine Überforderung des Betroffenen, bereits unmittelbar nach Erkran-
kungsbeginn »Krankheitseinsicht« zu verlangen. Vielmehr müsse zunächst
die Interpretation des Betroffenen ermittelt werden, damit sich der Fach-
mann später als »Dolmetscher« betätigen und den Betroffenen an die Erklärungen seiner Umgebung und an die medizinische Sicht heranführen
können. Auf Begriffe wie Psychose oder Schizophrenie solle zunächst verzichtet werden, »nervöse Überanstrengung« oder »Nervenzusammenbruch«
seien besser geeignet.

Erst nach sorgfältiger Vorbereitung und im Schutz einer vertrauensvollen Beziehung könne schließlich die Diagnose mitgeteilt werden. Ob der
Betroffene diese Diagnose annehmen könne, hänge auch davon ab, welche
Erfahrung er bisher mit seinem Therapeuten, mit der Klinik und den verabreichten Medikamenten gemacht habe. Um etwa das Erleben der Psychopharmaka möglichst positiv zu gestalten, rät Böker vermehrt Benzodiazepi-
ne in der akuten Behandlung einzusetzen, um die für viele Patienten gerade
zu Beginn ihrer Erkrankung als traumatisch erlebten Nebenwirkungen
hochpotenter Neuroleptika zu vermeiden. Bisher werden solche psychischen Folgewirkungen, die großen Einfluss auf den weiteren Umgang mit
der Erkrankung haben, bei der medikamentösen Behandlung viel zu wenig
berücksichtigt.

Selbsthilfeorientierte Krisenvorsorge

Ziel der selbsthilfeorientierten Krisenvorsorge ist es, mit dem Betroffenen
sämtliche ihm zur Verfügung stehenden Einflussmöglichkeiten auf den Ausbruch, den Verlauf und die Folgen psychotischer Krisen zu erarbeiten. Lange wurden diese Möglichkeiten kaum gewürdigt und gefördert. »Sie können
da gar nichts machen, außer auf die Wirkung der Medikamente zu vertrau-
en«, so lautete ein Standardsatz, den viele Betroffene von professionell Tätigen immer wieder zu hören bekamen und auch heute noch bekommen, wenn
sie nach ihren eigenen Einflussmöglichkeiten fragen. Heute sind die zahlrei-

chen Einflussmöglichkeiten der Betroffen selbst zumindest ansatzweise erforscht, wenngleich Betroffene auch noch viel zu selten unterstützt werden bei dem Bemühen, einer erneuten Krise eigene Vorsorgemöglichkeiten entgegenzusetzen. Der Erfolg eines Ratgebers zum Thema Selbsthilfe und Vorsorge bei psychotischen Krisen (KNUF / GARTELMANN 1997) zeigt das Interesse zahlreicher Betroffener und verdeutlicht zudem, dass Selbsthilfe in diesem Bereich nicht nur einer kleinen Elite vorbehalten bleiben muss, sondern für das Gros aller psychoseerfahrener Menschen praktikabel ist. Auch die psychoedukativen Gruppen zielen neben der Informationsvermittlung auf die Förderung eigener Handlungsmöglichkeiten zur Rezidivprophylaxe ab (WIENBERG u. a. 1995; BÄUML u. a. 1996).

In einer auf die Selbstbefähigung der Betroffenen ausgerichteten Therapie bilden die eigenen Einflussmöglichkeiten häufig den wichtigsten Baustein, da die Personen in sehr eindrücklicher Weise erfahren, wie groß ihr Einfluss auf ihre Krisen ist. Gefühle von Hilflosigkeit und Resignation können reduziert werden. Ein Betroffener hat dies folgendermaßen erlebt: »Es war für mich ein befreiendes Gefühl, festzustellen, dass ich aktiv eingreifen kann und meiner Erkrankung nicht hilflos ausgeliefert bin.« Zudem lassen sich durch die selbsthilfeorientierte Vorsorge Abhängigkeiten von Institutionen, Personen oder Medikamenten reduzieren, etwa wird bei einigen Betroffenen durch eine sehr gute Beobachtung der Frühwarnzeichen eine Intervallmedikation möglich. Dies ist einer der Gründe, warum sich auch die Selbsthilfebewegung früh mit diesen Möglichkeiten beschäftigt und beispielsweise eine sehr umfangreiche und praktikable Liste mit Frühwarnzeichen zusammengestellt hat (Selbstchecker 1997).

Allgemein haben Betroffene Vorsorgemöglichkeiten auf drei Ebenen:

* Einfluss auf das Entstehen einer Krise
  (z. B. Überforderungen oder Frühwarnzeichen erkennen),
* Einfluss auf den Verlauf einer Krise
  (z. B. Medikamentendosierung, Art der Behandlung),
* Einfluss auf die Folgen einer Krise
  (z. B. Scham und Schuldgefühle überwinden).

Ziel dieser selbsthilfeorientierten Vorsorge ist es somit, einerseits Einfluss auf den neuerlichen Ausbruch von Krisen zu nehmen, aber auch die Art der Behandlung, der Einweisung usw. zu beeinflussen. Vorsorge ist nicht gescheitert, wenn es zu einer Krise kommt, sondern gerade für die Krisenzeit

ergeben sich zahlreiche Vorsorgemöglichkeiten (siehe auch den Vorsorgebogen in KNUF / GARTELMANN 1997). Viele Betroffene erleben vor allem
die Folgen ihrer Psychose, etwa den Klinikaufenthalt und die Medikation,
ebenso belastend wie die Krise selbst.

Mit Belastungen angemessen umgehen

Stress wurde schon vor längerem von der Forschung als wohl wichtigster
Auslöser psychotischer Krisen erkannt; diese wissenschaftliche Erkenntnis
deckt sich mit der Erfahrung der meisten Betroffenen. Dabei wurden die so
genannten »kritischen Lebensereignisse« in ihrer Bedeutung lange überbe-
wertet und verstellten den Blick auf alltägliche, dauerhafte Belastungen. Betroffene geben vor allem soziale Situationen im weitesten Sinne als Auslöser
ihrer Krisen an. So schilderten in einer Untersuchung von I. THURM-MUSS-
GAY u. a. (1991) fast 25 Prozent der 250 befragten schizophrenen Menschen
das Alleinsein als besonders belastend, gefolgt von Auseinandersetzungen
und Konflikten (14,2 %) sowie Bevormundung durch andere (13,8 %). Zu
diesen von der Forschung als »daily hassles« bezeichneten Belastungen zählt
auch die High-Expressed-Emotion (EE), die in zahlreichen Studien als im
familiären Kontext krisenauslösend wirkende Belastung nachgewiesen wurde (HAHLWEG u. a. 1991). Dabei ist der Begriff Expressed-Emotions irre-
führend, denn es handelt sich in erster Linie nicht um den Ausdruck von
Emotionen, sondern um einen sehr kritisierenden Umgang der Familie mit
dem erkrankten Menschen. Der von Hahlweg und Kollegen (ebd.) vorgeschlagene Begriff »Kritische Haltung« ist deshalb klarer und auch den Angehörigen und Betroffenen leichter zu vermitteln.

Bei der Aufdeckung der Einflussfaktoren, die Betroffene haben, um
ihre Belastungen zu reduzieren, sind folgende Schritte hilfreich:

* Herausarbeiten der akuten und dauerhaften Belastungen, besonders der
konkreten Auslöser bisheriger Krisen.
* Suchen nach Strategien, wie diese Belastungen in Zukunft reduziert
werden können.
* Krisenplan erarbeiten. Was sollte getan werden, falls sich der Betroffene
wieder in einer Situation befindet, die zuvor bereits eine Krise ausgelöst
hat oder als krisenauslösend eingeschätzt wird.
* Sensibilisierung für frühe Anzeichen von Belastungen wie etwa allgemeine Erschöpfung, Gereiztheit, Konzentrationsschwierigkeiten.

Krisen rechtzeitig erkennen

In zahlreichen Studien konnte nachgewiesen werden, dass sowohl die Psychose-Erfahrenen selbst wie auch die Angehörigen zahlreiche Krisenvorboten wahrnehmen, die teilweise Monate bis Jahre vor einer psychotischen Krise diese ankündigen (HERZ / MELVILLE 1980; Selbstchecker 1997). Angehörige scheinen diese Frühwarnzeichen noch häufiger wahrzunehmen als die Betroffenen selbst. Das Erkennen von Frühwarnzeichen ist häufig das wichtigste Element der selbsthilfeorientierten Vorsorge, denn es kann von fast allen Betroffenen genutzt werden und beeinflusst den Verlauf einer Krise in vielen Fällen positiv. Zudem ist es für den weiteren Verlauf der Psychotherapie sehr wichtig, denn der Therapeut muss die individuellen Frühwarnzeichen kennen, um etwa entscheiden zu können, wann die Psychotherapie eher stützend und weniger aufdeckend ausgerichtet sein sollte. Wenn der Therapeut hingegen die Frühwarnzeichen und die individuelle Verlaufsform der Psychose nicht kennt (etwa ob jemand langsam oder eher plötzlich in eine Krise gerät), dann kann psychotherapeutisches Handeln unverantwortlich werden.

Mittlerweile gibt es mehrere Listen von Frühwarnzeichen (z. B. WIENBERG 1995; Selbstchecker 1997; COLEMAN / SMITH 2000). Sie sind bei der Erarbeitung der individuellen Frühwarnzeichen hilfreich, da das Wiedererkennen solcher Vorboten den meisten Betroffenen leichter fällt als das eigenständige Erinnern. Vor allem die Erarbeitung von Frühwarnzeichen eignet sich für die Arbeit in der Gruppe, denn in einem solchen Gesprächsprozess fällt es vielen Betroffen sehr viel leichter, ihre Anzeichen zu erinnern und zu benennen, als in einem Zweiergespräch.

Folgende Schritte sind notwendig:

* Aufdecken der individuellen Frühwarnzeichen mit Hilfe von Listen oder Gruppengesprächen. Dabei ist es wenig hilfreich, nur die typischen und leicht zu erinnernden Anzeichen wie etwa Schlafstörungen oder Nervosität herauszuarbeiten. Vielmehr geht es um ganz individuelle Muster von Frühwarnzeichen.

* Dazu sollte die zeitliche Abfolge der Anzeichen rekonstruiert und auch schriftlich festgehalten werden, denn nur so ist es möglich, einen Krisenplan zu entwickeln.

* In einem Krisenplan sollte festgelegt werden, wie der Betroffene auf die

Anzeichen reagieren wird, d. h. etwa, wann er mit seinen Vertrauenspersonen über seine Veränderungen spricht, wann er die Bedarfsmedikation einnimmt, wann er seinen Arzt aufsucht, wann er sich um eine Krankschreibung bemüht.

Gerade beim Erkennen von Frühwarnzeichen spielen die Vertrauenspersonen eine ganz wichtige Rolle. Sie können den Betroffenen entlasten und ihm helfen, über die nötigen Schritte zu entscheiden, die er einleiten sollte. Es ist für Betroffene wichtig, von außen auf Veränderungen im Verhalten angesprochen zu werden. Das kann sehr hilfreich sein, um die eigene Wahrnehmung zu schärfen.

So wichtig aber das Erkennen von Frühwarnzeichen ist, so viel Vorsicht ist auch geboten, denn es besteht die Gefahr, dass Betroffene und Familienmitglieder ihre ganze Aufmerksamkeit auf mögliche Veränderungen richten. Die damit aufgebaute Angst und Verunsicherung können im Sinne einer sich selbst erfüllenden Prophezeiung eine weitere Krise sogar auslösen. Besonders angebracht erscheint mir eine innere Haltung von Betroffenem, Vertrauenspersonen und Therapeut, die als »gelassene Wachsamkeit« (WÖRISHOFER 1997) bezeichnet werden kann.

Gerade beim Thema Frühwarnzeichen zeigt sich das Vertrauensverhältnis zum Therapeuten. Viele Betroffene berichten, dass sie etwa ihrem Arzt gegenüber nicht von Frühwarnzeichen berichten, aus Angst vor einer erneuten Klinikeinweisung oder einer erhöhten Medikamentendosis. Hier sind zur Angstreduktion Absprachen erforderlich, die festlegen, welches Verhalten der Betroffene im Fall möglicher Frühwarnzeichen von seinem Therapeuten erwartet.

Absprachen für die Krisenzeit treffen!

Trotz intensiver Vorsorge können weitere psychotische Krisen nicht vollkommen ausgeschlossen werden. Umso wichtiger sind Absprachen für die Krisenzeit. Die meisten Betroffenen können während ihrer Krisenzeit kaum noch ihre Wünsche und Bedürfnisse ausdrücken, weshalb die eventuellen Behandler schon vor der Krise darüber informiert werden sollten, wie sich der Betroffene eine optimale Behandlung vorstellt.

Absprachen für die Krisenzeit haben folgende Zielsetzungen:
* Sicherstellung einer Behandlung, die weitestmöglich an den Bedürfnissen und Erwartungen der Betroffenen ausgerichtet ist. So lassen sich

»Behandlungstraumata« vermeiden und eine bessere Zusammenarbeit zwischen Betroffenem und Fachleuten erreichen.

✳ Durch die frühzeitigen Absprachen wird die Krisenbehandlung »planbar« und liegt zumindest teilweise in der Kontrolle der Betroffenen. Das nimmt Angst vor einem weiteren Klinikaufenthalt, die Klinik wird im Krisenfall leichter aufgesucht und Krisen können frühzeitiger abgefangen werden. Auch die Psychose selbst erscheint durch diese Absprachen in vielen Fällen weniger bedrohlich.

Mittlerweile gibt es fest strukturierte Absprachemöglichkeiten, die zunehmend Verbreitung finden. Die schon in einigen Kliniken eingeführte Bielefelder Behandlungsvereinbarung (DIETZ u. a. 1998) ist die umfangreichste Möglichkeit, die Behandlung vor der Krise abzusprechen und sie möglichst individuell an die Erwartungen der Betroffenen anzupassen. Eine andere, eher indirekte Möglichkeit ist der Münchner Krisenpass (KNUF / WÖRIS-HOFER 1998), der auf Ausweisgröße zusammengefaltet in jede Brieftasche passt. In ihm kann der Betroffene, möglichst in Absprache mit seinem Arzt, festlegen, mit welchen Medikamenten er im Krisenfall behandelt werden möchte, welche Medikamente er nicht verträgt, welches Verhalten der Mitarbeiter er als hilfreich erlebt usw. Viele Betroffene haben Behandlungsvereinbarungen abgeschlossen und tragen Krisenpässe bei sich. Übereinstimmend berichten sie, dass sie durch diese Absprachen bedeutend weniger Angst vor einem weiteren Klinikaufenthalt haben und zuversichtlich sind, in Zukunft gemäß ihrer Erwartungen behandelt zu werden.

So wichtig diese sehr eindeutigen und auch schriftlich niedergelegten Absprachen sind, so sollten die zahlreichen Möglichkeiten ganz individueller Absprachen nicht vernachlässigt werden. Etwa berichtete eine Betroffene (WEISS 1997) davon, wie sie mit Freunden, Bekannten und Nachbarn Absprachen darüber trifft, wer im Krisenfall die Blumen gießt, wer den Briefkasten leert etc.

Ich selbst lege großen Wert darauf, mit meinen Klienten abzusprechen, wie sie während der Krise von mir behandelt werden möchten. Wann wird ein Eingreifen meinerseits gewünscht? Wie kann ich jemanden am besten davon überzeugen, mit in die Klinik zu kommen oder Medikamente einzunehmen? Solche Absprachen verbessern die Behandlung, denn viele Betroffene wissen sehr genau, welches Verhalten ihrer Umgebung ihnen wirklich hilft. Ich ermutige außerdem jeden psychoseerfahrenen Menschen, nach der Klinikentlassung einen Termin mit seinem dortigen Therapeuten zu vereinbaren, um mit ihm zu besprechen, wie die jeweiligen Behandlungselemente auf ihn gewirkt haben und welche Behandlung er sich in einem erneuten Krisenfall wünscht. Von besonderer Bedeutung sind auch die Absprachen mit Vertrauenspersonen, seien dies Angehörige, Freunde oder möglicherweise auch Arbeitskollegen: Absprachen darüber, wann jemand auf seine Frühwarnzeichen angesprochen werden möchte, wie mit einer akuten Symptomatik umzugehen ist oder auf welche Art eine Klinikeinweisung veranlasst werden soll.

Beispiel: Vorsorge in der Partnerschaft

Anhand eines Beispiels lässt sich am besten verdeutlichen, wie eine selbsthilfeorientierte Krisenvorsorge aussehen kann. Die hier dargestellte therapeutische Hilfe erstreckte sich über insgesamt fünf Sitzungen. Klienten waren ein 27-jähriger Bürokaufmann, der bereits mehrere schizophrene Phasen erlebt hatte, und seine drei Jahre jüngere Lebensgefährtin. Beide kamen in die Beratung, nachdem in der gerade zurückliegenden Krise eine Aufnahme in das vom Betroffenen gewünschte Kriseninterventionszentrum gescheitert war. Stattdessen war er wieder in einer psychiatrischen Klinik behandelt worden, die er bereits mehrmals als wenig hilfreich erlebt hatte. Außerdem wünschte seine Partnerin mehr Klarheit darüber zu gewinnen, wie sie in einer Krise reagieren sollte.

Zunächst wurde geklärt, warum die Aufnahme in das Krisenzentrum gescheitert war. Der Betroffene hatte rechtzeitig erkannt, dass Hilfe notwendig würde und war eigenständig ins Krisenzentrum gegangen. Dort wurde sein Befinden falsch eingeschätzt und er mit der Begründung abgewiesen, eine stationäre Behandlung sei derzeit nicht notwendig. Zwei Tage später war er vollkommen dekompensiert und zudem krankheitsuneinsichtig geworden. Seine Freundin brauchte drei Tage mühsamer Überredung, bis er schließlich bereit war sich stationär behandeln zu lassen.

Zunächst wurde überlegt, wie das Krisenzentrum besser auf eine mögliche weitere Krise vorbereitet werden könnte. Dazu wurde von beiden Partnern eine Liste mit Frühwarnzeichen erarbeitet, die zeitlich geordnet von vier Wochen vor der Krise bis zum Zeitpunkt der Krankenhausaufnahme aufgeführt wurden. Mit dieser Liste gingen der Klient und seine Partnerin in das Krisenzentrum, berichteten vom gescheiterten Aufnahmeversuch, übergaben die Liste und baten für den Fall einer erneuten Krise darum, den Betroffenen möglichst rasch aufzunehmen. In der Frühwarnliste wurde auch eingetragen, ab wann der Betroffene eine stationäre Aufnahme für notwendig hielt. Schriftlich wurde darüber hinaus vereinbart, wie sich seine Freundin in diesem Fall verhalten sollte. Außerdem wurde überlegt, wie der Betroffene von seiner Freundin zu einem Klinikaufenthalt bewegt werden könnte. Der Klient glaubte, dass es hilfreich sei, wenn beide eine Art »Vertrag« aufsetzten, in dem er seine Partnerin bat ihn in die Klinik zu fahren, wenn sie ihn für psychotisch hielt. Er hoffte einsichtsfähiger zu sein, wenn sie ihm diesen von ihm selbst unterschriebenen Vertrag zeigen würde.

Eine ausführliche Darstellung eines hilfreichen Umgangs in der Partnerschaft mit Krisen haben jüngst H. und H. BEITLER (2000) veröffentlicht.

Förderung von Bewältigungsstrategien

Viele Psychose-Erfahrene müssen auch außerhalb ihrer Krisen mit abgemilderten Symptomen, mit geringerer Belastungsfähigkeit und mit den Folgen ihrer Erkrankung zurechtkommen. Diese Einbußen sind für die längerfristige Therapie von großer Bedeutung. Sie können bei misslungener Bewältigung weitere Krisen begünstigen.

Wer von einer Psychose betroffen ist, hat außerhalb einer Krise häufig mit folgenden Schwierigkeiten zu tun:

* Bei einigen Menschen klingen die akut psychotischen Symptome nicht vollkommen ab. Auch außerhalb einer Krise kann es zu Stimmenhören, zu paranoidem Erleben, zu Ich-Störungen oder anderen Symptomen kommen.
* Die so genannten Basisstörungen (SÜLLWOLD 1977) machen sich für den Betroffenen vor allem außerhalb seiner Krisen bemerkbar und können ihn in seiner Belastungsfähigkeit und seiner normalen Lebensgestaltung zum Teil stark einschränken.
* Häufig sind die Folgen der Erkrankung belastender als ihre Symptome selbst. Hierzu zählen sowohl die durch die Behandlung bedingten Schwierigkeiten, wie etwa Nebenwirkungen von Medikamenten, als auch die Reaktionen der Umgebung sowie die Selbststigmatisierung.

Die Ergebnisse der neueren Forschung zur Bewältigung psychotischer Krisen, die erst seit Mitte der achtziger Jahre intensiver betrieben wird, kann

pauschal so zusammengefasst werden: Fast alle Betroffenen setzen eigene
Bemühungen ein, um die Schwierigkeiten, unter denen sie leiden, zu reduzieren. Meistens setzen sie sich in einer sehr aktiven Weise mit ihrer Erkrankung auseinander. Viele dieser Bewältigungstrategien sind sinnvoll und
helfen auch (SCHAUB / BÖKER 1997). Diese Ergebnisse widersprechen vollkommen der Einschätzung der klassischen Psychiatrie, die annahm, psychoseerfahrene Menschen hätten so gut wie keinen Einfluss auf ihre Erlebnisweisen.

H. U. LANGE (1981) gibt einen Überblick über die Vielfalt denkbarer
Bewältigungsstrategien, die über den Einsatz von Meditationstechniken,
verschiedenen Gedächtnis- und Konzentrationsübungen, Methoden des Ge-
dankenstopps bei Halluzinationen bis zu verschiedenen Möglichkeiten der
Kontaktaufnahme bei sozialer Isolation reichen. Die eingesetzten Bewältigungsversuche beziehen sich häufig auf lang anhaltende Schwierigkeiten, bei
denen auch die Behandlung bisher wenig bewirken konnte, also auf solche
Probleme, bei denen sich wohl auch Psychotherapeuten schwer tun, Lösungen anzubieten oder zu erarbeiten. Gerade aus diesem Grunde verdienen die
Strategien der Betroffenen eine besondere Würdigung. Sie sind Ergebnis der
Auseinandersetzung mit Problemen, mit denen sich die Betroffenen nicht
abzufinden bereit sind, auch wenn die psychiatrische Behandlung hier bisher
versagt hat.

In der Bewältigungsforschung wurde lange Zeit die Hoffnung ge-
nährt, es gäbe für jede Schwierigkeit ein optimales Coping. Diese Coping-
bemühung sollte eher am gegenwärtigen Problem als an der Individualität
des Betroffenen orientiert sein. Folglich sollte es den »erfolgreichen Coper«
geben, von dem Therapeuten und weniger erfolgreiche Betroffene lernen
könnten, wie mit spezifischen Schwierigkeiten am optimalsten umgegangen
werden könnte. In den letzten Jahren wurden jedoch zunehmend die Individualität und Einmaligkeit ganz persönlicher Bewältigungsversuche deutlich.
Jede Bewältigung ist so individuell wie die Person und die jeweilig einmalige
Situation (OLBRICH 1997). Th. BOCK (1997a) kommt bei einer genauen biografischen Betrachtung zahlreicher Lebensgeschichten zu dem Ergebnis,
dass Bewältigung ein sehr komplexer und individueller Prozess ist und dass
die einzelnen Schutzmechanismen im Lauf der Zeit mehrfach ihren Charakter verändern. Vorsicht ist also angezeigt bei jedem Versuch, pauschal Bewältigungsstrategien zu vermitteln und die individuellen Gegebenheiten

dabei außer Acht zu lassen. Diese Überlegungen legen ein einzeltherapeutisches Vorgehen bei der Erarbeitung von Bewältigungsmöglichkeiten nahe (SÜLLWOLD / HERRLICH 1998; BRÜCHER 1992).

Andererseits ist es immer wieder verblüffend, wie sich Betroffene untereinander Ratschläge geben, die dann auch ausprobiert werden. Die Erfahrungen mit Selbsthilfegruppen und Psychose-Seminaren (SEIBERT 1998; BOCK u. a. 1997; BOCK u. a. 2000) zeigen die Wichtigkeit von möglichst partnerschaftlichen Ansätzen, in denen die Betroffenen als Experten in eigener Sache gesehen werden und sich auch selbst so verhalten (siehe auch den Beitrag von R. Geislinger in diesem Buch).

Mittlerweile gibt es erste wissenschaftliche Untersuchungen, die die ohnehin nahe liegende Vermutung bestätigen, dass die Art der Bewältigung auch über den weiteren Krankheitsverlauf mitentscheidet (SCHAUB 1993). Da es bisher kaum wissenschaftliches Interesse an den Bewältigungsversuchen der Betroffenen gab, konnte der Einfluss solcher Bemühungen auf den weiteren Krankheitsverlauf bisher nicht belegt werden. Bekannt ist, dass der Einsatz und die Kenntnis von Bewältigungsbemühungen erfahrungsabhängig sind: Je länger die Erkrankung andauert und je mehr Krisen durchlebt wurden, umso eher unternimmt der Betroffene Bewältigungsversuche (BÖKER 1986; STRAUSS u. a. 1986). Die Bewältigungs- und Selbsthilfemöglichkeiten sind vermutlich weit umfangreicher als heute angenommen wird. Es ist jedoch davon auszugehen, dass viele Betroffene kurzzeitige psychotische »Minikrisen« erleben, die ohne professionelle Hilfe bewältigt werden. Zudem gibt es viele Menschen mit vollkommen unbehandelten Psychosen, was besondere Bewältigungsleistungen erfordert (BOCK 1997; NEIDER 1996).

Bei der Erarbeitung von Bewältigungsstrategien wird zunächst versucht die Bemühungen der Betroffenen zu erkennen und zu unterstützen, soweit sie als nützlich anzusehen sind. Ein solches Vorgehen ist in erster Linie ressourcenorientiert (GRAWE / GRAWE-GEBER 1999), da so am besten eine Passung zwischen den Fähigkeiten und Stärken der Person einerseits und den durch die Probleme bedingten Anforderungen andererseits ermöglicht wird. Das heißt nicht, dass hier auf professionelles Wissen verzichtet werden kann und psychoseerfahrene Menschen allein mit ihren bereits eingesetzten Bewältigungsstrategien ihre Schwierigkeiten lösen können und sollen. Vielmehr bilden die Bewältigungsstrategien den Ausgangspunkt für die Erarbeitung neuer Lösungen. Einige Betroffene brauchen nur eine Ermutigung, die von ihnen entdeckten Strategien weiter einzusetzen (HERRLICH 1996). Andere haben sinnvolle Möglichkeiten entdeckt, jedoch gelingt es ihnen nicht, diese dauerhaft einzusetzen, folglich brauchen sie bei ihrem konsequenten Einsatz Unterstützung. Wieder andere fühlen sich im Großen und Ganzen ohnmächtig, haben bisher kaum aktive Bewältigungsversuche unternommen und versuchen mit ihrer Situation auf eher passiv-regressive Art zurechtzukommen. Hier sind Anregungen von außen und Unterstützung bei der Verwirklichung besonders wichtig.

Sind die individuellen Schwierigkeiten des Betroffenen bekannt, so können mögliche Bewältigungsversuche besprochen werden. Dazu benötigt der Therapeut umfassende Kenntnis möglicher Bewältigungsversuche, denn nur so können sie angesprochen und forciert werden. Die Aufdeckung der Bewältigungsbemühungen hat zweierlei Gründe: Zum einen verdienen sie eine Würdigung und zeigen dem Betroffenen, dass er Einflussmöglichkeiten hat und diese auch nutzt, den Beeinträchtigungen also nicht hilflos ausgeliefert ist. Zum anderen kann so geklärt werden, ob sie sinnvoll oder vielleicht schädlich sind und wie sie gegebenenfalls weiter gefördert werden können. Der Therapeut hat die Aufgabe, denkbare andere Bewältigungsversuche einzubringen und zur Erprobung zu ermutigen.

Beispiel: Stimmenhören

Stimmenhören außerhalb akut psychotischer Krisen soll hier als ein Beispiel für eine zu bewältigende Schwierigkeit beschrieben werden, unter der viele Betroffene leiden. Ein Großteil der an einer Schizophrenie erkrankten Menschen hat akustische »Halluzinationen« in Form von Stimmenhören. Auch viele Menschen mit schizoaffektiven Erkrankungen leiden darunter. Insgesamt scheinen etwa 3–5 Prozent der deutschen Bevölkerung schon einmal Stimmen gehört zu haben. Das Hören von Stimmen kann demnach nicht kennzeichnend für eine Psychose sein, wohl aber die Unmöglichkeit sich mit ihnen zu arrangieren (BOCK 1997b). Befragungen von psychoseerfahrenen und nicht psychoseerfahrenen Stimmenhörern zeigen die Vielfältigkeit der Bewältigungsversuche. Diese können nach einer Untersuchung von M. ROMME und S. ESCHER (1997) unter anderem folgende sein:

* Ablenkung: etwa Musik über Kopfhörer hören, laut lesen, im Kopf Rätsel lösen, sich auf andere Dinge konzentrieren;
* Ignorieren: den Aufforderungen der Stimmen nicht nachkommen;

* Selektives Hören: nur bestimmten Stimmen zuhören, eher den positiven;
* Grenzen setzen: nicht mehr auf die Stimmen hören, wenn sie zu aufdringlich oder kritisch werden.

Welche Bewältigungsmöglichkeit sinnvoll ist, hängt von der individuellen Situation der Betroffenen ab, wozu auch die Art und Intensität der Stimmen gehört. Fast alle Stimmenhörer versuchen durch ihr eigenes Verhalten mit den negativen Seiten der Stimmen besser zurechtzukommen. Im therapeutischen Prozess wird zunächst ermittelt, inwiefern der Betroffene durch die Stimmen belastet ist. Möglicherweise kann sich der Betroffene nur noch schlecht konzentrieren, da er von den Stimmen abgelenkt wird. Die Belastung kann aber auch in der Angst bestehen, den Stimmen nicht mehr trotzen zu können und ihnen im Fall von imperativen Stimmen gehorchen zu müssen. Im Gespräch können dann neue Bewältigungsversuche besprochen werden. Als Anregung dazu dienen die oben beschriebenen Bewältigungsbemühungen der Betroffenen selbst oder die von psychotherapeutischer Seite entwickelten hilfreichen Methoden (SLADE / BENTALL 1988; ROMME / ESCHER 1997; COLEMAN / SMITH 2000). Gemeinsam mit dem Betroffenen sollten auch kreative Strategien erdacht und erprobt werden. Natürlich sollten andere therapeutische Möglichkeiten, wie etwa Psychopharmaka, nicht ausgeschlossen werden.

Bewältigung von Basisstörungen

Viele Menschen mit schizophrenen Erkrankungen leiden auch außerhalb psychotischer Episoden unter spezifischen Störungen der Aufmerksamkeit, des Gedächtnisses, der Informationsverarbeitung sowie des psychischen Befindens (SÜLLWOLD 1977). Diese als Basisstörungen bezeichneten Schwierigkeiten finden sich in geringerem Maße bei Menschen mit affektiven Psychosen und treten ebenso bei neurotischen, aber auch bei gesunden Personen auf (BÖKER 1986).

Solche Basisstörungen machen sich vor allem in vier Bereichen bemerkbar (SCHÜNEMANN-WURMTHALER 1982):

1 Störung automatischer Abläufe
  Beispiel: Schwierigkeiten beim Lesen oder beim Ausführen bestimmter Tätigkeiten
2 Wahrnehmungsstörungen
  Beispiel: Hohe Ablenkbarkeit, geringe Konzentrationsfähigkeit

3 Depressivität / Anhedonie

Beispiel: Rückzug, Verlust gewohnter Interessen

4 Reizüberflutung

Beispiel: Verschiedene Stimmen können nicht mehr auseinander gehalten werden

Viele Betroffene können diese langfristigen Einschränkungen zunächst nicht als Teil der psychotischen Erkrankung verstehen. Gerade wer aus seiner Krisenzeit keine Basisstörungen kennt, tut sich schwer einen Zusammenhang zwischen akut psychotischem Erleben (was gemeinhin als *die* Krankheit verstanden wird) und diesen zum Teil sehr unspezifischen Störungen herzustellen.

Ein Umgang mit diesen Störungen und auch das Erkennen solcher Basisstörungen als Frühwarnzeichen werden erleichtert, wenn sie als Teil der Krankheit verständlich werden. Dann ist es möglich, die Einschränkungen zu akzeptieren und sich darauf einzustellen, was wiederum den Krankheitsverlauf positiv beeinflusst (CORIN / LAUZON 1992).

Gegen mehr als zwei Drittel der Basisstörungen werden Kompensationsbemühungen eingesetzt (BÖKER 1986). Dabei scheinen die problemlösungsorientierten, aktiven Bewältigungsstrategien gegenüber den Vermeidungsreaktionen zu überwiegen. Diese Bemühungen sind Teil des aktiven Handelns des Betroffenen, werden jedoch von Außenstehenden wie auch vom Betroffenen selbst schnell als Teil der Symptomatik missverstanden. So kann langsameres Arbeiten oder ein überordentlicher Arbeitsstil ein Bewältigungsversuch von Reizüberflutung und schneller Ablenkbarkeit sein. Hier ist es wichtig, den aktiven Anteil herauszustellen und als Teil der Selbsthilfemöglichkeiten zu würdigen, anstatt ihn als Krankheitszeichen zu interpretieren. Dabei kann sich gerade die Abgrenzung zu den so genannten Minussymptomen als schwierig darstellen. Bei der Bewältigung von Basisstörungen muss ein aktiver Bewältigungsstil nicht besser sein als eine Vermeidungsreaktion. Vielmehr scheinen gesunde Personen eher eine vermeidende Bewältigung von Basisstörungen zu versuchen, während Menschen mit schizophrenen Erkrankungen einen aktiveren Stil wählen (BÖKER 1986).

Über Psychoseinhalte sprechen und sie verstehen

Für Betroffene gehören Psychoseerlebnisse zu den tiefgreifendsten Erfahrungen in ihrem Leben. Allein dies ist ein Grund, in der Psychotherapie darüber zu sprechen. Sie sind zudem lebensgeschichtlich verankert und können auf ihre Bedeutung und Sinnhaftigkeit hin untersucht werden. Betroffene fordern seit Jahrzehnten vermehrte Gesprächsmöglichkeiten über ihre Psychoseerfahrungen, nur so könne eine Abspaltung des eigenen Erlebens und eine innere Verunsicherung über die Psychoseerlebnisse vermieden werden (BUCK 1992b).

Psychosen sind »Alleinseinkrankheiten«. Primär sind die Betroffenen einsam, etwa in ihrer exotischen Wahnwelt, in der Depression oder der Einbahnstraßen-Kommunikation der Manie. Wenn dann nach der Krise über die psychotischen Erlebnisse, Kränkungen, Missverständnisse usw. nicht gesprochen wird, wird diese Isolation sekundär noch verstärkt. Das Erleben des Fremdartig- und Andersseins bewirkt Selbststigmatisierungsprozesse und kann zu sekundärem Rückzug führen, wodurch die psychotische Symptomatik wiederum aufrechterhalten werden kann. Dieser Rückzug wird schnell als beginnende Minussymptomatik missverstanden.

Gespräche über Psychose- und Psychiatrieerfahrungen ermöglichen ihre Integration, »aus Beliebigem, nicht Integriertem, Traumatischem wird durch die erzählerische Auswahl und Aufbereitung eine Sinnstruktur erzeugt« (LUCIUS-HOENE 1998). »Haben Psychosen einen Sinn?« ist eines der ersten Themen eines jeden Psychose-Seminars und bildet auch ein wichtiges Thema in vielen Psychotherapien. Jeder, der an einer Erkrankung leidet, möchte verstehen, warum er krank geworden ist und ob die Erkrankung irgendeine Bedeutung, einen Sinn für sein Leben hat. Sinnfindung gibt Orientierung und nimmt der Erkrankung damit einen Teil ihrer beängstigenden Dynamik. Sie ist dann mehr als nur ein bedauernswertes Schicksal, sondern hat eine individuelle Bedeutung in der Lebensgeschichte. Nach A. ANTONOVSKY (1997) entscheidet das Gefühl der Sinnhaftigkeit (»sense of meaningfulness«) maßgeblich darüber, ob es jemandem gelingt, seine Handlungsmöglichkeiten auszuschöpfen und Widerstandsressourcen gegen Erkrankungen bzw. Ressourcen zur Gesundung zu entfalten.

Die Erarbeitung eines Sinnverständnisses psychotischer Krisen kann daher zur Ermöglichung von Selbstbefähigung dienen. Zudem ist ein Gespräch über die Inhalte einer Psychose deshalb von Bedeutung, weil psychotische Krisen als ein missglückter Bewältigungsversuch einer für den Betroffenen unerträglichen Situation verstanden werden können. Durch das Vermeiden ähnlich (auswegloser) Situationen lassen sich bei vielen Betroffenen weitere Krisen »überflüssig« machen.

Gerade wenn von Betroffenenseite ein vermehrtes Gesprächsangebot über Psychoseinhalte gefordert wird, so gibt es doch viele psychoseerfahrene Menschen, die zunächst gar nicht darüber sprechen möchten. Das kann sinnvoller Selbstschutz sein, vor allem unmittelbar nach einer Krise. Das kann aber auch Folge von verständlichen Scham- und Schuldgefühlen sein oder aus einer Angst vor den Reaktionen der Umgebung hervorgehen. Häufig ist es zunächst erforderlich, diese Gefühle oder Befürchtungen zu besprechen, bevor ein intensives Gespräch über Psychoseinhalte möglich wird. Wenn auf Seiten des Therapeuten Offenheit und Interesse bestehen, kann der Betroffene seine inneren Hürden leichter überwinden. Psychoseerfahrene Menschen spüren dabei sehr genau, ob es sich um Neugierde und Faszination für das Fremdartige handelt oder um wirkliches Interesse an ihrer Person und dem, was sie erlebt haben. Im ersten Fall werden Psychoseerfahrungen manchmal wie eine spaßige Geschichte erzählt, im zweiten Fall erlebt man den Erzähler sehr präsent und spürt auch die Anstrengung, die das Mitteilen intimster Erfahrungen verursacht.

Ich überlasse das Ansprechen von Psychoseinhalten stets dem Betroffenen selbst und signalisiere Offenheit. Ich teile auch mit, dass ich schon mit vielen Betroffenen über ihre Psychoseerlebnisse gesprochen habe und weiß, wie seltsam solche Erfahrungen zunächst scheinen und wie schwer es sein kann, darüber zu sprechen.

Es gibt viele Ansätze, die ein Verständnis von Psychoseinhalten ermöglichen. Bekannt geworden sind vor allem psychodynamische Verständnisversuche (z.B. MENTZOS 1992), die jedoch zumeist auf einer äußerst komplizierten und hypothetischen Theorie beruhen und die den Betroffenen nur selten verständlich sind. Im Folgenden sollen zwei leicht verständliche »Deutungsfolien« vorgestellt werden, mit denen in vielen Fällen ein Verständnis von Psychoseinhalten zwischen Betroffenem und Therapeuten entwickelt werden kann. Beide wurden gemeinsam mit Betroffenen erarbeitet bzw. von Betroffenen angeregt.

Ähnlichkeit von Traum und Psychoseerleben

Viele Betroffene erleben ihre Psychose teilweise wie einen Traum. Da liegt es nahe, auch das Verständnis der Psychoseinhalte an der Traumdeutung anzulehnen. So schreibt D. BUCK (1992a), die selbst fünf psychotische Krisen durchlebte: »Anstelle der Träume schienen mir meine Psychosevorstellungen aufgebrochen zu sein. Unsere Krankheit liegt darin, dass wir sie für wirklich halten, was wir beim Traum nur tun, solange wir träumen. Ich verschob meine abgeklungenen Vorstellungen auf die Traumebene und konnte mir so ihren Sinn erhalten, nur ihre objektive Wirklichkeit nicht.« Sie beruft sich in ihrem Psychoseverständnis auch auf C. G. Jung, der die Psychose als Wirklichkeit gewordenen Traum auffasst (JUNG 1985).

Indem die Ähnlichkeiten von Psychoseerleben und Traum betont werden, verlieren die psychotischen Erfahrungen einen Teil ihrer Fremdheit und der auch von vielen Psychotherapeuten immer noch angenommenen »Uneinfühlbarkeit«. Die Beschäftigung mit Trauminhalten ist heute für viele Menschen selbstverständlich geworden, auch bei nicht-analytisch orientierten Psychotherapeuten hat die Beschäftigung mit Trauminhalten in der Therapie ihren festen Platz. Deshalb erleichtert die Parallele von Traum und Psychose dem Betroffenen und dem Therapeuten den Zugang zum Psychoseerleben.

P. HARTWICH und M. GRUBE (1999) führen all jene Phänomene an, die sowohl als Traumelemente bei Gesunden vorkommen wie auch Teil des Psychoseerlebens sein können. Hierzu zählen unter anderem der Verlust der Orientierung in Raum und Zeit, Verfolgungserleben, Stimmenhören und Gerufenwerden, Lähmung der Beweglichkeit sowie Depersonalisation und Derealisation. Was der Psychotiker aus seiner akuten Krisenzeit kennt, ist fast allen Menschen (allerdings in einer anderen Qualität) aus nächtlichen Träumen bekannt. Dabei beschreiben psychoseerfahrene Menschen den Unterschied zwischen Traumerleben und Psychoseerleben folgendermaßen: Die Psychose sei intensiver als ein Traum, löse einen höheren Grad an Betroffenheit aus und sei in der Erinnerung dauerhafter präsent. Im Traum wäre zudem die Ich-Haftigkeit des Träumers als Handelnder stärker ausgeprägt als in der Psychose (HARTWICH / GRUBE 1999).

Mit fast allen psychotischen Krisen gehen Schlafstörungen einher, die von 80 Prozent aller Betroffenen als Frühwarnzeichen angegeben werden.

Viele psychoseerfahrene Menschen leben teilweise über Wochen fast ohne Schlaf, ein Zustand, der auch bei jedem gesunden Menschen zwangsläufig zu Halluzinationen und Ich-Störungen führen würde.

Es soll davor gewarnt werden, Psychoseerleben im klassisch-analytischen Sinne wie einen Traum zu deuten, d. h. dem Klienten unter Zuhilfenahme eines komplizierten und nur schwer nachvollziehbaren psychologischen Theoriegebildes eine Deutung zu präsentieren. Jede Deutung, die der Klient mit Befremden aufnimmt und nicht versteht, ist im weniger schlimmen Fall vollkommen überflüssig, da sie ja nicht verstanden wird, im ungünstigen Fall aber sogar gefährlich, da sie eine Verunsicherung bewirken kann. Der Versuch, Psychoseerleben ähnlich einem Traum zu verstehen, muss an einem Grundsatz orientiert sein, der für das moderne Traumverständnis unverzichtbar ist (FARADAY 1993): Eine Traumdeutung muss zwischen Klient und Therapeut *erarbeitet* werden. Dabei ist generell fraglich, ob es sich bei dem erreichten Verständnis um eine hypothetisch angenommene »psychische Wahrheit« handeln kann oder ob der gemeinsame Akt der psychischen Konstruktion eine die Wirklichkeit bildende und damit auf diese wirkende Funktion hat.

Die Analogie zur Traumdeutung stellt ein Werkzeug dar, um Psychoseerleben zu verstehen. Die Muster, nach denen sich Zusammenhänge zwischen Lebensgeschichte und Psychoseerleben ergeben, sind nicht grundlegend andere als die Zusammenhänge zwischen Lebensgeschichte und neurotischem Erleben. So mag jemand starke Angst- und Panikgefühle gerade in Situationen entwickeln, in denen er sich in irgendeiner Form abgelehnt fühlt. Das Gleiche kann für Psychoseerleben gelten (BELLION 1997). Nicht die Auslöser sind grundlegend andere, sondern die Reaktion.

Das Konzept des ungelebten Lebens
(die Psychose als Wunscherfüllung)

Eine gewisse »Überdosis« von etwas als Auslöser von Krisen hat in unsere psychologische Alltagswahrnehmung schon lange Einzug gehalten. Nicht umsonst werden schon länger »kritische Lebensereignisse« (FILIPP 1990) als Auslöser psychotischer Krisen diskutiert und erforscht. Das heute gängige Vulnerabilitäts-Stress-Bewältigungsmodell greift diese Grundthese auf und nimmt an, dass zu viel Stress weitere Krisen auslösen kann. Diese Sichtweise erscheint ergänzungsbedürftig, denn nicht nur das gelebte Leben tut etwa in Form von Stress seine Wirkung und belastet uns. Vielmehr wirkt auch all das, was wir nicht leben können. V. v. WEIZSÄCKER (1956; siehe auch ZACHER 1988; OLBRICH 1997) nennt dies das »ungelebte Leben«. Weizsäcker richtet sein Augenmerk auf all das im Leben, das nicht geschah, das nicht verwirklicht werden konnte, das erträumt, aber nie Realität wurde. Was bewirken die nie geborenen Söhne und Töchter, die nie erlebte Eigenständigkeit, die unerwiderte Liebe?

»Ungelebtes Leben« soll hier nicht in erster Linie als mögliche (Mit-) Ursache psychotischer Störungen diskutiert werden, wohl aber als deren Auslöser und vor allem als Verstehenszugang zu Psychoseinhalten. Dieses Konzept verweist auf eine existenzielle Ebene der Psychosen. Viele Psychosen lassen sich als Ausdruck eines Mangels verstehen, als Kompensation ungelebter Bedürfnisse, Sehnsüchte und Träume. Vor allem bei den manischen Psychosen mag dieser Gedanke sofort einleuchten: In der Manie gelingt es, all das zu leben, wovon viele und auch der Betroffene selbst träumen. Aber auch schizophrene oder schwer depressiv gefärbte Erlebnisweisen haben einen Zusammenhang zu vorhergehendem Mangel und nicht Geschehenem: Ein junger Mann, dem es trotz längerem Bemühen nicht gelungen ist, sich von seiner Mutter zu lösen, gewinnt zunehmend das Gefühl, sie vergifte ihm sein Essen. Eine 40-jährige Frau, die sich nie ganz in die Mitarbeiterschaft am Arbeitsplatz integrieren konnte, glaubt, dass sich ihre Kollegen gegen sie verschworen hätten. »In der Psychose erlebe ich, was ich in Wirklichkeit nicht habe«, berichtet eine Betroffene gegenüber Th. BOCK (1997). Sie erzählt weiter, dass sie im realen Leben auf eine geglückte Partnerschaft habe verzichten müssen und ihr in der Psychose diese Liebeserlebnisse erfüllt würden.

Die Erarbeitung eines individuellen »Sinnverständnisses« psychotischer Krisen überschneidet sich hier mit dem Versuch, die Dynamik der Psychose abzumildern, indem das ungelebte Leben so weit wie möglich zu gelebtem Leben wird. Für einige Betroffene ist es hilfreich, wenn es gelingt, im Alltag etwas von dem zu leben, was sonst der Psychose vorbehalten bleibt. Im psychotherapeutischen Prozess geht es dann darum, psychotisches Erleben und Verhalten als Übersteigerung allgemein menschlicher Handlungs- und Erlebnismöglichkeiten begreiflich zu machen, um in einem nächsten Schritt mit dem Klienten zu überlegen, wie diese Persönlichkeitsanteile im Alltag besser gelebt werden können.

Beispiel: Die Psychose wird überflüssig

Ein 49-jähriger Angestellter, der im Archiv einer großen Firma tätig war und im sozialen Kontakt sehr schüchtern und vorsichtig wirkte, verstand seine psychotischen Krisen als den Versuch, seiner Selbstunsicherheit und seines Angepasstseins zu entfliehen (während seiner psychotischen Zeit war er nämlich äußerst selbstsicher und mutig und konnte sich offen und frei mit anderen Menschen unterhalten. Im Verlauf eines längeren psychotherapeutischen Prozesses und der Teilnahme an einer Selbsthilfegruppe gelang es ihm, neue Verhaltensweisen zu erproben: Er wurde zunehmend offener. Hatte er früher zwischenzeitlich geradezu eine »Verlockung der Psychose« verspürt, weil sie für ihn die einzige Möglichkeit war seiner Selbstunsicherheit zu entfliehen, so spürte er jetzt kein Verlangen mehr danach. Statt dessen sah er die negativen Seiten seiner Psychose deutlicher: Beispielsweise gestand er sich ein, dass er während seiner Psychose nicht immer selbstsicher auftrat, sondern zeitweise durchaus sehr aggressiv war.

Psychotherapie als Krisenauslöser?

Generell hat jeder psychoseerfahrene Mensch ein erhöhtes Risiko, im Laufe seines Lebens nochmals in eine psychotische Krise zu geraten. Dabei sind es vor allem schwierige emotionale und zwischenmenschliche Situationen, die zum Auslöser werden können (THURM-MUSSGAY u. a. 1991). Auch die psychotherapeutische Beziehung birgt ein erhöhtes Risiko einer erneuten Krise, weil sie in der Regel eine mit viel Nähe verbundene und zum Teil auch konfliktträchtige soziale Beziehung darstellt, andererseits die innere Ordnung einer Person während einer Therapie unter Umständen in Frage stellt.

Psychotherapie der Psychosen ist dann unverantwortlich, wenn dieses Risiko einer erneuten psychotischen Krise während der Therapie nicht berücksichtigt und keine Vorsorge getroffen wird, um es einzugrenzen. Dabei begründet das Risiko einer erneuten psychotischen Krise nur in Ausnahmefällen eine generelle Entscheidung gegen eine Psychotherapie. Die Frage kann nicht lauten: »Ist Psychotherapie bei diesem Menschen sinnvoll oder zu gefährlich?«, sondern: »Welche Psychotherapie ist angebracht und wie kann das Risiko einer erneuten psychotischen Krise möglichst gering gehalten werden?« Bei der Entscheidungsfindung darf nicht nur das Risiko einer erneuten Krise in Erwägung gezogen werden, sondern ebenso die Tatsache, dass viele

Betroffene gerade während eines therapeutischen Prozesses vor weiteren Krisen besonders gut geschützt zu sein scheinen, da in dieser Zeit die Sensibilität für das eigene Befinden und für Krisenzeichen erhöht ist sowie die therapeutische Beziehung auch stützend auf den Betroffenen wirken kann.

Die Berücksichtigung des Risikos einer erneuten Krise hat Konsequenzen für eine angemessene psychotherapeutische Methode: Es sollte auf solche Therapieverfahren verzichtet werden, die bei vielen Betroffenen eine erneute Krise auslösen können. Dazu scheinen in erster Linie aufdeckend-deutende analytische Methoden sowie stark erlebnisaktivierende Methoden zu gehören. Gleichwohl darf nicht der Fehlschluss gezogen werden, die eingesetzte Methode müsse so sicher sein, dass weitere psychotische Krisen vollkommen ausgeschlossen werden können. Wenn ich ganz sicher gehen will, dass mein Haus nicht in Brand gerät, so muss ich es unter Wasser setzen. Seltsamerweise garantiert nicht einmal das bei den Psychosen eine absolute Sicherheit: Auch unter hoch dosierten Psychopharmaka können psychosekranke Menschen wieder dekompensieren.

Bezüglich des psychotherapeutischen Umgangs mit psychoseerfahrenen Menschen wird immer wieder propagiert, auf emotionsaktivierende Methoden vollkommen zu verzichten, da nur so drohende Krisen vermieden werden könnten. Nach meiner Erfahrung ist dies nur in den seltensten Fällen notwendig und sinnvoll; es bewirkt letztlich eine Chronifizierung, da die Betroffenen ihre Fähigkeiten, mit Anforderungen zurechtzukommen, vollkommen verlieren, wenn sie sich unter einer dauerhaften »Käseglocke« befinden.

Es bleibt die Frage, wie eine relative Sicherheit hergestellt werden kann. Der sinnvollste Weg dazu besteht in der Errichtung eines »Sicherungsnetzes«, das möglichst zu Beginn einer Psychotherapie aufgebaut werden sollte.

Folgende Elemente haben sich bewährt:

* Es sollte mit eher emotionsarmen Inhalten begonnen werden; erst wenn ein therapeutisches Vertrauensverhältnis entstanden ist, können emotionalere Themen bearbeitet werden. Dies sollte mit dem Klienten so besprochen und vereinbart werden.

* Der Therapeut muss die individuellen Rückfallrisiken des Betroffenen kennen, d. h., er sollte über bisherige Krisenauslöser ebenso wie über Frühwarnzeichen und den individuellen Psychoseverlauf informiert sein. Diese Inhalte sollten möglichst zu Anfang des psychotherapeuti-

schen Prozesses bearbeitet werden. Dabei sollten Absprachen getroffen werden, ab wann die Therapie ausschließlich stützend sein sollte und welche Verhaltensweisen sich der Klient vom Therapeuten für den Fall einer drohenden Krise wünscht.

✳ Die Haltung des Therapeuten sollte von Offenheit für die vom Klienten eingebrachten Themen geprägt sein und ein möglichst großes Maß an Kontrolle und Beeinflussbarkeit der Situation beim Klienten belassen. Implizit und explizit kann folgende Haltung vermittelt werden: »Hier kannst du über alles reden, was dir wichtig ist. Worüber wir sprechen und wie offen du sein möchtest, das bestimmst du. Letztlich hast du das Ruder in der Hand, du kannst jederzeit Stopp sagen und etwas abbrechen. Nie sollst du hier ein Gefühl wie in der Psychose haben, dass dir alles außer Kontrolle gerät.«

Nicht bei jedem Betroffenen und zu jeder Zeit ist das Risiko einer psychotischen Krise gleich hoch. Folgende Bedingungen erhöhen die Gefahr einer durch die Therapie ausgelösten psychotischen Krise, die nicht oder nur schwer abgefangen werden kann:

✳ *akuter* Beginn bei früheren psychotischen Krisen,
✳ keine oder kaum Frühwarnzeichen im Vorfeld, sodass sich anbahnende Krisen nicht rechtzeitig erkannt werden können,
✳ rasch eintretende Krankheitsuneinsichtigkeit,
✳ wenig medikamentöser Schutz,
✳ auch außerhalb der Psychotherapie belastende Umstände,
✳ Bearbeitung traumatischer Erlebnisse,
✳ letzte Krise in der jüngsten Vergangenheit.

Auch emotional schwierige Themen müssen nicht zwangsläufig von der therapeutischen Bearbeitung ausgeschlossen bleiben. Vielmehr wünschen viele Betroffene gerade ihre Bearbeitung, da sie sie häufig in Zusammenhang mit ihrer Psychose sehen. Wenn absehbar ist, dass die Bearbeitung bestimmter Themen emotional sehr aufreibend werden könnte, beispielsweise die Auseinandersetzung mit einem erlittenen sexuellen Missbrauch, so ist in dieser Zeit besondere Vorsicht geboten. Solche Themen sollten nur in äußerlich stabilen Zeiten bearbeitet werden, unter Umständen ist eine »geschützte« Bearbeitung durch eine erhöhte Medikation sinnvoll. Die Vorkehrungen müssen individuell getroffen werden; hier soll nur darauf verwiesen werden, dass solche Themen bei hinreichender Vorsicht kein Tabu sein müssen.

ANDREAS KNUF

Krankheitsbewusstsein als Schlüssel zu Selbsthilfe und Selbstbestimmung bei psychotischen Krisen

Viele psychoseerfahrene Menschen leiden sehr darunter, dass sie ab einem gewissen Punkt vor der akuten Krise ihre beginnende Erkrankung nicht mehr als solche abschätzen können und sie stattdessen für die Realität und sich selbst für gesund halten. Die klassische Psychiatrie bezeichnet dies als Krankheitsuneinsichtigkeit. Die Beschäftigung mit dem Phänomen der so genannten Krankheitsuneinsichtigkeit nimmt im Empowerment-Ansatz einen besonderen Raum ein, denn viele Formen der Selbsthilfe und Selbstbestimmung sind nur so lange möglich, wie psychotische Veränderungen als solche wahrgenommen werden können. Wenn die Psychose nicht mehr als Psychose erlebt, sondern durchgängig für die Realität gehalten wird, dann ist der Betroffene ihr stärker ausgeliefert und kann eigene Einflussmöglichkeiten nicht mehr nutzen. Fast alle Zwangsmaßnahmen wie Betreuungen, Einweisungen, Zwangsmedikation usw. können vermieden werden, wenn Betroffene die Veränderung ihres Zustandes einschätzen und sich die für sie nötige Hilfe holen können. Auch eine Entscheidung gegen eine Behandlung oder gegen bestimmte Formen der Behandlung würde leichter von der Umgebung akzeptiert, wenn sich der Betroffene bei weiterhin vorhandenem Bewusstsein des psychotischen Erlebens gegen die jeweilige Behandlung aussprechen würde. Wodurch aber lässt sich ein Abstand zum psychotischen Erleben aufrechterhalten, damit Selbsthilfe und Selbstbestimmung weiterhin möglich bleiben?

Der klassische Begriff »Krankheitsuneinsichtigkeit« suggeriert einen bewussten Einfluss der Betroffenen auf dieses Erleben: Jemand soll doch endlich zu Vernunft und Einsicht kommen. Zum anderen enthält er implizit ein Machtverhältnis zwischen dem Diagnostiker und dem als krankheitsuneinsichtig Diagnostizierten. Ein ähnlicher Unterton schwingt auch in psychoanalytischen Begriffen wie »Verleugnung« oder »Krankheitsverneinung« mit. Ich möchte daher auf den Begriff Krankheitsuneinsichtigkeit verzichten und den in meinen Augen weniger diskriminierenden und zudem positiv formulierten Begriff »Krankheitsbewusstsein« verwenden. Psychotische Phänomene werden bei vorhandenem Krankheitsbewusstsein als solche wahrgenommen. Noch neutraler ließe sich etwa bei Psychosen von Psychosebewusstsein sprechen, was dem Selbsterleben einiger Betroffener, dass es sich bei der Psychose nicht um eine Erkrankung handelt, besser gerecht würde. Da jedoch nach meiner Erfahrung fast alle Betroffenen ihre psychotischen Erlebnisse als Krankheit bezeichnen, benutze ich den Begriff Krankheitsbewusstsein.

Fehlendes Krankheitsbewusstsein ist eines der Hauptsymptome einer psychotischen Krise, das in nahezu jeder akuten Phase beobachtet wird (SCHIED 1990). Es findet sich bedeutend häufiger als andere Leitsymptome einer Psychose, wie etwa akustische Halluzinationen oder Beziehungsideen. Die klassische psychiatrische Krankheitslehre hielt die Fähigkeit psychosekranker Menschen, ihre Psychose bewusst als solche wahrzunehmen, für sehr gering. Diese Einschätzung war in erster Linie Folge eines Stichprobenfehlers, da sie in der Arbeit mit langjährig schwer kranken Menschen gewonnen wurde. Wie wir heute wissen, sind sich im Zeitalter der Neuroleptika fast alle Betroffenen den allergrößten Teil ihres Lebens darüber im Klaren, dass ihre psychotischen Erlebnisse nicht der Realität entsprechen. In vier deutschen Studien variiert der Anteil der Betroffenen, die ihre psychotischen Erlebnisweisen als solche wahrnehmen, zwischen 71 und 100 Prozent (nach WIENBERG / SIBUM 1995). Fehlendes Krankheitsbewusstsein tritt damit in der Regel nur im Vorfeld und während einer akuten Krise auf.

Letztlich sind es nur wenige Betroffene, die ihre Psychose durchgängig nicht als solche erleben. Gerade bei diesen Menschen stellt sich aber für die Empowerment-Perspektive eine besondere Schwierigkeit ein, da hier entgegen der Einschätzung der Betroffenen das psychotische Erleben von außen als Krankheit definiert wird, während sie selbst sich in der Regel für gesund halten oder zumindest den psychotischen Prozess nicht als Krankheit begreifen.

Wie endogen ist Einsicht?

Krankheitsbewusstsein und Behandlungsbereitschaft oder -verweigerung sind von vielen Faktoren abhängig. Das hat jeder schon erlebt, der mit psychoseerfahrenen Menschen gearbeitet hat. Während jemand in einem Augenblick keinerlei Bewusstsein für das psychotische Erleben hat, kann er im nächsten davon reden, dass er Hilfe braucht, und kann diese Hilfe eventuell auch annehmen. Während jemand aggressiv und ablehnend reagiert, wenn ihn die eine Mitarbeiterin zur Einnahme der Medikamente auffordert, nimmt er sie bei einem anderen Mitarbeiter bereitwillig ein. Die Wahrnehmung der Psychose als solche und die realistische Einschätzung darüber, ob man gerade Hilfe benötigt oder nicht, sind in vielen Fällen situativ und zeitlich variabel.

Die Unfähigkeit, die Psychose als solche zu erleben und sich davon zumindest teilweise zu distanzieren, wird in der klassischen Psychiatrie auf einen hypothetisch als primär unbeeinflussbar angenommenen endogenen Prozess zurückgeführt, der gerade für die Psychosen charakteristisch sein soll. Diese Einschätzung verhinderte bisher sowohl eine wissenschaftliche Beschäftigung mit den psychosozialen Beeinflussungsmöglichkeiten dieses Phänomens wie auch therapeutische Bemühungen zur Erhöhung des Krankheitsbewusstseins.

Eine fehlende oder geringe Einsicht in eine Erkrankung ist gleichwohl keineswegs psychosespezifisch. Auch bei anderen Erkrankungen, die von den an ihnen erkrankten Menschen ähnlich katastrophal erlebt werden, finden sich ebensolche Prozesse. So können beispielsweise viele krebskranke Menschen teilweise bis zu ihrem Tod die Bedrohung durch ihre Erkrankung nicht akzeptieren und retten sich in Verleugnung durch selektive Wahrnehmung angeblich vorhandener Besserung oder durch den Glauben an heilbringende neue Krebstherapien. Auch bei anderen psychischen Erkrankungen, so etwa bei der Somatoformen Störung und bei einigen Persönlichkeitsstörungen, findet sich ein geringes Krankheitsbewusstsein. Diese sind aber zumeist durchgängig und »kippen« nicht innerhalb allerkürzester Zeit, wie dies bei den Psychosen der Fall ist. Das eigentlich beachtliche Phänomen ist also nicht die sehr verbreitete Unfähigkeit, sich von seinem Erleben, Wahrnehmen oder Handeln zu distanzieren, sondern das plötzliche *Kippen* zwischen Abstand und Nicht-Abstand. Zeitlich kann dieses Phänomen beim

Auftreten einer Krise häufig in einer Zeitspanne von wenigen Stunden beobachtet werden.

Dadurch nun, dass bisher fehlendes Krankheitsbewusstsein ausschließlich auf endogene Prozesse zurückgeführt wurde, fehlt vorläufig so gut wie jede Forschung über Beeinflussungsfaktoren, die auf Krankheitsverarbeitung, Reaktion der Umgebung, Behandlung usw. zurückgehen. Die weiter unten dargestellten professionellen Handlungsmöglichkeiten sind daher bisher nicht wissenschaftlich fundiert. Auch fehlt ein ausgiebiger Diskurs mit den Betroffenen über dieses Thema.

Von analytischer Seite wird das geringe Krankheitsbewusstsein als Selbstschutzmanöver des bedrohten Ichs verstanden. Viele Betroffene berichten von einem »Gefühl des Nicht-wahrhaben-Wollens« angesichts wieder auftretender psychotischer Symptome. Manische Menschen berichten, dass sie gerade zu Beginn ihrer Manie diese häufig als solche wahrnehmen können, sich ihre manische Welt aber nicht zerstören lassen möchten und ihre Einsicht zu verdrängen suchen. So bewirkt die Krankheitsdynamik *zusammen* mit den Abwehrprozessen des Betroffenen letztlich das fehlende Krankheitsbewusstsein.

Professionelle Handlungsmöglichkeiten

Zur Unterstützung von Selbsthilfemöglichkeiten und zur Vermeidung von Zwangsmaßnahmen im Umfeld der psychiatrischen Behandlung sollten sämtliche Möglichkeiten genutzt werden, durch die von professioneller Seite Krankheitsbewusstsein unterstützt werden kann. Verschiedenste Aspekte spielen eine Rolle.

Die Klinik sollte ein Ort der Zuversicht sein. Wer die Behandlung und den Behandlungsort als Ort des Schreckens erlebt, der wird sich verweigern, wenn er wieder dorthin gehen soll. Er wird sich auch seine beginnende Erkrankung nur schwer eingestehen können, da diese mit einer drohenden Behandlung verbunden ist. So konnten W. BÖKER u. a. (1982) zeigen, dass das subjektive Erleben der Neuroleptikawirkung Einfluss auf das Psychoseerleben des Patienten hat. Patienten, die viele unangenehme Wirkungen der Neuroleptika verspüren, versuchen die Psychose aus ihrer Lebenserfahrung auszublenden, während positiv reagierende psychoseerfahrene Menschen sich bewusst mit ihrer Erkrankung auseinander setzen. Alles, wodurch

Traumatisierungen entstehen können, muss daher vermieden werden. Wenn sie unvermeidbar waren, sollten diese mit dem Betroffenen nach der Behandlung besprochen werden. Wenn sich professionelle Mitarbeiter falsch verhalten haben, müssen sie sich durchaus bei den Betroffenen entschuldigen.

Wenn die Klinik als Behandlungsort für den Betroffenen inakzeptabel ist, sollten auch andere Möglichkeiten wie ambulante Behandlung oder etwa eine Tagesklinik erwogen werden. Dazu sind dann konkrete Absprachen mit den jeweiligen Behandlern hilfreich, damit für den Betroffenen eine konkrete Alternative entsteht. Um den Schrecken der Klinik zu nehmen sind Behandlungsvereinbarungen ausgesprochen hilfreich. Durch sie wird die Behandlung für den Betroffenen zumindest teilweise vorhersehbar und kontrollierbar.

Niemand ist dem fehlenden Krankheitsbewusstsein hilflos ausgeliefert. Vorhandenes oder nicht vorhandenes Krankheitsbewusstsein ist kein vollkommen unbeeinflussbarer Prozess. Vor allem während der Übergangszeit zwischen vorhandenem und nicht mehr vorhandenem Krankheitsbewusstsein haben Betroffene Handlungsmöglichkeiten, um Krankheitsbewusstsein zu fördern. Im Gespräch kann manchmal sehr konkret erarbeitet werden, wodurch der Abstand zum psychotischen Erleben beibehalten werden kann oder wie es die Psychose schafft, den Betroffenen vollkommen in ihren Bann zu ziehen. E. M. PODVOLL (1994) hat mit seinen Klienten Möglichkeiten erprobt, um die »Präsenz des Denkens« aufrechtzuerhalten. Dazu empfiehlt er bestimmte, sehr leichte Meditations- und Atemübungen sowie den Einbezug des Körpers, etwa durch häusliche Arbeiten oder durch Malen. Auch R. BELLION (1997) berichtet aus eigener Erfahrung von hilfreichen Atemtechniken.

Eine besondere Bedeutung kommt auch der Erarbeitung eines zeitlichen Rückfallprofils zu (BEHRENDT 1996; KNUF / GARTELMANN 1997). Hier werden Frühwarnzeichen gesammelt und in eine zeitliche Abfolge gebracht, wobei der Übergangsphase, in der sich der Abstand zur Psychose verliert, besondere Bedeutung zukommt. Mit den Betroffenen kann erarbeitet werden, welche Schritte sie gerade in der Phase schwindenden Krankheitsbewusstseins unternehmen könnte, und auch, welches professionelle Verhalten sie in dieser Phase als förderlich oder hinderlich für das Krankheitsbewusstsein einschätzen.

Vertrauensvolle Beziehung fördern! Nur in einer vertrauensvollen Beziehung kann über ein so heikles Thema wie eine wieder beginnende Psychose gesprochen werden. Eine erneute psychotische Krise hat für viele Betroffene schwer wiegende Konsequenzen, die dem realistischen Wahrnehmen und Akzeptieren der sich anbahnenden Psychose im Wege stehen: Eine über einen langen Zeitraum mühsam reduzierte Medikation wird wieder deutlich erhöht, es droht eine berufliche Ausfallzeit, ein erneuter Rückzug der sozialen Umgebung usw.

Viele Betroffene berichten, dass sie im Vorfeld einer Krise zwar Frühwarnzeichen feststellen, diese jedoch nicht mit ihrem Arzt besprechen, da sie seine Reaktion fürchten. Fehlendes Krankheitsbewusstsein kann also zustande kommen, wenn im Vorfeld keine angemessene Hilfe vorhanden ist bzw. beim Betroffenen Verunsicherung und Angst wirken. Wenn der professionell Tätige für den Betroffenen durchschaubar ist und vorhersehbar handelt, wird ein vertrauensvoller Umgang zur Krisenvermeidung erleichtert. Dazu können beide in krisenfreien Zeiten vereinbaren, wie im Interesse des Betroffenen auf welche Frühwarnzeichen reagiert werden soll.

Zur Behandlung bewegen. Einige Betroffene haben eigene Ideen, wie sie im Fall eines fehlenden Krankheitsbewusstseins doch zur vereinbarten Behandlung bewogen werden können. Manchmal wird dies durch eine bestimmte Person ermöglicht, zu der sie ein besonderes Vertrauensverhältnis haben. Manchmal kann aber auch ein bestimmtes Verhalten der Umgebung bewirken, dass die Betroffenen zumindest kurzzeitig ihr Krankheitsbewusstsein zurückgewinnen können. So berichtete ein psychoseerfahrener Mann, in einem solchen Fall solle man ihm eine Ohrfeige geben. Dadurch, so nehme er heute an, könne er vielleicht noch am ehesten wieder kurzzeitig in die gemeinsame Realität zurückgeholt werden. Solche individuellen Handlungsmöglichkeiten der Umgebung des Betroffenen sollten in krisenfreier Zeit möglichst konkret abgesprochen werden.

Autonomiegefühl stärken! Wenn ein psychoseerfahrener Mensch generell wenig eigene Handlungsmöglichkeiten sieht, so wird er sich auch der Psychose schneller ausgeliefert fühlen. W. BÖKER (1999) geht davon aus, dass der Bewältigungsversuch der Verleugnung nicht mehr so notwendig ist, wenn die Erkrankung als weniger bedrohlich erlebt wird. Förderlich wäre daher alles, wodurch das Aufkommen eines Gefühls der Hilflosigkeit vermieden wird und eigene Handlungsmöglichkeiten realistisch eingeschätzt werden können. Gerade psychiatrische Klientinnen und Klienten sind häufig von »erlernter Hilflosigkeit« und Traumatisierungen betroffen, die auch durch professionelles Handeln mit zustande kommen. Diese zu vermeiden, macht es damit dem Betroffenen leichter, sein Krankheitsbewusstsein möglichst lange aufrechtzuhalten.

»Inseln der Klarheit« nutzen! Auch in einer Phase des fehlenden Abstands zur Psychose gelingt zumindest einigen Betroffenen die zeitweise Distanzierung von den psychotischen Erlebnissen. E. M. PODVOLL (1994) benutzt hierfür den Begriff »Inseln der Klarheit«, die er als »spontane, natürliche Unterbrechungen der psychotischen Vorgänge« definiert und die sich unter anderem in Zweifel und plötzlichen Einsichten manifestieren. Wenig ist bisher darüber bekannt, wie viele Betroffene solche Inseln der Klarheit kennen, woran sie von außen erkannt werden können und welche Reaktionen der Umgebung in solchen Zeiten hilfreich sind. Aus seiner Erfahrung beschreibt Podvoll, dass diese Augenblicke der Wachheit vor allem beim Abklingen einer Psychose vermehrt auftauchen, aber auch sonst kurzfristig vorhanden sind.

Sehr eindrücklich berichtet R. SCHERNUS (2000) von einer ihrer Patientinnen: »Frau D. erzählt, sie habe einmal während ihres Aufenthaltes in der psychiatrischen Akutklinik das Gefühl gehabt, ›ganz nah an der Gesundheit‹ zu sein. Und zwar hatte sie, begleitet von intensivster Angst, plötzlich das Empfinden, dass vielleicht alles, was sie erlebte (die Inhalte der Psychose), doch nur Einbildung sei. Dies sei für sie so verwirrend gewesen, als wenn jetzt einer zu ihr sagen würde, dieser Tisch stünde hier nicht. Sie sei nah daran gewesen, zu erkennen, dass ihr Erleben irreal sei. Gleichzeitig habe darin aber auch die Erkenntnis gesteckt ›ich bin verrückt‹, und eben dies habe die furchtbare Angst ausgelöst. Sie habe laut geschrien vor Angst. Schwestern und Ärzte seien zu ihr gerannt, keiner habe gefragt, was los sei, sondern sie habe sofort eine Beruhigungsspritze bekommen. ›Ja, und dann war ich noch drei weitere Monate psychotisch.‹« (S. 251f.)

Viele Betroffene verneinen beim erstmaligen Nachfragen, solche Augenblicke zu kennen. So erinnerte sich ein Betroffener zunächst nicht an diese kurzzeitigen Phasen des Abstands zur Psychose, konnte aber später berichten, wie er in seiner letzten Krise bereitwillig mit der von seiner Frau herbeigerufenen Polizei mitgefahren war, obwohl er vorher keinerlei Krankheitsbewusstsein hatte und seiner Frau verboten hatte die Polizei zu rufen.

Verstünde es die Umgebung des Betroffenen, diese Inseln der Klarheit als solche auszumachen, so könnte sie diese nutzen, um etwa Behandlungsentscheidungen mit dem Betroffenen zu treffen, Zwangsmaßnahmen zu vermeiden usw.

Betroffenenorientiertes Psychosekonzept erarbeiten! Im Laufe der Auseinandersetzung mit einer Erkrankung brauchen betroffene Menschen ein Konzept, das ihnen hilft ihre Erfahrungen zu integrieren. Heute wird in der Regel von ihnen erwartet, dass sie sich das medizinische Krankheitsmodell zu Eigen machen. Dies ist aber einerseits häufig nicht in der Lage ihre Erfahrungen zu integrieren, andererseits erfahren sie kaum Hilfe bei der Auseinandersetzung mit diesem Konzept. W. BÖKER (1980) fordert daher einen »Arzt als Dolmetscher«. Dieser bräuchte zunächst Zeit, um sich zusammen mit dem Betroffenen über die verschiedenen Erklärungsmodelle zu unterhalten, bevor dann schrittweise ein gemeinsames Modell erarbeitet werden kann, in dem sich möglichst viele Überschneidungen des Modells des Profis mit dem des Betroffenen finden. Dabei ist es sinnvoller, zunächst vom Modell der Betroffenen auszugehen und bestimmte Ergänzungen oder Neubetrachtungen anzuregen, die in der Lage sind die Selbsthilfefähigkeiten der Betroffenen zu fördern (siehe auch den Beitrag zur Psychotherapie in diesem Buch). Dieses Modell sollte dann »im Wesentlichen vereinbar mit dem subjektiven Erleben und dem Selbstkonzept der Betroffenen sein« (WIENBERG/ SIBUM 1995).

Wenn dieser Dolmetscher nicht zur Verfügung steht und die Betroffenen ohne weitere Begleitung ein zu akzeptierendes Erklärungsmodell mitgeteilt bekommen, dann haben sie nur die Möglichkeit dieses zu akzeptieren oder sich ihr eigenes zu konstruieren. Darauf aber haben professionell Tätige dann keinen Einfluss. Das sich so entwickelnde Krankheitskonzept ist dann möglicherweise keine Grundlage für eine gemeinsame Arbeit an der Gesundung der Betroffenen.

Wie viel Einsicht verträgt der Mensch?

Hinter dem Begriff »Krankheitsbewusstsein« verbergen sich verschiedene Wahrnehmungen der Betroffenen. D. GREENFELD u. a. (1989) unterscheiden Ansichten über die Symptome, über die Existenz einer Krankheit, Spekulationen über die Ätiologie, Ansichten über die Anfälligkeit für einen

Rückfall und Meinungen über den Wert einer Behandlung. Über die meisten dieser Punkte lässt sich redlich streiten, nicht nur zwischen Betroffenen und professionell Tätigen, sondern auch und gerade innerhalb der wissenschaftlichen Psychiatrie. Für die praktische psychiatrische Arbeit ist jedoch lediglich von Bedeutung, welches Verhalten (und welche damit verbundenen Einschätzungen) für den betroffenen Menschen hilfreich ist oder wodurch er sich eventuell schadet. So ist es in der Regel für einen Betroffenen hilfreich, die Anfälligkeit für einen erneuten Rückfall nicht zu verleugnen und zumindest irgendeine Form der Behandlung als teilweise hilfreich einzuschätzen.

Ein 32-jähriger Mann, der seine Psychose nur sehr selten als Krankheit wahrnahm, berichtete voller Begeisterung von seinen »Mini-Psychosen«, die er sich an langweiligen Wochenenden erlaube und auf die er nicht verzichten wolle. Trotzdem war er bereit, nach anderen sinnvollen Wochenendbeschäftigungen Ausschau zu halten und sein Neuroleptikum zumindest in einer geringen Dosierung weiterzunehmen, um nicht wieder in für ihn unkontrollierbare akutpsychotische Zustände zu geraten.

Eine heute 67-jährige Frau, die vor 40 Jahren ihre erste Psychose erlebt hatte, verstand diese nie als Krankheit. Trotzdem war sie in der akuten Krisenzeit erleichtert, wenn ihr behandelnder Arzt eine mögliche Klinikeinweisung ansprach und ihr anbot, einen Aufnahmetermin dort zu vereinbaren.

Ziel psychiatrischer Behandlung ist es nicht selten, den Betroffenen zu einer stärkeren Einsicht zu bewegen, was letztlich bedeutet, ihn mehr von der Einschätzung des professionell Tätigen zu überzeugen. Dies bezieht sich dann sowohl auf die Symptomatik wie auch auf die Ursachen und mögliche Behandlungsformen. Wir möchten uns einig sein mit unseren Klienten und möchten, vor allem angesichts der Tatsache, dass bezüglich der Psychosen kaum etwas als wissenschaftlich bewiesen gelten kann, einen gemeinsamen Konsens finden. W. BÖKER (1999) macht darauf aufmerksam, dass es für einige Betroffene sogar besser sein kann, ihre Störungen nicht realistisch wahrzunehmen. Vor allem angesichts des hohen Suizidrisikos fragt er kritisch, ob es dem Betroffenen wirklich hilft, wenn er seine Symptomatik, seine Rückfallrisiken und die sozialen Folgen seines Leidens »bis auf den Grund erkennen und bewerten gelernt hat«.

Als Grundprinzip kann gelten: Welches Minimalbewusstsein erscheint im Interesse der Betroffenen notwendig? Auf dieses Bewusstsein sollte dann hingearbeitet werden, alles andere kann und muss Angelegenheit der Betroffenen bleiben. Dabei muss sich der Betroffene selbst keineswegs als »psychisch krank« definieren. Insofern ist nur eine teilweise Krankheitseinsicht notwendig. Auch eine »doppelte Buchführung«, in der sich der Betroffene als gesund erlebt, aber trotzdem Schritte unternimmt, um nicht wieder in eine Krise zu geraten, ist für eine gemeinsame Arbeit zumeist ausreichend. Ähnliches gilt für die so genannte Compliance, also die Bereitschaft des Betroffenen, in die Behandlungsempfehlungen des Fachmanns einzuwilligen. Compliance ist ebenfalls keine Frage von Vorhandensein versus Nicht-Vorhandensein. Sie ist vielmehr von vielen Faktoren abhängig, etwa davon, ob die Behandlungsempfehlung partnerschaftlich erarbeitet wurde, wie die emotionale Beziehung zwischen Betroffenen und professionell Tätigen beschaffen ist usw. Eine teilweise Bereitschaft zur Mitarbeit reicht zumeist aus.

Compliance und Krankheitsbewusstsein sollten nicht leichter Hand auf endogene Faktoren einer Krankheitsdynamik zurückgeführt werden. Vielmehr müssen sich professionell Tätige fragen: Durch welches eigene Verhalten behindere oder ermögliche ich diese?

ULRICH SEIBERT

Konflikte ernst nehmen: Empowerment und Mediation im sozialen Umfeld

Probleme im sozialen Umfeld

Psychische Probleme, die ein Anlass für psychiatrische Beratung und Behandlung sein können, treten meistens als Konflikte im sozialen Umfeld in Erscheinung. Das gilt für beide Blickrichtungen: Psychiatrie-Erfahrene beziehungsweise psychisch Kranke beklagen sich über Menschen ihrer Umgebung und diese Personen beklagen sich wiederum über die psychisch mehr oder weniger Auffälligen. Beide Seiten interpretieren den Zusammenhang zunächst als Täter-Opfer-Beziehung, das heißt, jeder empfindet den anderen als Täter und sich als Opfer. Dadurch entsteht für beide Seiten entweder ein endloser Machtkampf oder eine Pattsituation, in der sich nichts mehr bewegt. Für Psychiatrie-Erfahrene geht damit die Möglichkeit, das eigene Leben und die eigenen Probleme in konstruktiver Weise zu planen, verloren.

Empowerment bedeutet hier: Die festgefahrenen Konfliktstrukturen erneut in Bewegung zu bringen und die eigenen Handlungsmöglichkeiten wieder zu gewinnen. Eine Methode dazu ist die Mediation. »Mediation geht vom Menschenbild … aus, welches Individualität, Autonomie und Selbstbestimmung vor Abhängigkeit, Kommunität und Fremdbestimmung setzt.« (DUSS VON WERDT u. a. 1995, S. 30) Das Konzept der Mediation wende ich hier auf den Bereich der (Sozial-)Psychiatrie an. In Deutschland hat es sich vor allem bei Ehescheidungen und anderen Familienproblemen bewährt, in anderen Ländern wird es auch in der Politik, bei Arbeitsplatzproblemen und in Nachbarschaften angewendet.

Bei Konflikten zwischen psychisch Kranken beziehungsweise Psychiatrie-Erfahrenen und Personen ihrer Umgebung ist die professionelle Psychiatrie in spezifischer Weise beteiligt: Wenn bei einem der Konfliktpartner eine psychiatrische Diagnose gestellt wird, dann wird in traditioneller psychiatrischer Denkweise dieser in der Täterrolle gesehen und die Angehörigen als Opfer betrachtet. Die stationäre Unterbringung und die medikamentöse Behandlung beenden (nach außen hin und momentan) die Konflikte. Die Menschen in der Umgebung sind erleichtert und dankbar für den psychiatrischen Eingriff. Damit haben sich die Psychiatrie-Professionellen auf die Seite der Angehörigen, Nachbarn usw. gestellt. Das heißt, sie sind zu einer festen Größe im psychodynamischen Beziehungsgefüge geworden. Wird der Patient allerdings bald wieder entlassen, dann stellt sich der alte Konfliktzustand meist erneut her; die Angehörigen sind nun von der Psychiatrie enttäuscht, weil sie keine Hilfe mehr erhalten. Wenn sie Angst vor dem neuerlichen Auftreten der Probleme haben, dann werden sie versuchen die Klinikmitarbeiter von einer frühzeitigen Entlassung abzubringen.

Eine andere, neuere psychiatrische Interpretationsweise ist die familientherapeutische Annahme, dass die *Familie als Verursacherin* der psychischen Krankheiten zu sehen sei. Berühmt geworden und viel kritisiert ist der Begriff der »schizophrenogenen Mutter«. In vereinfachter Form findet sich dieser Gedanke in der unter Mitarbeitern flapsig geäußerten Bemerkung:»In der Familie würde ich auch verrückt werden.« Hier wird der Klient als Opfer und Familienangehörige als Täter betrachtet. Entsprechend ist der Begriff des »krank machenden Arbeitsplatzes« zu sehen. Natürlich sind solche möglichen Kausalzusammenhänge für die Betroffen von größter Bedeutung, sie werden aber hier nicht behandelt.

Eine Betrachtungsweise, die sich von der reinen Ursachendiskussion in der Psychiatrie gelöst hat und psychodynamische Aspekte einbezieht, ist die »Netzwerktheorie« (ANGERMEYER / KLUSMANN 1989). Dabei werden die belastenden und die unterstützenden Faktoren in einem sozialen Beziehungsgefüge, also dem »Netzwerk«, analysiert und für Lösungsmöglichkeiten nutzbar gemacht. Das Netzwerk ist das System, in dem sich die Konflikte abspielen und die Lösungen zu suchen sind. Die bestehenden Netzwerke können auch erweitert werden, zum Beispiel durch Einbeziehen einer sozialpsychiatrischen Tagesstätte.

Mit solchen Überlegungen kann ich als Berater etwa an die Bemerkung einer Klientin anknüpfen:»Natürlich war ich auch mit schuld an den Problemen mit meinem Mann.« Zunächst war der Ehemann durch etwas paranoide Vorwürfe der Frau unter Druck gesetzt worden. Dann bewirkte der Mann eine Klinikeinweisung und damit begann eine neue Eskalationsstufe.

Die Aufgabe stellte sich jetzt, Problemlösungen zu suchen, bei denen nicht die Frau oder der Mann als »Sieger« hervorgehen (Sieger würde heißen: Einweisung zu ungunsten der Frau oder Zuhausebleiben zuungunsten des Mannes).

Die »Mediation als Vermittlung in Konflikten« (BESEMER 1999) ist eine *Methode der Problemlösung*, die weit gehend aus der Täter-Opfer-Einstellung heraustritt und in konstruktiver Weise nach gemeinsamen Möglichkeiten der Deeskalation und Konfliktbewältigung sucht. Es soll dabei keine Gewinner und Verlierer geben; das kann bedeuten, dass man sich auf Kompromisse einigt, also beide Seiten etwas nachgeben und auf die umfassende Durchsetzung ihrer Bedürfnisse verzichten müssen.

Einige *Grundprinzipien* von Mediation sind (BESEMER 1999, S. 15):

1   Der Mediator ist ein neutraler Berater für die Konfliktbeteiligten.
2   Vorbereitung der Gespräche mit den Konfliktpartnern, auch einzeln, Motivierung für diese Form der Beratung.
3   Die Konfliktpartner stellen zunächst die Probleme aus ihrer jeweiligen Sicht dar.
4   Die möglichen Ziele der Mediation werden von den Konfliktpartnern und dem Berater gemeinsam überlegt.
5   Die Bearbeitung der zurückliegenden Problemgeschichte gehört nicht zur Mediation; aber die Analyse einzelner, konkreter Problemsituationen kann für die Zukunftsplanung wichtig sein.
6   Es geht um eine Zukunftsperspektive: Wie können wir miteinander auskommen, ohne dass die Probleme eskalieren?
7   Überprüfung und gegebenenfalls Korrektur der Übereinkunft.

Anwendungsbereiche von Mediation können vor allem die Familie und andere nahe stehende Bezugspersonen sein. Bei ihnen besteht oft eine starke Verunsicherung durch Hilflosigkeit und Schuldgefühle; in Überbefürsorgung und Arztgläubigkeit werden Auswege aus der Problematik gesucht, die beim psychisch Kranken ihrerseits Abwehr und Verunsicherung verstärken können.

Neben den persönlichen Bezugspersonen sind relativ oft Personen in der Hausgemeinschaft und Nachbarschaft, auch Hausmeister, die »Konfliktpartner«. Ferner wird die Mediation bei Konflikten am Arbeitsplatz angewendet, die ja ebenfalls im Zusammenhang mit psychischen Problemen auftreten können. In diesem Fall kommt als Mediator auch ein Mitarbeiter des psychosozialen Dienstes für Schwerbehinderte im Berufsleben in Frage.

Prinzipien der Mediation können auch bei akuter Krisenhilfe nützlich sein, weil die Mediation als Methode der »gewaltfreien Konfliktlösung« (BESEMER 1999, S. 40) der Deeskalation dient.

Mediation ist sowohl für die Lösung gegenwärtiger Probleme mit kurzfristiger Perspektive gedacht wie für die Entwicklung langfristiger Planungen, etwa bei der Rückkehr in die Familie nach der Zeit in einer Klinik.

Die aktuelle Konfliktlösung, die in diesem Rahmen angestrebt wird, darf nicht mit einer »Heilung« einer psychischen Erkrankung verwechselt werden. Aber das Ernstnehmen der subjektiven Probleme und eine Verbesserung der Kommunikation durch verständnisvolle Gespräche in einer entspannteren Atmosphäre können dazu führen, dass eine psychiatrische und therapeutische Beratung und Behandlung vom Betroffenen gewünscht wird. Auf jeden Fall wird er in seiner Entscheidungskompetenz unterstützt.

Methoden der Mediation

Aufgaben und Rolle der Mediatoren

Mediatoren sind neutral: Sie bewerten nicht die Personen und ihre Verhaltensweisen und sie ergreifen nicht Partei für eine Seite. Es geht um die Analyse von konkreten Problemsituationen; dabei werden die Verhaltensweisen und die Gefühle und Reaktionen der Beteiligten aus den verschiedenen Gesichtswinkeln beschrieben. Das Wesentliche ist, die wechselseitigen Reaktionsweisen zu erkennen und zu verstehen. Die Bedürfnisse, Vorstellungen und Gefühle eines psychisch Erkrankten sind dabei gleichwertig mit den Bedürfnissen, Vorstellungen und Gefühlen der Angehörigen u. a. Der Mediator muss zeigen, dass er jeden ernst nimmt, auch die Äußerung von »Wahnideen«, von Ängsten, von ungewöhnlichen Vorstellungen und Plänen.

Der Mediator achtet auf die Einhaltung von Gesprächsregeln, zum Beispiel: den andern ausreden lassen, alle zu Wort kommen lassen, keine Bewertungen vornehmen, nicht den andern interpretieren, sondern Ich-Aussagen machen. Mediatoren sind kreative Planer, sie suchen nach neuartigen, komplexen Lösungen und überschreiten damit den Horizont der bisherigen Versuche der Beteiligten, mit den Problemen zurechtzukommen.

Mediatoren beachten die Selbstbilder und die wechselseitigen Fremdbilder der Konfliktpartner und sie teilen auch ihre eigenen Fremdbilder und ihr Selbstbild als Berater mit.

Motivieren

Das Motivieren für einvernehmliche Konfliktlösungen ist im Umfeld von psychiatrischer Arbeit oft mit besonderen Schwierigkeiten verbunden. Das hängt mit zwei Erfahrungen zusammen: Zum einen sind psychisch Erkrankte oft schwer zugänglich, wenn sie mit ihren Vorstellungen bisher von anderen Menschen kritisiert und auch mit ihren Ideen abgelehnt wurden. Zum anderen erwarten die Bezugspersonen von Professionellen vor allem Unterstützung in Richtung auf einschränkende Maßnahmen gegenüber dem »Kranken« und eine rasche und effektive Behandlung seiner »Störungen«; sich mit den »verrückten« Ideen und Verhaltensweisen ernsthaft zu beschäftigen ist in akuten Konfliktsituationen gerade nicht ihr Bedürfnis.

Diese Schwierigkeiten lassen sich am ehesten überwinden, wenn wirklich beide beteiligten Seiten ernst genommen werden. Der Mensch mit der psychischen Erkrankung, der Störung oder dem Leiden ist zumeist froh, wenn jemand seine Meinung, seine Erlebnisse und Bedürfnisse hören möchte; dazu gehört das Bemühen um Hilfe, sofern sie gesucht wird – gerade dann, wenn die Bedürfnisse anderen Menschen unsinnig erscheinen. Ebenso ist die Situation von Angehörigen ernst zu nehmen, die sich »genervt« fühlen, Probleme mit der Nachbarschaft befürchten, Angst um den »Patienten« oder um sich selbst haben und so fort. In diesem Motivations- und Vorbereitungsstadium kann es nicht um die Diskussion von Ursachen oder psychiatrischen Diagnosen und Theorien gehen, sondern die Verhaltensweisen der Beteiligten sind unmittelbar präsent. Von ihnen ist auszugehen und an ihnen entlang können Lösungsmöglichkeiten gesucht werden – Hintergrundwissen als Theoriewissen auf Seiten des Beraters ist natürlich trotzdem sehr wichtig und hilfreich, um »kreative Lösungen« entwickeln zu können.

Ein junger Mann glaubt, das von seiner Mutter gekochte Essen sei vergiftet. Bei der Kontaktaufnahme ist dies das Problem, das er hat und für das er natürlich eine Lösung sucht. Die Probleme der Mutter (und des Vaters sowie der Geschwister) liegen auf der Hand: Am liebsten wäre es ihnen, wenn es eine rasche psychiatrische Behandlung gäbe, die diese (Wahn-)Vorstellung beendet. Die kann aber nicht über eine einvernehmliche Problemlösung erfolgen, sondern derzeit nur mit Gewalt (Zwangseinweisung). Die Motivierung des jungen Mannes muss also an den Konflikt mit der Mutter anknüpfen: Was möchte er erreichen, wie soll sich seine Mutter verhalten, will er überhaupt weiter von ihr

Essen bekommen usw.? Sieht er eine Lösung für seine Befürchtung, gibt es Erleichterungen für ihn, was verstärkt und was reduziert seine Ängste? Wie wirkt auf ihn die Absicht der Eltern eine Zwangsbehandlung einzuleiten? Eine Motivierung der Eltern wird unschwer möglich sein, wenn der Mediator sie nach ihren Bedürfnissen, Gefühlen und Ängsten fragt. Die Geschwister können vielleicht Vermittlerfunktionen übernehmen und deshalb ebenfalls an den Gesprächen teilnehmen.

Ziele und Verfahren

Ziele des Mediationsverfahrens sind Überlegungen und Vereinbarungen, wie die Konfliktsituationen und Eskalationen in Zukunft vermieden werden können. Es geht um ganz pragmatische Lösungen, nicht um grundlegende Meinungsverschiedenheiten über Lebensstile oder psychische Gesundheit und Krankheit. Auch wenn die Veränderungen erhebliche Konsequenzen haben sollten, wie zum Beispiel ein Umzug, bleibt das Ziel der Mediation die praktische Konfliktlösung.

Das Vorgehen kann in mehrere Abschnitte gegliedert werden.

1 Es muss das *Problem* genau herausgefunden und beschrieben werden, wir können es als »Fokussieren« bezeichnen. Das ist manchmal ein etwas mühsamer Prozess, wenn die Kontrahenten die Neigung haben immer gleich ins Grundsätzliche zu gehen, alte Geschichten aufzuwärmen oder Ratschläge zu erteilen (»Nimm erst mal deine Medikamente!« oder »Hör endlich auf, mich zu befürsorgen!«).

Es muss aber beachtet werden, dass Konflikte, die im Vordergrund wahrgenommen werden, auch die Folge eines dahinter liegenden Konfliktes sein können. Zum Beispiel sind Aggressionen oft die Folge von einem Gefühl der Bedrohung und von Ängsten. Die Aggressionen sind dann also ein sekundäres Verhalten. Ziel der Mediation ist in diesem Fall die Vermeidung von Situationen, in denen das Gefühl der Bedrohung aufkommt; die Aggressionen werden dann gar nicht erst entstehen. Andernfalls würde nur der Umgang mit den bestehenden Aggressionen diskutiert, was natürlich viel weniger effektiv wäre.

Die sorgfältige Beschreibung »des Problems« ergibt sich aus den Mitteilungen über die subjektiven Wahrnehmungen, Gefühle und Vorstellungen. Der junge Mann im obigen Beispiel muss erfahren, dass die Mutter schwer gekränkt ist, weil er ihr die Absicht der Vergiftung unterstellt.

Diese Kränkung ist ein wesentlicher Faktor der Mutter-Sohn-Beziehung. Der Wahn des jungen Mannes ist zwar der Hintergrund dieser Problematik, aber ein Wahn wäre keine Kränkung für die Mutter. Die Mediation soll den akuten Beziehungskonflikt lösen, sie dient nicht einer Heilung vom Wahn. Die psychodynamische Wechselwirkung zwischen den beteiligten Personen muss verbalisiert werden. Verbalisieren, »zur Sprache bringen« ist ein Kern des Mediationsverfahrens (DUSS VON WERDT u. a. 1995, S. 234 f.). Dadurch können Erkenntnisse vermittelt werden und die Sichtweisen sich ändern.

2 Es müssen die Wünsche artikuliert werden, die sich an den oder die anderen richten: Was erwarte ich von dir, positiv und negativ? Dabei kann es nicht um Maximalwünsche gehen, sondern – eventuell in einem zweiten Schritt – es soll gemeinsam herausgefunden werden, wo die untere Toleranzgrenze liegt. Solche Toleranzgrenzen können auch neu erarbeitet werden. Da es zumeist um Kompromisse geht, ist das Auskundschaften von Mittelwegen und damit auch partiellen Abstrichen an den eigenen Bedürfnissen ein zentraler Teil des Mediationsverfahrens.

3 Aus den artikulierten und reflektierten Wünschen ergeben sich die konkreten Ziele. Die können sowohl auf das Zusammenleben im Alltag bezogen sein wie auch in weit gehenden Veränderungen liegen, zum Beispiel dem Auszug aus dem Elternhaus oder der Krankschreibung in einem Arbeitsverhältnis. Die zumindest vorübergehende Trennung der »Kontrahenten« ist oft eine Möglichkeit zur Entspannung und zu einem Neubeginn. Und, wie gesagt, es kann auch zum Bedürfnis nach weiterer Beratung auf Grund der vertrauensvollen Gespräche kommen.

4 Am Ende des Verfahrens steht eine Vereinbarung, wie sich die Gesprächspartner in Zukunft verhalten sollten, um das Aufkommen und Eskalieren von Konflikten zu vermeiden. Eine Nachfrage von Zeit zu Zeit über den Erfolg der Vereinbarungen und eventuelle Fortsetzungen der Gespräche können zweckmäßig sein. Außerdem kann infolge von Veränderungen in den Sichtweisen und Bedürfnissen der Beteiligten eine neuerliche Mediation gewünscht werden.

Abgrenzungen und Grenzen

Mediation ist kein psychotherapeutisches Verfahren im engeren Sinn. Sie hat viel mit der systemischen Familientherapie gemeinsam; mögliche Lernprozesse und Vereinbarungen stehen der Verhaltenstherapie nahe; das ganze Verfahren ist an die Gesprächstherapie angelehnt.

Der Zugang zum Mediationsverfahren ist deshalb ausgesprochen niederschwellig, weil nicht jene Anforderungen an die Motivation gestellt werden, die Voraussetzung für eine Psychotherapie sind: Niemand muss große »Bekenntnisse« ablegen, es wird nicht nach der Lebensgeschichte und Werthaltungen gefragt (BESEMER 1999, S. 43). Familien meiden oftmals »Hilfeangebote, die eine tief greifende ›Durcharbeitung‹ von Konflikten fordern« (CONEN 1999, S. 37). »Unmotiviertheit« (gegenüber Psychotherapie) »wird als Schutz vor erneuten Hoffnungen auf Veränderungen und deren möglicher Enttäuschung betrachtet« (ebd. S. 36). Diese Hinweise gibt M. L. Conen zu einem Verfahren, das viele Parallelen zur Mediation aufweist, aber »Aufsuchende Familientherapie« genannt wird.

Die Abgrenzung zur Verhaltenstherapie ist darin zu sehen, dass nicht Lernprozesse angestrebt werden, sondern dass sich diese eventuell ergeben können, als erwünschter Nebeneffekt. Interessant ist, dass die Angehörigen u. a. auch von den Psychiatrie-Erfahrenen oder psychisch Kranken dabei viel lernen können, nicht zuletzt durch die Vermittlung des Mediators, wenn er seine Wahrnehmungen berichtet oder gezielte Fragen stellt.

Eine spezielle Abgrenzung innerhalb der Empowerment-Diskussion scheint mir noch notwendig: Mediation ist kein Verfahren, in dem Recht und Unrecht festgestellt werden. Einzelne juristische Bestimmungen und Möglichkeiten können natürlich im Mediationsverfahren zur Sprache kommen, wenn sie mit den Konflikten und den vorgesehenen Lösungen zusammenhängen. Dazu gehören psychiatrische Zwangsmaßnahmen ebenso wie strafrechtliche Fragestellungen, aber auch Hausrecht, Unterhaltsrecht, Mietrecht und so fort. Der Mediator ist kein Rechtsanwalt, weder für die eine noch für die andere Seite, gleichwohl sollten zu seinem professionellen Wissen einschlägige Rechtskenntnisse gehören.

Da »Empowerment« aus der Sicht von organisierten Psychiatrie-Erfahrenen gerade die Durchsetzung von Rechten als wichtiges Ziel ansieht, darf hier die Abgrenzung nicht übersehen werden. Mediation ist eine »Goodwill«-Methode, die Konfrontationen vermeidet. Die Durchsetzung von Rechten steht als ein anderes Verfahren daneben; beide haben ihren Sinn, je nach Ziel und Ressourcen.

Ein Moment des Empowerments ist die Mediation deshalb, weil sie ein Stück Handlungsmöglichkeit mit sich bringt, eine Gleichberechtigung in Situationen, in denen ansonsten allzu oft die »Gesunden« für sich »Recht« behalten und die als solche definierten »Kranken« kaum Gehör finden. Da die nicht konfrontative Lösung auch zur Stabilisierung von erwünschten sozialen Beziehungen dient, kann die Mediation für den psychisch Kranken ein großer Gewinn sein, ohne dass die Rechte dadurch tangiert werden.

Grenzen ergeben sich aber auch in diesem Bereich: Wenn eine Seite zu viel Verzichte leisten und sehr wesentliche, auch rechtliche Einschränkungen hinnehmen müsste, dann stellt sich die Frage nach anderen Formen der Konfliktbearbeitung.

Natürlich ist jede Annäherung an das Mediationsverfahren zunächst ein Versuch. Wenn die Motivation trotz gewissenhafter Bemühungen nicht gelingt oder die Kompromissbereitschaft durch einen unversöhnlichen Machtkampf gehindert wird, dann war es ein vergeblicher Versuch. Empowerment-Strategien leben aber von einem notwendigen Optimismus; dazu gehören auch Versuche, deren Ausgang zunächst ungewiss ist. Man muss das nicht als Misserfolg verbuchen, sondern sollte sich klarmachen, dass »nichts unversucht gelassen wurde«. Das ist immer besser als einen »sicheren Weg« zu gehen, der die Selbsthilfekräfte missachtet.

Die Methode der Mediation ist ein Beitrag zur Autonomie, weil sie als Normalisierungsstrategie auch einem psychisch Kranken die Verhandlungsfähigkeit und -möglichkeit lässt. Der Realitätsbezug dient der Verbesserung und Erhaltung von sozialen Beziehungen, ohne mit Behandlungszwängen verbunden zu sein. Erwähnen möchte ich noch, dass diese Methode – wie alle anderen Methoden – nichts absolut Neues darstellt. Mitarbeiter Sozialpsychiatrischer Dienste arbeiten zum Teil ohnehin mit solchen Konzepten; die ausgearbeitete Methodik der Mediation ist trotzdem für die Praxis und die Reflexion der Praxis eine wertvolle Anleitung und Hilfe.

ULRICH SEIBERT

Die Stabilisierung der Identität –
eine Empowerment-Strategie

Die Unterstützung von Empowerment-Strategien in der psychiatrischen Arbeit verlangt von den Professionellen, dass sie sich mit der Frage beschäftigen: »Wer sind unsere Klienten bzw. Patienten?« Wer das herausgefunden hat, kann sich dem alten Grundsatz der Sozialarbeit zuwenden, der lautet: »Den Klienten da abholen, wo er steht.« Dieses Kapitel soll dazu einige Anregungen geben. Daneben beschäftigt es sich mit der Frage nach dem Ziel, auf das Menschen mit psychiatrischen Problemen zustreben können. Dabei ist der Gesichtspunkt des Identitätswandels von einiger Bedeutung. Schließlich ist die Wahrnehmung des anderen auch die Grundlage für den Dialog zwischen Helfer und Nutzer. Die Probleme, Bedürfnisse und Angebote werden kommunizierbar, wenn dieser Dialog stattfindet.

Michaels Geschichte

»Eines schönen Tages, mitten in den Abschlussprüfungen des Studiums, gehe ich während der Mittagszeit zu einem Imbiss, um mir eine Leberkässemmel zu kaufen. Hinter mir steht ein Mann, der bei mir im Block wohnt und den ich von früher aus dem Szene-Café für Psychiatrie-Erfahrene kenne:

›Ach, dich habe ich ja lange schon nicht mehr gesehen. Ich dachte, du seist weggezogen. Wie geht es denn im Studium?‹

›Gut, ich mache gerade die letzten Prüfungen.‹

›Das ist ja schön, dass du es so weit geschafft hast.‹ Er lächelt süffisant. ›Hast du denn besondere Bedingungen auf Grund deiner Behinderung bekommen?‹

Mir schnürt es den Hals zu und gleichzeitig steigt eine ungeheure Wut in mir hoch: ›Ich will dir mal etwas sagen. Erstens fühle ich mich nicht behindert, und zweitens ist gerade diese Art zu denken der Grund, warum ich nicht mehr ins Café komme.‹

Ich kaufe meine Leberkässemmel und verschwinde. Ich bin zornig. Ich kenne den Mann kaum und er mich ebenso wenig, was ihn aber nicht davon abhält, mir ohne weiteres eine psychische Behinderung zu unterstellen, nur weil ich jahrelang im Szene-Café verkehrt bin. Dort wird oft übersehen, dass es noch andere psychische Krankheiten als Psychosen gibt.

Ich habe keine Psychose und werde wahrscheinlich auch nie eine bekommen. Ich bin neurotisch. Auch das ist eine psychische Krankheit, und das Leiden, das daraus resultiert, ist nicht zu unterschätzen. Aber im Café für Psychiatrieerfahrene werden alle über einen Kamm geschert. Man denkt in Kategorien: Klinikaufenthalte, Psychopharmaka und Frühberentung.

Ich habe mich nicht frühberenten lassen. Trotz eines massiven Einbruchs, Kontakt mit einer psychiatrischen Einrichtung und der zeitweisen Einnahme von Psychopharmaka habe ich Psychologie studiert. Die Reaktionen meines damaligen sozialen Umfeldes, das hauptsächlich aus Psychiatrieerfahrenen bestand, waren alles andere als unterstützend. Sie reichten von: ›Um Gottes willen, dazu bist du doch viel zu angeknackst‹, bis hin zu feindseligen Reaktionen einer guten Freundin, die mir sehr deutlich zu verstehen gab, dass ich psychisch krank sei und sich psychisch Kranke entweder frühberenten ließen oder auf dem zweiten Arbeitsmarkt arbeiteten oder von Sozialhilfe lebten. Jedenfalls spielen sie nicht mit dem Gedanken ein Studium zu beginnen. Dass es jemand wagt, aus den Reihen auszuscheren und etwas studiert, das die so genannten ›Profis‹ studiert haben, ist ungewöhnlich und wird nicht gern gesehen. Man hat auf der Seite zu bleiben, auf der man ist, d. h. auf der Seite der Betroffenen, oder feiner ausgedrückt, auf der Seite der ›Psychiatrieerfahrenen‹. Schließlich muss alles seine Ordnung haben. Auf der anderen Seite ist natürlich ebenso fatal, wenn ein so genannter Profi plötzlich zum Betroffenen wird, auch das ist im System Psychiatrie nicht vorgesehen, soll aber gelegentlich vorkommen.

Als Betroffener hat man sich gefälligst damit abzufinden, dass man eingeschränkt und behindert ist, vor allem natürlich im Leistungsbereich. Ich gehe nun seit einigen Jahren nicht mehr in das Café und dennoch nutzte der Mann die Gelegenheit, mich an meine psychische Behinderung zu erinnern. Jemand, der so etwas tut wie ich, der rührt an Leid, an Versagen, an Minderwertigkeitsgefühle. Ich hatte den Mann an sein nicht abgeschlossenes Medizinstudium erinnert, das ihm sehr am Herzen gelegen hatte und das er anscheinend auf Grund von psychischen Schwierigkeiten nicht hatte abschließen können. Der Mann ist heute über sechzig Jahre alt und der Schmerz darüber ist offensichtlich geblieben. Zum Glück habe ich mich nicht beirren lassen, dabei waren die Profis ebenso skeptisch wie die Betroffenen. Aber auch ich selbst war skeptisch. Kann ich mir so etwas zutrauen, schaffe ich so etwas und vor allem: Darf ich das?

Haarsträubend wurde es allerdings, als ich im Rahmen des Studiums ein Praktikum in einer psychiatrischen Einrichtung begann. Ich dachte mir damals, dass ich anderen Betroffenen meine eigenen Erfahrungen mit der Psychiatrie ›zur Verfügung‹ stellen könnte – was sich dann als Illusion herausstellte. Es kommt vor, dass Betroffene dazu neigen, andere Betroffene abzuwerten im Sinne von: ›Der hat ja selber 'ne Macke, was will der uns denn schon sagen.‹ Aber auch die Profis bleiben von Vorurteilen der Betroffenen nicht verschont im Sinne von: ›Der hat ja keine Ahnung, wie 'ne Psychose ist.‹ Die meisten Profis sehen es nicht gern, wenn sich ehemals Betroffene in ihre Reihen gesellen. Meine Position war insofern eine sehr einsame und das Praktikum in der psychiatrischen Einrichtung scheiterte bedauerlicherweise.

Interessanterweise wurde meine Identität als psychisch Kranker einerseits durch Diagnosen beeinflusst, im wesentlich größeren Maße aber wurde sie durch das soziale Umfeld der Betroffenen bestimmt. Psychisch Kranke sagen sich untereinander sehr genau, was sie voneinander halten, was sie können, was sie nicht können, was man mit der Diagnose darf oder nicht darf. Es gibt bestimmte Normen und Regeln und diese gilt es einzuhalten. Wer dies nicht tut, muss mit Sanktionen rechnen. Ebenso wie im Gesamtsystem Gesellschaft verteilt sich Achtung und Missachtung nach der Leistungsfähigkeit des Einzelnen, d. h., die Normen und Werte der Subkultur von Betroffenen sind stark an der Leistungsgesellschaft ausgerichtet. Allzu leistungsfähig darf der Einzelne allerdings nicht sein, weil man sonst misstrauisch wird und der Betroffene unter Umständen nicht mehr zum Kreis der Insider dazugehören kann.

Ich selbst hatte so lange keine Schwierigkeiten mit meiner Identität als psychisch Kranker, bis ich das Studium begonnen hatte und diese Identität damit in Frage stellen musste.«

Die Identität ist sehr eng verbunden mit den Möglichkeiten von Empowerment, also mit Selbstbewusstsein, Autonomie und eigener Handlungsfähigkeit. Die Identität eines Menschen ist von vielen Faktoren abhängig. Sie verändert sich je nach den Bedingungen, unter denen der betreffende

Mensch lebt. Solche Bedingungen und Möglichkeiten der Identität sollen hier ausschließlich im Zusammenhang mit psychiatrischen Kontexten diskutiert werden. Andere Faktoren der Identitätsentwicklung werden hier nicht angesprochen, obwohl sie im konkreten Fall von großer Bedeutung sein können, zum Beispiel die Geschlechtsidentität oder die Identität als Angehöriger einer kulturellen oder religiösen Gemeinschaft (BRÜGGE u. a. 1999; HILSENBECK 1998; BERTOLUZZA u. a. 1994; MORTEN 1988; HAASEN 1998; HEGEMANN / SALMAN 2000).

Selbstdefinition, Fremddefinition und Compliance

Die Etikettierung eines anderen Menschen auf Grund bestimmter Merkmale wird als »Fremddefinition« bezeichnet. Man kann in diesem Fall von einer »zugeschriebenen Identität« sprechen. Für die subjektive Einschätzung ist die »Selbstdefinition« einer Person entscheidend, also die Frage »Wer und was bin ich?«. Die Antwort auf diese Frage hängt aber weitgehend von Fremdbildern ab. Je mehr ich in einem sozialen Zusammenhang lebe, je mehr ich auf die Meinung meiner Umwelt achte, desto bedeutender werden die Meinungen der anderen über mich für meine eigene Identitätsbildung.

Dies gilt auch und gerade in der Beziehung zwischen Patient und Arzt bzw. anderen professionell Tätigen: Je besser die Beziehung zwischen Klienten und Professionellem, desto bedeutsamer werden die Diagnose und die dazugehörigen Aussagen sein. So genannte »Compliance« als ärztliches Bedürfnis (Compliance = Bereitschaft zur Zustimmung) müsste also mit dem sorgfältigen Verzicht auf alle stigmatisierenden Äußerungen (und Meinungen!) verbunden sein. Dazu gehören vor allem negative Prognosen, wie etwa: »Sie werden damit leben müssen, dass die Krankheit immer wieder auftritt, und deshalb müssen Sie dauerhaft Medikamente nehmen.«

Die Übernahme der genannten medizinischen Definition (mit dem Hinweis auf einen chronischen Verlauf) führt bei vertrauensvollen Patienten zu einer negativen Identität: Sie sind dann selbst von der negativen Prophezeiung überzeugt und fühlen sich als psychisch Kranke mit allen zugehörigen Gefährdungen und Behinderungen. Die Ablehnung dieser ärztlichen Diagnose und Meinung – also »Non-Compliance« – ist ein Akt der Identitätsstabilisierung. Das heißt, das bisherige, mehr oder weniger positive

Bild, das die Identität ausmacht, wird vor der Negativ-Zuschreibung geschützt. Während in anderen Bereichen psychosozialer Berufe die Identitätsstabilität sehr positiv bewertet wird, besteht in der Psychiatrie bis heute eher die Tendenz, die persönliche Identität zu destabilisieren – ohne Rücksicht auf die möglichen negativen Konsequenzen, bis hin zur Identitätszerstörung. Die Ursache der Destabilisierung ist der professionelle Wunsch, die Patienten von der Richtigkeit und Wichtigkeit etwa der Diagnosen zu überzeugen. Im Bereich somatischer Erkrankungen treten solche Probleme weniger auf, weil die Diagnosen selbst bei schweren Erkrankungen meistens weniger Auswirkungen auf die Identität der Betroffenen haben. Die psychische Erkrankung allein aber stellt schon die Identität in Frage, weshalb erst recht stabilisierende Konzepte von professioneller Seite notwendig sind!

Wenn nun die Diagnosen solche negativen Wirkungen haben können, sollen die Profis dann darauf verzichten?

C. BURKHARDT-NEUMANN (1999) hat die Bedeutung von Diagnosen in der Psychiatrie sorgfältig beschrieben (siehe auch HUNOLD / RAHN 2000). Ich möchte an dieser Stelle festhalten, dass die Benutzung von Diagnosen und ihre Interpretation durch Patienten, Angehörige und Professionelle von weit reichender Bedeutung ist. Nur in seltenen Fällen entsprechen die mit der Diagnose verbundenen Inhalte der Selbstwahrnehmung und der Selbstinterpretation der Klienten (z. B. bei den Depressionen).

Die Möglichkeit einer identitätsstabilisierenden Behandlung und Beratung gibt es aber: Wir müssen lernen die Erfahrungen und die Probleme aus der Klientensicht zu sehen. Eine solche Selbstdefinition ist erst einmal die Grundlage einer Beziehung zum Klienten. Wer diese Sichtweise wahrgenommen und bestätigt hat, der kann auch eine fachliche Meinung und Erfahrung zur Diskussion stellen, ohne die Identität des Betroffenen zu gefährden. »Zur Diskussion stellen« heißt, ich stülpe dem Klienten nicht meine Meinung über, sondern muss es offen lassen, was von dieser Fachmeinung dem Klienten für sich brauchbar erscheint. Die Auseinandersetzung mit den Sichtweisen der Professionellen ist ein längerer Entwicklungsprozess beim Betroffenen; dabei kann es dann zu einer Neudefinition der eigenen Problematik mit Integration der fachlichen Anschauungen kommen oder es kann zu einer Abwehr der fachlichen Interpretationen kommen, wenn diese die eigene Identität gefährden würden.

Am Rande sei erwähnt, dass es noch eine ganz andere Umgangsform mit den professionellen Meinungen gibt: Viele Psychiatrie-Erfahrene zeigen »Compliance«, ohne ihre eigene, andere Meinung zu korrigieren, weil sie mit einer äußeren Anpassung eine freundliche Behandlung und baldige Entlassung erwarten können. In diesem Fall bleibt die Identität vielleicht stabil und es handelt sich um einen Ansatz von Empowerment. Aber die psychiatrische Behandlung ist dann nicht »nutzerorientiert«.

Psychische Krankheit und Identität

Die Definition als Kranker ist in der kritischen Psychiatrie viel diskutiert worden. Zentraler Begriff dieser Debatte ist der der »Krankenrolle«. Als krank definiert werden hat mehrere Bedeutungen:

1 Ich muss nicht die normale Leistung erbringen, darf mich zurückziehen, mich schonen, muss nicht zur Arbeit gehen.

2 Ich kann ohne schlechtes Gewissen Hilfe annehmen.

3 »Krankheit« ist die Grundlage der Kostenübernahme für medizinische Behandlung und Medikamente.

4 Ich erwarte Hilfe und begebe mich dafür in Abhängigkeiten.

5 Ich muss die Erwartungen erfüllen, die an einen Kranken gerichtet werden, etwa dankbar sein, leiden, »unausstehlich« sein.

6 Ich soll die Krankheitsdefinition und die Behandlungsart der Ärzte gut finden.

7 Ich verzichte auf meine anders lautenden Selbst-Interpretationen.

Wir können diese Beschreibung der Krankenrolle auch umkehren: Wenn ich mich nicht als krank betrachte, darf ich mich nicht schonen, kann schlecht Hilfe annehmen, bleibe oder werde unabhängig von Ärzten und kann eine andere Identität haben.

Die Krankenrollen beinhalten also Möglichkeiten, die ich als Entlastung empfinden kann – oder sie stehen im Gegensatz zu meinem Selbstbild, wenn ich mich nicht als krank betrachte, weil meine Erfahrungen einer solchen Erklärung nicht bedürfen oder ich ihnen einen anderen Sinn beilege. Die folgenden Überlegungen gehen der Frage nach: Welchen Einfluss hat die Definition als »psychisch krank« auf die Identität der Betroffenen?

Wenn die Zuschreibung »krank« eine Hilfe für den Betreffenden darstellt und nicht aufgedrängt wird, dann ist sie nicht identitätsgefährdend, sondern kann zur Stabilisierung beitragen, weil es eine plausible Erklärung für die Beeinträchtigung gibt. Die Krankenrolle funktioniert also als Entlastung. Als krank definiert zu werden ist beispielsweise bei Depressionen eine wichtige Entlastung. Depressive Menschen werden in ihrer Umgebung oft abwertend beurteilt: Sie würden ohne Grund jammern, sie seien bequem, kämen ihren Pflichten nicht nach usw. Wenn dann von einem Arzt die »Depression« als Krankheit diagnostiziert wird, dann haben sowohl der Betroffene selbst wie auch die Menschen im sozialen Umfeld eine annehmbare Erklärung; Gefühle und Verhalten können nun als unverschuldetes Leiden akzeptiert werden und entsprechende Hilfe kann in Anspruch genommen werden.

Ebenso stellt die Definition als Krankheit eine Entlastung dar, wenn in einem krisenhaften Zustand »viel Porzellan zerschlagen wurde« und vielleicht nachhaltige Probleme im eigenen Leben entstanden sind. Es ist oft besser, darin das Symptom einer Krankheit zu sehen, als die volle Verantwortung übernehmen zu müssen.

Wird der Krankheitsbegriff aber mit »Chronizität« verbunden, dann droht trotz der genannten Entlastungen eine Zerstörung der Identität.

Ein geläufiger Begriff für das Akzeptieren der Krankenrolle in der Psychiatrie ist die »Krankheitseinsicht«. Ein in diesem Sinne kooperativer Patient kann jemand sein, der die Verantwortung für sich selbst überhaupt lieber in die Hand des Arztes geben möchte, als sich selbst mit den Problemen auseinander zu setzen (»regressive Geborgenheit«, PFANNKUCH 1997). Kooperativ kann auch jemand sein, der die medikamentöse Unterstützung wünscht, weil er ohne diese Behandlung schlechte Erfahrungen gemacht hat und sich durch Medikamente Erleichterung verschaffen kann.

Die Hoffnung des professionellen Behandlers ist immer die »Krankheitseinsicht« des Patienten. »Der Arzt lebt vom Kranketikettieren« (sagte einmal der Arzt Jo Becker), da die Krankenkassen dies als Voraussetzung der Kostenübernahme verlangen. Hier liegt ein schwer lösbares Problem. Die Aufgabe wird sein, sorgfältig auf die Trennung von Krankheitssymptomen und der Identität der Person zu achten. Die Diagnose »Borderline« zum Beispiel zeigt diese zwei Möglichkeiten: Ich kann bei einer Klientin typische Borderline-Symptome benennen und damit einen Erklärungszusammenhang (als Hypothese) ansprechen. Oder ich kann »Borderline-Persönlichkeit« sagen und damit eine Identität der Person konstruieren. Im ersten Fall bleibt viel Raum für andere Identitäten, im zweiten Fall wird die betreffende Person ganz oder weitgehend auf ihre »Krankheit« reduziert. Psychiatrie-Erfahrene beklagen sich oft, dass sie nur unter dem Krankheitsetikett häufig wahrgenommen werden und ihre anderen Eigenheiten, Fähigkeiten und Interessen anscheinend niemanden interessieren.

Eine weitere Frage zur Identität ist die Bejahung der eigenen »Verrücktheit«. Viele Psychiatrie-Erfahrene empfinden das Psychotische oder die manischen Fähigkeiten als Teil ihres wahren Ichs. Sie möchten die (zumindest in den Augen anderer Menschen) »verrückten« Anteile ausleben. Oder wenn sie damit im sozialen Umfeld Schwierigkeiten bekommen, dann wollen sie wenigstens die Möglichkeit des Auslebens offen halten. Das bedeutet auch, sich selbst zu akzeptieren und von anderen mit diesen Eigenschaften akzeptiert zu werden. Es handelt sich dann um einen wichtigen Teil der Identität. In anderen historisch-gesellschaftlichen Kontexten gab es dafür einen Begriff: »Narrenfreiheit«. Weil er aber neben der Akzeptanz auch Stigmatisierung bedeutet, wird er heute nicht mehr ernsthaft verwendet.

Eine zwiespältige Parallele zur Narrenfreiheit ist die strafrechtliche »Schuldunfähigkeit« wegen psychischer Krankheit. Während sie einerseits zur Entlastung der betreffenden Personen beitragen kann, führt sie andererseits zu einer gefährlichen Etikettierung und damit zu einer zugeschriebenen Identität von psychisch Kranken: In der Öffentlichkeit verstärkt sich das Bild vom »Geisteskranken«, der Straftaten begeht und dafür nicht einmal bestraft wird (CHAMBERLIN 1993, S. 311).

Am Beispiel der »Narrenfreiheit« und der »Schuldunfähigkeit« möchte ich noch eine weitere Möglichkeit von Identität aufzeigen: Identität – als Gefühl, mit sich selbst übereinzustimmen – kann auch mit einer gesellschaftlich negativen Bewertung verbunden sein. Ein junger Mann, der während eines Strafverfahrens zur Begutachtung in der Klinik war, nannte mir bei der Vorstellung seinen Namen und war empört, dass ich den Namen nicht kannte. Er hatte einen spektakulären Banküberfall gemacht und war beeindruckt über die breite Resonanz in der Presse. Seine Identität als bedeutender Bankräuber war für ihn trotz negativer Konsequenzen stabilisierend. Eine Zuschreibung als psychisch krank hätte seine Identität zerstört.

Alternativen zur Krankenrolle

Wenn die Krankenrolle beziehungsweise die Definition als krank nicht angenommen wird, so kann gefragt werden: »Wie sehen sich die betreffenden Menschen denn selbst?« Damit kommen wir zum Begriff der »Normalisierungsstrategie«. Im Folgenden werden sechs Möglichkeiten von Identität benannt, die sich nicht primär am Krankheitsbegriff orientieren.

1 Krisen: Wenn es einem Menschen sehr schlecht geht, dann ist die Bezeichnung »Krise« recht üblich. Im psychischen Bereich spricht man von seelischer Krise, in schwerwiegenderen Fällen von Lebenskrise. Ein neuerer Begriff, der für manche Psychiatrie-Erfahrenen wichtig ist, heißt »spirituelle Krise« (GALUSKA 1998).

Der Begriff »Krise« stellt eine Alternative zum Begriff »Krankheit« dar, weil er sich auf die Lebenssituation eines Menschen bezieht und weil Krisen zum (»normalen«) Leben gehören. Die Krise an sich ist keine Krankheit, aber eine Krise kann mit Krankheiten der verschiedensten Art verbunden sein, zum Beispiel mit einer schweren Depression. Von traditionellen psychiatrischen Diagnosen unterscheidet sich die Krise durch ihre zeitliche Begrenzung. Auch wenn jemand in der Krise vielleicht krank gewesen ist, so ist nach Überwindung der Krise (mit oder ohne professionelle Hilfe) das mehr oder minder normale Leben zurückgekehrt. Und ganz wichtig ist: Eine Krise hat ein Mensch (vorübergehend), sie ist nicht Bestandteil der Identität. Das heißt, die Identität der Person wird nicht in Frage gestellt, wenn eine vorübergehende Krise auftritt. Von ähnlicher Bedeutung ist das Wort »Episode«, das ebenfalls für vorübergehende Ausnahmezustände gebräuchlich ist.

2 Stimmenhörer: Die Bewegung der Stimmenhörer (ROMME / ESCHER 1997) hat einen großen Einschnitt in die medizinisch-psychiatrische Diagnostik bewirkt: Die berühmte Frage »Hören Sie Stimmen?« war geradezu die Leitfrage für die Diagnose der Schizophrenie. Wir wissen heute, dass es gar nicht wenige Menschen gibt, die Stimmen hören, ohne dass sie oder ihre Umgebung ein Bedürfnis nach psychiatrischer Behandlung hätten. Sie leben mit den Stimmen, die angenehm oder unangenehm sein können. Man kann jetzt eine Identität als Stimmenhörer haben bzw. diese Fähigkeit kann Teil der Persönlichkeit sein. Es handelt sich um eine Fähigkeit, nicht um ein Krankheitssymptom – nach dieser alternativen Definition. Wenn die Normalität von Stimmenhören einmal anerkannt und bekannt ist, dann wird es für Betroffene leichter sein, zum eigenen Stimmenhören eine differenzierte Meinung zu entwickeln. Für Menschen in einer Psychose ist dies auch ein Weg zum Krankheitsverstehen.

3 Wahn oder Übersinnlichkeit: Psychiater und andere Leute, die sich als normal betrachten, verlangen immer von Menschen mit so genannten Wahnideen, sie sollten doch ihre Wahnideen endlich von der Realität unterscheiden. Das nennt man »Realitätsbezug«. Aber wer weiß, was die Realität wirklich ist? Oder die Gegenfrage: Gibt es Engel? Manche Menschen verneinen dies, aber viele, die noch nie an eine psychiatrische Behandlung für sich selbst gedacht haben, sind von Engeln als Realität überzeugt. Sind das nun (ganz normale) Wahnvorstellungen? Die Entscheidung, was »Wahn« und was »Realität« ist, kann oft nicht getroffen werden. Dass Vorstellungen oder Wahrnehmungen, die bei uns als Symptom psychischer Krankheit gelten, in anderen Kulturen eine religiöse Bedeutung haben können, ist ja mittlerweile bekannt. Hier liegt ein breites Feld von Identitätsalternativen.

Für die psychiatrische Behandlung oder Betreuung ist die Frage dann nicht mehr: »Ist das eine Wahnidee, die ich einer Diagnose zuordne?«, sondern: »Braucht dieser Mensch Hilfe, weil er leidet?«

4 »Meine Manien möchte ich nicht missen«: Ein euphorischer Zustand ist zunächst etwas sehr Schönes. Glücksgefühle, »Kicks«, Spaß haben, Lusterlebnisse werden in unserer Gesellschaft hoch bewertet. Manien können als besondere, positive Fähigkeiten eines Menschen verstanden werden, die ermöglicht und nicht bekämpft werden sollten (KESSLER 1995). Wenn sich daraus Probleme ergeben, zum Beispiel später als peinlich erlebte Handlungen oder verschwendetes Geld, dann sind diese extremen Formen das Problem, nicht aber die Manie an sich. Auch Menschen, die nicht als manisch diagnostiziert sind, können eine Neigung zu übermäßigen, unrealistischen Geldausgaben haben; auch für sie kann das bis zu existenziellen Konflikten führen. Die Etikettierung als psychiatrische Erkrankung, ohne die positiven Aspekte zu berücksichtigen, wird von den Betroffenen als Identitätsbedrohung empfunden. Die positive Bewertung von manischen Zuständen muss übrigens nicht unbedingt einer Bewertung der Manie als Krankheit widersprechen. Die möglichen negativen Folgen können unter einem Krankheitsaspekt manchmal leichter verarbeitet werden.

5 Psychiatrie-Erfahrene: In der Selbsthilfebewegung in Deutschland wurde zunächst die Bezeichnung »Psychose-Erfahrene« verwendet. Darin war der

Versuch enthalten, psychotische Episoden in den Alltag und das Leben zu integrieren. Auch ist damit die Stigmatisierung von »psychisch Kranken« bekämpft worden. Mit der Bezeichnung »Psychiatrie-Erfahrene« wird deutlich gemacht, dass diese Menschen zur Psychiatrie ein objektiviertes Verhältnis haben; sie können die Psychiatrie kritisch sehen, positiv und negativ. Psychiatrie-Erfahrene verstehen sich als »Experten in eigener Sache« (GEISLINGER 1998). Mit der Aktivität in der Selbsthilfebewegung findet ein Emanzipationsprozess statt, der zu einer selbstbewussten Identität in Anbetracht der psychiatrischen Erfahrung geführt hat. Die positive Identität als Psychiatrie-Erfahrene kann sich dann entwickeln, wenn die Erfahrung von Solidarität unter Gleichen gemacht wird.

6 **Persönliche Erfahrung »ohne Namen«:** In einigen Berichten und Untersuchungen wird festgestellt, dass manche Menschen ihre besonderen, ungewöhnlichen Erlebnisse, Gedanken, Gefühle usw., die von der Psychiatrie als psychische Krankheit definiert worden wären, nicht mit einem besonderen Begriff bezeichnen – solange sie nicht mit der Psychiatrie in Berührung kommen (BOCK 1997a; NEIDER 1996; STRATENWERTH 1999). Oft führt erst das Bedürfnis von Menschen der Umgebung, für das Besondere einen Namen zu haben, zur Neudefinition der Identität. Andernfalls können die Ängste oder die übersinnlichen Vorstellungen auch mit der bisherigen Identität vereinbar bleiben, so wie andere Erlebnisse oder Fähigkeiten auch.

Interessant ist in diesem Zusammenhang die Bezeichnung »Selbstheilung« für Menschen, die ohne psychiatrische Kontakte und Definitionen mit ihren psychischen Konflikten oder Ausnahmezuständen zurechtkommen. Aus psychiatrisch-fachlicher Sicht wird hier der Begriff »Heilung« als Etikett verwendet, um doch wieder einen psychiatrischen Zusammenhang herzustellen. Die betreffende Person hingegen, die sich selbst nicht als »krank« definiert hat, wird auch nicht von »Heilung« sprechen.

7 **Identität als Behinderter:** Wenn jemand infolge psychischer Erkrankungen und damit verbundener Diskriminierung den Arbeitsplatz verloren hat und in unserer extremen Leistungsgesellschaft wenig Chancen auf eine weitere Teilnahme am Berufsleben erwartet, dann steht die Frage der Berentung an. Damit geht die eventuelle amtliche »Anerkennung« (das heißt: Definition) als »Schwerbehinderter« einher. Frührentner und Schwerbehinderte, die sich unter dem Druck der gesellschaftlichen Verhältnisse »freiwillig« zu diesem Status entschieden haben, unterziehen sich einem Iden-

titätswandel. Als behinderter Mensch kann man einen relativ klaren Platz in unserer Gesellschaft finden. Er ist zwar mit sehr vielen Einbußen an Lebensqualität verbunden, aber es kann ein wirtschaftliches Auskommen mit der Rente verbunden sein. Außerdem wird die übliche Frage »Und was machen Sie?« (beruflich) nicht mehr so penetrant gestellt und ist leichter zu beantworten: Ich bin Frührentner. Auch ohne »amtlichen Bescheid« allerdings kann eine Art Behinderten-Identität entstehen. Wenn ich meinen sozialen Bezugskreis bei Psychiatrie-Erfahrenen habe, nach dem Motto »Geteiltes Leid ist halbes Leid«, und hier persönliche Anerkennung finde, dann bin ich von der unfreundlichen, mühsamen, vielleicht feindseligen »Normalwelt« unabhängiger.

Die Entscheidung für einen solchen Identitätswechsel ist sehr schwer wiegend. Über den Weg zurück und seine Schwierigkeiten berichtet ebenfalls die Geschichte von Michael.

Identitätswechsel

Ein Identitätswechsel kann selbstverständlich mit den Erfahrungen verbunden sein, die beispielsweise »Psychosen« mit sich bringen. Das würde heißen, die neu aufgetretenen besonderen Erlebnisse, Fähigkeiten und Schwierigkeiten werden als Teil der Persönlichkeit in eine neue Identität integriert.

Ein Wechsel findet, wie beschrieben, auch dann statt, wenn ein Leben als Behinderter oder als betont »Psychiatrie-Erfahrener« beendet wird zugunsten einer bewussten Re-Integration in die »normale Welt«. Im obigen Beispiel geht es um die Rückkehr ins Berufsleben. Bei Personen, die sich in der Selbsthilfebewegung aktiv engagiert haben, entwickelt sich nicht selten folgender Prozess: Sie hatten sich im Zusammenhang mit Psychiatrieaufenthalten »geoutet«, eine Identität als Psychiatrie-Erfahrene entwickelt und dann nach längerer Zeit in der »Szene« (als persönlicher Bezugsgruppe) wieder ein Bedürfnis nach Distanz bekommen. Damit wird der Status der Psychiatrie-Erfahrenen relativiert und eine neuerliche Identität als »Normalbürger« entwickelt. Bemerkenswert ist das Bedürfnis, sich entweder als Psychiatrie-Erfahrener zu verstehen *oder* als »Normalbürger«. Damit wird noch einmal die Diskriminierung sichtbar. Warum ist es so schwierig, beides zugleich zu sein? Fußballfan, Musikliebhaber und praktizierender Christ zu sein lässt sich ja auch mit der »normalen« Identität vereinbaren.

Eine andere Alternative der Veränderung ist die nachträgliche Interpretation und Erfahrung der »psychischen Krankheit« als spirituelle Krise; die Konsequenz ist für manche der Eintritt in eine religiöse Gemeinschaft, die dann bis zu einem gewissen Grad an die Stelle der Psychiatrie-Erfahrenen-Gemeinschaft tritt (GALUSKA 1998).

Wie ein Wechsel vom psychiatriebedingten Identitätsverlust zu einer neuerdings stabilen Identität auch verlaufen kann, möchte ich an der Biografiearbeit zeigen: In der Psychotherapie von Menschen, die durch politische Verfolgung und Misshandlung schwere Identitätsstörungen erlitten haben, gibt es den Ausdruck der »Wieder-Aneignung der eigenen Biografie«. Schwere Entfremdungserlebnisse, wie sie psychische Ausnahmezustände, soziale Diskriminierung und Zwangsbehandlungen mit sich bringen können, werden als Bruch der eigenen Lebensgeschichte und Zerstörung der eigenen Identität erlebt (BECKER 1992; WIRTGEN 1997). Die bewusste Auseinandersetzung mit den Ursachen und Umständen des Entfremdungsprozesses, die Bearbeitung der erlittenen Traumata in Gesprächen und die Entstigmatisierung durch Solidarität der Gesprächspartner und der jetzigen Bezugspersonen kann zur Wiederherstellung der Identität führen. Das Gleiche gilt natürlich für andere Arten der Traumatisierung, zum Beispiel durch sexuellen Missbrauch (HILSENBECK 1998).

Für alle Formen der Veränderung von Identität gilt, dass es sich um längere Entwicklungsprozesse handelt. Die alte Identität wird zunächst in Frage gestellt; das bedeutet ein Stück Krise, die oft zitierte »Identitätskrise«. Erst aus dieser Krise heraus kann die neue Identität entwickelt werden.

Die Schwierigkeiten des »Seitenwechsels«

Michael berichtet, dass sein Wechsel von der Szene der Psychiatrie-Betroffenen zum angehenden Psychologen für die alten Freunde zum Problem wurde: Der Aussteiger und der Mensch mit den mehrfachen Erfahrungen wird für die Identität der Verbliebenen zur Bedrohung. Es entsteht vielleicht die Frage: Müsste ich das auch können? Damit stellen sie sich selbst in Frage.

Es gibt leider zahlreiche Beispiele, dass professionell Tätige nicht damit zurechtkommen, dass ihr Expertentum durch doppelt qualifizierte Kolleginnen und Kollegen teilweise in Zweifel gezogen wird. Als Folge kann es zu Mobbingverhalten kommen oder zum Versuch, den ehemaligen Klienten in der Klientenrolle festzuhalten.

Ähnlich wie Michael in seiner Geschichte, berichtet auch B. RICHTER (2000, S. 5), dass ihr eine Ausbildung im Psychiatriebereich schwer gemacht wurde. »Aus dem Psychiatrie-Praktikum wurde ich entsorgt, nachdem ich mich geoutet hatte.« Später hat sie dann aber Arbeitsstellen gesucht und gefunden, an denen sie mit ihrer besonderen Qualifikation als ehemalige Patientin akzeptiert wurde. »Ich habe mich ... entschieden, mein Stigma mit Würde und Stolz zu tragen.«

Ähnliche Probleme treten auch in Gremien auf, in denen Psychiatrie-Erfahrene aktive Mitglieder sind. Es ist eine Tatsache, dass die meisten Professionellen Angst entwickeln, wenn Psychiatrie-Erfahrene an ihren Sitzungen teilnehmen. Eine Erfahrene sagte einmal: »Meine Wut kann ich ihnen nicht antun; ich bin deshalb freundlich, um sie nicht noch mehr zu ängstigen.« (BURKHARDT-NEUMANN 1999, S. 119 ff.) Eine andere, inzwischen versöhnliche Erfahrene: »In Gremien erlebe ich, dass die Professionellen auch Menschen sind, mit allen Fehlern.« Es besteht oft ein Klima der wechselseitigen Angst. Ein Psychiatrie-Erfahrener: »Ich darf in Gremien die Professionellen nicht erschrecken. Aber sehr unangenehm ist es mir, wenn ich übervorsichtig behandelt werde, in Watte gepackt – das ist ein Zeichen, dass ich als Patient angesehen werde und nicht als gleichberechtigter Partner.«

Andrerseits kann es auch schlecht sein, Psychiatrie-Erfahrene »ganz normal brutal« zu behandeln. Wie können wir mit diesen scheinbaren Widersprüchen umgehen? »Normal brutal« sollte eben in Gremien und Teams überhaupt kein Umgangsstil sein. Und eine gewisse Rücksichtnahme auf die Empfindlichkeiten anderer würde allen gut bekommen. Vielleicht sind Psychiatrie-Erfahrene in »gemischten Gruppen« gerade ein Anlass für einen menschlichen, freundlichen, kooperativen Arbeitsstil – auch wenn sie selbst weniger routinierte Gesprächspartner sein mögen als Profis.

Ein anderes Beispiel: Frau M. war als Patientenvertreterin im Team einer Tagesstätte. Es fiel ihr auf, dass die Profis sie nicht als ihresgleichen behandelten, sondern einen gutwillig-herablassenden Umgangston zeigten. Zunächst fügte sie sich in die ihr zugewiesene Patientenrolle, trotzdem es ihrer Identität als Person widersprach. Als sie entdeckte, dass sie psychiatrische Symptome produzierte, um das Wohlwollen der Profis zu behalten (und damit ein Entfremdungsprozess begann), beendete sie diese »ehrenvolle« Aufgabe. »Wenn ich Beachtung wollte, musste ich krank sein.« Für uns als Profis ist es wichtig, an solche Gefahren überhaupt zu denken, um dann gegensteuern zu können.

Gremienarbeit kann aber auch ein Beitrag zur Emanzipation und zur Überwindung der entfremdenden Patientenrolle sein, wenn die Funktion als wichtiges Gremienmitglied von den anderen akzeptiert wird. Dies ist umso eher möglich, je weniger die Professionellen mit der betreffenden Person als Klient zu tun hatten. Die Mitarbeit in Gremien ist ebenso wie die Aktivität in Selbsthilfeorganisationen eine Möglichkeit der positiven Identitätserweiterung. Die speziellen Erfahrungen begründen ein Expertentum, das in den Augen der anderen als wichtig angesehen wird. Hier besteht eine Wechselwirkung: Ist die Psychiatrie-Erfahrung ein wichtiger und vielleicht auch bereichernder Teil des Lebens und in die Identität integriert worden, dann kann dies nach außen hin vertreten werden – und es gibt mehr Akzeptanz. Ist hingegen die Identität als Psychiatrie-Erfahrener eher mit dem Behindertenstatus und mit Regression verbunden, dann werden die Betreffenden eher in diesem Randgruppen-Status durch andere Menschen festgehalten. Ihre Mitgliedschaft in Gremien führt zu weiteren Diskriminierungen und kann die Vorurteile verstärken. Die Konsequenz kann dann auf beiden Seiten eine Ablehnung der konstruktiven Zusammenarbeit sein.

Schlussbemerkung

Identitätsstabilisierende Haltungen auf Seiten der Psychiatrie-Professionellen sind eine wichtige Bedingung für die Integration der Psychiatrie-Betroffenen in der Gesellschaft. Die Psychiatrie-Erfahrenen brauchen Unterstützung, um die aufgetretenen Schwierigkeiten verstehen und verarbeiten zu können, ohne dass sie in Passivität, Angst und Resignation verfallen (müssen). Bei aller Hilfe, die heute mit Medikamenten (auch) möglich ist, darf nicht übersehen werden, dass Medikamente oft mit erheblichen Einschränkungen der persönlichen Fähigkeiten der Betroffenen verbunden sind und sie damit ein Stück Selbstentfremdung bewirken können.

Ein kompliziertes Verhältnis besteht zwischen Identitätsstabilisierung und Regression. Wie gesagt, es gibt auch eine Identität als psychisch Kranker. Scheinbar widerspricht das einer Empowerment-Haltung, weil der Kranke sich ja als schwach und hilfebedürftig definiert. Dieser scheinbare Widerspruch löst sich aber auf, wenn das Hilfe-such-Verhalten die eigene Entscheidung des Betroffenen ist, die Hilfe also nicht fremd-, sondern selbstbestimmt wird. Besondere Brisanz hat dieses Verhältnis in Therapieverfahren, die sich der Regression bedienen. Neben der Psychoanalyse ist das besonders die Regressionstherapie nach J. SCHIFF (1980; siehe auch SPRINGER 1996). Hier basiert die weit gehende Regression auf einer vertraglichen Vereinbarung. Dadurch wird Macht des Therapeuten zugelassen – aber das ist etwas grundlegend anderes als die Machtausübung in der Psychiatrie ohne ausdrücklichen Auftrag des Klienten.

NEUE WEGE

WOLFGANG WERNER

Aufrichtigkeit, Transparenz und eine gemeinsame Sprache

Selbstbefähigung auf einer psychiatrischen Station

»Dass der Mensch dem Menschen ein Helfer ist.«
Bertolt Brecht

Gemeinsam stark werden

Wenn ein Mensch sich dem anderen Menschen nicht mehr gewachsen fühlt, greift er zu Mitteln, die nichts mehr mit dem direkten Einfluss seiner Person zu tun haben: Er streicht das Taschengeld, er verbietet den Ausgang, er sperrt die Türe zu, er entfernt die Epauletten, er gibt Schläge, er gibt Medikamente, er nimmt gefangen, er fixiert, er bringt den anderen in eine therapeutische Waschanlage, in der eine Prozedur nach der anderen standardisiert abläuft usw.

Ein Mensch, der mit einem anderen Menschen nicht zurechtkommt, wendet seine Macht und seine Mittel an, die meistens regelhaft sind, also nichts mit der spezifischen Person des anderen oder mit der spezifischen Situation der beiden Menschen zu tun haben.

Mittel, Macht und Regeln haben sehr viel mit der Schwäche des Verantwortlichen zu tun. Sie sind darauf ausgerichtet, dass der zugleich Verantwortliche und Schwache das Sagen hat und dass der Abhängige »pariert«. Wenn es darum geht, den Abhängigen stark zu machen, ihm ein Empowerment zu verleihen, dann geht es immer auch darum, den Verantwortlichen stark zu machen. Im Falle der Psychiatrie gilt das in gleichem Maße für den Arzt wie für den Pfleger wie für den Sozialarbeiter wie für den Beschäftigungstherapeuten wie für den Psychologen wie ... Vor allem die krasse Hierarchie in vielen Kliniken bewirkt, dass selbst viele Mitarbeiterinnen und Mitarbeiter kaum Einflussmöglichkeiten und Mitspracherecht haben. Wenn es aber nicht gelingt, einen möglichst partnerschaftlichen Umgang der Mitarbeiter untereinander zu pflegen, so erscheint es aussichtslos, partnerschaftlich mit den Patienten umzugehen.

Damit der Mensch dem Menschen ein Helfer (Brecht) ist, lohnt es sich, auch auf die Bibel zurückzugreifen. Dort steht etwas von Glaube, Hoffnung und Liebe. Diese drei sind allesamt erforderlich, um beide Seiten stark werden zu lassen.

Zunächst der Glaube: Wer dem anderen nichts zutraut, wer nicht an ihn glaubt, gibt ihm keine Chance, eine Aufgabe selbstständig zu lösen. Außerdem muss man als Therapeut an sich selbst glauben, wenn man nicht primär auf das bewährte Arsenal (siehe später: »Strategie«) zurückgreifen, sondern dem anderen die Möglichkeit geben will aus eigener Kraft stark zu werden. Die Selbsthilfe- und Bewältigungsfähigkeiten der Betroffenen werden von der Psychiatrie sehr oft unterschätzt, wie erst die Bewältigungsforschung der letzten Jahre aufdecken konnte.

Nun die Hoffnung: Ohne die Hoffnung geht gar nichts voran. Die Hoffnung ist auf die Zukunft ausgerichtet, hat also immer ein Ziel vor Augen. Die Gesunden wissen, dass das Leben ohne Perspektive schwierig ist. Auch die Kranken kommen ohne Perspektive nicht von der Stelle. Die Mitteilung, dass zu diesem oder jenem Zeitpunkt mit der Arbeit begonnen oder die Medikation abgesetzt werden kann, bringt oft vieles in Gang, das dann vom Patienten kommt. Die Krankheitskonzepte der klassischen Psychiatrie lassen oft wenig Raum für Hoffnung. Erst in den siebziger Jahren zeigten Längsschnittstudien, dass die Prognosen psychosekranker Menschen bis dahin viel zu negativ eingeschätzt wurden.

Von der Liebe schließlich sagt die Bibel, dass sie das Größte von diesen dreien sei. In psychiatrischen Kontexten bedeutet sie, dass man jemanden so annimmt, wie er ist: so verdreckt, so bizarr, so gestelzt, so hochgestochen, so stumpf, so oberflächlich, so geschaffen, wie er nun mal ist. Etwas Eigenartiges im psychiatrischen Beruf zeigt sich darin, dass man diese unterschiedlichen Menschen so gut wie alle gerne hat. Von den arbeitsvertraglichen Bedingungen her dürfte man so etwas Persönliches ja wohl nicht verlangen. Die Personenauslese, die zum psychiatrischen Beruf führt, ist aber offensichtlich meistens mit der Bereitschaft zur Liebe verbunden. Zeitdruck, Personalknappheit und zu viele Überstunden lassen bei vielen Mitarbeitern vor allem der psychiatrischen Kliniken die Fähigkeit sterben, sich auf den Patienten mit seinen Eigenarten einzustellen und ihm Wohlwollen und Achtung entgegenzubringen. Wer unter Zeitdruck arbeiten muss, erfüllt nur das Notwendigste.

Psychiatrische Praxis spielt sich zwischen Kampf und Liebe ab, zwischen »therapeutischer Kriegsführung« (Strategie) und mitfühlender Begleitung. Die Psychiater müssen lernen, nicht in erster Linie Krankheiten zu bekämpfen, die sie nicht kennen (hier ist von den häufigsten so genannten Krankheiten die Rede, den »endogenen Psychosen«), sondern psychisch Leidende in ihr Herz zu schließen, die sie von Tag zu Tag besser kennen lernen (sofern sie dazu bereit sind).

Glaube, Hoffnung und Liebe – das sind die drei Ingredienzen, die es erlauben, den Abhängigen stark werden zu lassen. Eine weitere wichtige Voraussetzung findet sich darin, dass man selbst stark wird oder stark ist oder seine Schwächen erkennt, zugibt oder partnerschaftlich kompensiert. Zu diesem Zweck spielen Selbsterfahrung, multiprofessionelle Arbeit, Berufserfahrung, Lebenserfahrung und Supervision eine wesentliche Rolle. Nur professionelle Personen, die in diesem Sinne stark oder ausreichend kompensiert schwach sind, besitzen die Fähigkeit, den Abhängigen stark werden zu lassen.

Empowerment für die Patientinnen und Patienten geht nur bei Empowerment der professionell Tätigen!

Menschen und Profis

Natürlich sind die Profis auch Menschen, aber es geht darum, das deutlich zu machen – beim Betreuer ebenso wie beim Betreuten –, was als allgemein menschliche Ressource verfügbar ist, unabhängig von einer therapeutischen Technik oder einer bestehenden Störung.

Hier existiert eine Parallele mit der Kunst, genauer gesagt dem Künstler, der es fertig bringt, das Ringen um den individuellen Ausdruck an andere zu vermitteln, ohne dabei einen falschen Ehrgeiz zu entwickeln, jeweils ein für die Ewigkeit bestimmtes Kunstwerk schaffen zu lassen. In unserer Merziger Klinik etwa wurde mit dem Einsatz von Künstlern eine erhebliche Stärkung der Patienten erreicht. Gerade bei Langzeitpatienten ergaben sich völlig neue Erfahrungen. Statt wie bisher ziel- oder produktorientiert bestimmte Dinge und Werke zu schaffen, zum Beispiel Brennbilder oder Seidenschals, durften und sollten nun persönliche Spuren hinterlassen werden. Manche berichteten darüber, dass ihnen ihre Würde wiedergegeben worden sei, andere sprachen davon, alles sei »erwachsener« geworden. Dabei hatten die Künstler die Auflage, sich jeder therapeutischen Beeinflussung zu enthalten. Sie sollten mit den Menschen so arbeiten wie in den Volkshochschulkursen. Diese Weisung wurde von allen Beteiligten problemlos befolgt: von Tänzern und Bildhauern, von Malern und Rhythmikern, von Fotografen und Sängern. Nebenbei bemerkt: Die Gruppen waren und sind jeweils offen für teilstationäre und stationäre Patienten, für ambulante Patienten und für interessierte Bürger der Stadt. So gelingt es, den stationären Rahmen zu sprengen, worauf weiter unten noch ausführlicher eingegangen wird. Für alle Fälle stand ein erfahrener und koordinierender Psychologe im Hintergrund zur Verfügung, der im Zweifelsfall hätte eingreifen können. Er wurde aber dafür nicht einmal gebraucht.

Auch die therapeutischen Profis sind dann besonders gut, wenn sie über das Erlernte hinaus wie die Künstler wirken, indem sie das ihnen persönlich Mögliche an den Mann oder die Frau bringen oder das dem Patienten Mögliche zu Tage fördern. Die Ausbildung zum »Profitum« hat zwei wesentliche Ziele:

1 Einmal das zu vermitteln, was erfahrungsgemäß in aller Regel hilft: zum Beispiel die Neuroleptikamedikation bei schizophrenen Psychosen, die Verhaltenstherapie bei Zwängen, die gesprächstherapeutische Haltung in allen Lebenssituationen.

2 Zum anderen den Profi sicher und erfahren zu machen in der Beurteilung der Situation und dem fast reflexhaften Einsatz von wirksamen Mitteln oder Methoden, sodass er den Kopf und das Herz frei hat für das, was ihm persönlich möglich ist. Nur der erfahrene und »sichere« Profi ist stark genug, seine Unsicherheit und sein Unwissen auszuhalten, und gleichzeitig so schamlos, das einzusetzen, was ihm persönlich einfällt und richtig scheint. Nur der Erfahrene und »Sichere« ist stark genug, die Folgen seines persönlichen Tuns und das Verhalten des stark gewordenen Patienten abzuwarten.

Gründe für den Aufenthalt im Zoo

Von Loren R. Mosher stammt das treffende Bild, dass die Psychiatrie oft die Probleme im Zoo zu lösen versuche, statt im Dschungel tätig zu sein.

In der Tat ist es zunächst kaum zu verstehen, wie man ein Lebewesen für das Zurechtkommen in seinem sozialen Milieu fit machen will, indem man es an eine andere Stelle bringt. In den meisten Fällen wird man wohl eher seine Umgebung verändern oder es selbst trainieren müssen, damit es besser zurechtkommt. Das gilt sowohl für Pflanzen als auch für Tiere.

Trotzdem gibt es immer wieder Situationen, wie alle wissen, in denen die vorübergehende Herausnahme aus dem schädlichen Milieu oder die Verbringung an einen Ort, an dem die geeigneten Unterstützungsmöglichkeiten vorhanden sind, sinnvoll ist. Dann geht es etwa um stationäre Psychiatrie.

Der stationäre Aufenthalt hat wohl drei wesentliche Indikationen:

✳ Er ermöglicht die Anwendung von Hilfemaßnahmen, die andernorts nicht zu erbringen sind – etwa die Intensivüberwachung während einer lebensrettenden Infusionstherapie.

✳ Er macht das maximale Leiden erträglich, etwa während einer schweren Depression, die eines höchsten Maßes an persönlicher Zuwendung und den notwendigen medikamentösen Hilfe bedarf.

✳ Er reduziert weitgehend die Gefahr, die durch die Krankheit für den Patienten oder die anderen entsteht, etwa durch einen Suizidversuch oder durch aggressive Impulsdurchbrüche.

So hat der stationäre Aufenthalt im Unterschied zu den beiden anderen Therapieformen, der ambulanten und der teilstationären Behandlung, den großen Vorteil, dass der Patient jederzeit eine Berufsperson zur Verfügung hat, dass fast alle wesentlichen Hilfsmittel sofort disponibel sind und dass im extremen Bedarfsfall eine 1 : 1-Betreuung gewährleistet werden kann.

Aus Fehlern lernen

Viele wichtige Erkenntnisse stellen sich dann ein, wenn man Fehlentwicklungen oder Misserfolge untersucht. Wesentliche Abläufe der Psychodynamik wären nicht bekannt, wenn man sich nicht mit den Fehlentwicklungen befasst hätte. Dem umfassenden Begriff des Bewusstseins kommt man am ehesten nahe, wenn man sich mit seinen Störungen auseinander setzt. Es ist also nicht verwerflich, wenn man aus Fehlern lernt.

Im Folgenden soll es um den Prozess der bisher üblichen und der alternativ möglichen stationären Behandlung gehen. Mit den eben gemachten Vorbemerkungen wird gleichsam die Aussage in den Raum gestellt, dass es sich um eine Versammlung von Fehlern gehandelt hat. Das ist natürlich nicht gemeint – ebenso wenig wie man bei einem Menschen mit einer Neurose sagen kann, dass der große Rest seiner psychointellektuellen Entwicklung danebengegangen sei. Es geht einzig und allein darum, spezifische Fehler und neue Möglichkeiten aufzuzeigen.

Ein entscheidender Zeitpunkt für das Erleben der Psychiatrie ist der erste Kontakt, der sehr oft mit der stationären Aufnahme gegeben ist. Bekanntlich ist dann vieles, meist Schädliches, vorausgegangen, das in Zukunft einmal durch eine bessere Kultur und Struktur der gesellschaftlichen Bedingungen, speziell aber auch der Kriseninterventionssysteme, vermieden werden kann. Die Ankunft unter Zwang kann ebenso schaden wie die Anwendung von Zwang; die geschlossene Tür macht jeweils die Wahrheit offenkundig. Trotzdem zeigt die Erfahrung, dass sehr viele von diesen negativen Erlebnissen durch die Art der menschlichen Begegnung aufgefangen werden können. Sie hängt im Wesentlichen davon ab, ob sie durch Strategie oder Liebe bestimmt ist. Sehr oft ist die professionelle Haltung verbesserungsfähig, unabhängig davon, welche Berufsgruppe man im Auge hat und um welchen Zeitpunkt des psychiatrischen Erstkontaktes es sich handelt, sei es nun in der Praxis, in der Ambulanz oder in der Klinik.

Zu den klassischen Stationen gehörten die festen Abläufe: das frühe Wecken ebenso wie das frühe Abendessen. In Zeiten, die noch gar nicht so lange zurückliegen, und sogar noch an Orten, die sich in der Nähe befinden, gab es und gibt es feste Bade- und Duschtage und punktuell lokalisierte Besuchszeiten in speziell ausgewiesenen Besuchszimmern. Der »Besuch« in der romanischen Sprache, die Visite, hatte etwas Hoheitliches. Nicht nur die Patienten trugen früher eine Uniform, vorwiegend aus blau-weiß gestreiftem Drillich, sondern auch die Betreuer: ganz in Weiß. Das medizinische Modell hatte große Anziehungskraft, weshalb sich nicht selten auch Psychologen so bekleideten. Nicht nur der Begriff für den Besuch war im Ursprung lateinisch; die Verantwortlichen benutzten für ihre Unterhaltung oft auch die Wörter aus dieser Sprache, die eine zusätzliche Unterscheidung gegenüber der Gruppe der Anvertrauten oder Ausgelieferten ermöglichte. Ganz schamlose Medizinalpersonen kamen ohne anzuklopfen durch die Tür und benutzten das vertrauliche »Du«, das sie sich selbst gegenüber aber sehr verbaten. Die Glaubwürdigkeit, ob jemand einen anderen wirklich als gleichberechtigt zulässt und ihn stärken will, lässt sich auch an der Sprache ablesen.

Bei der Beurteilung des Befundes gab es immer einen, der es am besten wusste, nämlich den jeweils Ranghöchsten, üblicherweise den Chef-, den Ober- oder den Stationsarzt. Die Festsetzung der Therapie hatte zuweilen einen konspirativen Charakter. Man tuschelte einander zu, wie gesagt: auf Lateinisch. Wenn das Check-up den spezifischen Fehler ermittelt hatte, setzte die Anwendung der Regeln ein: Ermahnung, Ausgangssperre, veränderte (leider meist erhöhte oder ergänzte) Medikation. Patienten, die früh und gut in der Schule und in der Familie gelernt hatten, gaben sich einen Ruck:»Sie müssen es ja wissen, Herr Doktor.«

Die Station selbst war ein geschlossenes System, auch wenn in seltenen Fällen die Tür offen war. Man plante die Spaziergänge, die Beschäftigungstherapie, in progressiveren Zeiten die kirchentagsähnliche Morgenrunde, das Kuchenbacken, natürlich die Visiten. Einmal war der Tag gekommen, an dem alles beginnen sollte (mit der stationären Aufnahme). Einmal kam dann der Tag, an dem alles aus war:»Aus den Augen, aus dem Sinn.« Der Patient wurde auf die nächste Station verlegt, der nächsten Stufe der Waschanlage zugeführt, bis er seinen Platz drinnen oder draußen gefunden hatte, zum Kartoffelschälen in der Anstalt und zum Sitzen in der Vorhalle des übergroßen Pflegeheimes.

Natürlich ist das alles maßlos übertrieben. Aber jeder weiß, wovon die Rede ist. Stationen können auch ganz anders geführt werden: ebenfalls mit Regeln, aber mit Transparenz, ebenfalls mit Rhythmen, aber mit personenbezogener Auswahl, ebenfalls mit Visiten, aber mit deutlicher und deutscher Sprache, mit Erklärungen dessen, was wir wissen, und dessen, was wir nicht wissen. Ebenfalls mit Essenkochen, aber mit gemeinsamer Vorüberlegung, demokratischer Entscheidung, Gang in die Stadt, mit Aufgabenteilung und schließlich mit gemeinsamem Essen, zu dem man andere einladen kann.

Die überlieferten Abläufe haben natürlich sehr oft eine nachvollziehbare Begründung. So sind Rhythmen notwendig, damit alle ein Maximum der Möglichkeiten wahrnehmen können. Wenn zum Beispiel das Frühstück nur zur Zeit des Frühsports ausgegeben wird, stellt sich für manchen ein unlösbares Dilemma. Andererseits können die Krankenhäuser nicht alles doppelt und dreifach anbieten. Prinzipiell sollten Termine und Rhythmen so gelegt sein, dass sie den Nutzern eine große Wahl erlauben. Sie sollten sich allerdings nicht in erster Linie nach der Bequemlichkeit und den Dienstzeiten des Personals richten.

Visiten haben immer ihre Schattenseiten, unabhängig davon, wie sie gestaltet werden: Bei Gruppenvisiten, bei denen es mehr Patienten als Professionelle gibt, kommen die Einzelnen zu kurz. Bei Einzelvisiten, bei denen es mehr Professionelle als Patienten gibt, kommt der Einzelne ebenso zu kurz. Bei 1:1-Gesprächen lässt sich mit Abstand am meisten für die therapeutische Beziehung entwickeln. Danach ist es aber wieder schwierig, alle anderen Beteiligten der Mannschaft einzuweihen und zu koordinieren. Sehr oft ist es deshalb viel weniger missverständlich, wenn alle Beteiligten mit dem Patienten zusammen gleichzeitig das Problem oder das Vorgesehene besprechen. Es gibt sicher keine richtige Lösung. Es gibt aber richtige Elemente, die die Visiten optimal gestalten: Das sind Aufrichtigkeit, Klarheit und eine gemeinsame Sprache. In Merzig finden die Morgenkonferenzen, bei denen alle Zu- und Abgänge sowie die Probleme besprochen werden, unter offenen Bedingungen im gemeinsamen Forum statt. Die Regel ist, dass alles, was eine psychiatrische Berufsperson sagt, auch von anderen, vor allem von den Betroffenen, gehört werden kann und einer Erklärung zugänglich ist. Dabei beschränkt man sich auf die Inhalte, die ein Patient während eines Aufenthalts auf Station ohnehin mitbekommen würde.

Die Stationen können alle offen geführt werden, was viele noch nicht wahrhaben wollen. Die wenigen Situationen, in denen eine freiheitsentziehende Maßnahme nicht zu vermeiden ist, können durch den verstärkten Einsatz von professionellen Menschen gemeistert werden. Dieser offene Versorgungstypus funktioniert auch in Fällen der Suizidalität und Aggressivität.

Die Offenheit lässt sich am besten garantieren, wenn die Stationen gemischt sind, sowohl im Geschlecht als auch in der Diagnose als auch im Krankheitsstadium. Die Mischung des Verrückten ergibt so etwas wie Normalität. Es eröffnen sich jetzt auf einmal Lebensfelder und Lernmöglichkeiten, wie sie sonst nur im alltäglichen Leben vorkommen: So kümmerte sich ein 35 Jahre alter schizophrener Mann, der jahrelang wegen eines Tötungsdeliktes in der forensischen Klinik gewesen war, bevor er zur Weiterbehandlung in die Allgemeinpsychiatrie kam, um eine 82-jährige ältere Dame, die zeitweise verwirrt war. Diese Dame setzte sich für ihren Adoptivenkel ein, um einen Wochenendurlaub für ihn zu erreichen. Die verschiedenen sozialen Begegnungen und neuen Problemfelder ermöglichen Lernprozesse, die den Menschen stark machen und ihm Selbstvertrauen verleihen. Auch während der stationären Behandlung kann man ganz bewusst nach diesen nicht krankheitsspezifischen oder von der Krankheit nicht betroffenen Lebensbereichen schauen. Man kann sich und andere fragen, ja man kann sogar untersuchen, wo Menschen stark sind, welche Ressourcen sie haben, und man kann auf diesen Feldern Menschen stark machen: wenn sie zum Beispiel am besten kochen, singen oder Tischtennis spielen können.

Fragen lernen

Was Menschen besonders in ihrem Wert bestätigt, ist die Tatsache, dass man das für das Wichtigste hält, was auch für sie die erste Rolle spielt. Was Menschen stark macht, ist die Tatsache, dass man das jeweils führende Bedürfnis ausfindig macht und nach Möglichkeit befriedigt. Wenn dieses Zugpferd gezähmt ist, lässt oft auch der Rest der innerseelischen Abläufe in seinem Drängen nach: Ein 20-jähriger junger Mann klagte darüber, dass er durch einen Nagel vom Gehirn bis zum Rückenmark durchbohrt werde. Außerdem leide er unter extremem Hunger. Wenn er jetzt etwas Süßes bekomme, ginge es ihm besser. Auf die Frage, wo das Süße am Sonntagnachmittag zu beschaffen sei, verwies er auf die Tankstellen, an denen Marsriegel erhältlich seien. Als er dann die Süßigkeiten bekommen und gegessen hatte, schlief er ruhig ein.

In der Merziger Klinik wird bei allen Patientinnen und Patienten ein so genannter Inventarbogen ausgefüllt, der nach dem Muster des in Amsterdam angewandten Case-Managements entwickelt wurde. Hier sind die Betreuer gezwungen sich festzulegen, wo die Ressourcen und wo die Bedürfnisse des Patienten liegen. Es ist außerordentlich wichtig, dass hier nicht nur Defizite, sondern auch Stärken der Betroffenen festgehalten werden, professionell Tätige also gezwungen sind, darüber nachzudenken, was der Patient alles *kann*.

Es gibt verschiedene Möglichkeiten, diesen Bogen auszufüllen. Es hat sich sehr bewährt, nach Abschluss des ausführlichen Einzelgespräches mit dem Patienten die verschiedenen Positionen durchzugehen, die Rangfolge der Probleme zu bestimmen und die Hilfemöglichkeiten aufzuschreiben. Auch ist der Bogen sehr geeignet, um im multiprofessionellen Team zu einer gemeinsamen Sicht hinsichtlich der Problemlage zu kommen und Prioritäten zu benennen. Wie alle Formulare, so wird auch dieser Bogen nicht durchgehend geliebt. Wenn man sich aber die Mühe macht, ihn auszufüllen, merkt man, dass man die Situation des Patienten jeweils besser verstehen und die Arbeit zielgerecht leisten kann. Es empfiehlt sich, den Bogen immer dann neu auszufüllen, wenn es im therapeutischen Verlauf nicht mehr weitergeht: Man gewinnt jeweils neue Perspektiven und Antriebskräfte.

Bei der Anwendung von Heilmitteln empfiehlt es sich immer, den Patienten nach seinen früheren Erfahrungen zu fragen: Was hat ihm geholfen und was hat ihm geschadet? Der Arzt ist gut beraten, wenn er nur das anwendet, wozu der Patient Vertrauen hat. Nur dann kann er mit einiger Wahrscheinlichkeit annehmen, dass die Substanz auch später eingenommen wird. Es empfiehlt sich auch, nicht sogleich nach dem Medikament mit der besten Wirkung zu fragen, sondern allgemeiner nach dem, »was geholfen hat«. Man wird sich wundern über die Antworten, die gegeben werden: Sehr oft sind es die Mitpatienten, das Fitness-Studio, die Stationshilfe. Sehr oft kommt die Medizin an letzter Stelle. Bei den Visiten ist es meistens eine Hilfe, wenn man sich hinsetzt. Der Patient sieht, dass man sich Zeit nehmen will. Manchmal tut es ihm gut, wenn man sich auf sein Bett setzt, aber nie, ohne vorher gefragt zu haben, ob ihm das auch recht ist. Immer ist es gut, ihn die Kurve ebenfalls einsehen zu lassen, wenn man sie aufschlägt, um Befunde oder eine Medikation zu überprüfen oder um sich seinen Namen einzuprägen. Immer ist es richtig, wenn man das erklärt, wonach man schaut und was man anordnet. So gut wie alle Menschen verstehen viel mehr als ihnen unterstellt wird, wenn es um sie selbst und um ihre Gesundheit geht.

Die Situation ist nicht selten, dass der Arzt etwas verordnen möchte, was dem Patienten nicht recht ist. In erster Linie geht es natürlich um die Psychopharmaka. Hier hat sich der Tipp von L. R. Mosher bewährt, den Patienten zu einem »Versuch« aufzufordern. Er solle das empfohlene Medikament einige Tage nehmen und eine Liste führen, auf der er links einträgt, was er in dieser Zeit an krankheitsbedingten Beschwerden bemerkt habe, und rechts, was an neuen Problemen, was an Nebenwirkungen aufgetreten sei. Nach einigen Tagen könne man sich treffen, die Liste gemeinsam durchsehen und dann zu einer Entscheidung kommen (zur Medikation siehe auch die Beiträge in diesem Band).

Wenn der Patient dann immer noch das für richtig gehaltene Medikament ablehnt (was meistens dann der Fall ist, wenn es nicht wirkt), dann wird man erneut mit ihm die anderen Hilfemöglichkeiten durchsprechen –

sowohl medikamentöser als auch nicht medikamentöser Natur. Auf keinen Fall wird man aber als Arzt zusehen, wie ein Mensch, dem man helfen könnte, immer mehr in psychische, soziale oder körperliche Gefahren gerät, ohne das erfahrungsgemäß Hilfreiche zum Einsatz zu bringen. Im Sinne der menschlichen Nächstenliebe und des ärztlichen Berufsethos bekenne ich mich eindeutig zu hilfreichen Zwangsmaßnahmen (Unterbringungsbeschluss, Fixierung, Medikamente). Man kann niemanden stark machen, ihm ein Empowerment verleihen, wenn man ihn zunächst todkrank werden und dann sterben lässt. Für die Zeit der Zwangsmaßnahmen versteht es sich von selbst, dass sie von verstärkter mitmenschlicher Zuwendung begleitet werden müssen, dass zum Beispiel Sitzwachen für die Zeit der Fixierung angeordnet werden.

Auch am Ende einer stationären Behandlung ist es gut, mit dem Patienten noch einmal alle Stadien, alle Begegnungen und alle Enttäuschungen durchzugehen. In einigen Kliniken macht man das im Rahmen der Behandlungsvereinbarung. In Merzig wird dieses Gespräch zur Bearbeitung der Krisenkarte geführt. Hier gibt der Patient an, wer ihm helfen soll, wen man nicht an ihn heranlassen darf, welcher Klinik er vertraut und welche Mittel er auf jeden Fall ablehnt – auch wenn hin und wieder die Situation eintritt, dass der Arzt unter Berücksichtigung des akuten und aktuellen Befundes (mit richterlicher Genehmigung) anders handeln muss.

In Zukunft werden wir auch dem Wunsch der Psychiatrieerfahrenen entsprechen und die psychiatrische Behandlungsvereinbarung abschließen, sobald wir dazu von den einzelnen Patienten aufgefordert werden.

Bei der Entlassung erhält jeder Patient eine kleine Mappe mit weiterführenden Informationen. In ihr sind die individuell notwendigen (weitere Gesprächstermine, Lithiumpass und Ähnliches) und örtlichen (Tagesstätte, Krisendienst ...) Hilfen zusammengestellt. Sie enthält außerdem ein Schreiben, mit dem der Patient oder die Patientin bzw. die Angehörigen aufgefordert werden, in den Verband der Psychiatrieerfahrenen bzw. Angehörigen einzutreten.

Neben all diesen Einzelheiten kann die Tatsache der Offenheit nicht genügend gewürdigt werden. Sie ist die wesentliche Triebfeder für eine neue Psychiatrie. Die Profis können nicht umhin sich ununterbrochen damit auseinander zu setzen, was dem Patienten wichtig ist, was die Patienten ohne Medikation und Fixierung auf den Stationen hält, was die Patienten krankheitsunabhängig als Menschen auszeichnet, kurzum: was die Krankheit zu einer Nebensache macht, die während des Aufenthaltes mitbehandelt wird – was den Selbstwert des Einzelnen bestätigt und ihn somit stark macht. Die nachfolgende Tabelle fasst »stärkende« Handlungsmöglichkeiten zusammen. Dabei werden konkrete Methoden in ihrer Wirkung auf die Betroffenen beschrieben und von einem eher klassisch-psychiatrischen Ansatz abgegrenzt.

Tabelle 1   Beispiele für Empowermentstrategien im Rahmen einer stationären oder teilstationären Behandlung

Anliegen	Methoden	Wirkung	Klassischer Ansatz
Behandlung ist möglichst partnerschaftlich	Ausreichend Informationen über Erkrankungen, Behandlungsmethoden usw. mittels Gesprächen, Patientenbibliothek, Info-Veranstaltungen, Info-Mappe, Weitergabe wichtiger Adressen; Info-Vermittlung am Prinzip des Informationsaustausches anstatt der einseitigen Informationsvermittlung orientiert	Patienten erfahren Eigenverantwortung für alle wichtigen Entscheidungen Patienten fühlen sich ernst genommen Patienten werden zu mündigen Partnern, die Entscheidungen unabhängiger selbst treffen können	Professionell Tätige treffen die richtigen Entscheidungen, deshalb müssen Patienten von den Entscheidungen der Profis »überzeugt« werden Informationen sind teilweise sogar schädlich, da sie die Compliance behindern und die Arbeit des Arztes nur unnötig erschweren
	Verhandeln bei allen wichtigen Fragen wie Medikamente, Behandlungsziele, Behandlungselemente, Behandlungsdauer, Angebot von Behandlungsvereinbarungen, Krisenpass usw. »Überreden« nur im Notfall		
	Visite möglichst partnerschaftlich mit klarer, verständlicher und ehrlicher Sprache		
	Gemeinsame Angebote wie etwa Psychoseseminare		
	Weitestmögliche Transparenz über alle Abläufe der Klinik		

Anliegen	Methoden	Wirkung	Klassischer Ansatz
Behandlung ist nutzerorientiert	Beteiligung der Patienten an der Konzeption der Einrichtung soweit möglich	Patienten erfahren, dass ihre Meinung gewürdigt wird und sie Einfluss nehmen können	Patienten sind nicht in der Lage, Behandlung angemessen einzuschätzen, deshalb ist Rückmeldung nicht hilfreich
	Kritik und Rückmeldungen sind erwünscht (z.b. Rückmeldebogen oder -gespräch bei Behandlungsende)		Festes Behandlungsprogramm, Gruppen werden gemäß eines Manuals »durchgezogen«
	Behandlungsprogramm wird weitestmöglich an die Bedürfnisse der jeweiligen Patienten angepasst		
Ressourcen werden von Patienten und Professionellen wahrgenommen und gefördert	Ressourcenorientierte Diagnostik (u. a. über Fähigkeiten, soziales Netzwerk ...), z. B. Inventarbogen	Patienten erfahren, dass ihre eigenen Fähigkeiten von professioneller Seite gewürdigt werden	Psychopathologie steht im Vordergrund; Ressourcen werden für nicht bedeutsam erachtet und weder wahrgenommen noch gefördert
	Über individuelle Selbsthilfemöglichkeiten wird informiert (möglichst von Betroffenen)	Unterstützt Selbstachtung	»Strenges« Behandlungskonzept bietet keinen Raum für individuelle Ressourcen
		Kompetenzen werden genutzt und erweitert	
	möglichst hoher Grad an Aktivität (Ideal einer Selbstversorgerklinik)	Fremdhilfe bleibt auf notwendiges Maß reduziert	Schlechterer Krankheitsverlauf, da Selbsthilfemöglichkeiten ungenutzt bleiben
	Würdigung auch ungewöhnlicher, z.B. künstlerischer Fähigkeiten der Patienten		
Gegenseitige Unterstützungspotenziale der Patienten werden spürbar und nutzbar	Gruppe als therapeutische Gemeinschaft hat hohe Bedeutung	Patienten erfahren, dass andere ihnen und sie anderen helfen können	Patienten können sich gegenseitig nicht helfen, Hilfe nur durch professionelle Angebote möglich
	Raum für gegenseitigen Austausch und Unterstützung	Unterstützt Selbstbewusstsein	Therapeutische Gemeinschaft hat untergeordnete Bedeutung, stattdessen störungsspezifische Therapiebausteine
	Raum für Aktivitäten ohne professionelle Begleitung wird angeboten	Bedeutung von professioneller Hilfe wird relativiert	

Innerhalb der stationären Behandlung:
Leben außerhalb der Station

Zum Abschluss wird über einen Sommerabend in Merzig berichtet. Es fand eine Veranstaltung statt. Das Publikum bestand aus Menschen, die zu dieser Zeit stationär behandelt wurden, die ambulant, tagesklinisch oder stationär in der Klinik waren oder die zum allerersten Mal Kontakt mit der Klinik hatten, weil sie sich für das Veranstaltungsthema interessierten.

An diesem Sommerabend berichtete eine Kunsthistorikerin über das Leben der Camille Claudel. Sie sprach in einem kleinen, zum Kulturraum umgestalteten Saal innerhalb des »Parks der Andersdenkenden«. Der kleine Saalbau war früher Aussegnungs- und Leichenhalle des inzwischen aufgelösten Landeskrankenhauses gewesen. Der »Park der Andersdenkenden« besteht inzwischen nicht mehr belegten Friedhöfen. An diesem Ort also sprach die Kunsthistorikerin über die französische Bildhauerin, die viele Jahrzehnte ihres Lebens in der Anstalt verbracht hatte, bis sie schließlich dort starb. Die Referentin stellte das Schicksal der Künstlerin in Zusammenhang mit der familiären Situation, der unerfüllten Liebesbeziehung und der Unterdrückung durch den großen Lehrer Auguste Rodin.

Am Morgen des Veranstaltungstages hatte eine fast 70-jährige Frau, die viele Monate wegen einer schwersten schizomanischen Erkrankung auf der Station gewesen war, die Klinik zum ambulanten Gespräch aufgesucht. Bei der Erörterung des Tagesprogramms ging es auch um den abendlichen Vortrag, um die Situation der psychisch krank gewordenen Camille Claudel, um die Einflüsse in ihrem Leben. Die Patientin, die bisher immer wieder von der Bedrohung durch ihre Krankheit gesprochen und alle medizinischen Maßnahmen sehr folgsam mitgemacht hatte, berichtete jetzt viel deutlicher als sonst von ihrer eigenen familiären Situation, von Ehemann und Sohn, die sie in ihrer Überlegenheit nicht ertragen hätten. Jetzt, da sie sich in der Stadt eine eigene Wohnung (von einem Hilfsverein betreut) gesucht habe, lebe sie auf und werde sie wieder selbstständiger, auch psychisch stabil.

Diese Frau ging abends eine halbe Stunde vor dem Termin den Berg hinauf, um rechtzeitig in dem kleinen, zu aller Überraschung überfüllten Kulturraum anzukommen. Sie traf unterwegs einen jungen Mann, der vor einigen Monaten in die Klinik gekommen war und noch stationär behandelt wurde, da er sich als so genannter Minderbegabter in einer Krisensituation mit einem großen Backstein gegen den Kopf geschlagen hatte. Während des stationären Aufenthaltes ergab sich dann, dass er zu Unrecht in dem Heim für geistig Behinderte gelebt hatte, aus dem er gekommen war, da er eine gute durchschnittliche allgemeine Begabung aufwies und eine überdurchschnittliche musikalische Begabung zudem, die auch mit überdurchschnittlichen Kenntnissen verbunden war. Er wurde jetzt auf den Eintritt ins Berufsleben vorbereitet und erfuhr einen systematischen musikalischen Unterricht.

Zu der Gruppe kam noch ein 45-jähriger Mann aus der freien Wirtschaft, der mehrere Alkoholentziehungskuren durchgemacht hatte und jetzt, in Abstimmung mit seinem bisherigen Therapeuten, eine intensive stationäre Therapie im Hinblick auf die depressive Entwicklung und die Lebensprobleme, in denen er sich befand, wünschte. Er kam mit dem jungen Musiker ins Gespräch und unterhielt sich mit ihm über seine gesanglichen Lieblingsinterpretinnen.

In dem kleinen Kultursaal saßen, als die eben geschilderte Gruppe ankam, schon einige Leute. Eine ältere Frau aus der Stadt war dabei, die während ihrer Kinderzeit auf dem Gelände gespielt hatte, das später zum Landeskrankenhaus hinzugekommen war. Sie hielt sich etwas wackelig auf den Beinen und auch der Alkoholgeruch war nicht zu verkennen. Vielleicht stellte sie mit diesem Besuch erstmals den Kontakt zu der Einrichtung her, die ihr in der nächsten Zeit helfen sollte. Der begleitende Ehemann wirkte besorgt. Auch ein Maler war erschienen, der kürzlich wegen einer schweren Depression behandelt worden war und nach der Wiederherstellung seiner Gesundheit eine viel beachtete Ausstellung in der Stadt zeigen konnte.

Es waren natürlich noch viele andere Menschen gekommen, die im Einzelnen nicht zuzuordnen waren. Besonders wichtig war aber ein Mann, der sich drei Wochen stationär in der Klinik aufgehalten hatte und jetzt nachtklinisch betreut wurde. In den Monaten zuvor hatte er an dem Aufbau des oben beschriebenen Kulturzentrums als ABM-Kraft mitgearbeitet, bis er auf Grund seines Suchtproblems immer häufiger ausfiel, sodass die Rehabilitationsmaßnahme schließlich beendet werden sollte. Stattdessen wurde der Mann stationär aufgenommen, um nach der abgeschlossenen Entgiftung wieder seine Arbeit aufzunehmen – dann aber unter konsequenter nachtklinischer Behandlung, sodass er also tagsüber arbeitete und nachts einigermaßen sicher vor sich selbst war. Dieser Mann trug nun die gesamte haus-

meisterliche Verantwortung für die Veranstaltung. Da es in dem Vortrags-
raum an diesem Sommerabend noch zu hell war und eine Verdunkelung
fehlte, schleppte er Platten herbei, die er, auf einer hohen Leiter stehend,
von außen befestigte. Er »besorgte« somit Stühle, Dunkelheit, Licht – alles,
was man brauchte. Er schloss am Ende auch die Räume ab. Er, auf den man
sich monatelang nicht hatte verlassen können, trug die Verantwortung.

Diese Veranstaltung und diese Begegnungen zeigen, wie sich Menschen verändern, die neue, vielleicht eher ungewöhnliche Chancen zur Veränderung bekommen. Manchmal liegt das nur an vermeintlichen Kleinig-
keiten. Empowerment-Faktoren müssen aus den jeweils gegebenen Situationen heraus für den einzelnen Menschen ermöglicht werden.

Wie schrieb B. Brecht einmal: »Es geht auch anders, aber so geht es
auch.«

ULRICH SEIBERT

Zwang und Empowerment – Alternative Wege in der Krise

Als Krisen bezeichnet man heute im psychiatrischen Zusammenhang kurzfristig auftretende Verhaltensweisen von Menschen, die aus dem üblichen Rahmen fallen und Anlass für Interventionen geben. Hier sollen solche Krisen im Vordergrund stehen, die zu Eingriffen von außen führen, ohne dass dies der Betroffene wünscht. Während Krisen, für deren Bewältigung die betreffende Person selbst Lösungen und Hilfe sucht, zum Alltag von Professionellen gehören, sind die hier gemeinten Krisen für die Umgebung des Betroffenen und für die professionell Zuständigen mit erheblichen Problemen verbunden.

Erst recht gilt dies für Psychiatrie-Erfahrene. Die »Hilfe wider Willen« (Finzen) widerspricht der Selbstbestimmung des Klienten. Durch Zwangsmaßnahmen, unerwünschte gesetzliche Betreuungen und Polizeieinsätze werden nicht nur Grundrechte außer Kraft gesetzt, sondern häufig auch die Würde der Betroffenen verletzt. Bei Psychiatrie-Erfahrenen kann es dadurch zu einem gespannten Verhältnis zu den professionellen Helfern kommen, bis hin zur generellen Ablehnung von stationären Behandlungen.

Die Diskussion über »Psychiatrie ohne Gewalt« (KRISOR 1993; KRISOR / PFANNKUCH 1998) gegenüber »Psychiatrie ohne Gewalt – eine Fiktion« (WIENBERG 1998) soll hier nicht als Kontroverse aufgegriffen werden. Das Ziel der Überlegungen ist vor allem Verständnis für die Krisensituationen zu entwickeln und Möglichkeiten zu suchen, wie Krisen und ihre Eskalation vermieden oder gewaltfrei überwunden werden können. Trotz manchmal unvermeidlicher Gewaltanwendungen geht es um die Beachtung von Menschenwürde und grundgesetzlichen Rechten. Ein weiterer Punkt sind die Folgen von früher erlittenen Traumatisierungen durch psychiatrische Gewalt. Auch damit müssen wir uns auseinander setzen.

In den letzten Jahren ist die Gewaltfrage in der Psychiatrie wiederholt thematisiert worden (EINK 1997; KEBBEL u. a. 1998). Im internationalen

Rahmen hat dazu die Selbstorganisation von Psychiatrie-Erfahrenen wesentlich beigetragen; zunächst nannten sie sich »Überlebende« (siehe KEMPKER/LEHMANN 1993, S. 446). Sie forderten generell die »Abschaffung der Psychiatrie«; diese antipsychiatrische Bewegung geht davon aus, dass eine gewaltfreie Psychiatrie zumindest derzeit nicht möglich sei. Inzwischen sind aber auch große Teile der Selbsthilfebewegung an dem Ziel einer alternativen Psychiatrie orientiert (CHAMBERLIN 1977).

Um die Konfliktpunkte zwischen Selbstbestimmung und psychiatrischer Behandlung deutlich zu machen, im Folgenden einige Problemfelder.

Konfliktfelder

Zwangsunterbringungen: Während Statistiken von Zwangsunterbringungen in Kliniken oft den Eindruck erwecken (sollen), dass es sich um seltene Ausnahmen handelt, zeigt die Praxis und eine nüchterne Betrachtung der Statistiken, dass auch heute noch viele Psychiatrie-Erfahrene davon betroffen sind (RENNER 1998): Durchschnittlich wurden an einer Universitätsklinik pro Jahr allein durch das Unterbringungsgesetz (UBG) 44 Personen aufgenommen; im Berichtszeitraum von dreieinhalb Jahren handelte es sich um 109 Patienten. DODEGGE (1998) berichtet aus Essen für 1996, dass 829 Einweisungen nach UBG stattfanden sowie 1128 Einweisungen durch Betreuer, von denen 78 mit Hilfe der Betreuungsstelle der Klinik »zugeführt« wurden; in 49 Fällen wurde die Polizei eingeschaltet. Solche Zahlen machen es verständlich, dass in Selbsthilfegruppen das Thema »Gewalt und Zwang« heftige Emotionen hervorruft.

Nicht selten kommt es vor, dass Personen, die aus eigenem Interesse eine Klinik aufgesucht haben, nach wenigen Tagen zwangsuntergebracht werden. Diese Praxis führt die Bemühungen von ambulanten Diensten, Angehörigen und niedergelassenen Ärzten zur freiwilligen stationären Behandlung ad absurdum. Wenn ich mit der nachträglichen Zwangsunterbringung rechnen muss, kann ich kaum mit gutem Gewissen jemandem zur freiwilligen Klinikbehandlung raten.

Besonders entwürdigend sind Unterbringungen mit »Anwendung unmittelbarer Gewalt«. Die gewaltsame Öffnung der Wohnung, Abführen in Handschellen, die Polizei vor der Haustür ... das alles ist für einen Menschen ohne Kriminalitätserfahrung ein schwerer Schock, der nicht ohne weiteres verarbeitet werden kann. Durch solche Erfahrungen – besonders extrem bei »Ersterkrankungen« – wird das Verhältnis zur Psychiatrie nachhaltig beeinträchtigt. Angst und Misstrauen treten an die Stelle von Hoffnung und Vertrauen auf eine gute Behandlung und Hilfe.

Gesetzliche Betreuungen: Betreuungen nach BGB sollten im Sinne des Gesetzes eine Hilfe für die Betreuten sein. Deshalb wurde der Begriff »Vormundschaft« durch das Wort »Betreuung« ersetzt. Die Betreuungen sollten auf Wunsch der Betroffenen eingesetzt werden. Tatsächlich haben sich die BGB-Betreuungen inzwischen aber relativ häufig als ordnungsrechtliche Maßnahmen entwickelt, die dann nicht den Wünschen der Betreuten entsprechen. Beispielsweise werden Zwangsunterbringungen über die Anordnung einer Betreuung realisiert. Dafür gibt es verschiedene Gründe. Wenn etwa keine Selbst- oder Fremdgefahr besteht, lässt sich eine stationäre Zwangsbehandlung nach Unterbringungsrecht schlecht begründen. Durch einen Betreuer jedoch ist die Zwangsbehandlung auch ohne Selbst- und Fremdgefährdung durchsetzbar.

Entsprechend wird in Selbsthilfegruppen oft das Problem diskutiert: »Wie bringe ich die Betreuung wieder los?« Viele Vormundschaftsrichter bestehen dafür auf einem neuerlichen psychiatrischen Gutachten. Wo aber findet der Psychiatrie-Erfahrene diesen Gutachter?

Eine weitere schwer wiegende Einbuße an Autonomie entsteht dann, wenn der Betroffene kein Sozialhilfeempfänger ist: Er muss jede Aktivität des Betreuers und die Verfahrenskosten selbst bezahlen, obwohl er die Betreuung nicht will.

Besonders entwürdigend sind Betreuungen, die zur Sperrung des Bankkontos führen, einen Führerscheinentzug nach sich ziehen oder als »Einwilligungsvorbehalt« jegliche Vertragsfähigkeit aufheben.

Diese Einschränkungen haben außerdem erhebliche Auswirkungen für die alltäglichen sozialen Beziehungen.

Zwangsmedikation: Bei somatischen Erkrankungen gibt es keine Diskussion darüber, wenn jemand keinen Arzt aufsuchen, keine oder nur bestimmte Medikamente einnehmen oder auf eine Operation verzichten will. Die Selbstbestimmung steht hier außer Frage; Behandlungen gegen den Willen des Betreffenden gelten als Körperverletzung und können straf- und zivilrechtliche Folgen haben. Bei psychischen Erkrankungen ist dieses Grundrecht von vornherein in Frage gestellt.

Die faktische Entmündigung findet dann statt, wenn die Ablehnung von Behandlungen als Folge der Krankheit gesehen wird und der Betroffene wegen Einsichtsunfähigkeit auch gegen seinen Willen behandelt werden kann. Eine Einigung ist schwierig, wenn jede Gegenrede als krankhafte Uneinsichtigkeit interpretiert wird. Hier besteht ein Argumentationskreislauf, dessen Auflösung besonderer Strategien bedarf.

Fixierungen: Im deutschen Strafvollzug ist die Fesselung praktisch abgeschafft. Es gibt als Strafmaßnahme Arrestzellen. Die Einsperrung darin ist nur mit einem förmlichen Verfahren erlaubt; für den Betroffenen ist das durchschaubar. Die Durchführung des gesamten Strafvollzuges ist im Einzelnen gesetzlich geregelt. Im Vergleich dazu ist in der Psychiatrie die Fesselung grundsätzlich erlaubt, ohne gesetzliche Regelung (außer der formellen Genehmigung durch den Vormundschaftsrichter). Der Patient fühlt sich einer solchen Maßnahme praktisch rechtlos ausgeliefert. Besonders gravierend ist es, fixierte Menschen allein zu lassen, sie nicht auf die Toilette gehen zu lassen usw. (BRENSING / BENZ-STAIGER 1999; HALTENHOF 1997).

Gutachten: Gutachten, die von Psychiatern erstellt werden, um Zwangsmaßnahmen und Betreuungen zu ermöglichen, wirken auf die Betroffenen ebenfalls oft als schwere Beeinträchtigung ihrer Autonomie und Handlungsfähigkeit. Letztendlich hat der Gutachter die größte Macht in der Krisensituation. Wenn die Gutachter zugleich die behandelnden Ärzte in der Klinik sind, dann findet eine Machtkonzentration statt, gegen die der Patient sich praktisch nicht wehren kann.

Nehmen wir noch einmal das Beispiel des Patienten, der freiwillig in die Klinik gegangen ist. Nach einigen Tagen fühlt er sich stabilisiert und möchte nach Hause. Die Klinik hält ihn für weiterhin behandlungsbedürftig; sein Wunsch nach Entlassung wird als krankhafte Uneinsichtigkeit interpretiert: Der behandelnde Arzt schickt ein entsprechendes Gutachten an den Vormundschaftsrichter, der daraufhin die Zwangsunterbringung anordnet (bzw. genehmigt). In dieser Situation ist der Patient faktisch machtlos und den Entscheidungen der »Experten« völlig ausgeliefert.

Vormundschaftsrichter: Der Vormundschaftsrichter DODEGGE (1998) schildert eindrucksvoll, dass die Richter – im Vergleich zu den psychiatrischen Gutachtern – wenig Einfluss haben. Ähnlich äußerte sich ein Rechtsanwalt vor Psychiatrie-Erfahrenen: »Sie werden doch nicht glauben, dass ein Vormundschaftsrichter gegen den ärztlichen Gutachter entscheiden wird –

woher sollte er die Kompetenz nehmen?« Damit sagte er zugleich, dass er als Anwalt ebenfalls kaum Möglichkeiten zum Eingreifen sieht.

Dodegge weist ferner darauf hin, dass Verfahrenspfleger, die bei der Bestellung eines Betreuers eigentlich die Interessen des Betroffenen vertreten sollten, oft nur auf die Legalität des Verfahrens achten und dafür ihr Honorar beziehen (das der psychisch Kranke bezahlen muss). Die resignative Auffassung von der völligen Abhängigkeit der Juristen wird aber glücklicherweise nicht von allen geteilt; es gibt Richter, die ihren eigenen Eindruck aus der Anhörung auch gegen die Meinung der Gutachter für eine andere Entscheidung nutzen.

Psychiatrischer Zwang aus professioneller Sicht

Der Zwiespalt zwischen dem Bemühen um Empowerment-Strategien zugunsten der Betroffenen und professionellem Zwang führt zu der Frage, wie diese Probleme mit dem Zwang zustande kommen.

Gesellschaftliche Erwartungen an die Psychiatrie

Die Psychiatrie ist ein medizinisches Fachgebiet, dessen Ziel die Heilung von Krankheiten ist. Ärzte handeln in diesem Zusammenhang im Auftrag ihrer Patienten; das Wohl des Patienten ist die Basis der Arbeit.

Daneben sind der Psychiatrie aber historisch noch andere Aufgaben zugeteilt worden. Der große Schritt zur medizinischen Interpretation des Wahnsinns als Krankheit hat zu einem humaneren Umgang mit psychisch Kranken geführt; die Psychiatrie hat dafür aber die ordnungsrechtlichen Aufgaben der Gesellschaft mit übernehmen müssen.

Dieser Doppelcharakter psychiatrischer Arbeit ist der Ursprung der Zwangsmaßnahmen, die sonst den medizinischen Berufen fremd sind.

Dazu E. BLEULER (1911, zit. n. FINZEN 1997, S. 20): »Die jetzige Gesellschaftsordnung verlangt vom Psychiater eine große und ganz unangenehme Grausamkeit. Man zwingt Leute, denen aus guten Gründen das Leben verleidet ist, weiterzuleben. (...) schlimm ist es, wenn man diesen Kranken ... das Leben noch unerträglicher macht, indem man sie einer peinlichen Bewachung unterwirft.«

Dieser gesellschaftliche Auftrag schlägt sich in Gesetzen und Verordnungen nieder und er wird in der öffentlichen Meinung und den Medien sichtbar. Schließlich erwarten auch Angehörige psychisch Kranker, dass die Psychiatrie die Betroffenen mit allen Mitteln heilt, sie versorgt und nötigenfalls bewacht. Neben der Medizin gehören zu diesem gesellschaftlich-rechtlichen Auftrag auch Vormundschaftsrichter und gesetzliche Betreuer, die über die ärztlichen Gutachten in enger Wechselbeziehung zur Medizin stehen.

Professionelle als fürsorgliche Helfer

Es gibt eine weitere Besonderheit der psychiatrischen Arbeit im Vergleich zur übrigen Medizin. Neben dem ganz normalen Handeln im klaren Auftrag des Patienten stellt sich bei uns oft die Frage, was das »wirkliche Interesse« des Betroffenen ist, wenn er sich in einem psychischen Ausnahmezustand befindet.

Wenn jemand unter Verfolgungsangst leidet, dann möchte er sich gegen die (vermeintliche) Verfolgung schützen. Dazu nützt es ihm nichts, wenn er Tabletten schluckt. Der Psychiater sieht aber die Möglichkeit, die Angst durch Medikamente zu beseitigen. Der Professionelle weiß also besser, was dem Klienten nützt als dieser selbst. Er handelt dann im (vermeintlichen) Interesse des Betroffenen, ohne einen Auftrag dafür zu haben. An die Stelle des sonst üblichen Klientenauftrags tritt eine Idee von Fürsorge und Hilfe.

Ob die dann praktizierte Behandlung, vielleicht mit Anwendung von direktem oder indirektem Zwang, tatsächlich eine Hilfe im Interesse des Klienten ist, kann erst im Nachhinein festgestellt werden.

Die nachträgliche Beurteilung von solchen Behandlungen und Maßnahmen kann eigentlich nur über die genauen Rückmeldungen der Klienten erfolgen. Das bedeutet: Jede Behandlung, jede Entscheidung ohne ausdrücklichen Wunsch des Betroffenen führt in eine Unsicherheit für den Professionellen. Trotz dieser Unsicherheit muss er sich für einen Weg entscheiden. Hat er sich für Zwangsmaßnahmen oder hohe Medikamentendosierung entschieden, so muss er eventuell mit Ablehnung und späteren Vorwürfen durch den Psychiatrie-Erfahrenen rechnen. Beschränkt er sich auf die mit dem Patienten vereinbarten Medikamente, Behandlungsformen und Behandlungszeiten (etwa bezüglich des Zeitpunkts der Entlassung), dann zieht er sich oft die Vorwürfe der Angehörigen zu. Nimmt sich der Patient später gar das Leben, so ist zusätzlich mit Vorwürfen durch die Vorgesetzten oder Anstellungsträger zu rechnen, vielleicht droht sogar eine rechtliche Verantwortung. Weniger dramatisch, aber unangenehm genug, können spätere Vorhaltungen des Patienten sein, man habe sein Leiden nicht ernst genug genommen, hätte ihn nachdrücklicher zur Medikamenten-Einnahme drängen sollen usw.

Damit sitzt der professionelle Helfer nicht selten zwischen den Stühlen: Empowerment-Strategien und Klienten-Autonomie ernst nehmen bedeutet, auf manche medizinisch oder sozial mögliche und fachlich wünschenswerte Maßnahme zu verzichten. Die Folge können aber Vorwürfe von außen sein und eigene Schuldgefühle. Aus diesem Dilemma gibt es keinen einfachen Ausweg.

Als Professioneller steht man also unter einem doppelten Rechtfertigungszwang.

Die eine Richtung der Rechtfertigung ist die juristische: sich so absichern, dass keine Vorwürfe wegen »unterlassener Hilfeleistung« erhoben werden können, dass die Symptome möglichst weit gehend unterdrückt werden, der Betreffende möglichst unauffällig und damit »pflegeleicht« wird – so etwa kann die richtige »medizinische Kunst« gesehen werden. Interessant ist, dass Prozesse wegen Freiheitsberaubung, Körperverletzung und auf Schadensersatz und Schmerzensgeld in der Psychiatrie äußerst selten sind; KEITEL und THORWART (1993, S. 229) zitieren einen Fall mit 2000 Mark Schmerzensgeld. Das Bedürfnis nach juristischer Absicherung in dieser Richtung ist in Deutschland folglich gering.

Die andere Richtung der Rechtfertigung wäre die Anerkennung durch die Psychiatrie-Erfahrenen während der Behandlung und rückblickend zu späteren Zeitpunkten. Dies ist ein Beweis für eine Haltung, die Autonomie und Empowerment unterstützt. Das Kriterium für Erfolg muss hier nicht unbedingt Symptombeseitigung oder im medizinischen Sinne »Heilung« sein. Sehr oft ist es nur die positive Rückmeldung »Ich habe wieder Lebensmut und Selbstbewusstsein gefunden«, »Ich bin froh, dass ich jemanden gefunden habe, mit dem ich über alles reden kann, und ernst genommen werde«, oder auch praktische Hilfen, die zur Sicherung des Lebensunterhaltes, zu einer akzeptablen Wohnmöglichkeit geführt haben etc. Ebenso positiv für die Selbstbefähigung kann die Vermittlung an eine Selbsthilfegruppe und die Verbesserung sozialer Kontakte sein. Sich an solchen Erfolgen zu messen sollte für das Selbstvertrauen der Professionellen die Alternative sein im Gegensatz zur juristischen Absicherung.

Wenn etwas »schief gelaufen ist«, ein Klient wieder öffentlich aufgefallen ist oder gar einen Suizidversuch unternommen hat, dann kann das vom therapeutischen Helfer als eigenes Versagen empfunden werden (FINZEN 1997, S. 22). Das hängt von der Vorstellung des Therapeuten über seine Möglichkeiten ab. Wenn das Helfer-Bewusstsein mit einer gewissen Omnipotenz-Vorstellung gekoppelt ist, dann sind die Ziele sehr hoch gesteckt; es kommt zur selbstverständlichen »Übernahme von Verantwortung« für die Gesundheit, das Leben und das Wohlverhalten des Klienten. Bei Nichterfüllung dieser Ziele entsteht das Gefühl des Versagens, mit vielfältigen Konsequenzen, die sich auch auf die Beziehung zum Klienten auswirken können.

Ich möchte dieser, unter professionellen Helfern verbreiteten Einstellung eine Alternative gegenüberstellen: Bescheidenheit, die eigenen, begrenzten Möglichkeiten richtig einschätzen, sich nicht zum Manager des Klientenlebens machen (also nicht »Case-Manager« sein wollen). Die Vorstellung, ich sei verantwortlich für einen eventuellen Suizid eines Klienten, heißt »Schicksal spielen« wollen. Wenn ich etwas im Sinne des Klienten tun kann, dann tue ich es; wenn ich es nicht kann oder wenn ich das Richtige nicht finde und deshalb das Falsche getan habe, dann ist das offenbar nicht zu vermeiden gewesen. Ich handle jeweils nach bestem Wissen und Gewissen und nach den jeweiligen Möglichkeiten, die mir zur Verfügung stehen. Wenn dies nicht ausreicht, dann muss ich mich nicht mit Schuldgefühlen herumschlagen.

Suizide sind eine der häufigsten Todesursachen in unserer Gesellschaft. Manche sind in meiner Nähe passiert und haben mich emotional sehr betroffen. Aber ich kann daraus nicht den Schluss ziehen, dass ich für die Tode der Menschen verantwortlich oder zuständig bin. Ich halte es für eine Hybris, wenn Psychiatrie-Tätige sich zum Herrn über Leben und Tod machen. Die Idee, es handle sich um »unterlassene Hilfeleistung« (StGB § 323c), wenn ich einen Menschen nicht mit Gewalt und verschiedenen Zwangsmaßnahmen an seinem Freitod gehindert habe, ist blanker Zynismus – siehe das Zitat von E. Bleuler oben. Wie hier wirkliche Hilfeleistung aussehen kann, wird im Abschnitt über Suizidalität beschrieben.

Ein Problem kann auch die Diskrepanz sein zwischen dem, was Professionelle als Erfolg ansehen, und dem, was Psychiatrie-Erfahrene als Hilfe betrachten: Ein klarer Erfolg für den Professionellen ist es beispielsweise, wenn man jemanden vor dem Tod bewahrt hat; eindeutige Erfolge sind natürlich Symptomfreiheit, Erhaltung eines Arbeitsplatzes oder einer Ehe. Wenn dagegen die professionelle Arbeit eher in einer langfristigen Betreuung besteht, mit immer wiederkehrenden Krisen und ohne sichtbare Verbesserungen der Lebenssituation oder der Symptomatik, dann bleibt das Erfolgsgefühl oft aus.

Herr Hinterberger lebt in einem zur Notunterkunft ausgebauten Bunker. In seine Wohnung lässt er niemanden hinein – es besteht ein typisches »Vermüllungssyndrom«. Manchmal beschweren sich Nachbarn, dass es allzu sehr aus der Wohnung stinkt, wenn Herr Hinterberger mal wieder längere Zeit den Bioabfall nicht entsorgt hat. In der Kleinstadt ist er eine relativ bekannte Persönlichkeit: Er kramt in Mülltonnen herum und bettelt auch mal Leute an. Er führt wunderliche Reden und zeigt keinerlei Krankheitseinsicht. Hilfeangebote lehnt er ab mit dem vagen Hinweis auf seine eigenen Helfer, die wohl einer anderen Realität angehören.

Ein richtiges Erfolgserlebnis für Nachbarn, Ordnungsamt, Vormundschaftsgericht, Betreuer und sozialpsychiatrische Mitarbeiter wäre eine Zwangsräumung mit Unterbringung, psychiatrische Behandlung und Rehabilitation. Die mit dem Fall betraute gesetzliche Betreuerin hat aber in der Supervisionsgruppe die Entscheidung getroffen, dass sie sich auf Sozialhilfeanträge beschränkt und bei größeren Nachbarschaftsklagen Herrn Hinterberger dazu bewegt, seinen »angegammelten Biomüll« mal wieder zu entsorgen.

Hier muss man sehr bescheidene Ziele haben, um einen Erfolg zu verbuchen: Als Erfolg ist die Unterstützung von Herrn Hinterberger zu seiner Form des autonomen Lebens definiert worden. Dazu gehört auch die Beschwichtigung von Nachbarn und Ordnungsamt. Realistisch gesehen bliebe als Alternative wohl nur die Dauerunterbringung in einem Pflegeheim mit völliger Fremdbestimmung.

Arbeitsbedingungen und Krisenhilfe

Die Berücksichtigung von Klientenbedürfnissen in schwierigen Krisensituationen ist auch eine Frage von *Zeit* und *Personal*. Wenn eine »Eins-zu-eins-Betreuung« möglich ist, dann kann auf viele Druckmittel oder Zwangsmaßnahmen verzichtet werden. Der Begriff »Eins-zu-eins-Betreuung« reicht eigentlich gar nicht aus. Manchmal sind auch zwei Personen vorübergehend in Anspruch genommen; und bei längerfristiger Betreuung, die eine Fixierung ersetzen soll, ist durch Schichtwechsel mit zusätzlichem Personal zu rechnen.

Auch in der Gemeindepsychiatrie ist viel Arbeitskraft und -zeit erforderlich, um krisenhafte Zuspitzungen etwa in der Familie zu bewältigen. Bei dem üblichen Mangel an Zeit und Mitarbeitern ist dann die schnelle Zwangslösung mit Polizei und Einweisung wesentlich einfacher. Klientenbedürfnisse und Selbstbestimmung bleiben auf der Strecke – von den höheren Kosten für Krankenkassen und Steuerzahler ganz zu schweigen.

Für die Mitarbeiter besonders frustrierend ist es, wenn die klientenfreundlichen, menschenwürdigen Lösungen gesehen und gewünscht werden, aber aus Zeitmangel nicht realisiert werden können. Dann kommt es gegen die eigene Überzeugung zur Missachtung der Betroffenen-Bedürfnisse. Eine emotionale Hilfe wäre es, solche Arbeitsbedingungen auf der politischen Ebene anzuprangern und gemeinsam für Änderungen zu kämpfen.

Eine weitere Rahmenbedingung ist, insbesondere im stationären Bereich von Kliniken, Heimen u. Ä., der Stil des Hauses. Wenn die Behandlung vorwiegend unter »kustodialen« (bewachenden) und pharmakologischen Gesichtspunkten durchgeführt werden soll, dann ist für psychotherapeutische und fürsorgliche Hilfen kaum Platz. Mitarbeiter brauchen für ihre Handlungskonzepte die Unterstützung der Vorgesetzten und des Teams, die in diesem Fall fehlen würde.

Lange bestehende Routinen kann man ebenfalls zum Stil des Hauses rechnen. Wenn traditionell »Schutzmaßnahmen« und »Sicherung« in Verbindung mit vormundschaftsrichterlicher Kooperation im Vordergrund stehen, dann ist mit Widerständen bei einem Teil der Mitarbeiter zu rechnen, wenn klientenfreundlichere Änderungen eingeführt werden sollen. Der Umfang solcher Probleme wird von SACHSSE (1999, S. 145) charakterisiert: Es »sind Fixierungen als mühsam rationalisierte, sadistische Disziplinierungsmaßnahmen zur Entlastung emotional ausgebrannter, unzureichend weitergebildeter ... unterbezahlter Mitarbeiter ... missbraucht worden ...« Ein anekdotisches Beispiel liefert auch D. Cooper, der britische Reformpsychiater, der schrieb, er sei froh um seine Pfleger in der Klinik gewesen, die aus dem Hafenarbeitermilieu in Liverpool stammten, weil sie aus den Kneipen wussten, wie man einen Tobenden beruhigt, ohne ihn zu verletzen. Anschauliche Schilderungen der Alltagsprobleme in der Gemeindepsychiatrie gibt es von U. SCHMALZ (1994) und I. EICHENBRENNER (1999).

Schließlich spielt auch die Ausbildung der Professionellen eine große Rolle. Ein Beispiel: Der Umgang mit Borderline-Personen, bei denen Suizidalität und Selbstverletzungen sichtbare Symptome sind, verlangt spezielles Wissen und Können. Die Konzepte von KIND (1998) und SACHSSE (1999) beispielsweise werden bisher wenig umgesetzt; statt adäquate psychotherapeutische Konzepte zu beachten, bleibt es bei vorübergehenden Zwangsmaßnahmen und professioneller Hilflosigkeit. Die Bewältigung von eskalierenden Krisensituationen muss trainiert werden und der hilfreiche Umgang mit bedrohlichem oder selbstschädigendem Verhalten von Psychiatrie-Betroffenen setzt spezifische Kenntnisse und Erfahrung voraus. Unerlässlich ist außerdem eine qualifizierte Supervision, weil gerade die Krisenhilfe ohne Zwang emotional belastend ist, außerdem kann durch die Supervision spezifisches Wissen vermittelt und zur Diskussion gestellt werden.

Zur Psychodynamik von Zwang in der Psychiatrie

Sowohl in der Praxis wie in der Literatur wird traditionell das Verhalten von Menschen in einer psychischen Krise so dargestellt, als ob die Verhaltensweisen nur aus der Persönlichkeit dieses Menschen entstanden seien. Zusammenhänge mit Personen der Umgebung und mit konkreten Situationen werden zumeist ausgeblendet. Dieser Art der eingeschränkten Wahrnehmung und Interpretation entspricht die Reaktion der Beteiligten: Sie reagieren ausschließlich auf das objektivierbare Verhalten, wenn sie Maßnahmen ergreifen, so als ob diese Reaktionen einem mechanischen Automatismus entsprächen. Damit wird der Theorie der »endogenen« Verursachung von psychischen Störungen entsprochen. Die Endogenitätstheorie macht Psychiatrie-Erfahrene weitgehend handlungs- und entscheidungsunfähig: Sie können ja nichts tun, sondern sind willenlos ihrem Schicksal ausgeliefert.

Im Gegensatz zu dieser Vorstellung steht die Beachtung der psychodynamischen Zusammenhänge. Man kann auch von einer »systemischen« Perspektive sprechen. Gemeint ist, dass auch alle Verhaltensweisen von mehr oder weniger psychisch Kranken in einem kommunikativen Zusammenhang zu sehen sind. Teil dieses Kommunikationssystems sind natürlich auch die professionell Beteiligten.

Unter dem Begriff »Gegenübertragung« haben A. FINZEN (1997, S. 93–107), J. KIND (1998) sowie U. SACHSSE (1999) zu diesen Fragen geschrieben. Einige Möglichkeiten stelle ich im Folgenden kurz dar.

1 Kreislauf von Sozialkonflikt und Einweisung: Wenn Menschen mehrfach Erfahrungen mit Klinikeinweisungen bei einer Krise gemacht haben, dann ist es relativ wahrscheinlich, dass sie bei gleichem Verhalten eine neue Einweisung erwarten. Typisches Beispiel dafür sind eskalierende Streitigkeiten in der Familie: Die oder der Psychiatrie-Erfahrene wird laut und aggressiv und die Angehörigen rufen die Polizei, den Rettungsdienst oder den Notarzt herbei: Die Zwangseinweisung beendet die Szene. Als Klinik-Patient hat der Betroffene dann einen anderen Status: Er ist jetzt in einem geschützten Raum, d. h., die Angehörigen beeinträchtigen ihn und er sie nicht. Mit dem Kranken und Eingesperrten können die Angehörigen jetzt Mitleid haben; sein aggressives Verhalten wird als Krankheit eher entschuldigt; es gibt Menschen auf der Station, die keine Problemgeschichte mit dem Betreffenden verbindet; der Patient ist nicht allein, zu nichts verpflichtet. Die Klinik kann im günstigen Fall eine Klausur sein, die aus Ängsten, Konflikten und aus Verzweiflung herausführt.

In der Kommunikation zwischen Angehörigen und Psychiatrie-Erfahrenen läuft Folgendes ab: Die Angehörigen sind »böse«, weil sie die Zwangseinweisung herbeiführen. Sie bekommen aus diesem Grund Schuldgefühle – eine Genugtuung für die Eingesperrten. Die aggressive Person wird bestraft durch die Einsperrung – eine Genugtuung für die Angehörigen. Zu Patienten kann man schließlich wieder freundlich und hilfsbereit sein.

Hier handelt es sich um ein Muster des Drehtür-Prinzips. Auf die Frage, warum keine einfacheren Konfliktlösungen in diesem Fall gewählt werden, gibt es keine einfache Antwort, weil es sich um sehr komplexe Beziehungsstrukturen vor dem Hintergrund von ausgeprägten Persönlichkeitsstrukturen handelt. Eine Änderung des Kreislaufes wäre über systemische Therapie möglich. Ein Ziel dabei ist, dass die Beteiligten lernen sich vor dem Gewaltausbruch »aus dem Weg zu gehen«, sich zurückzuziehen, Hilfe zu holen. Während der beschriebene Kreislauf den Psychiatrie-Betroffenen in einer Krankenrolle festhält, würden Verhaltensänderungen aller Beteiligten zur Normalisierung und damit zu anderen Möglichkeiten auch für den Psychiatrie-Erfahrenen führen. Er würde dann nicht in der Krankenrolle fixiert und behielte andere Handlungsmöglichkeiten.

2 Adressierte Handlungen: Bei dem Drehtür-Muster handelt es sich um unbewusste Vorgänge. Daneben gibt es adressierte Handlungen, die zur Psychiatrisierung führen, zum Beispiel bestimmte Suizidversuche oder fremd-aggressives Verhalten gegen Angehörige oder in der Öffentlichkeit. Inwieweit Psychiatrie-Erfahrene bewusst damit umgehen, ist unterschiedlich zu sehen. Jedenfalls sind hier Psychiatrie-Erfahrene gemeint, die auf Grund ihrer bisherigen Erfahrungen mit einer Einweisung rechnen.

Was hat das nun mit Selbstbestimmung und Empowerment zu tun? Es handelt sich bei dem Verhalten der psychisch Leidenden um indirekte Hilferufe. Zunächst einmal geht es darum, auf sich aufmerksam zu machen. Die Reaktionen des Umfelds können in zwei entgegengesetzte Richtungen weisen: Entweder sie tun etwas, »greifen ein« (»intervenieren«), oder sie verhalten sich abweisend und gleichgültig. Im ersten Fall kann es zu einer vom Psychiatrie-Erfahrenen erwünschten Hilfe kommen oder zu einer unerwünschten »Hilfe« (etwa Zwangsbehandlung). Im zweiten Fall handelt es sich um eine Zurückweisung der betreffenden Person, hinter der verschiedene Gründe stehen können. Wenn der Hilferuf kein positives Echo findet, wirkt sich die Umweltreaktion auf jeden Fall negativ auf Selbstbewusstsein und Handlungsfähigkeit des Betroffenen aus.

Aber es ist auch ein anderer Ausweg denkbar: Wenn von vornherein klar ist, dass die privaten und professionellen Bezugspersonen sich weder moralisch noch juristisch verantwortlich sehen (und deshalb intervenieren), dann werden sich die symbolischen Hilferufe anders entwickeln. Ziel einer Empowerment-Strategie ist es, akzeptable und effektive Hilfeangebote bereitzustellen, die für die Betroffenen direkt zugänglich sind; dann wären Umwege über Suiziddrohungen nicht nötig – siehe das »weiche Zimmer« im Soteria-Konzept.

3 Wiederholung von Gewaltsituationen: Ein heikles Problem ist die Wiederholung von Gewaltsituationen. Wenn jemand in der eigenen Biografie von früh auf Gewalt erfahren und sich auf die Gewalttätigkeiten von Bezugspersonen eingestellt hat, dann kann Gewalthandeln und Gewalterleiden so ansozialisiert sein, dass solche Kreisläufe unbewusst herbeigeführt werden. »Eine vertraute Situation macht nun einmal weniger Angst.« (DULZ / SCHNEIDER 1996, S. 63) Tritt dieses Verhalten und die zugehörige Erwartung im Zusammenhang mit psychischer Krankheit bzw. psychiatrischer Behandlung auf, dann kommt es zur typischen Gewalt-Spirale. Früher waren solche Gewaltkreisläufe in der Psychiatrie ziemlich häufig: Erlittene Gewalt erzeugt Ärger und Wut sowie Bedürfnisse nach Vergeltung – damit ist aggressives Verhalten programmiert, das wiederum die Gewaltanwendung durch das Klinikpersonal hervorruft. Leider gibt es solche Gewalt-Spiralen auch heute noch in psychiatrischen Zusammenhängen. Wenn der Patient sie nicht von sich aus durchbrechen kann, dann ist es Aufgabe der Mitarbeiter, aus der Spirale auszusteigen. Macht ein Patient Lernerfahrungen, dass die eigene Aggression keine Gegengewalt hervorruft, dann entwickeln sich andere Handlungsmöglichkeiten. Damit muss verbunden sein, dass die Gefühle von Ärger, Frustration und Wut zugelassen und ernst genommen werden.

Würde dieser Zusammenhang aufmerksamer wahrgenommen, dann würde ein großer Teil heute noch vorhandenen Gewaltpotenzials auf Klientenseite und auf professioneller Seite verschwinden. In der Psychiatrie werden auf beiden Seiten aggressive Gefühle immer noch viel zu häufig ausagiert, anstatt den Kreislauf zu erkennen und deeskalierende Methoden anzuwenden.

4 Ablehnende Gefühle: A. Finzen, J. Kind und U. Sachsse weisen außerdem darauf hin, dass es nicht selten ablehnende Gefühle auf Seiten der therapeutischen Professionellen gibt, die als (Gegen-)Übertragung auf die Klienten wirken. Wenn sich Therapeuten über ihre Klienten ärgern, zum Beispiel wegen »Therapieresistenz«, also wegen eigener (scheinbarer) Erfolglosigkeit, dann wünschen sie vielleicht insgeheim, dass sich die chronisch Suizidale doch endlich umbringen möge. Zwangsmaßnahmen erleben sie dann auch als gerechte Strafe für die undankbare Klientin. Von den Klientinnen und Klienten können diese negativen Gefühle des Therapeuten empfunden werden; das führt dann auf ihrer Seite zu einer zusätzlichen Abwertung der eigenen Person und zu zunehmender Hilflosigkeit und Entmutigung.

Methodische Gesichtspunkte für Krisensituationen

Die Würde des Menschen ist antastbar

Entscheidend für die Unterstützung von Empowerment-Prozessen in akuten Krisen ist, dass selbst bei Anwendung von »unmittelbarem Zwang«, also physischer Gewalt, der Respekt vor der Person geachtet werden muss. Erst recht gilt das für die anderen Eingriffe wie Zwangsmedikation, Einsperrung, Anordnung von gesetzlicher Betreuung usw. Dazu L. R. MOSHER und L. BURTI (1992, S. 283): »Es ist von vitaler Bedeutung, Nutzern, insbesondere solchen der öffentlichen Psychiatrie, im Gespräch mit Respekt, echter

Zuwendung und nicht wertendem Verstehen zu begegnen – kurz: sie mit Würde zu behandeln ... Ohne eine solche Beziehung wird Helfen zu einer mit Zwang ausgeübten Manipulation von Objekten.« Auch aggressivem Verhalten kann und muss mit dem Bemühen um Verständnis begegnet werden. Gerade wenn man den Betreffenden als krank erlebt, ist nach der Bedeutung seines Verhaltens zu fragen und nicht nur äußerlich die Aggression zu bekämpfen. Um die negativen Folgen von psychiatrischem Zwang möglichst gering zu halten, ist die Achtung der Person und ihrer Bedürfnisse oft wichtiger als eine vermeintlich effektive »Behandlung« gegen den Willen der Betroffenen. Es nützt dann auch nichts, wenn man als Therapeut von seinem Fachwissen überzeugt ist und sich als Retter fühlt.

Sprache, Symptome, Diagnosen

Zum Thema Fachwissen gehört auch die psychiatrische Sprache. Ärzte haben normalerweise das Bedürfnis, die Symptome und damit auch gleich die Person in ein Diagnose-Schema einzuordnen. Das kann so aussehen, dass ein eskalierter Familienstreit von Angehörigen und Arzt als schizophrener Schub (oder psychotische Krise) zugeordnet wird und damit die Zwangsmedikation und sofortige stationäre Unterbringung als einzige Lösung erscheint. Für den Betroffenen geht das aber völlig an seiner Situation vorbei: Ihn interessiert nicht, wie eine Diagnose lauten könnte, sondern was sich gerade ereignet hat. Die Bewältigung der Auseinandersetzung, eine Lösung in der gegenwärtigen Situation – das könnte Respekt vor der kranken Person bedeuten. Mit der Zwangsbehandlung wird ja die Problemsituation keineswegs gelöst – im Gegenteil: Der Konflikt mit den Angehörigen wird eher verstärkt und fixiert.

Die Benennung einer Diagnose bedeutet Fremdbestimmung. J. DE-MAND (1998a, S. 43) schlägt vor, neben oder anstelle der medizinischen Diagnose das »lebensgeschichtliche Krankheitskonzept« zu verwenden. Die Nachfragen über den momentanen Streit bedeuten die Verwendung von Alltagssprache und Begrifflichkeit der Betroffenen, dazu kann er sich äußern und Stellung nehmen. Ein Stück weit ist die Würde der Person gewahrt, auch wenn vielleicht dem aggressiven Verhalten Einhalt geboten wird. Fachsprache zu verwenden ist ein Schutz für die Professionellen, so wie ein Schreibtisch zwischen Klient und Berater. Sich auf den Klienten auch sprachlich einzustellen ist allerdings oft mühsamer und man ist ungeschützter. Diskussionen werden möglich, anstatt rasche »fachliche« Entscheidungen.

Mit der Zuordnung zu einer Diagnose werden die Symptome nicht mehr konkret interpretiert. In der traditionellen Psychiatrie dient die Beobachtung von Symptomen der Diagnosestellung. Ansonsten wird den Symptomen kein Interesse entgegengebracht.

Frau Fischer hat Streit mit ihrem Ehemann, der in Handgreiflichkeiten ausartet. Der Ehemann trägt sich mit Scheidungsgedanken. Seine Frau geht nach dem Streit zu einem Psychiater zur Behandlung, weil sie etwas zu ihrer Beruhigung tun möchte. Der Arzt rät ihr zur Aufnahme in einer psychiatrischen Krankenhausabteilung, damit sie Abstand gewinnen und »ihre Nerven sich beruhigen können«. Nach ein paar Tagen fühlt sie sich besser und will nach Hause. Inzwischen hat aber die (junge) Stationsärztin nach Gesprächen mit dem Ehemann eine »Schizoaffektive Psychose« diagnostiziert und will eine Entlassung unterbinden. Sie schickt das entsprechende Gutachten ans Vormundschaftsgericht; das bestellt eine Betreuerin, die mit dem Richter die Zwangseinweisung verfügt. Mit dem ebenfalls bestellten Verfahrenspfleger findet kein eigenes Gespräch statt, er sitzt bei der »Anhörung« durch den Richter nur daneben.

Zum Zeitpunkt der Entlassung (nach 6 Wochen) verfügt der Richter eine Verlängerung der Betreuung »bis zu vier Jahren«. Auch mit dem Richter hat der Ehemann ausführliche Gespräche geführt.

Frau Fischer macht nach der Entlassung eine berufliche Fortbildung, sie lebt heute allein – es bestehen keinerlei Hinweise auf psychotische Tendenzen.

Das Beispiel zeigt Verschiedenes: Die beteiligte Psychiaterin und der Ehemann einigten sich sehr schnell auf die Diagnose »Schizoaffektive Psychose«. Damit begründen medizinische Fachleute eine längere stationäre Behandlung mit Neuroleptika. Um dies gegen den Willen von Frau Fischer durchzusetzen, wird die Betreuerin bestellt. Die ist nicht vom Fach und schließt sich der ärztlichen Sichtweise an. Mit der Diagnosenstellung ist scheinbar alles klar. Genauere Nachfragen bei der Patientin werden deshalb nicht für nötig gehalten. Aus Sicht der Psychiatrie-Erfahrenen aber soll der Ehekonflikt mit Neuroleptika beendet werden. Würde hingegen nicht die Diagnose als Grundlage der Behandlung genommen, sondern eine sorgfältige Analyse der Konfliktsituation, dann wären die psychosozialen Zusammenhänge sichtbar geworden; mit der Patientin gemeinsam hätte man nach

Lösungsstrategien gesucht, mit oder ohne medikamentöser Unterstützung. Die Traumatisierung der Betroffenen wäre unterblieben und eine rasche positive Entwicklung wäre wahrscheinlich gewesen. Symptome sind nicht nur Krankheitsanzeichen, sondern haben aus der Perspektive der Betroffenen andere Bedeutungen. Dazu J. KIND (1998, S. 13) zum Beispiel der Suizidalität: Suizidalität »hat, wie jedes andere Symptom auch, eine regulierende Funktion, und, so merkwürdig es klingen mag, unter Umständen auch eine stabilisierende Funktion«. Um Symptome richtig verstehen zu können, muss oft ihr symbolischer Inhalt entschlüsselt werden. Dafür reichen kurze Informationsgespräche nicht aus. Um sich den Bedeutungen anzunähern, sind eingehendere Gespräche auf Vertrauensbasis notwendig. Die Krisenhilfe muss ein erster Schritt in diese Richtung sein, deshalb ist es wichtig, nicht durch vordergründige medizinische Definitionen den Weg zu verbauen.

Deeskalation und Angehörige

Krisenhafte Zuspitzungen, die eine Tendenz zur Anwendung von Zwang mit sich bringen, geschehen in der Regel in einem sozialen Kontext. Die betreffende Person ist irgendwie auffällig geworden, mehr oder weniger betroffene Menschen aus dem Umfeld setzen den »Krisendienst« in Bewegung. Mit Krisendienst meine ich hier jegliche Stellen und Personen, die in solchen Fällen eingeschaltet werden: Das reicht von Polizei bis zu realen psychiatrischen Krisendiensten – die es leider in Deutschland nur vereinzelt gibt. Ich will ein weiteres Beispiel heranziehen:

Eine etwas psychotische Frau, die sich »auf Reisen« begeben hat, zieht sich auf der Straße an einem ihr fremden Ort die Kleidung aus. Passanten wundern sich, trauen sich aber nicht sie anzusprechen und rufen vorsichtshalber die Polizei an. Ein Streifenwagen kommt nach kurzer Zeit, die Frau ist inzwischen ziemlich unbekleidet; ihre Sachen hat sie an einen Gartenzaun gehängt. Für die Polizisten ist die Sache schnell klar, nachdem sie die Frau angesprochen und keine plausible Erklärung bekommen haben: Sie ist psychisch krank und wird in die nächste psychiatrische Klinik eingeliefert.

Was wäre hier eine Deeskalationsstrategie gewesen?

Sowohl aufgeklärte Passanten wie auch die Polizisten hätten sich auf ein Gespräch mit der Frau einlassen können, anstatt zu ihr als »Verrückte« auf Distanz zu gehen. Es wäre möglich gewesen, sie zum Ankleiden zu bewegen. Sie wusste nicht, wo sie war – sie war orientierungslos, in mehrfacher Hinsicht.

Ich nehme an, dass die öffentliche Schau bei ihr (unbewusst) ein Hilfe-Appell war. Tatsächlich ist sie ja auch orientiert worden, nämlich »in die Psychiatrie« eingeliefert worden, was für sie eine sozusagen vertraute Situation war (wenn auch nicht in dieser Klinik). Deeskalation wäre gewesen: Verständnisvolle und freundliche Nachfragen hätten diese Orientierungslosigkeit deutlich werden lassen. Statt sie in die Klinik zu fahren, hätten die Polizisten ihr ein Telefongespräch zu Angehörigen oder einer anderen Bezugsperson vermitteln, ihr ein Nachtquartier oder eine Fahrkarte nach Hause besorgen können. Die Odyssee durch die Klinik wäre nicht nötig gewesen.

In diesem Fall waren die beteiligten Personen emotional wenig betroffen. Meistens sind die anderen Beteiligten dagegen nahe Bezugspersonen. Die Zuspitzung in der Krise ist ein Prozess der Eskalation, der auf allen Seiten heftige Gefühle hervorruft. Es können Ängste und Panikreaktionen sein oder Ärger und Wut oder bei Angehörigen das Bewusstsein, »unbedingt eingreifen zu müssen«, weil man sich verantwortlich fühlt. Die Krisenhelfer stehen dann nicht nur dem mehr oder weniger psychisch Kranken gegenüber, sondern auch den emotional erregten Bezugspersonen.

Deeskalation heißt hier erst einmal »dazwischenzugehen« und die Konfrontation zwischen den Beteiligten dadurch zu unterbrechen. »Dazwischengehen« kann sowohl körperlich gemeint sein wie psychisch. Entscheidend ist, dass es für die psychiatrieerfahrene Person auch positive Zuwendung gibt. »Kann ich etwas für Sie tun?« ist eine »Weichensteller-Frage« in Richtung Hilfe, an Stelle von Bekämpfen und Einschränken. Dann muss die Situation von allen Beteiligten aus ihrem jeweiligen Blickwinkel erklärt werden.

Bisher ist es nicht selten, wenn die »verrückte« Person feststeht, sie gar nicht mehr nach ihrer Meinung zu fragen, sondern sie als krank zu definieren und Maßnahmen gegen sie zu ergreifen. In solchen Fällen haben die Angehörigen allein die Situation definiert und die Macht ausgeübt. Dies ist bereits eine Entwürdigung für einen kranken Menschen: Die eigenen Gefühle, Bedürfnisse, Leiden interessieren nicht. Stattdessen wird über ihn verfügt, als ob er bewusstlos sei. Die Strategie der Deeskalation nimmt hingegen alle Beteiligten und Betroffenen gleichermaßen wahr. Das muss nicht immer heißen, dass die Bedürfnisse der kranken Person befriedigt werden; es kann ja trotzdem zu einer Zwangsmaßnahme kommen, wenn zum Beispiel eine sehr aggressive Haltung beibehalten wird. Aber das Nachfragen und auf alle einzugehen führt dazu, dass der Zwang erklärt wird, dass das Ziel der Entschärfung sichtbar bleibt, dass persönliche Hilfe für den Erkrankten umgehend gesucht wird, zum Beispiel eine Vertrauensperson sofort informiert wird. Wenn es zur Zwangsunterbringung käme (was bei Deeskalationskonzepten sehr selten ist), dann müssten Verfahrenspfleger und Betreuer wirklich nur die Interessen der psychiatrisierten Person vertreten.

Das österreichische Modell der Patientenanwaltschaft dient ein Stück weit der Erhaltung von Menschenwürde, im Gegensatz zur unkontrollierten Allianz von Psychiatern und Vormundschaftsrichtern in Deutschland. Die Patientenanwälte sind Fachleute (Psychologen, Juristen u. Ä.), die staatlich finanziert werden und als Angestellte einer eigenen Organisation unabhängig vom Gericht und der Klinik sind. Ihre Aufgabe, im Unterbringungsgesetz geregelt, ist die Vertretung der Interessen des Psychiatriepatienten, der in der Klinik Zwangsmaßnahmen unterworfen ist. Diese Interessenvertretung bezieht sich sowohl auf das Gerichtsverfahren wie auf die Durchführung von (Behandlungs-)Maßnahmen in der Klinik (KOPETZKI 1997; Verein f. Sachwalterschaft 1999).

Wenn die ordnungspolitische Aufgabe der Psychiatrie mit ihrer helfenden Funktion kollidiert, dann stehen die polizeilichen Aufgaben im Gegensatz zu oder neben den gesundheitlichen Aufgaben. Aufschlussreich ist hier eine Diskussionsbemerkung von L. R. Mosher zu der Frage, wie die ordnungspolitischen Aufgaben mit der positiven Nutzer-Orientierung im ambulanten Soteria-Projekt gelöst wurden:»Die Polizei war uns immer sehr dankbar, dass wir Methoden der Deeskalation angewendet haben.« Das heißt für uns: Wenn die Polizei gerufen wird, dann holt sie den psychiatrischen Krisendienst zur Konfliktbewältigung – nicht umgekehrt.

Soteria-Prinzipien als Krisenbegleitung

Das Grundprinzip von Soteria (AEBI u. a. 1993; BRILL 1996; MOSHER/ BURTI 1992) ist die persönliche Begleitung in der Krise und die Vermeidung von belastenden Situationen. Diese beiden Merkmale fehlen in der traditionellen»Krisenintervention« völlig. Intervention bedeutet»Eingriff«. Die Einweisung in eine Klinik ist ein massiver Eingriff, ein ausgeprägtes Stresserlebnis. Jede Zwangsmaßnahme verstärkt Angst und aggressive Impulse. Die Situation in einer üblichen psychiatrischen Klinik, insbesondere auf »Aufnahmestationen«, ist alles andere als beruhigend. Die starke Medikation führt zwar zur äußeren Ruhigstellung, baut aber keine inneren Spannungen ab und lähmt die eigene Verarbeitungsmöglichkeit.

Fiktiver Erfahrungsbericht einer Betroffenen – Eine akute psychotische Phase im »weichen Zimmer«

»So fing es an: Immer mehr zog ich mich zurück – vom Leben, von den Menschen, von all meinen Freunden. Angst und tiefe Schuldgefühle, für all das Elend und Leid auf dieser Welt verantwortlich zu sein, erdrückten mich fast und raubten mir den Schlaf. Ich hatte Angst, die Menschen würden mich für meine schweren Sünden steinigen, und ich müsste qualvoll sterben. Als mich dann noch Stimmen aufforderten, allein in die Wüste zu gehen, packte ich ›mein Bündel‹. Wie eine Nomadin – ganz in Schwarz gehüllt und verschleiert – wollte ich in die Einsamkeit, in die Wüste Israels flüchten. Vertrieben, ausgestoßen und verlassen von der ganzen Welt kam ich mir vor. Meine Eltern und Freunde – niemand verstand mich mehr. Für sie war ich verrückt.

Es ist Freitagmittag, ich bin total verängstigt, misstrauisch und hilflos. Wohin bringen mich meine Eltern und die beiden Freunde? Was werden die Menschen dort mit mir machen? Ich spüre Todesangst, überall lauert Gefahr!

Sie bringen mich in die Soteria – das ist keine Klinik im üblichen Sinne. Was ich wahrnehme, strahlt eine ruhige, freundliche, wohltuende Atmosphäre aus. Helle Wände, Bilder an der Wand, ein bunter Blumenstrauß, Bücher und Spiele im Regal, leise entspannende Musik aus dem Hintergrund. Zwei Mitarbeiter begrüßen uns. Ich habe wahnsinnige Angst, zittere und habe das Gefühl, gleich zusammenzuklappen, alles ist zu viel für mich. Einer der beiden ist Arzt und meine Eltern legen ihm meinen Krisenpass vor, in dem alle Medikamente aufgeführt sind, die ich im Moment einnehme, und auch solche, die ich nicht vertrage.

Kaum bekomme ich noch etwas mit, nur so viel, dass mir ganz schwarz vor Augen wird und ich gleich in mich zusammensacke. Jetzt ist der Punkt da, wo ich absolut am Ende bin – und doch auch an einem Anfang. Die Psychologin bringt mich in das ›weiche Zimmer‹, einen fast leeren Raum mit weichem Teppichboden, zwei Matratzen, Decken und vielen Kissen. Unruhig und doch auch starr vor Angst kuschle ich mich in eine Wolldecke. Die vielen Kissen geben mir etwas Schutz. Ich weine in sie hinein und verliere immer mehr die Kontrolle, schreie vor seelischen Schmerzen, vor all den

Verletzungen, die ich erleben musste. Dann schäme ich mich für meinen Ausbruch und kringle mich wie ein kleiner Igel ein. Die Psychologin sitzt neben mir auf dem Boden, wartet, beobachtet mich, lässt mir Zeit und fragt behutsam, was ich jetzt brauche. Schutz, Ruhe, Alleinsein, und doch soll sie dableiben!, das wünsche ich mir.

Immer wieder habe ich verzweifelte Weinanfälle, die in lautes Schreien übergehen. Die Psychologin nimmt meine Hand und hält sie zur Beruhigung. Meine Gedanken werden wieder etwas klarer: Was ist los mit mir, was passiert da mit mir, in mir? Es vergeht viel Zeit und ich werde langsam wieder ruhiger. Ich fühle mich angenommen, spüre, hier ist Platz für meine Wüsten-Welt. Hier in diesem ›weichen Zimmer‹ ist Platz für mich, für meine verwirrten Gedanken und Gefühle, Platz auch für meine ›Nicht-Worte‹.

Nach einem Tag und einer Nacht mit intensiver, aber nie aufdringlicher Begleitung kann ich das ›weiche Zimmer‹ wieder verlassen. Die totale Abschirmung von allen Reizen brauche ich jetzt in diesem Maße nicht mehr. Ich darf in ein Zwei-Bett-Zimmer einziehen. Mit meiner Zimmernachbarin verstehe ich mich schnell ganz gut – auch ohne viele Worte. Mit meinen beiden Bezugspersonen finden immer wieder Gespräche statt, über mein bisheriges Leben, die Krisenvorgeschichte und wie es weitergehen soll. Insgesamt bleibe ich zehn Wochen in der Soteria.

Das ›weiche Zimmer‹ war in meiner Akutphase genau der richtige Ort für mich: Hier durfte ich mich »fallen« lassen, konnte zur Ruhe kommen und langsam wieder in die Welt zurückkehren, die mir so viel Angst gemacht hatte. Heilend empfand ich das Abgeschirmtsein, die Geborgenheit und besonders den liebevollen Umgang. Behutsam und vorsichtig hatte man mir Kontakt angeboten, aber nicht aufgenötigt. Wenn ich mit Worten nicht erreichbar war, konnte ich eine Hand spüren und so wieder Nähe zulassen.

Man hat mir nicht nur geholfen, die Medikamente zu reduzieren, sondern auch dabei, mich und meine Psychose verstehen zu lernen, sensibel zu werden für die kleinsten Warnsignale, um mich und mein Inneres besser zu schützen. Auch jetzt in meiner ambulanten Therapie geht es immer wieder darum, den Sinn meiner Psychose zu entdecken, meine gesunden und meine kranken Anteile in mein Leben zu integrieren, meine Selbstheilungskräfte immer zu fördern. Ich bin dabei, auf viele Fragen in der und durch die Psychose eine Antwort zu finden.«

In diesem Bericht von Anna Stern entsprechen die Ruhe, die Geborgenheit und die Anwesenheit von unaufdringlichen, freundlichen Menschen dem Bedürfnis der Psychiatrie-Erfahrenen. Ihr psychotisches Erleben hat eine eher depressive Komponente; sie wünscht sich auch die Möglichkeit des Rückzugs, was in üblichen Kliniken allenfalls im Bett möglich ist.

Andere erleben in Krisen sehr starke Affekt-Impulse; sie haben das Bedürfnis sich nach außen »abzureagieren«. Für sie ist das weiche Zimmer nicht nur ein Kuschelraum. »Warum gibt es eigentlich keine Gummizelle mehr?«, lautet die entsprechende Frage. »Ich muss mich austoben, laut schreien, ohne dass ich mich oder andere verletze.« Das Ausleben von Affekten ist in der Psychiatrie zugunsten von sedativer Medikation fast völlig verdrängt worden. Methoden einer gesteuerten Aggressionsabfuhr wurden in gruppendynamischen Trainings entwickelt, etwa gepolsterte Keulen oder der simple Punchingball. Die haben aber kaum Eingang in die Psychiatrie gefunden, die sich immer mehr der Strategie des Ruhigstellens verschrieben hat. Ein kleiner Lichtblick könnte Sporttherapie sein (KAPUSTIN u. a. 1997); ihre Praxis und Theorie ist bisher allerdings noch wenig auf den unmittelbaren Abbau von inneren Spannungen in einer psychischen Krise eingegangen.

Das entscheidende Kriterium der Soteria-Angebote ist die Orientierung an den Bedürfnissen der Betroffenen, verbunden mit dem Verlassen des aktuellen Konfliktschauplatzes. Diskutiert wird aber die Frage, ob es sich um eine Luxus-Behandlung für einen kleineren Kreis von einsichtigen Klienten handelt. Das Berner Modell zeigt zweifelsfrei, dass es für diesen Personenkreis unvergleichlich besser ist als herkömmliche psychiatrische Behandlung. Ich gehe hier aber von den Grundideen aus, die sich auch für andere Klienten eignen. Warum sollte die Zwangsbehandlung wie im Erfahrungsbericht in den »Keller« führen und nicht ins »weiche Zimmer«? Warum sind Fixierungen nötig, wenn ein entsprechender Raum mit Betreuung den gleichen Zweck viel besser erfüllen würde? Für das Beharren auf den klientenfeindlichen Zwangsmaßnahmen anstelle von Soteria-Prinzipien gibt es vor allem zwei Erklärungen: einmal das Kostenargument der Personaleinsparung, zum zweiten der unausgesprochene Strafcharakter.

Im Hintergrund gibt es aber auch noch eine dritte Erklärung: Die Anforderungen an die Mitarbeiter sind bei dieser Begleitung durch das »Dabeisein« sehr hoch (AEBI u. a. 1993, S. 98–127). Zusammenfassend kann gesagt werden, dass es sich hier um Konzepte handelt, die gerade in schwierigen Krisensituationen ein Höchstmaß an Respekt und Unterstützung für die Betroffenen bedeuten. Gesundheitspolitisch ist die Einführung solcher Methoden nicht nur aus humanitären Gründen geboten, sondern auch weil sie das Selbsthilfepotenzial ausgesprochen fördert und damit auch letztlich zur Kostensenkung führt. Voraussetzung bleiben natürlich die Anleitung, Supervision und Ausbildung für Mitarbeiterinnen und Mitarbeiter. Ähnliche Konzepte finden sich auch im Mosbach-Projekt (SACHSE 1998) und im Berliner Weglaufhaus (WEHDE 1991; KEMPKER 1998), das eine Selbsthilfe-Einrichtung von Psychiatrie-Erfahrenen ist.

Gutachten und Kontrolle

Gutachten sind die Grundlage für jede gerichtlich abgesicherte Zwangsmaßnahme. Sie haben also große Bedeutung für die Achtung und Missachtung der Persönlichkeitsrechte. Ohne hier auf juristische Fragen einzugehen, sollen einige Grundsätze angesprochen werden (dazu DEMAND 1998b, S. 465; WINZEN 1999, S. 44–45).

Die Gutachten müssen für den Betroffenen verständlich sein. Sie müssen erkennbar Bezug nehmen auf die konkreten Anlässe, die zur Zwangsmaßnahme führen. Um Zeit zu sparen, stellen Gutachten oft eine knapp gefasste Sammlung von negativen Beurteilungen dar; damit soll der Eingriff in die Persönlichkeitsrechte begründet werden. Sie ähneln dann eher Anklageschriften als Persönlichkeitsgutachten. Zu diesen würde selbstverständlich gehören, dass alle positiven Ressourcen der Person ebenso benannt werden wie Konfliktpunkte. Wenn das Gutachten auch die positiv bewerteten Eigenheiten enthält und sich konkret auf die Ereignisse bezieht, die zur Maßnahme geführt haben, dann wird es für den Psychiatrie-Erfahrenen nachvollziehbar und diskutierbar. Eine Absurdität juristischer Spitzfindigkeit behindert oft die Akzeptanz des Gutachtens und führt zu zusätzlichen Traumatisierungen: Es besteht nämlich ein Rechtsanspruch auf Einsicht in die Gutachten für die Betroffenen – allerdings mit der Ausnahme, dass bei einer »erheblichen gesundheitlichen Beeinträchtigung« durch die Einsicht ins Gutachten diese Einsicht verwehrt werden kann. Das heißt im Klartext: Schreiben wir das Gutachten so, dass einige diskriminierende Begriffe und Behauptungen auftauchen, dann wird sich der Betroffene sehr aufregen und vielleicht aggressiv oder depressiv oder gar suizidal werden. Das wäre eine gesundheitliche Beeinträchtigung, folglich wird das diskriminierende Gutachten zurückgehalten. Der Betroffene ist damit nicht nur den Zwangsmaßnahmen ausgesetzt, sondern zusätzlich einer Geheimhaltungsstrategie, gegen die er sich kaum wehren kann. Diese Form von Begutachtungen sind ein wesentlicher Teil von möglicher Identitätszerstörung und den Empowerment-Strategien extrem entgegengesetzt.

Die Regel muss also zunächst sein, Gutachten so abzufassen, dass sie für die Betroffenen sowohl sprachlich verständlich als auch inhaltlich nachvollziehbar sind. Wenn dies nicht zutrifft, dann ist eine Aufarbeitung dieser Gutachten-Problematik unbedingt notwendig, um die positive Handlungsfähigkeit der Psychiatrie-Erfahrenen wieder herzustellen. Auch hier kann es sich um ein Stück Traumatherapie handeln, wenn etwa im Gutachten eine chronische psychische Erkrankung behauptet wird, die für den Betreffenden eine vernichtende Lebensperspektive bedeutet.

Die genannte juristische Spitzfindigkeit kann umgekehrt interpretiert werden: Wenn das Gutachten so schlimm ist, dass es beim Betroffenen zu einem seelischen Trauma führen könnte, dann besteht folgender Interpretationszusammenhang für den Psychiatrie-Erfahrenen: Wenn die mir das Gutachten nicht zeigen können, dann haben sich entweder alle gegen mich verschworen, und ich muss sehen, dass ich dieser Verschwörung entkomme – oder es ist so fürchterlich, dass ich mir lieber gleich das Leben nehmen sollte. Also: Das Vorenthalten des Gutachtens und das Verschweigen der Inhalte und Hintergründe führen zur »gesundheitlichen Beeinträchtigung«, deshalb muss das Gutachten zur Grundlage von therapeutischen Gesprächen und darf auf keinen Fall durch Verschweigen zu einem Angst auslösenden Faktor werden.

Ein wichtiger Punkt für Empowerment-Strategien sind Möglichkeiten der *Kontrolle* über das professionelle Handeln durch die Psychiatrie-Erfahrenen oder Personen, die ihre Interessen vertreten. Das Beispiel der österreichischen Patienten-Anwaltschaft wurde im Abschnitt »Deeskalation« dargestellt. Ein anderer Bereich von Kontrolle sind die nachträglichen und rückblickenden Reflexionen von Zwangsmaßnahmen. Die »Aufarbeitung« der Situationen, die zum professionellen Zwang geführt haben, müsste in jedem Fall stattfinden. Dazu gehört die Frage, warum der Professionelle diese Maßnahme ergriffen hat, wie sie vom Betroffenen erlebt wurde und welche Folgen sie hat. Dazu gehören Fragelisten, die nach der Klinikentlassung zu besprechen sind, oder der »Fragebogen zur Fixierung als Behandlungsmaßnahme« (BRENSING / BENZ-STAIGER 1999, S. 243; und E. Mayer in diesem Buch). Die Besprechung von Gutachten wurde bereits benannt. Ferner ist die Einrichtung von Beschwerdestellen eine wesentliche Unterstützung von Psychiatrie-Patienten. Für die Professionellen sind all diese Kontrollformen ein Weg zur Selbstkontrolle und damit zur eigenen Weiterbildung und zur Qualitätssicherung. Eine institutionalisierte Form solcher Qualitätssicherung sind regelmäßige Gesprächsrunden von Mitarbeitern sowie (ehemaligen) Patienten und Angehörigen in der Klinik, um strukturelle Veränderungspläne zu entwickeln.

Organisation von Krisenhilfen außerhalb der Klinik

Die Behinderung von Empowerment-Strategien kann auf Grund des Mangels an Stellen für Fachpersonal auch als finanzielles Problem gesehen werden. Im Folgenden werden Grundsätze für eine fachgerechte, verantwortungsbewusste Krisenhilfe außerhalb der Klinik kurz dargestellt – und zwar unabhängig von Einzelfragen der Finanzierung (zu diesen Organisationsformen siehe auch K. NOUVERTNÉ 1998).

1 Krisendienste können natürlich nicht auf die üblichen Sprechzeiten von Ärzten und Beratungsstellen beschränkt bleiben. Alle Experten sind sich einig, dass ein *Rund-um-die-Uhr-Dienst* bestehen muss. Andernfalls werden nur die Polizei und ein allgemeiner ärztlicher Notdienst angefordert, die beide nicht die Kompetenz für eine unterstützende Krisenhilfe haben. Der Krisendienst sollte von einem multidisziplinären Team geleistet werden, um über soziale, psychologische und medizinische Konzepte zu verfügen. Normalerweise wird während der Tages-Sprechzeiten die Krisenhilfe von Sozialpsychiatrischen Diensten geleistet. Erfahrungen zeigen, dass ein großer Teil der Krisenhilfe über Telefonkontakte läuft, sodass der zusätzliche Arbeitsaufwand nicht so groß ist, wie manche befürchten.

2 Ein *Aufsuchender Krisendienst* mit Hausbesuchen ist natürlich in manchen Fällen trotzdem erforderlich. Hier bestehen aber gerade von Seiten der Psychiatrie-Erfahrenen Bedenken:»Hilfe oder Überfall?« lautet sehr treffend der Untertitel des Buches *Der psychiatrische Hausbesuch* (STOFFELS / KRUSE 1996). Ein Grundsatz der ärztlichen und der sozialpsychiatrischen Behandlung und Beratung ist und muss»der Auftrag des Hilfesuchenden« sein.

Wenn der Krisendienst von Angehörigen herbeigerufen wird, dann fehlt oft der eindeutige Auftrag des Menschen in der Krise. Im Sinne der methodischen Sozialarbeit ist die Frage zu stellen: Wer ist hier der Klient, der Hilfesuchende? Zunächst sind die Personen, die die Hilfe gerufen haben, die Klienten; natürlich kann es sein, dass eine Beratung dieser Klienten schon zur Entschärfung des Problems führt und eine weitere Versorgung des eventuell psychisch Erkrankten im Moment nicht nötig ist. Eine weitere Möglichkeit ist, dass der psychisch Kranke dann auch selbst die Hilfe wünscht; der Krisendienst ist dann zwar durch Dritte gerufen worden, aber das Hilfeangebot richtet sich (auch) an den Kranken. Eine dritte Möglichkeit ist die Definition des Problems als gemeinsame Angelegenheit aller Beteiligten. Bei zwischenmenschlichen Konflikten ist unter Umständen jeder Beteiligte Klient, auch wenn nicht jeder die Hilfe geholt hat. Hier kann die Situation entstehen, dass zum Beispiel bei aggressivem Verhalten eines psychotischen Angehörigen bei diesem zunächst kein Beratungsbedürfnis besteht. Wenn die Opfer sich zur Wehr setzen, vielleicht auch mit Hilfe der Polizei, dann gerät der Erkrankte unter Druck, der bei ihm dann ein Hilfebedürfnis auslöst. Dies kann als »sekundäre Klientelisierung« bezeichnet werden. Der psychiatrische Krisendienst nimmt dann auch die Unterstützung des Erkrankten wahr, auch dann, wenn die Polizei unmittelbar eingreifen musste.

Im Gegensatz zu diesen Lösungskonzepten gibt es aber auch gerade mit dem aufsuchenden Krisendienst *negative Erfahrungen*. Mit der Einrichtung des Krisendienstes ist manchmal die Zahl der Zwangseinweisungen angestiegen. Dies liegt daran, dass vorwiegend die Fachleute für Einweisungen (z. B. Psychiater) die Hausbesuche gemacht haben und nicht Fachleute für Deeskalation und Anti-Gewalt-Training. Der Krisendienst leistet also nur dann einen Beitrag zur Empowerment-Strategie, wenn er die Situation und die Bedürfnisse der Psychiatrie-Erfahrenen gewissenhaft beachtet.

Entsprechend ambivalent kann auch die Forderung nach Hausbesuchen durch niedergelassene Fachärzte für Psychiatrie beurteilt werden. Wenn sie von ihrer Einstellung und ihrer Ausbildung her für die Lösung von familiären Konflikten und das Ansprechen von zunächst abweisenden psychisch Erkrankten kompetent sind, dann können sie ebenso wie Sozialpsychiatrische Dienste gute vorbeugende Hilfe leisten. Dadurch kommt es dann nicht zu größeren Eskalationen, und Zwangsmaßnahmen werden vermieden. Wenn solche Kompetenzen jedoch nicht existieren, dann können auch diese Hausbesuche zu vermehrten Zwangseinweisungen führen (Ambulanter Krisendienst Nürnberg 1999).

3 Krisenbetten dienen einem kurzzeitigen Aufenthalt in einem geschützten Rahmen außerhalb der eigenen Wohnung. Psychiatrie-Erfahrene haben häufig das Bedürfnis nach einem Krisenbett, und zwar für den Fall, dass ihnen zu Hause »die Decke auf den Kopf fällt«, etwa bei Angstzuständen einschließlich Suizidalität oder um einer drohenden oder beginnenden Eskalation aus dem Weg zu gehen. Das bekanntere Modell sind Krisenbetten am Ort des ambulanten (Krisen-)Dienstes, also eine Übernachtungsmöglichkeit mit Ansprechpartner und Begleitung. Eine andere Möglichkeit wären Krisenbetten in einer psychiatrischen Abteilung des gemeindenahen Krankenhauses. Dies wäre mühelos zu realisieren.

Das häufige Fehlen solcher Möglichkeiten in Kliniken liegt an der festgelegten Vorstellung, dass in einer psychiatrischen Krise eine mehrwöchige stationäre Behandlung notwendig sei. Patientinnen und Patienten, die mit dem Bedürfnis nach einem solchen beschützenden Aufenthalt von sich aus die Klinik aufsuchen, werden nicht selten zu Zwangspatienten gemacht, weil die Ärzte einen »dringenden Behandlungsbedarf« sehen. Damit sind natürlich alle zukünftigen Chancen auf ein Krisenbett-Konzept vertan.

Ein weiteres scheinbares Gegenargument ist der kritische Begriff »Drehtürpatient«; da kurze Aufenthalte für die Betroffenen sehr sinnvoll sein können, auch wenn sie immer wieder einmal nötig werden, ist hier nichts Negatives zu sehen. Die Vorstellung vom »Drehtürpatienten« als negatives Schema ist an der fragwürdigen Zielsetzung einer Dauermedikation mit »Symptomfreiheit« orientiert.

Krisenbetten bieten ein hohes Maß an Selbstbestimmung für Psychiatrie-Erfahrene. Tageskliniken sind inzwischen weitgehend akzeptiert. Das Ziel muss eine Flexibilisierung aller Möglichkeiten sein, um den individuellen Bedürfnissen in der jeweiligen Situation gerecht zu werden. Solche breit gefächerten, flexiblen Angebote mit weit gehender Selbstbestimmung der Psychiatrie-Erfahrenen würden ein anderes Behandlungsklima in der Psychiatrie schaffen. Das Schreckgespenst, als das die Psychiatrie bis heute noch von vielen gesehen wird, ruft vielfach »Behandlungsabstinenz« hervor. Damit wird die »Non-Compliance« programmiert, Zusammenarbeit abgelehnt, letztendlich von beiden Seiten. Der Arzt will seine Ansicht über Krankheit und Behandlung durchsetzen, die Betroffenen wehren sich dagegen aktiv oder passiv, auch mit erzwungener Anpassung, ohne dass ein positives Bild von Hilfe und Behandlungsmöglichkeit entstehen würde. Heute ist immer noch unter Professionellen die Ansicht weit verbreitet, dass psychisch Kranke die Behandlungs-»Notwendigkeit« nicht erkennen könnten und deshalb zur Behandlung gezwungen werden müssten. Gerade in Krisensituationen könnte der Paradigmenwechsel von der Zwangsbehandlung zur erwünschten Hilfe vollzogen werden. Damit entstünde für Psychiatrie-Erfahrene ein niedrigschwelliger Zugang zu erwünschten Hilfeleistungen für jede Art von Problematik.

Spezialfall Suizidalität

»Selbstgefährdung« ist ein Begriff, der häufig zu Zwangsmaßnahmen führt. Der mögliche Widerspruch zu Empowerment-Strategien wird hier besonders deutlich. Da in der Psychiatrie und in der einschlägigen Rechtsprechung der Begriff »Selbstgefährdung«, neben »Fremdgefährdung«, eher unkritisch zur Begründung der Zwangsmaßnahmen dient – zunächst ohne Rücksicht auf die Bedürfnisse der Betroffenen –, will ich diesem Fragenkomplex gesonderte Überlegungen widmen.

Ein gesellschaftliches Tabu

Der Selbsttötungsversuch ist zwar bei uns nicht mehr strafbar, aber gesellschaftlich wird er trotzdem wenig akzeptiert. Das Thema ist noch weitgehend mit Tabu belegt, sodass es für die meisten Menschen schwierig ist, mit jemandem über Suizidgedanken ernsthaft zu reden. Die Selbsttötung ist bei Menschen der Umgebung angstbesetzt, der vollendete Suizid mit ausgeprägten Schuldgefühlen verbunden (KIND 1999; FINZEN 1997). Wer sich umbringen will, verletzt damit das Tabu und wird von der Gemeinschaft deshalb ausgegrenzt oder direkt angegriffen. Die Ausgrenzung und das Schweigen machen dem suizidalen Menschen einen Ausweg aus seiner Situation zusätzlich schwer, sodass die Suizidtendenz sich verstärken kann. Psychiatrische Zwangsmaßnahmen passen in dieses Bild der Ausgrenzung; sie haben gesellschaftlich gesehen durchaus Strafcharakter. Es besteht zugleich ein solches Bedürfnis nach Bestrafung und es bestehen Schuldgefühle gegenüber dem Suizidalen. Den Schuldgefühlen entspricht die weit verbreitete Ansicht, dass ein Mensch mit seinem Suizid den Angehörigen etwas antun wollte (»Wie konnte er uns das antun?«), eine Art Rachehandlung, weil er sich nicht gut behandelt fühlte.

Damit wird die Möglichkeit einer kommunikativen Bedeutung von Suizidgedanken angesprochen. Ich sehe Suizide als Ausdruck von Verzweiflung an; die Vorstellung vom adressierten Suizid ist aber sehr viel häufiger. Diese Vorstellung macht es den Bezugspersonen leichter, Schuldzuweisungen an den Suizidenten zu richten. Damit werden das eigene Schuldgefühl stark entlastet und indirekt Formen der Bestrafung legitimiert.

Gegen die gesellschaftliche Ablehnung des Suizides hat sich die aufklärerische, humanistische Argumentation für das Recht auf den Freitod gewendet (AMÉRY 1976; GUILLON / LE BONNIEC 1982).

Seitdem gibt es eine fortdauernde Diskussion zwischen zwei radikalen Positionen: Freitod mit der Möglichkeit der Begleitung durch Vertrauenspersonen (HOFFMANN-RICHTER 1997) gegenüber dem Suizid als Ausdruck psychischer Krankheit (MARSCHNER 1993, S. 129–131). Wenn mit Recht gesagt wird, jeder Mensch, der sich umbringen will, sei depressiv, dann ist das Argument »eine psychische Krankheit« gegeben und damit die Legitimation für Zwangsmaßnahmen und gewaltsame Suizidverhinderung. Diese Rechtsposition ergibt sich nicht nur aus dem Unterbringungs- und Betreuungsrecht, sondern auch über den Begriff »Unterlassene Hilfeleistung« im Strafgesetzbuch. In unserem Zusammenhang ist es wichtig, den Zwangscharakter der juristischen Argumente zu betonen, der die Alternative zu humanen Hilfeleistungen darstellt. Die Berufung von Psychiatrie-Professionellen auf die (umstrittene) Rechtslage ist zunächst Ausdruck der gesellschaftlichen Ablehnung des Suizides. Diese juristische Argumentation dient aber in der Psychiatrie manchmal als einfache Legitimation für Zwangsmaßnahmen, wenn sich Mitarbeiter der Problematik von Suizidalität nicht stellen wollen.

Der Freitod in der Psychiatrie

Der Tod eines Patienten ist in der somatischen Medizin nichts Außergewöhnliches; er löst keine Angst- oder Schuldgefühle aus. Anders in der Psychiatrie und Psychotherapie: Die Vorstellung von beruflichem Fehlverhalten oder gar Versagen ist fast alltäglich. Suizide, die in einer modernen Klinik mit offenen Stationen stattfinden, werden in Fachkreisen argwöhnisch kommentiert und als Argument für die traditionelle kustodiale Psychiatrie missbraucht. Ähnlich kritisch sieht auch die juristische Perspektive aus (MARSCHNER 1993, S. 129–131; DAMMANN 1982): Von psychiatrischen

Einrichtungen wird geradezu die Suizidverhinderung mit allen Mitteln gefordert. Vom Recht auf Freitod ist da nirgends die Rede. Ein weiterer Faktor, der es in der Psychiatrie schwer macht, die Selbstbestimmung von Patienten an die Stelle von Zwangsbehandlung zu setzen, ist oft eine begrenzte personelle Besetzung und ungeeignete Räumlichkeiten. Psychiatrie-Professionelle, die sich gegen den Trend der Zwangsbehandlung wenden und Empowerment-Strategien bevorzugen, müssen zusätzlich bestimmte persönliche Voraussetzungen mitbringen, insbesondere eine selbstreflexive Auseinandersetzung mit Sterben und Selbsttötung.

Als praktisches Problem bleibt auch unter günstigen Arbeitsbedingungen die manchmal schwierige Entscheidung, ob es sich bei Suizidvorstellungen um eine vorübergehende Begleiterscheinung einer akuten Depression oder Psychose handelt, die nicht mit einem »Bilanzsuizid« als langfristiger Lebensentscheidung vergleichbar ist, oder nicht.

Die Bedeutung von Suizidalität für die Betroffenen

Suizidgedanken sind sehr häufig. Sie haben mit der Lebenssituation und natürlich mit der Krankheitsgeschichte zu tun. Die Möglichkeit, mit anderen Menschen darüber zu reden, ist selten vorhanden. Wenn man sich überhaupt traut, gegenüber Angehörigen oder Freunden etwas von Suizidgedanken zu sagen, dann verhalten sie sich abwehrend und beschwichtigend. Angst und Unsicherheit sind sofort spürbar.

Bei Suizidhandlungen kann man unterscheiden:

1 Suizidversuche, bei denen das Risiko des »Erfolges« eingegangen wird und eine Art Schicksalsentscheidung beteiligt ist: Werde ich am Leben bleiben oder ist es mein Ende?

2 Suizidversuche, bei denen eine »Sicherung gegen den Tod« einkalkuliert wird, etwa die rechtzeitige Entdeckung. Hier handelt es sich um eindeutige Hilferufe und um den sichtbaren Ausdruck des Leidens.

3 Suizidversuche, die so abgesichert werden, dass sie mit größter Wahrscheinlichkeit zum Tod führen. Diese vollendeten Suizide müssen deshalb vorher geheim gehalten werden, weil sonst mit einer Zwangsmaßnahme gerechnet werden muss. Anders wäre es, wenn zum Beispiel über eine entsprechende Organisation oder Vertrauensperson eine Sterbebegleitung angeboten würde. Dann wäre der Mensch nicht allein gelassen, obwohl er über sich selbst bestimmen will und kann.

Psychiatrisierung und Zwangsmaßnahmen nach Suizidversuchen verstärken sehr oft die Suizidalität; dem entspricht die Häufung von Suiziden nach der Entlassung aus einer psychiatrischen Klinik (MÜLLER 1978; FINZEN 1988). Neben der Traumatisierung durch die Zwangsmaßnahmen führt die oft fehlende Möglichkeit, offen über die Suizidgedanken sprechen zu können, zu einer Zunahme der Verzweiflung. Suizidgedanken werden als akute Suizidgefahr interpretiert und ziehen in vielen Kliniken Freiheitsbeschränkungen nach sich. Die übliche Konsequenz ist das sorgfältige Verschweigen der Suizidgedanken.

Herr Moser möchte eine Behandlungsvereinbarung mit »seiner« Klinik abschließen. Dazu hat er formuliert: »Wenn ich Suizidgedanken habe, möchte ich darüber sprechen, ohne dass Zwangsmaßnahmen ergriffen werden.« Der zuständige Arzt lehnt dies ab. In so einem Fall »müssen wir Sicherungsmaßnahmen ergreifen!«. Die Konsequenz: Herr Moser weiß jetzt, dass er seine Suizidgedanken in dieser Klinik auf keinen Fall äußern darf.

Dies wird gestützt von der Aussage einer Klientin mir gegenüber, die mir verriet, dass sie immer Mittel parat habe, um sich umzubringen. »Aber das sage ich nur ganz im Vertrauen, das dürfen Sie niemandem weitersagen!« Hier erscheint die psychiatrische Behandlung nicht als Hilfe, sondern als Bedrohung.

Grundsätzlich beinhaltet Suizidalität immer ein Bedürfnis nach Hilfe, Unterstützung, Beistand. Hilfe kann heißen, Beistand bei einer Selbsttötung, und sie kann bedeuten: »Helft mir, dass ich mich nicht umbringe.« Je mehr Offenheit und Vertrauen vorhanden ist, desto schneller wird ein Helfer verstehen, was gemeint ist. Dies gilt für Todessehnsüchte von »gesunden« Menschen genauso wie in Zuständen von Krankheit. Die einfache Formel »Bei Suizidverdacht müssen wir Zwangmaßnahmen ergreifen« geht an jeglichem Hilfebedarf vorbei. Daran ändert auch eine rückblickende Beurteilung des Betroffenen nichts, dass er froh sei noch am Leben zu sein. Gespräche, emotionale Zuwendung, Interesse an dem Inhalt von »Symptomen« führen in der Regel ohne nennenswerten Zwang zur Hilfe für den Betreffenden.

Lösungen: Empowerment-Strategien bei Suizidalität

Auf die Gedanken, Gefühle und Probleme eines suizidalen Menschen wirklich einzugehen, setzt voraus, dass man selbst nicht primär mit Angst und Abneigung reagiert. Als Fragen formuliert heißt das:

1 Kann ich den selbst gewählten Tod eines beruflich oder persönlich nahe stehenden Menschen akzeptieren oder wenigstens tolerieren?
2 Wie ist meine eigene Einstellung zum Sterben und zum Suizid? Kann ich einigermaßen angstfrei in einen Dialog darüber eintreten?
3 Kann ich so genannte »demonstrative Selbstmordversuche« ohne Kränkung und ohne Gefühle von Hilflosigkeit ertragen?

Wer diese Fragen mit »Nein« beantwortet, wird in der Tat Schwierigkeiten mit suizidalen Klienten haben. Es ist wichtig, sich selbst ehrlich zu antworten, denn das Erkennen und Respektieren von eigenen (Helfer-)Grenzen ist für Empowerment-Unterstützung nützlicher als der permanente Helferanspruch an sich selbst. Fortbildungen zur Thematik der Suizidalität sind dringend erforderlich. Außerdem braucht man als Professioneller für diese Problematik selbst Gespräche, Supervision und Unterstützung.

Die erwähnte kommunikative Funktion von Suizid-Äußerungen muss als Anlass zur Kommunikation genutzt werden. Den Hilferuf wahrnehmen und Hilfe anbieten – ohne Abwertung und Abwehr –, das ist die Lösungsstrategie. »Meine äußere Haltung spiegelte das Bild meines Inneren, zeigte meine Leere und Öde ... Ideen durchkreuzten meine Gedanken: Was wäre, wenn ich mich auf der Straße vor ein vorbeifahrendes Auto stürzte? Brächte mir das Freiheit? Würde die Außenwelt meinen Hilferuf erkennen?« (Stein 1996, S. 154)

Es geht zunächst darum, die aktuellen Begründungen und die Hintergründe der Suizidalität zu erfahren. Daraus entwickeln sich im gemeinsamen Gespräch und Handeln die nächsten Schritte.

Wenn der Betroffene einen »Bilanz-Suizid« anstrebt, also nach langen und sorgfältigen Überlegungen den Tod einem weiteren elenden Leben vorziehen möchte, dann stehen Professionelle vor der Frage: Kann ich und will ich ihn dabei teilweise begleiten, ihn unterstützen? Wenn nicht (wofür es viele gute Gründe gibt), dann muss ich dies erklären, meine Gründe sagen und damit die Grenze meiner Hilfemöglichkeit aufzeigen. Ehrlichkeit ist einer der zentralen Punkte im Umgang mit suizidalen Personen. Damit kann auch die Würde des verzweifelten Menschen gewahrt werden, denn die Grenze liegt hier in meiner Person, ich brauche die suizidale Person nicht abzuwerten.

Unter den hier genannten Voraussetzungen kann die Frage nach Zwangsmaßnahmen noch einmal neu gestellt werden. Es gibt nicht wenige Betroffene, die sich die Intervention wünschen: Messer und Scheren aus dem Weg räumen, wenn jemand zur Selbstverletzung (oder »Fremdgefährdung«) neigt, ist nicht unbedingt ein Akt der Gewalt. Sich durch fürsorgliche Hilfe Dritter die konkrete Suizidmöglichkeit zu nehmen kann ein regressiver Wunsch sein, der dann die Basis für weitere Hilfe ist. Insoweit können auch Zwangsmaßnahmen in Einzelfällen Teil der Hilfe sein.

Entscheidend bleibt die Frage: Wie erfahre ich, was für den Betreffenden hilfreich ist? Dazu müssten auch Behandlungsvereinbarungen für die stationäre und die ambulante Psychiatrie entsprechend formuliert werden. Der Passus »Bei Suizidalität wünsche ich Gespräche ohne Zwangsmaßnahmen« kann genau so verwendet werden wie »Bei Suizidalität wünsche ich, dass ich an entsprechenden Handlungen gehindert werde«. Selbstbestimmung besteht dann, wenn beide Richtungen der Hilfe angeboten werden.

Schließlich noch ein Problem: Es gibt die Tendenz, sich von der suizidalen Person abzuwenden. Feindseligkeit, Abwehr oder Überlastung von Professionellen können dazu führen, jegliche Hilfe zu unterlassen; dazu dient dann die pseudo-liberale Vorstellung »Ich hindere niemanden, der sich umbringen will«. Die Verweigerung von gewünschter Hilfe ist natürlich keine Unterstützung von Empowerment.

Eine durchgreifende Empowerment-Strategie wäre die Ablösung der juristisch gestützten Zwangspsychiatrie durch selbstbestimmte Hilfen. Dies ist derzeit auch eine politische Forderung, an der alle Beteiligten arbeiten sollten.

Der Suizidale und der Psychiater

In Kolumbien gibt es eine besondere Form des Autodiebstahls: Ein Mann reißt die Fahrertür auf und schreit: »Aussteigen, Schlüssel stecken lassen, sonst erschieße ich Sie!« In Anlehnung an PESESCHKIAN 1979 möchte ich zum Abschluss einige Varianten der Geschichte erzählen.

Variante 1: Ein kolumbianischer Psychiater sitzt am Steuer, neben ihm ein befreundeter Richter. Ein Mann reißt die Tür auf und schreit: »Geben Sie mir sofort das Auto oder ich erschieße mich!« Der Psychiater haut die Tür wieder zu und braust davon. Er sagt zu seinem Freund:»Armer Irrer, ich würde mich an seiner Stelle auch erschießen.«

Variante 2: Ein deutscher Psychiater sitzt am Steuer, neben ihm der deutsche Vormundschaftsrichter. Sie glauben an das deutsche Recht und sie sind ehrlich, moralisch und fürsorglich. Ein Mann reißt die Tür auf und schreit: »Geben Sie mir sofort das Auto, sonst erschieße ich mich!« Die beiden erschrecken, steigen aus und lassen den Mann davonfahren. Der Fahrer sagt zum Beifahrer:»Eine gemeine Erpressung ist es schon. Aber der wird das Auto sicher dringend brauchen.«

Variante 3: Ein deutscher Psychiater sitzt am Steuer, neben ihm sein Freund, der Vormundschaftsrichter. Sie glauben an das deutsche Recht; sie sind stolz auf sich und erfreuen sich an ihren Machtpositionen. Ein Mann reißt die Tür auf und schreit:»Geben Sie mir sofort das Auto oder ich erschieße mich!« Die beiden rufen schnell über Handy die Polizeistreife herbei; dem Mann werden im Polizeigriff Handschellen angelegt, und wenn er schreit, wird ihm der Mund zugeklebt, er wird mit Blaulicht in die Psychiatrie gefahren, dort eingesperrt, fixiert und bekommt eine Spritze. Fahrer und Beifahrer gehen ein Bier trinken und sagen:»Wir haben wieder einmal unsere Pflicht getan und einen weiteren Selbstmord verhindert.«

Variante 4: Der unverbesserliche Optimist sitzt am Steuer. Ein Mann reißt die Tür auf und schreit:»Geben Sie mir sofort das Auto oder ich erschieße mich!« Der Optimist:»Steigen Sie ein und sagen Sie mir, wohin wir fahren sollen!«

VOLKMAR ADERHOLD, THOMAS BOCK*

Selbstbefähigung bei der Medikation?

Argumente für einen anderen Umgang mit Psychopharmaka

Die Pharmakobehandlung ist einer der am hitzigsten diskutierten Bereiche in der psychiatrischen Arbeit. Das hohe Maß an naturwissenschaftlichem Fachwissen, das zur Beurteilung von Wirkung und Nebenwirkung reklamiert wird, schließt die so genannten Betroffenen oft als »inkompetent« völlig aus. Ihre subjektiven Erfahrungen spielen keine Rolle. Breit angelegte Studien (der Pharmaindustrie oder zumindest von ihr finanziert) bieten stattdessen die Beurteilungsgrundlage. Von einem kooperativen Verhältnis von Professionellen und Betroffenen sind wir noch weit entfernt.

Gibt es also keine wissenschaftlich und praktisch begründbaren Spielräume für Selbstbestimmung bei der Wahl von Behandlungsoptionen durch Betroffene? Oder ist die Diskussion nicht vielmehr festgefahren? Dieser Beitrag zeigt auf, was auf dem Feld alles strittig ist, und macht vor allem die Kluft zwischen der Praxis und den Bedingungen und der Logik der Studien deutlich, nach der sich leitliniengerechtes praktisches Handeln richten soll. Er zeigt, dass die individuellen Bedingungen des Einzelfalls und die Qualität des therapeutischen Gesamtkontextes darüber entscheiden, ob und in welcher Dosierung Medikamente erforderlich sind.

Plädoyer für eine Revision pharmakotherapeutischer Grundvorstellungen

Die Wirkung von Psychopharmaka zielt über den Körper auf den seelischen Zustand. Auch die Nebenwirkungen werden nicht nur körperlich, vielleicht

---

*   Zunächst stellt Thomas Bock ein verändertes Verständnis und einen veränderter Umgang mit Psychopharmaka generell vor, Volkmar Aderhold konkretisiert dies anschließend am Beispiel der Neuroleptika.

sogar in erster Linie seelisch erfahren. Dabei spielt nicht nur die Dosis des Wirkstoffes, sondern die Art und Weise der Medikation eine entscheidende Rolle. In welcher Weise Arzt und Patient hinsichtlich der Medikation kooperieren, kann – im Sinne einer globalen Nebenwirkung – nicht nur Krankheitsverständnis und Bewältigungsstrategien, sondern darüber hinaus auch das allgemeine Selbstverständnis und das Verantwortungsgefühl eines Menschen umfassend beeinflussen.

Patienten fordern Dialogfähigkeit

Das über die Medikamente vermittelte Krankheitsverständnis ist oft erschreckend einfach und widerspricht neueren wissenschaftlichen Ergebnissen. Von der Wirksamkeit eines Medikaments wird in völlig unzulässiger Weise auf die biologische Ursache der Erkrankung geschlossen. Die Vergabe geschieht in der Regel im Rahmen eher traditioneller Behandlungsmuster, die Beziehung wird von Psychoseerfahrenen meist als patriarchalisch erlebt. Krankheitseinsicht und Compliance werden einseitig und ausschließlich pathologisch definiert (siehe auch den Beitrag zur Identität in diesem Band). Entgegen der Absicht, mit Medikation weiter gehende Psychotherapie zu ermöglichen, wird dieser so zwar nicht ausdrücklich und direkt, aber innerlich und indirekt die Grundlage entzogen: Das vermittelte Krankheitsverständnis und das zu Grunde liegende Beziehungsmuster widersprechen dem, was wohl alle psychotherapeutischen Schulen als grundlegend und notwendig für eine Psychotherapie ansehen. Diese Einengung geschieht unnötig und ist für die Pharmakotherapie selbst kontraproduktiv.

Sozialpsychiater und Psychotherapeuten haben das Thema Medikation bisher weitgehend den »Experten« überlassen. Beziehungsaspekte kommen zwangsläufig zu kurz. Die Diskussionen in der »Szene« beschränken sich häufig auf das Zementieren der Fronten zwischen Befürwortung und Ablehnung. Eine kritische Auseinandersetzung mit der Vergabepraxis findet kaum statt. In der Pharmaforschung selbst wurde in den letzten Jahren zwar der »subjektive Faktor« entdeckt, doch beschränkt sich das Interesse meist auf die subjektive Bewertung von Nebenwirkungen und auf das Ziel, die Compliance zu verbessern. Der Patient wird nicht wirklich zum Partner, weder in der Behandlungssituation noch in der Forschung. Sein eigenes Verständnis der Erkrankung interessiert nicht wirklich, wird bestenfalls zum Gegenstand von Belehrung (Psychoedukation).

Notwendig aber ist eine grundlegende kritische Reflexion der Kooperationsbeziehung in der Psychiatrie gerade und besonders auch hinsichtlich der Medikation. Das wachsende Selbstbewusstsein von Patienten und Angehörigen verlangt nach dialogorientierten Strukturen, erfordert die Aufgabe patriarchalischen Gebahrens zugunsten einer gleichberechtigten Bewertung und Verhandlung auch der Medikation. In zahlreichen Psychose-Seminaren, Dialogforen von Psychoseerfahrenen, Angehörigen, professionellen Mitarbeitern und Studenten sowie in der ganzen Selbsthilfebewegung ist im (weitgehend) »herrschaftsfreien« Diskurs eine gemeinsame Sprache und eine gewisse Streitfähigkeit entstanden, wie sie für eine partnerschaftliche Beziehung notwendig und kennzeichnend ist. Leider macht das eigene Rollenverständnis als Behandler und Bestimmer vielen Ärzten die Teilnahme schwer. So bleibt die Kooperation bei der Medikation von der in Gang gekommenen Modernisierung der Beziehungen in der Psychiatrie (in Richtung Dialog / Trialog) merkwürdig unberührt. Das mit der Etablierung eines einheitlichen Facharztes für Psychiatrie und Psychotherapie gegebene »Versprechen«, psychische Krankheit bzw. Besonderheit nicht nur zu pathologisieren, sondern auch verstehen und die therapeutischen Beziehungen insgesamt reflektieren zu wollen, kann so nicht eingelöst werden (BOCK 1997).

Alte Kooperationsstrukturen blockieren die Entwicklung

Die althergebrachten Kooperationsstrukturen sind inzwischen selbst für die Psychopharmaindustrie unproduktiv geworden. Sie blockieren die Etablierung neuer Produkte: Trotz der Einführung von Substanzen, die hinsichtlich der Balance von Wirkungen und Nebenwirkungen möglicherweise besser sind, ist die Noncompliance der Patienten nahezu gleich geblieben. Das althergebrachte Menschenbild und die traditionellen Beziehungsmuster dürften dabei eine besondere Rolle spielen. Grund genug für eine selbstkritische Reflexion.

Die an vielen Stellen aufbrechenden Diskussionen gilt es zu nutzen: Es geht nicht nur um den Austausch von mehr oder weniger guten Substanzen, sondern um die Entwicklung einer gleichberechtigten Kooperationsbeziehung, die das Selbstverständnis und die Selbstverantwortung von Patientinnen und Patienten nicht beschneidet, die Medikation reflektierbar macht und so letztlich Psychiatrie in ein psychotherapeutisches Gesamtverständnis und Beziehungsgefüge einordnet.

Tabelle 2   Kooperationsstrukturen bei der Medikation

	Traditionelles Modell	Partnerschaftliches Modell
Dosis	»Viel hilft viel.« »Je früher, desto besser«	So wenig wie möglich; nur wenn nötig, Alternativen abwägen
		Dosierung und Art der Medikation autonomiefördernd (Selbst-, Bedarfsmedikation, orale Medikation vor Depot)
Dauer	»Je länger, desto besser«	So kurz wie möglich
	»Zwei Jahre nach erster, fünf Jahre nach zweiter Episode« (entsprechend allgemeinen Standards)	Vorsichtige Reduktion nicht versagen, sondern abstützen
Verständnis	»Stoffwechselstörung ausgleichen«	Offenes Krankheitsverständnis, Ernstnehmen des subjektiven Selbstverständnisses
	Vulnerabilität als (genetisch bedingtes) Symptom	Wahrnehmung von Bedeutung, Funktion, »Sinn« und biografischem Zusammenhang
	Missachtung von Psychoseinhalten und Biografie	Unterscheidung verschiedener Psychosen
	Keine Differenzierung individueller Psychoseerfahrung	
Zielsetzung	Symptomfreiheit um jeden Preis	Gemeinsames Abwägen von Zielen
	Rückfälle vermeiden um jeden Preis (»Vita minima«)	Erweiterung von Entscheidungs- und Handlungskompetenz
	Vorgabe der Ziele von Außen, keine Differenzierung	Angstreduktion
Information	Keine ausreichende Information (»Verwirrt nur«)	Ausführliche Information über kurz- und langfristige Nebenwirkungen mit ausreichend Ruhe und Zeit
	»Verniedlichung« von Nebenwirkungen	
Beziehung	Bestimmung statt Verhandlung	»Ideologiefreie« Behandlung ohne Zuschreibung von Krankheitskonzept
	Abnahme von Verantwortung	Teilen von Verantwortung, Einbetten der Medikation in eine tragende psychotherapeutische Beziehung
	Kein Verständnis für psychische Nebenwirkung: Abspaltung von Erlebnisinhalten, Abnahme von Verantwortung, Enteignung der eigenen Erfahrung	

Traditionelle versus partnerschaftliche Kooperation Die Gegenüberstellung (Tabelle) von alten und neuen Kooperationsstrukturen bei der Medikation soll die Richtung der notwendigen Entwicklung verdeutlichen. **Individuelle statt standardisierte Behandlung** Welches sind die entscheidenden Unterschiede der beiden Modelle? Abstrakte Standards mögen als Orientierung für den Arzt hilfreich sein. Ihre absolute schematische Übertragung auf den Einzelfall kann nur Widerstand erzeugen. Was statistisch gesehen für eine große Gruppe gilt, hilft im Einzelfall nicht immer weiter. Schließlich ist die schizophrene Psychose zuallererst eine einzigartige und hoch individuell verlaufende Erkrankung. Das muss auch für die Medikation Konsequenzen haben. Zum individuellen Aushandeln einer auch subjektiv passenden medikamentösen Strategie gibt es keine Alternative!

Respektvoller Umgang – auch mit Symptomen Patienten verlangen mehr als früher nach einem Respekt gegenüber der eigenen Person, und zwar *einschließlich* ihrer psychotischen Erfahrung. Die hoffnungsvoll zupackende Haltung des Arztes, der schnellstmöglich die Symptome zum Verschwinden bringen will, mag gut gemeint sein, doch bleibt der schale Beigeschmack, dass da etwas nicht sein darf, was zwar quälend, aber doch bedeutungsvoll, verunsichernd, aber auch herausfordernd rätselhaft ist. Die symptomorientierte Behandlung muss sich mit einer verstehenden Haltung mischen, die Psychopharmakotherapie Teil einer umfassenden psychotherapeutischen Begleitung sein. Das hat Konsequenzen bis in die konkrete Zielsetzung hinein. Ob die Symptome völlig zum Verschwinden zu bringen sind und ab wann der Preis an Nebenwirkungen dafür zu hoch erscheint, sollte Gegenstand gemeinsamer Verhandlungen sein. Patientinnen und Patienten, die sich hinsichtlich der Art und Weise der Medikation fremdbestimmt fühlen, neigen zur Noncompliance (STRATENWERTH / BOCK 1999).

Die Notwendigkeit eines differenzierten kooperativen Vorgehens lässt sich gut am Beispiel des Stimmenhörens verdeutlichen: Manche Stimmenhörer unterscheiden genau zwischen dem Charakter ihrer Stimmen. Manche fürchten, andere schätzen sie. Manche Stimmen stören, manche regen an. Die Stimmen können – mehr oder weniger verschlüsselt – situativ oder biografisch bedeutsame Botschaften enthalten.

Die Wirkung der Medikation auf die Stimmen wird individuell sehr unterschiedlich erlebt. Manche sind erleichtert, wenn die Stimmen vollkommen verschwinden. Andere stellen fest, dass das ohnehin auch mit noch so hoher Dosierung nicht gelingt, oder erleben sogar eine paradoxe Wirkung der Neuroleptika, die dann zwar die eigenen personalen Kräfte beeinträchtigen, die Stimmen aber »wie in einer hohlen Röhre lauter klingen lassen«. Wieder andere finden zu sehr differenzierten Strategien, d. h., sie beeinflussen zum Beispiel die Stimmen hinsichtlich Lautstärke und Charakter so, dass sie besser damit zurechtkommen, ohne sie ganz aufzugeben. Oder sie setzen die Medikamente gegen bestimmte Stimmen ein, gegen andere nicht (siehe auch ROMME / ESCHER 1997).

Nicht nur aus taktischen Gründen ist der Arzt gut beraten, diese Strategien vorsichtig kritisch zu begleiten. Der Prozess des Aushandelns offenbart möglicherweise viel über das Leben des Patienten, seine aktuelle Situation und auch über die Hintergründe, die bei der Entstehung der Stimmen eine Rolle gespielt haben – alles Faktoren, die psychotherapeutisch bedeutsam sind.

Menschenbild und Kooperationsbereitschaft Damit lässt sich ein weiterer wichtiger Unterschied der beiden Modelle benennen, vielleicht der wichtigste Aspekt der anstehenden Veränderungen in der Psychopharmakotherapie. Deren Weiterentwicklung nämlich wird derzeit entscheidend durch ein unzureichendes, mit dem Erleben der Patienten (und der Angehörigen) wenig kompatibles Menschenbild blockiert. Ein Vergleich soll das verdeutlichen.

1 Arzt A. sagt zu seinem Patienten, der nach langen und widersprüchlichen Erfahrungen mit sich und seiner Umwelt, mit Krisen bei der Loslösung von zu Hause, nach innerem Rückzug und Konflikten mit seinen Eltern endlich zum Arzt kommt: »Sie haben eine Schizophrenie, das ist eine Stoffwechselstörung, ich gebe Ihnen dieses Präparat. Das gleicht diesen Mangel aus. Dann kommt alles wieder in Ordnung.« Vielleicht wird der Patient erleichtert sein, vielleicht wird er aber auch skeptisch werden, weil er sich als Person mit seiner bisherigen Entwicklung nicht ansatzweise verstanden fühlt. Vor allem aber wird er mit großer Wahrscheinlichkeit enttäuscht werden, weil das, was der Arzt implizit oder explizit in Aussicht stellt, nicht eintritt.

2 Arzt B. lässt sich mehr Zeit, um den Patienten kennen zu lernen, erfährt etwas über seine besondere Verletzbarkeit und über frühere oder aktuelle Kränkungen. Er spricht mit dem Patienten über seine (erst mal natürliche) Ablehnung gegen chemische Eingriffe und signalisiert Interesse an seiner Biografie. Er geht davon aus, dass die sich in der Psychose ausdrückenden und durch sie zuspitzenden Konflikte auch ihre allgemein menschliche Bedeutung haben und der Patient schon wegen seiner besonderen Verletzbarkeit hier Unterstützung braucht. Er interessiert sich für die Stimmen, die der Patient hört, und wie er sie bisher zu beeinflussen versucht hat. Dabei erfährt er, dass die Stimmen durchaus den Charakter eines faulen Kompromisses haben, nämlich dadurch nicht allein zu sein, aber gleichwohl keine Beziehung »riskieren« zu müssen. Der Arzt versucht andere therapeutische Angebote (Netzwerk Stimmenhören, Arbeitstherapie, Gruppentherapie) zu vermitteln. Im Rahmen der eigenen längerfristig angelegten therapeutischen Begleitung kommt er auch auf die Möglichkeit zu sprechen, die Stimmen mit Hilfe von Neuroleptika zu beeinflussen. Gemeinsam handeln beide eine Strategie aus, wann welche Medikamente gezielt einzusetzen sind oder auch welche Dosierung den besten grundlegenden Schutz im Sinne einer Balance von angemessener Wirkung und möglichst geringer Nebenwirkung bietet (BOCK 1998b).

Die beiden Modelle sind zur Verdeutlichung bewusst polarisiert dargestellt. Im psychiatrischen Alltag werden sich unendliche Zwischenstufen zwischen patriarchalischen und partizipativen Strategien finden. Auch viele psychisch erkrankte Menschen dürften den Alternativen ambivalent gegenüberstehen. Auf jeden Fall aber ist es an der Zeit, allzu einfache Erklärungsmodelle für Psychosen und allzu autoritäre Vorgehensweisen abzulösen zugunsten einer gemeinsamen differenzierten.

Veränderungen im Hirnstoffwechsel bewirken eben nicht ursächlich schizophrene oder affektive Psychosen, sondern sind Teil einer komplizierten Wechselwirkung von psychischem Erleben, angeborener oder früh erworbener Vulnerabilität und somatischer Eigendynamik. Transmitter verändern sich im Laufe einer seelischen Entwicklung, etwa im Verlauf von traumatischen Erfahrungen und lang andauernden Enttäuschungen und sind keineswegs nur chemisch, sondern auch psychotherapeutisch zu beeinflussen. Das soll die Bedeutung der Neuroleptika nicht schmälern. Ihre Wirkung ist prinzipiell unabhängig von der vereinfachenden Vorstellung, die sich der Arzt (oder Patient) von ihrer Wirkung macht. Wenn aber die Wechselwirkungen zwischen Seele und Körper so kompliziert und vielfältig sind – das ist hier nur ansatzweise zu skizzieren –, dann sollten die Beziehungen zwischen Arzt und Patient mindestens genauso komplex und variabel sein.

Spielräume und praktische Möglichkeiten
eines partizipativen Umgangs mit Neuroleptika

Folgt man vielen klinischen Studien zur Neuroleptika-Therapie und den daraus abgeleiteten allgemeinen Behandlungsregeln, so scheint für eine solche Auseinandersetzung zwischen den Behandlungskonzepten kaum Spielraum zu bestehen: je früher und je länger Neuroleptika, desto besser. Allerdings differenziert sich das Gesamtbild, wenn man berücksichtigt:

✻ In den meisten Studien innerhalb des heterogenen Sammelbeckens »Schizophrenie« wird nicht weiter nach unterschiedlichen Formen und Kontextbedingungen differenziert, sodass generalisierende Empfehlungen meist problematisch sind.

✻ Die Ergebnisse von randomisierten klinischen Studien, die meist eine neue Interventionsform mit einer Standardbehandlung vergleichen, können nicht unmittelbar in den therapeutischen Alltag übersetzt werden. Eine Behandlungsform, die der Standardbehandlung oder einer Placebogruppe überlegen ist, muss nicht die bestmögliche Behandlungsform sein – und für den klinischen Einzelfall sind meist individuelle Kombinationen unterschiedlicher Behandlungsformen sinnvoll (LEHTINEN 1999).

✻ Die objektiven Outcome-Kriterien der Studien müssen nicht mit den individuellen Bedürfnissen und (Lebens-)Zielen der Patienten übereinstimmen. Wenn beide sich widersprechen, können sie für den Behandler nicht allein handlungsleitend sein.

✻ Etwa 20 Prozent der ersterkrankten schizophrenen Menschen erkranken nie wieder in ihrem Leben.

✻ 20 Prozent der schizophrenen Patienten sind mehr oder weniger Non-Responder auf Neuroleptika.

✻ Rund 20 Prozent der schizophrenen Patienten werden auch unter einer Depot-Medikation innerhalb eines Jahres wieder psychotisch (KANE 1996).

✻ Unter regulären Behandlungsbedingungen nehmen mehr als 50 Prozent der Patienten ihre Medikation gar nicht oder nicht in der verordneten Weise (FENTON u. a. 1997).

✻ Etwa 40 Prozent dekompensieren trotz verordneter Medikation schon ein Jahr nach der Krankenhausbehandlung wieder psychotisch (HOGARTY u. a. 1998).

✳ Die Rückfallraten durch zusätzliche psychosoziale Behandlungsformen, die vielen Patienten gegenwärtig nicht zuteil werden, können auf die Hälfte gesenkt werden (ebd.).

✳ Die aktuellen Konsensusrichtlinien bei ersterkrankten schizophrenen Menschen sehen einen regulären Absetzversuch nach zwei Jahren vor. Damit wird bei 80 Prozent der Patienten ein Rückfall in Kauf genommen.

Die Bedeutung des Behandlungskontextes

Grundlegend bedeutsam für die Medikationsstrategien ist der vorhandene *Gesamtbehandlungskontext*. Neuroleptische und psychosoziale Behandlungsformen stehen dabei nicht nur in einem additiven, sondern teilweise in einem komplementären Verhältnis zueinander. Eine Reihe von Studien belegt, dass 30–40 Prozent der ersterkrankten akut psychotischen Patienten bei Vorhandensein eines angemessenen Behandlungskontextes, der in einem spezifischen Milieu (Soteria), der Familie oder im Krankenhaus bereitgestellt werden kann, *ohne Neuroleptika* durch eine akute Psychose begleitet werden können, wenn ausreichendes qualifiziertes Personal zur Verfügung steht. Dies konnte in unterschiedlichen Studien wiederholt belegt werden (ALANEN u. a. 1990; CARPENTER u. a. 1977; CIOMPI u. a. 1993; FALLOON 1992; GOLDSTEIN 1970; MARDER 1979; MOSHER / MENN 1978; RAPPAPORT u. a. 1978; SILVERMAN 1975 / 76).

Die Merkmale dieser Patientengruppe sind:

✳ Beginn der Psychose innerhalb des letzten halben Jahres,
✳ plötzlicher akuter Beginn der Psychose,
✳ psychotische Episoden von kurzer Dauer in der Anamnese, auch unter Neuroleptika,
✳ kürzere Hospitalisierungen (intensive familiäre Unterstützung),
✳ deutliche Auslösefaktoren,
✳ psychotische Konfusion,
✳ Beschäftigung mit einer Todesthematik im psychotischen Erleben,
✳ Begleitsymptome einer affektiven Erkrankung,
✳ gutes psychosoziales Funktionsniveau vor Beginn der Erkrankung,
✳ sexuelle Beziehung bis kurz vor Beginn der Psychose,
✳ Fehlen schizoider Persönlichkeitsmerkmale.

Es handelt sich dabei nicht um sichere Prognosekriterien, sondern um einzelne Merkmale, die eine Entscheidungshilfe im Einzelfall darstellen. Dabei sind der plötzliche Beginn, die deutliche Auslösesituation und das möglichst gute psychosoziale Niveau vor Beginn der Psychose von vermutlich entscheidender Bedeutung.

Steht ein Behandlungskontext zur Verfügung, in dem ein mehrwöchiger neuroleptikafreier Behandlungsversuch unter Berücksichtigung dieser Prognosekriterien angeboten werden kann, eröffnen sich für Patienten Wahl- und Erfahrungsmöglichkeiten und es entstehen Spielräume zwischen Patienten und Behandlern, die die Möglichkeiten für kooperative Medikationsformen erweitern.

Die langfristige Schädlichkeit (sog. »Neurotoxizität«) abwartender Medikation für maximal 3–4 Wochen ist nicht nachgewiesen worden. In allen Soteria-Studien waren die Behandlungsergebnisse *mindestens* gleich gut wie bei sofortiger Neuroleptikagabe. Zur Beurteilung solcher Medikationsstrategien bei vorliegender Indikation (s. o.) innerhalb eines beruhigenden Behandlungssettings darf nicht einfach aus Verlaufsstudien über mehrmonatig bis mehrjährig unbehandelte akut schizophrene Menschen »heruntergerechnet« werden. Zugleich ermöglicht die damit erreichte Niedrigschwelligkeit bei einem Teil der Patienten einen frühzeitigeren Behandlungsbeginn als unter obligater Neuroleptikagabe.

Zusätzlich ermöglicht ein haltendes und reizgeschütztes therapeutisches Milieu für die meisten der anderen 60–70 Prozent der Patienten eine *Niedrigdosierung*. Die neuroleptischen Dosierungen sind individuell sehr unterschiedlich, und die niedrigstmögliche Dosierung lässt sich nur dann finden, wenn ein therapeutisches Milieu zur Verfügung steht, in dem diese behutsamen Dosierungsstrategien praktiziert werden können. Gelingt dies, so liegt die durchschnittliche Akutbehandlungsdosis bei 1,5 bis 2 mg Haldol-Äquivalenten (ALANEN u. a. 1990; MCGORRY u. a. 1996). Diese Dosishöhe mag vielleicht als Maßstab für die Güte des eigenen psychosozialen Behandlungsangebotes dienen.

Für die atypischen Neuroleptika – bis auf die Anwendung von Risperdal in einem Ersterkrankungsprojekt in Melbourne (MCGORRY u. a. 1996) – gibt es noch keine Vergleichsstudien für Niedrigdosierung in der Akutbehandlung unter Bereitstellung guter psychosozialer Begleitung. Solche Interventionsstudien wären jedoch auch für die relativ nebenwirkungsärmeren Atypika ausgesprochen sinnvoll, weil es zum Beispiel Hinweise

darauf gibt, dass die langfristige Gewichtszunahme bei initialer Niedrigdosierung von Olanzapin deutlich geringer ist (TOLLEFSON u. a. 1997). Vielleicht besteht auch ein ähnlicher dosisabhängiger Zusammenhang für die
häufig beobachtete Erhöhung des Prolaktinspiegels unter Atypika, der in
der Regel sexuelle Funktionsstörungen zur Folge hat.

Voraussetzungen kooperativer Medikationsstrategien

Der Weg aus der Psychose sollte kein Weg in die affektive Leere sein. Auch
deshalb bedarf es einer behutsamen Dosierungsstrategie, damit psychotische
Affekte nicht pharmakologisch unbewusst gemacht werden. Auch in psychotischen Bewusstseinszuständen behalten die Affekte ihre grundsätzliche
strukturbildende Funktion. Deshalb sollten Neuroleptika immer so dosiert
werden, dass Affekte erträglicher (und damit weniger wahnbildend), aber
nicht ausgelöscht werden, denn dies fördert vermutlich eine postpsychotische Depressionen oder ein so genanntes Residuum. Zusätzlich ist eine le-
bendige, haltende und verstehende Beziehung in diesem sensiblen Prozess
der so genannten Symptomremission erforderlich. Beides gemeinsam verhindert die affektive Desintegration durch das gemeinsame Verstehen und
Verarbeiten dieser Affekte. Je besser die »Passung« (personal fit) (ALANEN
u. a. 1990) zwischen Patient und Therapeut, umso erfolgreicher wird diese
gemeinsame »Arbeit« sein. Bei der Psychosenbehandlung geht es vermutlich
eher darum, eine solche Passung zu erreichen, und weniger um die Anwendung bestimmter Methoden. In der Langzeit-Behandlung wird diese Passung bereits häufiger diskutiert, in der Akut-Behandlung wird sie nur selten
zum Thema, häufig aus der Not der Versorgung. Wenn man jedoch die langfristigen Folgen für das Ausmaß an Chronifizierung berücksichtigt, scheint
ein »Wertewandel« notwendig zu sein. Im Rahmen der Darstellung von Psy-
choseteams wird dieses Behandlungselement erneut zur Sprache kommen.

Behandlungssysteme, in denen die psychosozialen Behandlungselemente nur mangelhaft entwickelt sind, erzeugen einen starken Druck auf
den Behandler, sehr schnell eine Medikation einzuleiten, und führen so zu
erhöhten initialen Dosierungen. Besteht die Möglichkeit, zunächst eine haltende Beziehung in einem sichernden therapeutischen Rahmen aufzubauen,
dann kann man der Medikationsproblematik mit mehr Gelassenheit gegenübertreten und gleichsam in eine Haltung des »wait and see« gehen. Neben

dem Aufbau einer vertrauensvollen Beziehung kann der Betroffene eventuell die Erfahrung machen, ob er aus eigener Kraft die Symptomatik überwinden kann oder doch zum Neuroleptikum mit dem Ziel einer Begrenzung oder Beendigung der Symptomatik greifen will bzw. muss. Bei paranoiden Patienten ist es oftmals durch ein möglichst genaues Erarbeiten des subjektiven Problemerlebens bzw. der eigenen Problemdefinition möglich, eine spezifische eigene Zielsymptomatik zu finden und zu benennen, die für den Betroffenen den Einsatz von Neuroleptika rechtfertigt und ihre Wirksamkeit für ihn subjektiv erfahrbar und kontrollierbar macht.

Eine den Patienten bedrängende Medikation findet in einem rechtsunsicheren Entscheidungsraum statt. Wie entscheidungsfähig sind akut psychotische Patienten? Wie viel Selbstverfügungsrecht ist ihnen zuzuerkennen? Braucht es ihre aktive Einwilligung nach Aufklärung (informed consent) oder nur ihre eher passive Duldung? Gibt es Krankheitseinsichtigkeit trotz Verweigerung von Medikation? Handeln Therapeuten nur gemäß ihres durch Studien abgesicherten Wissens oder sind sie auch Berater der Patienten, damit sie herausfinden können, was sie für sich wollen?

Auch in Behandlungssituationen mit akut psychotischen Patientinnen und Patienten ist zur Entwicklung einer angemessenen inneren Haltung von dem Vorliegen einer grundsätzlichen *eigenverantwortlichen Entscheidungsfähigkeit* auszugehen. Es wird dann nur wenige Situationen geben, in denen der Patient hierzu nicht mehr in der Lage ist. Meist besteht ein Zugang zu der auch für ihn als Therapie erlebbaren Beziehung und er wird deshalb auf den respektvollen Umgang mit seiner Person fast immer mit besonderem Vertrauen reagieren. Darüber hinaus ermöglicht eine anfänglich medikamentenfreie Psychosebegleitung dem Patienten die partielle Rückkehr in »mehr« gemeinsame Realität und macht so die eigene selbstverantwortliche Entscheidung für oder gegen Medikation möglich. Auch unter den Bedingungen einer geschlossenen Station kann Erkenntnisfähigkeit unterstellt werden. Als etwa in den USA und in der BRD durch einzelne Gerichte entschieden wurde, dass Patienten auch im Rahmen einer gerichtlichen Unterbringung das Recht haben, die Medikation zu verweigern (es sei denn, eine ausgeprägte Störung der Beurteilungsfähigkeit kann nachgewiesen werden), kam es nicht zu der von vielen Professionellen erwarteten Katastrophe. Vielmehr waren die Professionellen meist gezwungen zu überzeugen und zu verhandeln, sodass es zu Lernprozessen auf beiden Seiten kam (WARNER 1994).

Wenn man einen akut psychotischen Patienten dabei begleitet, seine eigene Einstellung zur Einnahme von Neuroleptika zu finden, sollte man immer in Rechnung stellen, dass die Einnahme von Medikamenten bei psychischen Problemen (und nicht nur bei diesen) *keinesfalls selbstverständlich* ist. Bei somatischen Erkrankungen wird die verordnete Medikation noch häufiger eigenmächtig abgesetzt als bei psychischen Störungen (LEY 1989). Bei Patienten aus spezifisch medizinfeindlichen Familien ist die Medikamenteneinnahme sogar ausgesprochen verpönt oder verboten. Bei einer Befragung von 100 Professionellen lehnten 30 Prozent bei einer eigenen akuten Psychose die Einnahme von Neuroleptika ab (AMERING 1999). Patienten befinden sich also notwendig in einem Annäherungsprozess. Wenn der Professionelle auf diesem Weg – gleichsam über das Ziel hinausschießend – zu viel Druck erzeugt, kann dies möglicherweise einen paradoxen Effekt auslösen und den Patienten in die Verweigerung treiben. Die meisten Patienten spüren sehr genau, ob sie nur möglichst schnell zu einer Medikation überredet werden sollen, um ein therapeutisches Problem zu erleichtern, oder ob ein umfassendes therapeutisches Instrumentarium ausgeschöpft wird, um dann die Erfahrung der relativen Unausweichlichkeit von Medikation zu machen.

Erlebt der Patient ein *Interesse des Behandlers an seiner Person* (NELSON u. a. 1975, S. 1240), so ist seine Bereitschaft, einer Medikation zuzustimmen (sog. Compliance), deutlich höher. Kann er diese Medikation dann für sich als notwendig akzeptieren, wird er deutlich weniger Nebenwirkungen erleiden und wird in der Regel die intitiale dysphorische Reaktion ausbleiben, womit ebenfalls die Chance auf eine sinnvolle Fortsetzung der Medikation zu einem späteren Zeitpunkt erhöht wird (VAN PUTTEN 1974; VAN PUTTEN u. a. 1981).

Am besten fragen wir uns als Behandler, welche optimale Behandlungssituation wir unserem besten Freund wünschen, um uns in die Enttäuschungen und Widerstände unserer Patienten besser einfühlen zu können und um die therapeutische Gesamtsituation immer weiter zu verbessern.

Ist der Patient auf Grund seiner aktuellen kognitiven Möglichkeiten dazu in der Lage, sich über die Wirkung der Medikamente zu informieren, sollte ihm diese *Information* zur Verfügung gestellt werden. Dabei ist es unethisch, den Patienten dahingehend zu täuschen, dass die neuroleptische Medikation die psychotische Störung kausal zu heilen vermag. Neuroleptische Medikation bleibt symptomatisch. Bis auf Ausnahmefälle wird jeder

Patient die ehrliche Information mit mehr Vertrauen in den Therapeuten beantworten. Bis auf Ausnahmefälle (z. B. bei Patienten, die nicht aufnahmefähig oder gefährdend aggressiv sind) ist auch die Information über zu erwartende Nebenwirkungen sinnvoll.

Der Prozess kooperativer Medikation
in der Akutbehandlung

Patienten können die Vorteile einer Medikation leichter beurteilen und besser akzeptieren, wenn sie eine positive Medikamentenwirkung spüren, deshalb sollte immer der Versuch gemacht werden, gemeinsam eine *Zielsymptomatik* zu bestimmen, an der die positive Wirkung der Neuroleptika erlebt werden kann. Am besten ist es, wenn der Einnahmeversuch eines Neuroleptikums zwischen Behandeltem und Behandler als ein *Versuch* aufgefasst und auch so bezeichnet wird – ein Versuch, bei dem Betroffene durch Selbstbeobachtung genau festzustellen vermögen, ob ein Medikament hilfreich ist oder nicht. Hierbei sind Gedankenabläufe, Emotionalität, Körpererleben, Energieniveau und grundlegendes Selbstgefühl die wesentlichen Beobachtungsebenen (MOSHER / BURTI 1992).

Wenn möglich, dann sollte der Patient vor Beginn der Behandlung an seinen Zustand schriftlich protokollieren (dies kann auch gemeinsam geschehen), um für die spätere Beurteilung eine Bezugsgröße zu haben (ebd.). Auch im Verlauf der Behandlung kann er dieses schriftliche *Beobachtungsprotokoll* weiter fortsetzen, wenn es ihm die Selbstbeobachtung erleichtert. Patienten entwickeln vor allem dann eine positive Einstellung zur Medikation, wenn sie unter der Medikation die Erfahrung einer positiven Wirkung und eines größeren Wohlbefindens gemacht haben (MARDER u. a. 1983; RAZALI 1995). Patienten, denen ambulant Medikation verabreicht wird, die sie nicht kennen, sollten genau darüber informiert werden, was sie im Fall von unerwarteten Nebenwirkungen sofort dagegen tun können. Am besten ist der schnelle, sich rückversichernde Kontakt zum Behandler. So wird die Medikation zu einem Teil des Dialogs.

Der Behandler sollte dem Patienten nicht mit der Grundhaltung gegenübertreten, ihn gegen viele innere Widerstände über lange Zeit auf Medikation halten zu wollen. In zahlreichen Studien wurde die Bedeutung einer guten therapeutischen Beziehung für die Kooperationsbereitschaft bezüglich der Medikation belegt (FRANK 1990; MARDER 1983; NELSON 1975). Der

Therapeut sollte deshalb beratender Begleiter auf einem schwierigen Weg des Patienten durch die verwirrende Vielfalt und Widersprüchlichkeit von Informationen und Emotionen sein: Ängsten, das Falsche zu tun, Ängsten, sich mit einer fremden Substanz im Körper grundlegend zu verändern, Ängsten, von dieser Substanz abhängig zu werden. Es kann eigentlich gar nicht anders sein, als dass Patienten auf diesem Weg oftmals die Notwendigkeit der Medikation in Frage stellen und relativ früh auch Absetzversuche machen. Wenn dies in einer Atmosphäre gemeinsamen Vertrauens möglich ist und sichernd begleitet wird, verstärkt das umgekehrt die Kooperationsbereitschaft des Patienten, schafft Vertrauen, höhere subjektive Zufriedenheit, Selbstwert und Selbstvertrauen. Ein verstandener Rückfall ist weniger schädlich und manche Patienten lernen erst durch die Erfahrung mehrerer Krisen.

Es wird also ein Prozessmodell zur aktiven Auseinandersetzung des Betroffenen mit der Medikation als allmählicher Lernprozess mit individuell unterschiedlich erlebten, aufeinander folgenden, mehr oder weniger notwendigen Erfahrungen und Lernschritten.

Unter einer *angemessenen Erhaltungsdosis* wird die geringste Dosis verstanden, mit der es gelingt, die Symptome in befriedigender Weise zu kontrollieren (GILBERT u. a. 1995). Neuroleptische Medikation kann die Wiederherstellung innerer Selbstkontrolle unterstützen, indem sie eine Distanzierung von überwältigenden psychotischen Erlebnissen ermöglicht und der Stabilisierung der Ich-Funktionen dient. Sie hat *keine* spezifisch kurative Wirkung auf eine psychotische Störung. Dies spüren Patientinnen und Patienten, denen es besser geht, am Fortbestehen mehr oder weniger diskreter Nebenwirkungen und Beeinträchtigungen. Sollte ein Patient unter der neuroleptischen *Dosisreduktion* erneut leichte psychotische Phänomene erleben, so muss dies nicht unbedingt mit einer Dosiserhöhung beantwortet werden. Wenn diese Erlebnisinhalte den Betroffenen nicht zu sehr beeinträchtigen, können sie oftmals in ihrer psychischen Dynamik besser verstanden werden. So ermöglicht es dem Betroffenen eine unmittelbare Auseinandersetzung mit psychotischen Inhalten und schafft auf Dauer mehr Selbstverfügung.

Ziel neuroleptischer Medikation ist in diesem Verständnis nicht unbedingt die vollständige Beseitigung psychotischer Symptome, sondern es soll ein ausreichender Schutz erreicht werden, um sich mit diesen Phänomenen konstruktiv und integrierend auseinander setzen zu können und sie möglicherweise zu überwinden. Manche Patienten können sich gerade angesichts von kurzen, seltenen und nicht zunehmenden psychotischen Symptomen (z. B. Halluzinationen oder flüchtige Beziehungsideen) mit der äußeren und inneren Dynamik ihrer Störung auseinander setzen: etwa durch das Finden von versteckten äußeren Belastungssituationen, die jedoch eine hohe emotionale Relevanz haben. Oder sie können die noch kontrollierbare Symptomatik als ein »Barometer« des inneren Gleichgewichts benutzen und ihr durch wirksame (manchmal kleine) Veränderungen im Alltag und im Alltagsverhalten begegnen. Fortschritte in der Selbst-Objekt-Differenzierung und der Zunahme an Autonomie lassen sich an der Abnahme dieser Symptomatik erkennen. Dies setzt natürlich Patienten voraus, die sich aktiv mit ihrer Störung auseinander setzen wollen und können und auf der Suche nach einem angemessenen Lebensstil sind. SCHOOLER (1991) konnte aufzeigen, dass die niedrig dosierte Langzeitbehandlung der Standarddosierung hinsichtlich ihrer rückfallprophylaktischen Wirksamkeit gleichwertig ist und weniger Nebenwirkungen erzeugt.

Niedrige Dosierungen in der Akutbehandlung ermöglichen zusätzlich erniedrigte präventive Dosierungen. HOGARTY gibt Dosisbereiche von 5 bis 12,5 mg Fluphenazin dec. zweiwöchentlich an (= 0,2 bis 0,5 mg Dapotum D). Bei Prodromalzeichen einer psychotischen Dekompensation ist eine *vorübergehende* Dosiserhöhung meist ausreichend (MARDER u. a. 1994). Dies setzt jedoch voraus, dass Patienten, Therapeuten oder Angehörige diese Frühsymptome erkennen können.

Insbesondere nach der ersten psychotischen Episode sind viele Patienten darauf angewiesen, einen *baldigen* Absetzversuch zu machen, weil sie nach dem einmaligen Ereignis einer psychotischen Krise die Möglichkeit der Einmaligkeit in Betracht ziehen, die ja auch bei 20 Prozent der so genannten schizophrenen Patienten besteht. Dies wurde durch mehrere Langzeitstudien bestätigt. In einer Studie von 1983 brachen 75 Prozent der ersterkrankten schizophrenen Menschen die medikamentöse Behandlung vorzeitig ab (GAEBEL / PIETZKER 1983). Gleichzeitig konnte in dieser Studie auch gezeigt werden, dass die prognostischen Erwartungen der behandelnden Ärzte nicht zutrafen und zu pessimistisch waren. Eine andere Studie (JOHNSTONE u. a. 1990) zeigte, dass bei einer Patientengruppe mit kurzer Krankheitsdauer vor Behandlungsbeginn die berufliche Wiedereingliederung nach zwei Jahren dann am erfolgreichsten war, wenn nach Abschluss der Akutbehandlung Placebos verordnet wurden.

Nach längerer Medikation haben Patienten durch anhaltende Rezeptorvermehrung und Rezeptorhypersensibilisierung ein erhöhtes Rezidiv-Risiko (WARNER 1994, S. 220). Die Medikation selbst also verursacht ein erhöhtes Rückfallrisiko (CHOUINARD / JONES 1980; VIGUERA u. a. 1997). Dies ist einerseits ein wesentliches Argument für einen initialen neuroleptikafreien Behandlungsversuch bei entsprechender Indikation (s. o.). Andererseits macht diese Rezeptorvermehrung die langsame Reduktion von längerfristig eingenommenen Neuroleptika erforderlich. Patienten haben nach abruptem Absetzen innerhalb von sechs Monaten ein 50-prozentiges Rückfallrisiko im Vergleich zu Patienten mit sehr langsamer Reduktion über sechs bis neun Monate (VIGUERA u. a. 1997). Eine genaue Information über diese Problematik ist erforderlich, um die Chance eines gelungenen Absetzversuches zu erhöhen.

Kooperative Medikationsstrategien in der Nachbehandlung

Nach Abschluss der Akutbehandlung entsteht für die Betroffenen die Frage nach der Notwendigkeit einer so genannten *prophylaktischen Medikation*. An sich macht es nur Sinn, von einer prophylaktischen Medikation zu reden, wenn der Zweck einer solchen Vorbeugung auch tatsächlich erreicht wird, wenn also die Einnahme von Medikamenten zuverlässig einen Rückfall verhindert. Dies ist aber meist nicht der Fall – es kommt oft lediglich zu einer Rückfallverzögerung (HOGARTY u. a. 1977). Empfehlungen werden auf der Grundlage unterschiedlicher Langzeituntersuchungen gegeben. Dabei ist grundsätzlich zu berücksichtigen, dass diese Medikationsstudien an heterogenen Kollektiven gemacht werden, wobei eine zu Grunde liegende Krankheitseinheit unterstellt wird. Die am Kollektiv ermittelten Ergebnisse werden dann direkt auf behandelte Individuen übersetzt.

Stellvertretend für viele andere Studien sollen deshalb an dieser Stelle die Ergebnisse einer gründlichen Untersuchung von HOGARTY u. a. (1991) dargestellt werden. Sie untersuchten ersterkrankte schizophrene Herkunftsfamilien mit hohem emotionalen Ausdrucksverhalten (»expressed emotions« = EE). Nach initialer Akutbehandlung mit Neuroleptika fanden sie unter den Non-Compliance-Patienten ohne Dauermedikation nach zwei Jahren 90 Prozent Rückfälle, mit Medikation 50 Prozent Rückfälle, mit Medikation und edukativer Familientherapie bei 30 Prozent der Patienten Rückfälle innerhalb von zwei Jahren und bei 17 Prozent dieser Gruppe Rückfälle, wenn tatsächlich eine medikamentöse Compliance gesichert war. Spätestens nach sieben Jahren waren die Rückfallraten in den unterschiedlichen Behandlungsgruppen gleich, nämlich bei 81 Prozent.

Übliche therapeutische Maßnahmen einschließlich der Neuroleptika können den Rückfall (nur) verzögern; für 20 Prozent der Patientinnen und Patienten über einen Zeitraum von drei Jahren hinaus. Dies ergibt sich aus der exponentiellen Verlaufskurve der Rückfallraten. Dieser Tatbestand widerlegt das häufig implizierte Erklärungsmodell, dass Rezidive durch Symptomsuppression verhindert werden könnten (HOGARTY u. a. 1977; GAEBEL 1995). Der Verzögerungszeitraum für den Rückfall beträgt in einer optimalen Behandlungssituation bei 50 Prozent der Patienten weniger als ein Jahr und bei der anderen Hälfte mehr als ein Jahr. Dabei werden sie meist mit einer Kontrollgruppe aus Patienten verglichen, die akut mit Neuroleptika behandelt wurden und als Placebo-Gruppe relativ abrupt von diesen Neuroleptika entzogen wurden, wodurch ein deutlich höheres Rückfallrisiko entsteht (VIGUERA u. a. 1997). Ein Teil der ermittelten Prophylaxe-Wirksamkeit muss demnach als ein Absetzartefakt aufgefasst werden. Ungefähr 20 Prozent der Patienten erleiden keinerlei Rückfall im Zeitraum von sieben Jahren und sind auch unter Placebo rückfallfrei (HOGARTY u. a. 1974).

Medikation als einzige rückfallprophylaktische Maßnahme führt bei 50 Prozent der Patienten innerhalb von zwei Jahren zum Rückfall. D. h.: 70 Prozent der Patienten brauchen keine Prophylaxe oder verzögern durch medikamentöse Prophylaxe ihren Rückfall lediglich um Monate. Nur bei 30 Prozent der Patienten also hat die neuroleptische Prophylaxe einen wesentlichen rückfallverzögernden Effekt. Intensive psychosoziale Behandlungsformen wie Familientherapie, Training sozialer Kompetenz und Einzeltherapie haben einen weiteren rückfallverzögernden Effekt, jedoch meist nur so lange, wie sie in Anspruch genommen bzw. angeboten werden. Sie haben keinen wesentlichen überdauernden »Lerneffekt«; die Patienten und Familien bleiben auf das geliehene problemlösende Hilfs-Ich des Therapeuten angewiesen, jedenfalls viele Jahre in der Lebensperiode des größten Rückfallrisikos (HOGARTY u. a. 1992; HARDING u. a. 1987). Realistisches Behandlungsziel ist also die Verlängerung der Zeitspannen zwischen den unvermeidbaren Rückfällen. Mehr ist auch mit konsequenter medikamentöser Dauerprophylaxe nicht oder nur selten zu erreichen.

Diese Ergebnisse zeigen, dass Prophylaxe für 20 Prozent der Patientinnen und Patienten gar nicht erforderlich und für weitere 15 Prozent das Rückfallrisiko ohnehin eher gering ist. Im unteren Teil des Spektrums wird bei ca. 30 Prozent der Rückfall trotz Medikation noch innerhalb eines Jahres erfolgen. So ist Prophylaxe nur für ca. 40 Prozent rückfallverzögernd für einen Zeitraum von mehr als einem Jahr. Insgesamt ist prophylaktische neuroleptische Medikation vermutlich immer nur rückfallverzögernd (HOGARTY u. a. 1977), und noch ist unklar, ob und wie weitgehend die Langzeitprognose durch langjährige Anwendung von Neuroleptika wirklich gebessert werden kann (BOCKOVEN / SOLOMON 1975; WYATT 1991). Insgesamt besteht eine zusätzliche Schwierigkeit darin, dass sich bisher kaum voraussagen lässt, bei welchem Patienten welcher Effekt eintritt bzw. ausbleibt.

Neuroleptika bleiben also ein begrenztes Instrument zur Kontrolle, Begrenzung und Verzögerung von akuter Symptomatik, und der experimentielle Umgang vieler Betroffener mit den Medikamenten ist in vielen Fällen gar nicht als mangelnde grundlegende Krankheitseinsicht, sondern als Experimentalverhalten bei individuell unklarer Prognose zu werten.

Auch *atypische Neuroleptika* haben für ca. 40 Prozent der oft jungen psychotischen Menschen subjektiv schwer wiegende Nebenwirkungen wie Übergewicht und sexuelle Funktionsstörungen zur Folge, und zwar in einem Alter, in dem die Entwicklung von sozialen Beziehungen und Bindungen biografisch notwendig ist und sozial erwartet wird. Zugleich hängt die Langzeitprognose psychotischer Störungen auch von der Fähigkeit zur Entwicklung solcher Beziehungen ab, sodass hier im Einzelfall durchaus eine Entwicklungsbehinderung durch Neuroleptika entstehen kann.

Absetzversuche

Mehr als 60 Prozent der ersterkrankten schizophrenen Menschen versuchen innerhalb der ersten zwei Jahre die Neuroleptika abzusetzen. Hierauf sollte man sich als Behandler grundsätzlich einstellen. Man sollte mit dem Betroffenen eher ein Milieu schaffen, in dem diese Absetzversuche in einem geschützten Raum möglich sind, um ihre möglichen negativen Folgen zu begrenzen. Aus der individuellen Perspektive vieler Patienten ist es häufig notwendig, die Entwicklung einer zweiten Psychose zu erleben, um diese bleibende Verletzbarkeit überhaupt erst zu erfahren und in die biografischen und therapeutischen Überlegungen mit einzubeziehen. Wenn erforderlich, sollte man mit den Patienten einen gezielten Absetzversuch vereinbaren, sie genauestens über die Notwendigkeit einer über Monate langsam ausschleichenden Dosisreduktion informieren, um so das Auftreten von kurzfristigen »Absetzpsychosen« zu vermeiden, aus denen falsche Schlussfolgerungen gezogen werden könnten (VIGUERA u. a. 1997).

Menschen mit psychotischen Störungen leiden oftmals unter einem grundlegenden Mangel an einer von den wichtigen Bezugspersonen abgegrenzten Selbstidentität. Sie neigen entweder zur Fusion mit oder Flucht vor dem anderen. Diese Störung wiederholt sich natürlich auch in Fragen der Medikation. Auch Medikamente werden zu einem Objekt ambivalenter Gefühle. Auch in der Arzt-Patient-Beziehung mit der Medikation als Thema spiegelt sich diese Widersprüchlichkeit wider, indem sich die Patienten oftmals zunächst unterwerfen, um dann im Bedürfnis nach Selbstabgrenzung eine Position der Verweigerung einzunehmen oder auch umgekehrt. Um diesen psychisch erzwungenen Druck zur Non-Compliance abzuschwächen, ist ein frühzeitiges gemeinsames Beraten und *Verhandeln* über Medikation ausgesprochen nützlich. Es schafft »Kontingenzerfahrungen« (LEMPA 1995), d. h. die Erfahrung, auch unabhängig von anderen einflussreich und wirksam zu sein. So wird das Verhandeln über Medikation selbst zu einem Therapeutikum. In systemischer Sprache kann man auch von einer *Koevolution* von Patient und Therapeut als Teile eines gemeinsamen »Problemsystems« sprechen.

Patienten unter Medikation werden häufig in unserem Versorgungssystem mit relativ wenig Aufmerksamkeit, Zuwendung und Auseinandersetzung behandelt. Ich glaube, dass es auch Patienten gibt, die auf Grund dieser mangelhaften Behandlungssituation Medikamente absetzen, um den Therapeuten zu mehr Sorge, Fürsorge und Zuwendung zu veranlassen. Hier ist die Psychose als eine indirekte Suche nach Zuwendung aufzufassen. Auch ein Krankenhausaufenthalt nach der Entwicklung psychotischer Symptomatik kann eine solche Zuwendungs- und Versorgungsfunktion haben.

Oft kann das Absetzen auch als ein Versuch verstanden werden, eine festgefahrene psychische und soziale Situation neu in Bewegung zu bringen, zum Beispiel einfach mal wieder ins Krankenhaus zu kommen, wo mehr Kontakte zu anderen Patienten möglich sind. Häufig genug bringen solche psychotischen Krisen etwas im Leben des Patienten in Bewegung, was in die unmittelbare psychopathologische Beurteilung nicht einfließt.

Für die *Medikationsvergabe auf Station* ist es sinnvoll, grundsätzlich in die Überlegungen und Planungen einzubeziehen, dass Patienten am Tag ihrer Entlassung die Medikation in der Regel vollständig in ihre Verantwortung übernehmen werden. Dies sollte dazu führen, dass schon auf der Station die Einnahme der Medikation weitgehend in die Selbstverantwortung der Patienten übergeben wird, um die Situation nach der Entlassung einzuüben, sich mit ihr auseinander zu setzen und in die stationäre Medikationsstrategie mit einzubeziehen. Lieber sollte ein Patient einen Absetzversuch noch im Rahmen der stationären Behandlung machen, um seine Folgen im geschützten Rahmen zu erleben, als völlig unbegleitet.

Für Patienten ist Medikation häufig nicht nur ein Regulativ gegen psychotische Symptome, nicht nur eine gegen Rückfälle wirksame Substanz. Oftmals wird Medikation zum Symbol für eine *Kranken-Identität*, die alle Dimensionen menschlicher Identität durchdringt. Es bleibt nichts, außer ein »Schizophrener« zu sein. Nach der psychotischen Katastrophe – dem Verlust gewohnter Ich-Identität – ist nichts mehr, wie es vorher war.

Schizophrenen Menschen wird zur Entwicklung einer neuen Identität zunächst nur eine Krankheitsdiagnose angeboten, die ihre gesamte Persönlichkeit vereinnahmt. Viele Patienten verweigern diese Identifizierung, wollen möglichst normal erlebt werden (LEFERINK 1997) und normalisieren möglichst jede erlebte Abweichung, um sozial dazuzugehören. Das Ringen um eine neue Identität findet meist sehr verborgen in der inneren Einsamkeit statt und lässt sich mit kaum jemandem teilen, so groß ist die Selbstentfremdung, das untergründige Bedrohungsgefühl. Alles, was an sozialen Zuschreibungen unter der Diagnose »Schizophrenie« erfolgt, ist sicherlich nicht sonderlich förderlich in diesem Prozess der Identitätssuche.

ESTROFF (1998) beschreibt diesen Prozess, durch den die Patienten die Identität eines Schizophrenen annehmen – was wir üblicherweise positivierend als Krankheitseinsicht bezeichnen –, als ein im Wesentlichen soziales und interpersonelles Geschehen. Aus dieser Perspektive ist der Verlust einer krankheitsunabhängigen Ich-Identität der Kern von *Chronifizierung*. Umgekehrt fragt Estroff, ob das Überleben eines individuellen Selbst unabhängig von einer Identität als Kranker nicht die notwendige Voraussetzung für eine positive Langzeitperspektive ist. Die »Erziehung« zum schizophrenen Patienten könnte also ein ausgesprochen schädlicher professioneller Beitrag zur Chronifizierung sein. Die Einnahme von Medikamenten ist die

Konkretisierung dieser Kranken-Identität und kann so zur *Inkorporation* oder zum Ausstoßungsversuch dieser entwertenden Identität werden. So erst lässt sich ein Teil der aufgeladenen Dynamik im Umgang mit Medikation verstehen. Erst die Begleitung der notwendigen Identitätssuche in einem therapeutischen Dialog und durch die Rückkehr in einen normalisierenden sozialen Kontext (am besten zur Arbeit) kann der Medikation diese »sozialtoxische« Wirkung nehmen und Chronifizierung und hilfloses Absetzen als Versuch der Ausstoßung negativer Krankheitsidentität so weit wie möglich verhindern.

Selbstverständlich setzen Patienten auch Medikation auf Grund einer unmittelbar erlebten Nebenwirkung ab. Sich ohne Medikation erleben wollen, der Wunsch zu spüren, wer »da drunter« ist, wer man eigentlich ist, sind tiefe verständliche Sehnsüchte, die durch Informationen über Rückfallquoten und Krankheitseinsicht niemals vollständig aufgehoben werden können. Nur die Angst kann stärker sein als diese Sehnsucht. In diesem Zwiespalt empathisch zur Seite zu stehen, Absetzversuche sichernd zu begleiten, um eine glaubwürdige eigenständige Antwort auf dieses Dilemma zu finden, das ist die beste therapeutische Antwort.

Ablehnung neuroleptischer Medikation

Einige Patientinnen und Patienten werden eine grundsätzliche negative Einstellung zur Medikation behalten. Der Prozentsatz dieser Patienten ist nicht größer als in der somatischen Medizin. Fenton unterscheidet grundsätzlich zwischen einer Verweigerung aus Gründen der vorliegenden Störung oder aus anderen Gründen (FENTON 1997). Medikationsverweigerung spiegelt nicht unbedingt mangelnde Krankheitseinsicht wider, sondern ist etwa Folge einer sehr negativ erlebten Vormedikation oder eines grundlegenden Misstrauens gegenüber dem Behandler, von dem man sich abhängig machen soll, dem man jedoch keine vollständige Kontrolle über die eigene Person und Psyche geben will, auch wenn diese Autonomie mit einem recht hohen Preis bezahlt werden muss. Es kann auch Konsequenz eines grundsätzlich medizinfeindlichen Familiensystems oder Folge einer fatalistischen oder Schuldgefühle kompensierenden subjektiven Krankheitstheorie sein.

Was können wir solchen Patienten anbieten? Welche Haltung und innere Einstellung entwickeln wir zu ihnen? Bestrafen wir sie für diese Reaktion auf unsere Angebote durch Abwendung oder Zwang? Oder machen wir sie uns verständlich, bleiben »dran« und ringen miteinander um den besten Weg? Die durch diese Patienten ausgelöste Gegenübertragung braucht oftmals besonders aufmerksame Supervision (FENTON 1997). Diese Klienten brauchen therapeutische Angebote, in denen eine behutsame kontinuierliche Annäherung über lange Zeit möglich ist.

Depot-Neuroleptika

Depot-Neuroleptika werden in der Regel angewendet, wenn die therapeutische Beziehung – aus Gründen, die im Klienten und / oder Therapeuten liegen – unzureichend ist und der Patient und seine Symptomatik kontrolliert werden sollen. Meist werden dabei durch den Behandler besondere Schwierigkeiten und Gefährdungen wahrgenommen, die der Patient nicht sieht. Der Vorteil der Depot-Medikation kann dabei sein, dass sie dem Therapeuten Zeit gibt gemeinsam mit dem Patienten eine tragfähige Beziehung zu entwickeln. So lassen sich therapeutische Beziehungen auch mit der Auflage beginnen, dass der Patient mindestens zwei Jahre Depot-Neuroleptika nimmt, um eine eigene freie Entscheidung zu treffen. Dieses Zwangsmittel lässt sich jedoch nur dann einsetzen, wenn zuvor eine wesentliche Gefahr oder Destruktivität im akut psychotischen Erleben eingetreten war.

Der Nachteil der Depot-Neuroleptika liegt darin, dass sie die erforderliche Beziehungsarbeit zumindest auf Zeit zu ersetzen scheinen: Kontrolle statt Beziehung. Erfahrungsgemäß findet dann fast jeder Patient früher oder später einen Weg, um sich dieser Zwangssituation zu entziehen. Die gegenwärtige Situation, in der uns die Anwendung der nicht als Depot einsetzbaren atypischen Neuroleptika eine Entscheidung gegen die Depotmedikation aufzwingt, ist hilfreich, denn sie zeigt uns auf, wie selten eine Depotvergabe wirklich eine notwendige oder bessere Alternative darstellt.

Schlussbemerkung

Die Entwicklung von Selbstbefähigung und Autonomie unter Wahrung größtmöglicher Selbstbestimmung und Respekt vor der Individualität jedes Patienten sind große Ziele für Behandler und Patient. Hierfür bedarf es der Bereitschaft und Ausdauer, einer kooperativen bis koevolutionären Grundhaltung und eines fördernden »Behandlungs-« besser: »Entwicklungssettings«. Solche Behandlungssysteme sollten flexibel, bedürfnisangemessen, niedrigschwellig, möglichst frühzeitig und schnell verfügbar sowie wenig stigmatisierend und lebensfeldbezogen sein. Sie sollten von Anfang an die Menschen des sozialen Kontextes der Betroffenen einbeziehen, Beziehungskontinuität für möglichst fünf Jahre sicherstellen (wenn nicht besondere Gründe dagegensprechen) und stationäre Versorgung durch intensive ambulante bzw. teilstationäre Behandlung weitgehend ersetzen.

Einige Regionen Skandinaviens sind für diese Entwicklung beispielhaft geworden, nachdem bereits seit 1981 in Turku in Finnland die erste Modellregion dieser Art aufgebaut worden war. Beschreibungen und Evaluationsstudien liegen längst vor (ALANEN 1990).

MANFRED ZAUMSEIL

Möglichkeiten der Verständigung über Medikamente

Wie kommen Professionelle und Betroffene zu gemeinsamen Entscheidungen?

Geteilte Entscheidungsfindung?

Für befriedigende Kooperationsverhältnisse bei der Medikation ist nicht nur eine Selbstbefähigung der Betroffenen notwendig, sondern auch die Professionellen müssen eine partizipative Orientierung erlernen. Die Entwicklung dieser Befähigung beider Seiten braucht Zeit und einen dafür geeigneten Kontext. Dieser Behandlungskontext ist von Betroffenen nur sehr begrenzt beeinflussbar und wird vorrangig von Ärzten und medizinischem Personal gestaltet. Deren Gestaltungsspielraum wird durch die Rahmenbedingungen der jeweiligen Institutionen enge Grenzen gesetzt.

Die meisten Untersuchungen darüber, wie Betroffene an Entscheidungen beteiligt werden können, die sie selbst betreffen, und wie sie zu den dafür notwendigen Fähigkeiten kommen, wurden außerhalb der Psychiatrie durchgeführt. Es gibt innerhalb der Gesundheitswissenschaften eine umfangreiche Literatur darüber, welche Konsequenzen es hat, Betroffen umfassende Informationen über ihre Gesundheitsprobleme und die Behandlungsoptionen zur Verfügung zu stellen, und wie sie auf der Grundlage dieser Informationen selbst über die Optionen entscheiden können. Die einzelnen Teilaspekte und -prozesse einer solchen geteilten Entscheidungsfindung werden immer weiter differenziert und man kann für die Psychiatrie eine Menge daraus lernen. Im Folgenden soll das Handeln der »Behandler« daraufhin untersucht werden, inwieweit es eine Partizipation von Betroffenen zulässt. Aber was heißt Partizipation? Im medizinischen Sprachgebrauch wird unter einem kooperativen Patienten gerade einer verstanden, der genau das tut, was der Arzt sagt.

Wir brauchen für unseren therapeutischen Alltag Kriterien, nach denen wir beurteilen können, ob wir eher »behandeln« oder aber eher eine partnerschaftliche Entscheidungsfindung verwirklichen sollten, bei der die Betroffenen mit ihren Zielen, Wertvorstellungen und selbstständigen Handlungsmöglichkeiten ernst genommen werden. Es muss klar sein, was Partizipation im Zusammenhang mit der Medikation genau bedeuten soll. Ich werde daher im Folgenden solche Kriterien gemeinsamer Entscheidungsfindung benennen und mich anschließend mit den Kontextbedingungen dafür beschäftigen.

Drei Typen der Beziehung zwischen Behandler und Patient

Zunächst ist es nützlich, sich drei Positionen vor Augen zu führen, die beim Umgang mit Gesundheitsproblemen möglich sind (CHARLES 1997; 1999):

1 Wohl bekannt ist uns das *paternalistische Modell*: Der Professionelle trifft die Entscheidung über die Lösung des Gesundheitsproblems, berät sich möglicherweise mit Kollegen, informiert den Betroffenen über das, was zu tun ist, über die nach seiner Meinung dafür sprechenden Gründe und klärt entsprechend des minimalen, rechtlich erforderlichen Standards über Risiken der Behandlung auf.

2 Seltener dürfte das *Informationsmodell* vorkommen: Der Professionelle gibt dem Betroffenen alle für die Behandlung des Gesundheitsproblems relevanten Informationen (einschließlich der unterschiedlichen Behandlungsoptionen). Der Betroffene berät sich möglicherweise mit anderen (z. B. Angehörigen, anderen Experten) und entscheidet sich unabhängig vom Professionellen für eine der Optionen.

3 Bei der *geteilten Entscheidungsfindung* läuft der Informationsaustausch wechselseitig: Der Professionelle gibt ebenfalls alle für die Entscheidung des Betroffenen relevanten Informationen, bezieht sie aber auf das, was er über die Ziele und die Situation des Betroffenen erfährt. Dabei bringt nicht nur der Betroffene, sondern auch der Professionelle Ziele und Wertvorstellungen ein, die Letzterer tunlichst deutlich machen sollte.

Das Informationsmodell ermöglicht den Betroffenen die höchste Verfügungsmacht, es enthält allerdings eine sehr individualistische Autonomiekonzeption und kommt wohl vor allem dann in Frage, wenn Betroffene

(u. U. auf Grund früherer Erfahrungen) misstrauisch sind und dazu tendieren, womöglich verschiedene Ärzte zu konsultieren.

Voraussetzungen und Prozess der geteilten Entscheidungsfindung

Voraussetzungen

Ein ideal-realisiertes Modell der geteilten Entscheidungsfindung ist eine Utopie oder eine theoretische Konstruktion – gleichwohl lassen sich daran die Kriterien kooperativen Handelns zeigen: Zunächst ist es wichtig, festzustellen, ob es überhaupt etwas zu entscheiden gibt. Bei der Neuroleptika-Medikation etwa gibt es dazu unterschiedliche Meinungen. In dem Beitrag von V. Aderhold und Th. Bock wurden unterschiedliche, jeweils kontextabhängige Wahlmöglichkeiten herausgearbeitet.

Die so eröffneten Entscheidungsspielräume stehen im Widerspruch zur »herrschenden Lehre«, nach der an großen Stichproben gewonnene Empfehlungen den Behandlungsstandard für den Einzelfall abgeben sollen. Die Definition und Kodifizierung solcher Standards etabliert sich gegenwärtig auf allen Gebieten der Medizin in den von den wissenschaftlichen medizinischen Fachgesellschaften (AWMF) herausgegebenen Leitlinien für die Behandlung (für Schizophrenie siehe http://www.rz.uni-duesseldorf.de /WWW/AWMF/ll/psypn02.htm). Diese Leitlinien sollen auf der Grundlage einer auf nachprüfbarer Evidenz basierenden Medizin dafür sorgen, dass alle in den Genuss von erwiesenermaßen wirksamen Behandlungsverfahren kommen. Gegenwärtig werden solche Informationen auch für Betroffene aufbereitet (siehe www.therapie.net), sodass man sich unabhängig vom behandelnden Professionellen oder der Krankenkasse über »effektive« Behandlungsmöglichkeiten informieren und nach diesem Modell zum kompetenten Mitentscheider werden kann.

Der Pferdefuß dieser neuen Standards liegt darin, dass sie von der Qualität der zu Grunde liegenden Studien abhängen. Die Wahlmöglichkeiten zwischen verschiedenen Behandlungsoptionen wird durch diese Standardisierung eingeengt, weil die Besonderheiten des Einzelfalls herausfallen und die individuell unterschiedlichen Ziele und Kontextbedingungen der Behandlung nicht berücksichtigt werden.

Ein anderer Einwand gegen ein Modell der geteilten Entscheidungsfindung besteht in der Annahme, dass psychisch Kranke und namentlich solche mit der Diagnose Schizophrenie keine Kompetenz haben, fundierte Entscheidungen zu treffen. Gegen diesen Einwand sprechen inzwischen umfangreiche empirische Untersuchungen (GRISSO/APPLEBAUM 1995; BERG/APPLEBAUM 1999), wonach etwa 75 Prozent der Patienten mit der Diagnose Schizophrenie bei der Zustimmung zu Behandlungsmaßnahmen eine ähnliche Fähigkeit besitzen, Informationen aufzunehmen und Entscheidungen zu treffen, wie Vergleichsgruppen. Und bei der Testung solcher Fähigkeiten wurden schon relativ restriktive (und nicht unproblematische) Maßstäbe angelegt (z. B. bei dem an Applebaum orientierten Modell von VOLLMANN 1997), da nämlich solche Patienten als nicht zustimmungsfähig erachtet werden, die keine Krankheitseinsicht zeigen.

So wäre zum einen die Position zu vertreten, dass es auch bei der Behandlung mit Neuroleptika etwas zu entscheiden und abzuwägen gibt und dass dieser Prozess bewusst und transparent gestaltet werden sollte. Zum anderen rechtfertigt keine psychiatrische Diagnose für sich allein, Betroffenen die Entscheidungskompetenz abzusprechen (siehe auch CARPENTER u. a. 1997).

Prozess der geteilten Entscheidungsfindung

Bei der geteilten Entscheidungsfindung lassen sich folgende Etappen eines Handlungszyklus unterscheiden (CHARLES 1999, leicht ergänzt): Informationsaustausch → gemeinsame Beratung → gemeinsame Entscheidung → Umsetzung → Informationsaustausch → etc.

Im Einzelnen lassen sich die folgenden Teilelemente unterscheiden.

Informationsaustausch bzw. gemeinsame Beratung: Der Betroffene findet Gelegenheit, seine Beschwerden, deren Geschichte und deren Interpretation zu schildern. Er hat die Möglichkeit, diese auf seine Lebenssituation zu beziehen, die mit den Beschwerden verbundenen Befürchtungen zu thematisieren und wird mit seinen möglicherweise aus anderen Quellen und Vorerfahrungen stammenden Bedenken und Vorstellungen über Behandlungsoptionen ernst genommen.

Der Professionelle informiert über alles, was für die Entscheidungsfindung für oder gegen die Medikation oder bei der Wahl zwischen unterschiedlichen Medikamenten relevant ist. In Deutschland wird dieser Informationsschritt durch den Grundsatz der »Therapiefreiheit« beschränkt.

Danach ist die Wahl der Behandlungsmethode Sache des Arztes und er braucht den Patienten nicht über Wirksamkeit und Verträglichkeit von Behandlungsalternativen aufzuklären. Das muss er nur bei so genannten »Heilungsversuchen«, wenn er nämlich für eine bestimmte Indikation nicht zugelassene Medikamente verordnet (etwa wenn er Kindern oder Jugendlichen statt eines klassischen ein atypisches Neuroleptikum verordnet; siehe FEGERT 1999). Bei der geteilten Entscheidungsfindung erläutert er die Vor- und Nachteile der Behandlungsoptionen, die erwünschten und unerwünschten Wirkungen der Medikamente und deren Auswirkungen auf das psychische wie soziale Wohlbefinden.

Der Professionelle benennt seine Schlussfolgerungen, wenn er etwa Befunde mit diagnostischen Urteilen (z. B. Diagnose: Schizophrenie) und therapeutischen Maßnahmen verknüpft. Er berücksichtigt, dass Informationen unter Umständen eine brisante persönliche Bedeutung für den Betroffenen haben. Diese wegzulassen ist ebenso bedeutsam wie das Ausbleiben von Fragen bei bedrohlichen Inhalten. Es gibt vielfältige Möglichkeiten »fürsorglicher« Zurückhaltung bedrohlicher Informationen. H. J. LUDERER (1994 a und b) hat die Informationsvermittlung in der Psychiatrie untersucht und festgestellt, dass bei vielen Ärzten nicht nur die Sorge um die Folgen eines offenen Gesprächs, sondern auch die Scheu vor unangenehmen Mitteilungen eine Rolle spielt. Die Annahme, dass Patienten mit den zurückgehaltenen Informationen nicht umgehen können, ist gleichwohl schwer begründbar. G. WIENBERG und B. SIBUM (1997, S. 136 ff.) kommen bei der Sichtung der vorhandenen Literatur zu dem Ergebnis, dass es keine eindeutigen Belege für einen solchen negativen Effekt gibt.

Aus den USA gibt es inzwischen eine Reihe von Vorschlägen von Betroffenen, wie man sich auf eine Medikamentenverordnung mit seinem Psychiater vorbereiten und welche Fragen man stellen sollte (DEEGAN 2000; FEGERT 1999).

Konzepte: Teil der gegenseitigen Information und der damit verbundenen Beratung ist die Verständigung darüber, was beide Seiten als das behandlungsbedürftige Problem des Betroffenen definieren. Hier ist nicht immer eine Einigung möglich. Wenn man die so genannte »Krankheitseinsicht« zur Voraussetzung für die Behandlung mit Neuroleptika macht, so ist zu berücksichtigen, dass es für viele Betroffene kaum hinnehmbar ist, eine Krankheit zu akzeptieren, die die Grundlagen des eigenen Personseins in

Frage stellt (LEFERINK 1997; ZAUMSEIL 1997). Gleichwohl muss man eine gemeinsame Plattform finden, die für *beide* Seiten akzeptabel ist und in plausibler Form eine Problemformulierung mit einer therapeutischen Handlungsmöglichkeit verbindet. Dies ist gerade, wenn es um das Für und Wider einer psychopharmakologischen Behandlung geht, schwierig, und es kommt in der Praxis oft vor, dass mit verdeckten Karten gespielt wird. Man denke an das irreführende Argument, der Patient »brauche« sein Neuroleptikum wie der Diabetiker sein Insulin.

Es ist auch für viele Ärzte schwierig, ihren Patienten gegenüber die begrenzten Möglichkeiten und Risiken der Pharmakotherapie offen zu legen (z. B. dass es kaum eine Rückfallprophylaxe, sondern allenfalls eine Rückfallverzögerung gibt), wenn sie sie doch überreden wollen, die Medikamente zu nehmen. P. E. BEBBINGTON (1995, S. 42) formuliert das Problem des Psychiaters folgendermaßen: »Ein gewisses Ausmaß an Asymmetrie in der Beziehung zwischen denen, die behandeln, und denen, die behandelt werden, ist unvermeidlich, und das Wissen über wirksame Behandlungen hat die Verpflichtung zur Folge, den Leidenden in aller Klarheit zu informieren und ihn energisch zu überreden, die Vorteile der Behandlung zu akzeptieren. Nichtsdestoweniger kommt man mit Sicherheit nur weiter, wenn man eine gebührende Wertschätzung der Legitimität und der Bedeutsamkeit der Überzeugungen des Patienten über Krankheit und Behandlung aufbringt. Abgesehen von der Gerechtigkeit (oder: »Redlichkeit«, im Original: »justice«; M. Z.) dieses Ansatzes ist er auch effektiver.« Später schreibt er: »Es ist nützlich, wenn Ärzte sich erst einmal selbst fragen, ob sie verschriebene Neuroleptika nehmen würden. Wenn nicht, was würde ihre Meinung ändern? Für mich ändert diese kleine Übung die Grundfrage der Compliance folgendermaßen: Es heißt nicht ›Warum verweigern so viele Patienten ihre Medikation?‹, sondern ›Warum nehmen so viele Patienten die Medikamente?‹ – nichtsdestoweniger verbleiben wir im Geschäft der Überredung.« (ebd., S. 46)

Man hat den Eindruck, dass die Schlussfolgerungen und Argumente, die eine Medikamenteneinnahme im Einzelfall begründen, auch für die Ärzte selbst nicht so zwingend sind, wie sie glauben sie gegenüber den Patienten darstellen zu müssen.

Ziele, Werte, Präferenzen: Der Professionelle unterstützt mit seiner Behandlung den Betroffenen bei der Umsetzung seiner Lebensziele. Ziele für das eigene Leben aufzustellen ist Sache des Betroffenen. Gerade bei der Behandlung chronischer Krankheiten, bei der es um die relative Bewertung von Vor- und Nachteilen geht (z. B. Rückfallverzögerung vs. Einschränkung der Lebensqualität durch Nebenwirkungen), bekommen die Präferenzen und Wertsetzungen der Betroffenen eine zunehmende Bedeutung. Ein abstrakt (durch den Professionellen) definierbares Heilungskriterium ist nicht verfügbar. Allerdings zeigt sich empirisch, dass ein Teil der Patienten trotz eines großen Bedürfnisses nach Information und trotz eines Wunsches nach geteilter Entscheidungsfindung die Entscheidung schließlich doch an den Professionellen delegiert. Hierbei spielt eine Rolle, ob sie den Eindruck haben, dass ihre Meinungen respektiert werden, dass ihnen die Option einer Beteiligung an der Entscheidung angeboten wurde, und dass sie beim Arzt zunächst mehr Erfahrung und Überblick vermuten.

Es ist wichtig zu erkennen, dass der Professionelle nicht nur Wissen, sondern auch Wertorientierungen mit einbringt (CHARLES 1997, S. 687). Respekt, Achtung vor dem anderen, Interesse an seiner Person und die Berücksichtigung seiner individuellen Besonderheit drücken eine bestimmte Werthaltung aus. Mit einer solchen Haltung steht und fällt eine kooperative Beziehung in dem skizzierten Sinn. In Untersuchungen über die Wünsche und Erwartungen von Patienten an Beziehungen zu Therapeuten haben solche Wertorientierungen einen hohen Stellenwert.

Eine kooperative Beziehung kommt nur zustande, wenn entsprechende komplementäre Erwartungen und Werthaltungen auf beiden Seiten vorhanden sind.

Eine besondere Problematik bei der neuroleptischen Medikation besteht darin, dass es Fälle gibt, bei denen Neuroleptika verordnet werden, um den Interessen und Zielen anderer (Familienangehörige, Mitpatienten, Mitarbeiter) zu dienen. Die Frage ist: Werden diese Interessen dem Patienten gegenüber offen gelegt oder ihm so verkauft, dass es besser für ihn sei, die Medikamente zu nehmen?

Problemlösen: Die Erarbeitung von Problemlösungen (Welche therapeutischen Vorgehensweisen sind bei der vorliegenden Problemkonstellation sinnvoll?) ist Aufgabe der Professionellen. Im Bereich der Körpermedizin fühlen sich viele Patienten überfordert, hier fachlich kompetente Überlegungen anzustellen. Sie benötigen Informationen über die unterschiedlichen Behandlungsoptionen, um fundierte Entscheidungen treffen zu können.

Daher wurde in den letzten Jahren das Problemlösen vom Entscheiden getrennt. Es zeigte sich in Befragungen von Betroffenen über die von ihnen gewünschte Teilhabe am Behandlungsprozess, dass sich viele Entscheidungen deshalb nicht zumuten wollten, weil sie meinten, sie müssten sich an der Problemlösung beteiligen. Wurde die Beteiligung am Problemlösen klar von der Beteiligung an Entscheidungen getrennt, so votierte ein erheblich größerer Teil der Patienten dafür, Entscheidungen selbst zu treffen (SCHWAPPACH 1999).

Gleichwohl ist auch das Problemlösen längst nicht mehr allein Sache der professionellen Experten. Dies gilt besonders für den Umgang mit psychischen Störungen, bei denen die Gestaltung von Beziehungen und der sozialen Umgebung einen derart großen Einfluss auf das Wohlergehen hat. Gerade bei der Behandlung chronischer Einschränkungen gibt es im gesamten Bereich der Gesundheitsversorgung Initiativen, in denen ein partnerschaftlicher Stil entwickelt wird, da Betroffene in Bezug auf ihre Krankheit bzw. ihre Probleme eine eigene Expertenschaft entwickeln (GEISLINGER 1998 und in diesem Band). Vor allem zum praktischen alltäglichen Umgang mit langfristigen Einschränkungen hat die Medizin wenig beizutragen und die Selbstbefähigung in selbst organisierten Zusammenschlüssen gewinnt an Bedeutung. Dies ist eine Gegenbewegung zur Medikalisierung von Problemlösungen, die die dominante Tendenz im Bereich der Gesundheitsversorgung darstellt (WILLIAMS u. a. 1996).

Gemeinsame Entscheidungsfindung: Gemeinsame Entscheidungsfindung gibt es nur dort, wo der Professionelle unterschiedliche Handlungsoptionen zulassen kann und nicht schon grundsätzlich ausschließt. Das entscheidende Charakteristikum ist die letztendliche Zustimmung *beider* Parteien zur Behandlungsoption (CHARLES u. a. 1997). Auch wenn beispielsweise der Professionelle eine andere Behandlungsoption bevorzugen würde, so ist es entscheidend, dass er der Wahl des Patienten beipflichten kann und dies als Teil einer ausgehandelten Vereinbarung sieht, in der die Sicht des Patienten zählt. Durch die wechselseitige Zustimmung teilen beide Seiten die Verantwortung für die Entscheidung. Mit anderen Worten, der Professionelle delegiert die Verantwortung nicht an den Patienten, wenn dieser sich gegen seinen Rat entscheidet.

Es gibt inzwischen viele Untersuchungen darüber, ob Patienten denn überhaupt an Entscheidungen beteiligt werden wollen. Von hundert Befragten mit körperlichen Erkrankungen wollen etwa 30 eine gleichberechtigte Beteiligung an Behandlungsentscheidungen, zusätzliche 16 wollen völlig für sich entscheiden, nur etwa 10 wünschen, dass der Arzt für sie entscheidet, und der Rest (44) möchte, dass der Arzt unter Berücksichtigung ihrer Wünsche entscheidet (SCHWAPPACH 1999). Nach einer kürzlich durchgeführten Untersuchung in Leipzig nahmen 78 von 100 Personen, die sich mit der Diagnose »Schizophrenie« in ambulanter psychiatrischer Behandlung befanden, im Verhältnis zu ihrem Arzt eine passive Rolle ein, wobei sich 28 darüber kritisch äußerten und 36 mit diesem Zustand zufrieden waren. Eine aktive Gestaltung des Arzt-Patienten-Verhältnisses zeigte sich bei 23 der Befragten (LINDENBACH u. a. 1999).

Bei solchen Zahlen muss man allerdings berücksichtigen, dass ein partizipativer Stil zwischen Arzt und Patient nicht sehr weit verbreitet ist und eine unbekannte Zahl von Befragten für eine passive Rolle votiert, weil diese Betroffenen gar keine Möglichkeit hatten eine partizipative Haltung in der Interaktion mit Ärzten zu erlernen oder weil sie möglicherweise in vorherigen Begegnungen mit ihren Ärzten gelernt haben, dass eine aktive Haltung ihrerseits nicht willkommen ist.

Umsetzung: Die praktische Umsetzung der Therapie ist nur unter stationären Bedingungen von Professionellen kontrollierbar. Psychosoziale Therapie ist in hohem Maße auf das aktive Engagement und Mittun der Compliance erscheint dann weniger als Kooperationsproblem, sondern als irrationales bzw. mit der Pathologie zusammenhängendes Verhalten der Patienten. Der Professionelle muss dann erneut einseitig mit Interventionsprogrammen zur Erhöhung der Compliance aktiv werden (z.B. FENTON u. a. 1997).

Informationsaustausch bzw. gemeinsame Beratung: Mit einem erneuten Einstieg in einen bewertenden Informationsaustausch nach der ersten erfolgten Behandlung und einer neuen gemeinsamen Beratschlagung, um vielleicht das vorher Beschlossene zu korrigieren, schließt sich nun der Kreis. Erst wenn dieser Zyklus vielfach durchlaufen ist, kann es zu einer allmählichen Veränderung der Haltungen und Umgangsweisen auf beiden Seiten kommen. idealtypischen Verbindung von Kooperation und Selbstständigkeit. Man kann

Die dargestellten *Handlungsschritte* enthalten Vorstellungen von einer sie als eine Liste zur Selbstbefragung in der eigenen Praxis verwenden. Sie wurden als Forschungsrahmen konzipiert, um im Bereich der medizinischen Versorgung (vor allem in angelsächsischen Ländern) relativ entwickelte Modelle der Patienten-Partizipation zu untersuchen.

Der Kontext der Entscheidungen

Wenn man sich mit Kooperation und Autonomieentwicklung in der Therapie beschäftigt, kommt man – gerade bei der Problematik der Medikation – zwangsläufig auf andere Aspekte, die teilweise schon angeklungen sind. Die Pharmakotherapie wird nicht »privat« zwischen Behandler und Behandeltem verhandelt, sondern sie wird innerhalb eines sozial, ökonomisch, institutionell, rechtlich und kulturell strukturierten Rahmens vollzogen.

Macht und Ökonomie

Mit der Selbstständigkeit von Patientinnen und Patienten sind Fragen der Macht und der Ökonomie verknüpft. Es handelt sich um eine Verschiebung von Verfügungsmacht der Professionellen hin zu »Empowerment« der Betroffenen. Es wäre naiv, anzunehmen, dass dies ohne Widerstände vonstatten gehen kann. Neben der Verfügungsmacht der Professionellen und ihrer Organisationen gibt es die Marktmacht und das Marktinteresse der Pharmaindustrie. Weiterhin wird ein starker Einfluss von denen ausgeübt, die daran interessiert sind, die Kosten im Gesundheitswesen zu senken, wie die jeweilige Regierung und jener Teil der Industrie, der nicht vom Budget für Gesundheit profitiert.

Interessant ist die gegenwärtige Konstellation bei den teuren neuen »atypischen« Neuroleptika, deren Nebenwirkungen in der Bilanz als weniger beeinträchtigend gelten. Es entsteht eine Koalition zwischen Pharmaindustrie, Angehörigenverbänden, Betroffenenvertretern (teilweise), Professionellen und Forschern (die oft lukrative Forschungsaufträge von den Pharmafirmen haben) gegen diejenigen, die die Kosten senken wollen, sowie diejenigen, die die Vorteile der neuen Medikamente skeptisch beurteilen. Interessant ist die Entwicklung, dass die Pharmaindustrie davon abgeht, nur das Verschreibungsverhalten der Ärzte zu beeinflussen. Die neue Strategie ist das so genannte »disease management« (HOLDFORD 1998). Die Pharmaunternehmen möchten sich vom Arzneimittelanbieter zum Dienstleistungsanbieter und Mitgestalter des Behandlungssystems entwickeln. Es sollen von deutschen Pharmafirmen ganzheitliche Problemlösungen im Gesundheitswesen (UPPENKAMP 1998) entwickelt werden. Damit soll die Kommunikation und Zusammenarbeit mit allen Prozessbeteiligten verbessert werden, insbesondere die zu den Patienten und deren Interessenvertretern, den Patientenorganisationen. So werden Patienten vermehrt in ihrer Eigenschaft als »Kunden« gesehen.

Von 27 Prozent der Patientinnen und Patienten kommt beim Hausarzt der Wunsch nach der Verschreibung irgendeines Medikamentes (BAHRS 1999). Bei den Psychopharmaka scheint es eine beachtliche Menge von Selbstverordnungen zu geben. Den höchsten Umsatz aller Psychopharmaka in Deutschland hat »Jarsin«, eine frei verkäufliche antidepressiv wirkende Zubereitung aus Johanniskraut (LOHSE u. a. 1997).

Institutionelle Bedingungen

Für den praktischen Umgang mit Medikamenten sind die Umgangsweisen und Routinen beim niedergelassenen Psychiater, in der Klinik, in den so genannten Spritzenambulanzen und anderen befassten Institutionen von entscheidender Bedeutung. Wie läuft das normalerweise ab? Was passiert bei der Anmeldung, wer macht auf welche Weise die Wiedereinbestellung? Wie ist der Stil des Umgangs von Spechstundenhilfen und Pflegepersonal? Wer verordnet, wer verabreicht? Woher beziehen Betroffene Informationen? Was erfahren sie von Mitbetroffenen? Welche Rolle spielen Angehörige? Wie wird in Treffpunkten und anderen Reha-Einrichtungen über Medikamente geredet? Ist eine regelmäßige Medikation Voraussetzung für die Aufnahme oder das Verbleiben in einer Einrichtung?

Die Vielfalt wichtiger und Einfluss nehmender Bedingungen kann hier nur angedeutet werden.

Recht

Mit der Frage der Kooperation und Autonomieentwicklung werden juristische Fragen berührt. Sowohl international als auch in der Bundesrepublik werden die Patientenrechte zunehmend thematisiert (Überblick siehe HUNGELING 2000). Beteiligungsmöglichkeiten und Ansätze der Demokratisierung fehlen jedoch nach wie vor. Eine Patientencharta (oder gar ein Gesetz über die Stellung und die Rechte von Patienten) und Einrichtungen wie Pa-

tientenanwaltschaften gibt es auch in Deutschland (noch) nicht. Die bestehenden Rechte sind zwar durchaus entwickelt (für eine aktuelle Zusammen-
stellung siehe http://www.bremen.de/info/gesundheit/7.html#Patienten-
rechte in Deutschland), aber sie sind kaum bekannt und im konkreten Fall
nur mühsam zu erstreiten, da sie nicht in Form von Gesetzen, sondern nur in
Form gefällter Urteile (»Richterrecht«) vorliegen. Informations- und Unter-
stützungsaufgaben übernehmen zurzeit vor allem die wenigen Patientenstel-
len und Verbraucherzentralen, aber dies gilt kaum für den Bereich der psychosozialen Versorgung. Auch Betroffenen-Initiativen sind in diesem Bereich sehr jung und noch kaum in der Lage den Zugang zu Informationen zu
erleichtern.

Und doch: Eine breitere Diskussion hat begonnen. Das Verhältnis von
grundrechtlichen Patienteninteressen und der Berufsfreiheit des Arztes wird
neu bestimmt (FRANCKE 1994). Die (haftungs)rechtlichen Konsequenzen
von Behandlungsmaßnahmen und damit auch der Anspruch von Betroffenen auf »informierte Zustimmung« wird überdacht. Die bisherige Praxis, ein
relativ hohes Maß an Einwilligungsunfähigkeit zu unterstellen, wird in Frage
gestellt (z. B. durch antizipierende Behandlungsvereinbarungen; MARSCH-
NER 1997; DIETZ u. a. 1998). Die Prüfung der Einwilligungsfähigkeit ist insbesondere in Deutschland unbefriedigend geregelt (AMELUNG 1995).

ROTHÄRMEL (1999) etwa kritisiert, dass es in Deutschland keinen
direkten Schutz der Selbstbestimmungs- und Persönlichkeitsrechte (außerhalb des »Informed-Consent-Paradigmas«) des einwilligungsunfähigen Patienten gibt. Diese Rechte würden ja ihren Sinn verlieren, wenn sie stellvertretend wahrgenommen würden.

Die Durchsetzung einer Medikationsstrategie, die allein der Logik
fremdgesetzter Indikatoren (durchschnittliche Reduzierung von Rückfallraten oder Symptomclustern) entspricht, ist von unserer Rechtsordnung
nicht gedeckt. Diese orientiert sich nicht (wie die wissenschaftliche Argumentation) an Stichproben oder Kollektiven, sondern am Einzelfall.

So braucht man nach dem gegenwärtigen Rechtsverständnis für die
Verschreibung von Neuroleptika einen »informed consent« des einzelnen
Patienten. Die Einwilligung in eine bestimmte Medikation gilt als »Akt
rechtlich garantierter Selbstbestimmung. Zu ihr gehört die Befugnis des
Einwilligenden, anhand des eigenen Wertsystems zu bestimmen, was ihm
nützt und was ihm schadet. Was also ein Vorteil, was ein Nachteil ist, hängt

von der subjektiven Bewertung des Einwilligenden, nicht etwa von der ›objektiven‹ Vernunft eines Dritten ... ab.« (AMELUNG 1995, S. 23) Eine solche Einwilligung macht nur Sinn, wenn sie auf der Grundlage von Informiertheit beruht, d. h. einer Tatsachenkenntnis, die der Entscheidende braucht, um eine vernünftige Entscheidung treffen zu können. Eine solche Informiertheit fällt nicht plötzlich vom Himmel.

In den USA, in denen es ein relativ strenges Haftungsrecht gibt, (aber auch teilweise in Deutschland) wird eine Art Prävention von Haftungsansprüchen betrieben. Dies führte zu einem *Prozess*modell des »informed consent«, das durchaus über das formalisierte Unterschreiben von Schriftsätzen hinausgeht. So konzipiert zum Beispiel die »Harvard Risk Management Foundation«, die im Dienste einer Haftpflichtversicherungsgesellschaft für medizinisch Tätige steht, einen durch Diskussion und Dialog mit dem Arzt ermöglichten Bildungssprozess, der den Patienten befähigt, ein kompetenter Partner bei Entscheidungen zu werden (http://www.rmf.org/w3331.html). Dies setzt bestimmte Kommunikationsfertigkeiten und Werthaltungen bei den Professionellen voraus. Bei diesem Prozessmodell des »improved informed consent« (http://www.rmf.org/homepage.html) müsste der Behandelnde somit nicht einfach Information zur Verfügung stellen, sondern aktiv etwas für einen dialogisch strukturierten Bildungsprozess bei sich und seinem Klienten tun.

Kooperative Pharmakotherapie

Das Handeln in der Pharmakotherapie ist immer auch *kommunikatives Handeln*. Vor allem im körpermedizinischen Bereich wurden Untersuchungen der Arzt-Patient-Kommunikation durchgeführt und relativ elaborierte Analysesysteme von Videoaufzeichnungen aus Sprechstunden entwickelt, anhand derer sich beurteilen lässt, inwieweit Patienten Partizipation und Einfluss zugestanden wird (ONG 1995; BAHRS 1999; ROTER 1993). Es gibt differenzierte Lernprogramme zur Förderung der kommunikativen Kompetenz von Ärzten (z.B. KOERFER u.a. 1999). In den Balint-Gruppen, die zur Ausbildung der Hausärzte gehören, ist die Medikamentenverordnung häufiges Thema.

In der psychiatrischen Pharmakotherapie scheint es weniger um die Frage zu gehen, wie man das kommunikative Handeln der in der Psychiatrie

Tätigen verbessern kann, sondern darum, wie man Patienten zur Compliance erzieht. Auf die Grundkonzeption der Patientenschulung (PETERMANN 1997) oder Psychoedukation wird an anderen Stellen in diesem Buch eingegangen. HORNUNG (1998) hat sich speziell mit der Kooperation schizophrener Patienten in der Pharmakotherapie beschäftigt. Er schreibt dazu: »Inhalt des psychoedukativen Bausteins war unter anderem die Förderung der ›Patientenmitbestimmung‹, um über eine Verbesserung der Compliance zur Rezidivprophylaxe beizutragen.« (S. VII) Schon diese Formulierung macht deutlich, dass es bei vielen dieser aus dem Bereich der kognitiven Verhaltenstherapie stammenden Ansätze um eine in Therapiemanualen standardisierte, möglichst effektive Verhaltensbeeinflussung geht.

Allerdings erscheinen diese Ansätze der Psychoedukation vor dem Hintergrund neuerer Entwicklungen in der kognitiven Therapie schon wieder als veraltetes Konzept. Dort kommt es in einer beeindruckenden Geschwindigkeit zu konzeptuellen Erweiterungen. Es deutet sich an, dass Vorstellungen über das Selbst (und dessen Befähigung) formulierbar werden und man damit möglicherweise auch genauere Vorstellungen über Kooperation und Partizipation gewinnt (z. B. WYKES u. a. 1998). Wo immer die Pharmakotherapie innerhalb eines umfassenderen psychosozialen Behandlungskontextes relativierbar wird und die Behandlung sich an den Bedürfnissen des einzelnen Patienten und seines Netzwerks orientiert, da besteht die Chance, dass sich das Handeln derer, die als Professionelle und als Betroffene miteinander kooperieren, miteinander entwickeln kann. In dieser Hinsicht lässt sich besonders viel von den in Skandinavien entwickelten Modellen lernen, in denen Betroffenen sehr früh geholfen, sehr sparsam mit Neuroleptika umgegangen und weitgehend auf Klinikbetten verzichtet wird (für Finnland: ALANEN 1997; für Schweden: CULLBERG 2000).

Bei den kognitiv betonten Ansätzen – einschließlich des Modells der geteilten Entscheidungsfindung – besteht die Gefahr, dass die Seite des einzelnen rational kalkulierenden und souverän entscheidenden Subjekts überbetont wird und die Leid- und Abhängigkeitserfahrung sowie die soziale, auf den Kontext angewiesene Seite der Person zu kurz kommt.

Schluss

Die alten Leitbilder der wohlmeinenden ärztlichen Autorität und der mildtätigen schwesterlichen Fürsorge sind brüchig geworden. Die Ordination – eines der Kernstücke traditionellen ärztlichen Handelns – wird allmählich durch Vorstellungen des Aushandelns von Entscheidungen abgelöst. Es ist eine Modernisierung der Erwartungen an die Professionellen im Gang (ZAUMSEIL / LEFERINK 1997). Das öffentliche Bewusstsein entwickelt sich möglicherweise schneller als die institutionellen Strukturen, in die die alten Praktiken eingelassen sind und die oft auch den in diesen Versorgungsinstitutionen Arbeitenden als Hemmnis erscheinen. Aber die anstehenden Veränderungen und die sie bestimmenden Kräfte sind bisher nur unscharf zu erkennen. Statt des Patienten tritt der aktive, informierte, handlungsmächtige »Betroffene« auf den Plan. Chronisches Kranksein ist zur Aufgabe geworden, Selbstbehandlung wird zur Verpflichtung (ZAUMSEIL 2000). Nicht alle können das leisten.

»Aufgabe« ist im Deutschen ein doppeldeutiges Wort: Neben der Handlungsmächtigkeit bedeutet es auch Ohnmacht, Verzweiflung und Verstörung. Was fehlt, ist eine neue Form von Respekt und Achtung, die die beiden Seiten der Person integriert: das den Anspruch auf aktive Selbstbestimmung fordernde wie auch das leidende Subjekt.

HELMUT MAIMER

Jenseits von Illusion und Resignation: Selbstbefähigung im Alltag einer Facharztpraxis

Die meisten Elemente des so genannten Empowerment sprechen sowohl Grundlagen moderner pluraler und demokratisch verfasster Staaten an als auch die Legitimierung ärztlichen Handelns in gesetzlicher wie ethischer Hinsicht. Im Vordergrund stehen vor allen Dingen Elemente der selbstbestimmten Entscheidung, der Teilhabe an Informationen, der Partizipation an der Gesellschaft, der Gültigkeit von grundlegenden Persönlichkeitsrechten, wie etwa dem Recht auf Entfaltung und Entwicklung.

Die philosophische Disziplin der Bioethik bezieht sich in der Grundlegung ethischen Handelns in den Biowissenschaften auf Überlegungen so genannter postmoderner Philosophen: Nachdem ein umfassendes Weltbild fehlt (LYOTARD 1984, zit. nach ENGELHARDT 1991) und weder die Berufung auf Gott noch auf eine »philosophisch gerechtfertigte metaphysische Einrichtung« oder ein »kanonischer Begriff von Gut« dazu verhilft, in unserer modernen Gesellschaft grundlegende ethische Streitfragen zu lösen, verbleibt nur das Prinzip der bewussten und freien Entscheidung durch den Betroffenen, der eine Richtschnur ethischen Handelns abgibt. Grundlage dieses Prinzips ist, dass sich in Arzt und Patient zwei gleichberechtigte und autonome Individuen begegnen, die partnerschaftlich Zeitpunkt, Wesen und Umfang der Therapie verhandeln. Dabei ist es Bestandteil der Rollenverteilung, dass dem Arzt auf Grund der ihm zugeschriebenen Fachkompetenz die Aufgabe der Entwicklung von Problemlösestrategien zukommt, eine Aufgabe, von der sich viele Patienten überfordert fühlen würden. Allerdings wird die letztliche Entscheidung über die Therapie gemeinschaftlich getroffen. Dies setzt voraus, dass der Patient Zugang zu allen für die Entscheidung notwendigen Informationen behält. Dieses Prinzip findet auch seinen Niederschlag in der rechtlichen Grundlegung ärztlichen Handelns, in der festgelegt ist, dass jede Behandlung ein invasiver, die Integrität des Patienten beeinträchtigender Akt ist, der der Zustimmung bedarf. Dazu ist eine detaillierte Aufklärung des Patienten nötig, die alle notwendigen Informationen umfasst und in einer dem Patienten verständlichen Art und Weise vermittelt wird. Darüber hinaus schließt ärztliches Handeln auch eine Offenlegung der Behandlungsstrategien und Maßnahmen mit ein, um dem Patienten auch im Nachhinein die Möglichkeit zu geben rechtlich gegen ärztliches Verhalten vorzugehen (Kunstfehler).

Dieses autonome und selbstbestimmte Verhalten der Patientinnen und Patienten wird aber durch das immer noch vorhandene klassische Arzt-Patienten-Verhältnis, mit einem Gefälle von Arzt zu Patient, relativiert. Dem Patienten wird die Krankenrolle zugeschrieben, die ihm verschiedene Rechte (etwa das Recht auf Behandlung), aber auch Pflichten zuschreibt, vor allem die Pflicht alle Anstrengungen zur Gesundung zu unternehmen, was auch eine Pflicht zur ärztlichen Behandlung einschließt (PEARSON 1964, zit. nach MUTHNY / BRODA 1999). Darüber hinaus bedeutet der Zustand des Krankseins unter Umständen einen regressiven, von Hilflosigkeit und vom Hilfesuchen geprägten Zustand, der eine Haltung von Selbstbestimmtheit und Freiheit einschränkt. Das ärztliche Verhalten ist auch heute noch sehr stark davon geprägt, das Wohl des Patienten nicht so sehr an dessen eigenem aktuellen Verständnis von seinem Wohl zu messen als vielmehr an Idealvorstellungen vom Wohl eines Patienten im Allgemeinen. Hier ist die Quelle für immer wieder festzustellendes, fremdbestimmendes Handeln von Ärzten zu sehen.

Besonders fatal wirkt sich dies in der Behandlung von psychisch kranken Menschen aus, wenn im »wohl verstandenen« Interesse des Patienten über ihn bestimmt wird. Dies wird bei psychischen Störungen dadurch nahe gelegt, dass die Störung selbst die Autonomie von Entscheidung und Handeln einschränken kann, etwa wenn es zu einer Desintegration der Persönlichkeit im Rahmen einer akuten Episode einer Schizophrenie kommt oder wenn, wie bei depressiven Menschen, Vitalität und Antrieb gravierend reduziert sind und der Blick durch Hoffnungs- und Perspektivlosigkeit eingeengt ist. Andererseits wird psychisch Kranken diese Autonomie in einem weit größeren Umfang abgesprochen, als dies wirklich notwendig und für den Betroffenen hilfreich wäre.

Eine beispielhafte Praxissituation

Ich bin seit anderthalb Jahren als Facharzt für Psychiatrie und Psychotherapie in einer Stadt mit 40 000 Einwohnern in Gemeinschaftspraxis mit einem Kollegen niedergelassen. Davor war ich in einer psychiatrischen Abteilung in einem Allgemeinkrankenhaus tätig, in dem einerseits parallel stationär und ambulant gearbeitet wurde, andererseits die stationäre Behandlung nach Diagnosen gemischt erfolgte.

Zur Versorgungsstruktur in dieser Region zählt neben der psychiatrischen Abteilung ein sozialpsychiatrischer Dienst, der Wohngemeinschaften unterhält und betreutes Einzelwohnen anbietet. Ferner gibt es eine psychosoziale Beratungsstelle sowie ein Arbeitsprojekt in Zusammenarbeit mit der Klinik und dem Kolping-Bildungswerk. Für alte Menschen existieren Altenheime, eine Tagesstätte und verschiedene Möglichkeiten der Kurzzeitpflege. Zudem gibt es im Landkreis ein Heim für psychisch und geistig Behinderte.

Neben unserer Praxis, die erst seit 1998 existiert, bestehen eine langjährige Gemeinschaftspraxis mit zwei Nervenärzten sowie eine weitere von einer Nervenärztin geführte Praxis. Die Zahl der Krankenscheine pro Quartal und Praxis beträgt bei uns ca. 450. Die größte Gruppe unserer Patientinnen und Patienten sind Menschen mit depressiven und Angstsyndromen. Nach ICD-10 überwiegen Menschen mit affektiven und neurotischen Störungen, den dritten Platz nehmen Menschen mit so genannten psychotischen Störungen, wie Schizophrenien, kurz dauernden akuten psychotischen Episoden, schizoaffektiven und anhaltend wahnhaften Störungen ein. Wie in einer allgemeinpsychiatrisch-psychotherapeutischen Praxis nicht anders zu erwarten, suchen jedoch Menschen mit psychischen Störungen aus allen Diagnosebereichen unsere Hilfe auf.

Therapeutische Grundhaltung
zur Stärkung der Selbstbefähigung

Zu Beginn einer jeden Behandlung geht es zunächst darum, das Bedürfnis nach *Art und Umfang* bzw. *Invasivität der Unterstützung* auszuloten und miteinander zu verhandeln. Ich versuche in der ersten Behandlungssitzung, die durchschnittlich eine halbe Stunde dauert, zuzuhören und Themenauswahl und Behandlungsauftrag zunächst zu respektieren. Das heißt, ich werde es zunächst dem Betroffenen überlassen, ob er mit mir über individuelle psychische Befindlichkeiten, über familiäre oder Partnerschaftsprobleme oder etwa über den Arbeitsbereich spricht. Desgleichen erscheint es mir wichtig zu respektieren, ob der Betroffene nur eine symptomatische Behandlung wünscht, das heißt die Abwesenheit konkreter Beschwerden, oder ob er seine Beschwerden in einem komplexeren Kontext sieht und diesen verändern möchte. Aus meiner Erfahrung ist es aber nicht die Mehrzahl der Patienten, die eine rein symptomatische Behandlung möchte.

Ich bemühe mich den Patienten bei der *Präzisierung des Auftrags* zu unterstützen, aber auch meine Möglichkeiten und Grenzen aufzuzeigen. Es ist zum Beispiel immer wieder der Wunsch, durch die Therapie allgemeines Lebensglück zu erlangen, oder mir werden Rollen zugeschrieben, die nichts mit meiner Aufgabe als Therapeut zu tun haben, etwa als Seelsorger, als guter Freund, als Nachbar. Zu diesem behutsamen Vorgehen gehört auch, dass nicht »wild« Anamnesedaten erhoben werden.

Eine andere für mich wesentliche Grundhaltung stellt die Arbeitsweise des so genannten *sokratischen Dialogs* dar, der in Form von Fragen den Patienten neue Sichtweisen selbst entdecken lässt. Die Rolle des Behandlers als »Geburtshelfer« (siehe Mäeutik der sokratischen Methode) oder als *Supervisor*, der als Außenstehender Lösungs- und Entwicklungsmöglichkeiten entdeckt, die dem Patienten auf Grund seiner Verstricktheit verschlossen ist.

Ein weiteres Grundelement selbstbefähigenden Arbeitens in der ambulanten ärztlichen Praxis besteht darin, im Dialog mit dem Patienten, aber auch im *Trialog* mit Familie und übrigem Umfeld den momentanen Freiheitsgrad für selbstbestimmtes Entscheiden, für die Auswahl der aktuell notwendigen Unterstützungsform, aber auch für die Möglichkeit, sich Informationen zu verschaffen, zu klären. Diese Selbstbestimmtheit kann durch psychotische Erlebnisse, durch schwere depressive oder manische Verstimmungen, aber auch bei organischen Veränderungen (z. B. Demenz) oder in schwer traumatisierenden Situationen eingeschränkt sein. Daraus entsteht der Spagat zwischen der Rolle des Anwalts unserer Patienten und des Bevormundenden. Wie auch im juristischen Sinne der Betreute in jedem Moment verfahrensfähig ist, so erscheint es auch wichtig, in jeder Phase der Erkrankung und der Therapie weitere Therapieschritte mit dem Betroffenen auszuhandeln und abzusprechen und ihm erst mal ein Mehr an Kompetenz zuzutrauen. Es wurde bereits in anderen Abschnitten dieses Buches erwähnt, dass auch während psychotischer Erlebnisweisen der Betroffene durchaus die Qualität der therapeutischen Beziehung und das von ihr getragene mögliche Vertrauen spürt und erfährt. Er erkennt durchaus die Relevanz bestimmter Entscheidungen.

Eine entscheidende Entwicklung sowohl in der Psychiatrie als auch in der Psychotherapie stellt die Abkehr von der Defizit- hin zur *Ressourcenorientierung* dar. In der Verhaltenstherapie wird dies etwa im Selbstmanagement-Therapieansatz nach F. H. KANFER (1996) oder in der dialektisch-behavioralen Therapie nach M. LINEHAN (1996) deutlich. Ein wichtiges Therapieprinzip ist es, selbst massive Verhaltensstörungen wie Selbstverletzungen zunächst als Lösungsversuch der Patientinnen und Patienten aufzufassen, der aus ihrer Vorgeschichte verstehbar ist. Davon ausgehend wird versucht im Rahmen einer vertrauensvoll empathischen Beziehung Alternativen aufzubauen und so im Sinne der Selbstbefähigung Handlungsspielräume zu vergrößern. Ein Beispiel für einen anderen, nicht verhaltenstherapeutischen, gleichwohl ressourcenorientierten Therapieansatz ist die systemische *lösungsorientierte Therapie* nach St. DE SHAZER (1992) und I. K. BERG (1998). Ein weiterer wichtiger Ansatz ist aus der Copingforschung entstanden. »Coping« (LAZARUS 1966, zitiert nach MUTHNY / BRODA 1999) umfasst Bewältigungsstrategien, die ein Mensch einsetzt, um mit einem Stressor, das heißt mit einem im weitesten Sinn belastenden Ereignis, das die alltäglichen Bewältigungsroutinen übersteigt, umzugehen. Auch Symptome können als Copingstrategien aufgefasst werden. Wesentlich ist dabei der Respekt vor den Erklärungsmodellen und Bewältigungsstrategien der Patienten, die aufzugreifen und, wenn sie unterstützend wirken und der Selbstbefähigung dienen, zu fördern sind. Wer diese subjektiven Konzepte und Strategien erweitern möchte, sollte dies behutsam tun, dies explizit darlegen und in einen Prozess des gemeinsamen Argumentierens treten. Letztlich wählt der Betroffene selbst die für ihn förderlichsten Konzepte und Strategien aus.

Ein wichtiges Element des Empowermentgedankens ist die »Rückgabe« der Biografie an den psychisch Erkrankten, d. h. die Umwandlung der Krankengeschichte in eine Lebensgeschichte. Auch dies wird sowohl in der Psychiatrie wie in der Psychotherapie aufgegriffen und findet in der Psychotherapie ihre Begriffsbestimmung im so genannten *Narrativ* (MCADAMS 1993; RANDALL 1995, zitiert nach FIEDLER 1999). Dabei handelt es sich um erzählte Lebensepisoden, die dem Betroffenen dazu dienen, sein Leben zu einem konsistenten Selbstbild zusammenzufügen, die verschiedenen Lebensperioden zu ordnen und zu bewerten, sich also allgemein seiner Identität zu versichern. Dies stellt ein wesentliches Therapieelement in jeglicher Behandlung dar, das einer Fünf-Minuten-Medizin diametral entgegensteht, das aber, wenn es realisiert wird, Identität und Individualität verleiht und somit erst das Selbstbewusstsein freisetzt, das Entwicklungen ermöglicht.

Inwieweit auch für den Patienten schwierige Entscheidungen wie Medikation oder Einweisung in die Klinik *miteinander* getroffen werden können, hängt von Seiten des Therapeuten von verschiedenen Aspekten ab:

1 Authentizität des Kontaktes: Spürt der Betroffene Empathie, echtes Interesse, Ringen um die bestmögliche Lösung?

2 Persönliche Verfassung und Umstände des Praxisbetriebes: Welcher Zeitdruck besteht im Praxisablauf, der wievielte »Notfallpatient« ist der Betroffene, wie ist das Ausmaß der subjektiven und objektiven psychischen Belastbarkeit des Behandlers durch die Arbeit, aber auch durch andere Faktoren?

In einer *haltenden, authentischen* und *engagierten Beziehung* wird es leichter fallen, gemeinsame Therapieabsprachen zu treffen. Hilfreich für mich ist es immer, nicht als omnipotenter, allwissender Arzt in Erscheinung zu treten, sondern auch »Schwäche« zuzugestehen, dem Patienten zum Beispiel mitzuteilen, dass ich mir Sorgen mache, dass ich Angst um ihn habe, dass mich eine Situation überfordert. Dazu gehört es auch, bei der Wahl der Maßnahmen die Folgen aufzuzeigen, die diese für den Patienten und sein Umfeld haben.

Ein junger manischer Patient, sehr antriebsgesteigert, missachtet immer wieder Absprachen mit der Familie, verlässt plötzlich früh morgens das Haus und taucht im Schlafzimmer von Bekannten auf, besucht die Eltern eines früheren Freundes, verhält sich dabei aber so rastlos und unberechenbar, dass diese ihn der Wohnung verweisen. Er fährt laut der Mutter zu schnell Auto und plant auch riskante sportliche Unternehmungen. Er zeigt wenig Zugang zu der Auffälligkeit und Gefährlichkeit seiner Veränderungen. In der Sprechstunde geht es darum, eine mögliche Klinikeinweisung zu besprechen. Eine Einweisung im Rahmen der Betreuung wäre sicherlich auf Grund der Symptomatik möglich, aber nicht wünschenswert. Die Eltern, nachdem der Zustand schon mehrere Tage anhält, sind bereits völlig erschöpft, auch dies ist ein Faktor, der in die Entscheidung mit einfließt. Es werden also die Folgen sowohl der Klinikeinweisung besprochen (eingeschränkte Freiheit, Aufenthalt in fremder Umgebung, aber auch unterstützende Angebote) wie die Folgen der Nichtaufnahme (weitere Erschöpfung der Familienmitglieder, zunehmendes Sich-unmöglich-Machen im sozialen Umfeld, gefährliche, unberechenbare Aktionen, andererseits mehr Freiheit und Selbstbestimmung). Letztlich wird es möglich, dem Betroffenen die Auswahl zu überlassen: Er stimmt einer Aufnahme in die Klinik zu.

An diesem Beispiel lassen sich nun aber auch die Grenzen der Unterstützung der Selbstbefähigung aufzeigen. Zunächst einmal geschah die Entscheidung unter großem Zeitdruck. Ich rief im Beisein des Betroffenen in der Klinik an und vereinbarte schon eine Aufnahme, noch bevor der Betroffene seine Zustimmung gegeben hatte. Er wurde über die Dauer des Aufenthaltes im Unklaren gelassen. Ich ging zwar zum Aufnahmegespräch mit in die Klinik, es wurde aber von mir versäumt, die Dauer des Aufenthaltes anzusprechen, Szenarios zu entwickeln, wenn der Patient die Klinik verlassen möchte, etwa ob dann eine Unterbringung erfolgen oder auch eine Entlassung mit verstärktem ambulanten Angebot durchgeführt werden sollte. Auch ein persönlicher Wunsch des Betroffenen, nämlich an einer Feier von Freunden teilzunehmen, wurde nicht in seinem Für und Wider inklusive einer Entscheidung aller Beteiligten abgesprochen. Das Ergebnis war, dass der Betroffene in der Nacht die Klinik verlassen wollte. Es kam zu Zwangsmaßnahmen im Rahmen einer Unterbringung auf der Basis einer Betreuung. Dies erlebte der junge Mann als sehr traumatisch. Letztlich führte es dazu, dass er den Eindruck von der Klinikeinweisung zurückbehielt, überrannt worden zu sein, und sich schwer damit tat, die Klinikbehandlung als Ausdruck einer Lebenskrise psychisch zu integrieren. Das Ergebnis für mich selbst waren Schuldgefühle, Mitleid, aber auch Ängste, einen Patienten zu verlieren.

Zu einer Herausforderung werden die Grundgedanken des Empowerment für mich vor allen Dingen in Grenzsituationen, bei krisenhaften Zuspitzungen, seien diese krankheits- oder situationsbedingt, bei Zeitdruck und ungünstigen Übertragungs- und Gegenübertragungskonstellationen. In den übrigen Situationen sind Selbstbefähigung fördernde Grundhaltungen durch ein modernes partnerschaftliches Arzt-Patient-Verhältnis hinreichend charakterisiert, die die Auswahl von Behandlungsoptionen, die Partizipation an Entscheidungen und den Zugang zu Informationen beinhalten. Patienten nutzen auch die Möglichkeit, sich Zweitmeinungen einzuholen;

dies stelle ich sowohl bei eigenen Patienten wie auch bei Patienten von Kollegen fest. Im Sinne der Selbstbefähigung unterstütze ich diesen Wunsch nach einer »second opinion«, ohne mich gekränkt zu zeigen.

Zusammenfassend möchte ich festhalten, dass sich die Frage des Empowerment in solchen Situationen zuspitzt, in denen vom Behandler ein *Nichthandeln* gefordert ist. Dies stellt auch in der ärztlichen Praxis einen schwierigen Punkt dar. Hier gilt es, loslassen zu können, den anderen auch in seinem Anderssein, jenseits jeglicher Normierung hinsichtlich dessen, was psychische Gesundheit sein soll, sein lassen zu können. Dazu gehört, das Risiko mit dem Betroffenen gemeinsam zu übernehmen und dem anderen und sich Fehler zuzubilligen. Der Wunsch, sich nicht behandeln zu lassen, sei es medikamentös oder in Form einer stationären Therapie, ist als Erstes einmal uneingeschränkt zu akzeptieren – erst anschließend kann eine individuelle Risikoabwägung zusammen mit dem Betroffenen erfolgen, die aber immer die echte Möglichkeit einer Nichtbehandlung enthalten soll. Dies zu tun erfordert Mut. Viele Faktoren spielen in eine solche Entscheidung mit hinein: Berufserfahrung, Beziehung zu dem Patienten, Wissen um dessen bisherige Krankheitsvorgeschichte, Haltungen und Einstellungen des Behandlers, momentane Arbeitsbelastung, prägende vorausgegangene Ereignisse (so wird etwa ein erst vor kurzem durchgeführter Suizid eines Patienten die Risikobereitschaft des Behandlers erheblich verringern).

Eine 40-jährige Patientin entwickelte während ihrer Lehrzeit massive Zwänge, vor allem Wasch- und Sammelzwänge. Sie wurde während dieser Zeit erstmalig stationär in einer Universitätsnervenklinik behandelt, absolvierte von Station aus ihren Lehrabschluss und wurde dann ambulant weiterbehandelt. Zunächst war sie in ihrer Lebensführung weniger eingeschränkt. Es kam in den darauf folgenden Jahren zu zwei stationären psychotherapeutischen und einem stationär psychiatrischen Behandlungsversuch. Letzterer erfolgte, weil die junge Frau das Krankenzimmer der psychosomatischen Klinik nicht mehr verlassen wollte. Diese Probleme setzten sich während der Behandlung in der psychiatrischen Klinik fort. Die Patientin vernachlässigte Körperpflege und Bekleidung und zog sich in ihr Zimmer zurück. Die stationäre Behandlung, einschließlich Medikation, schlug fehl und die Patientin wurde entlassen. Seither lebt sie schon seit vielen Jahren im Haus ihrer Eltern, verlässt dieses aber nicht mehr, sondern nimmt nur noch telefonisch Kontakt zur Außenwelt auf. Lediglich bei akuten Schmerzen war sie vor Jahren zu einem Arztbesuch zu bewegen.

Die Atmosphäre mit den Eltern wird immer angespannter. Die Patientin beansprucht im Haus der Eltern immer mehr Raum für sich, die Eltern haben sich inzwischen in einen kleinen Bereich im Keller zurückgezogen. Sie kann keinerlei Gegenstände, weder Verpackungen, Zeitungen noch andere Dinge wegwerfen, das ganze Haus ist voll gestellt mit verschiedenen Gegenständen. Bisher fanden zwei Hausbesuche bei vier Versuchen statt. Es bedarf einer Anmeldung und langwieriger ritueller Vorbereitungen. Die Patientin ist auf Grund ihrer Ängste, sich zu kontaminieren, nicht in der Lage sich zu waschen und erscheint daher sehr ungepflegt. Gleichzeitig wirkt sie aber offen und klar, ist sich ihrer problematischen Situation bewusst und leidet unter ihren Symptomen. Sie ist sich auch im Klaren darüber, dass sich die Situation zuspitzen wird, wenn die Eltern nicht mehr leben sollten.

Über die Mutter kommt schließlich der Kontakt mit mir zustande. Es wird ein großes Bedürfnis der Patientin nach Kontakt zur Außenwelt deutlich, sie ist an ausgiebigen Gesprächen interessiert. Gleichzeitig besteht die große Angst, zwangseingewiesen zu werden. Sie erwartet sich von einer Therapie keine Hilfe. Ein Versuch, sie ambulant zu medizieren, scheiterte. Aus Ängsten und Zwangsritualen heraus verweigerte sie es auch, ihre Versichertenkarte mit einem mobilen Kartenlesegerät einlesen zu lassen bzw. ihre Daten offen zu legen. Zu anderen Kontakten, etwa zur Klinik, zum SPD oder gar zum Gesundheitsamt ist sie nicht zu motivieren. Die mit einem erheblichen Zeitaufwand verbundenen Hausbesuche sprengen den Organisationsrahmen meiner Praxis, gleichzeitig wurden die Leistungen bis dahin erbracht, ohne abgerechnet werden zu können. Es ist intensiver Beziehungsaufbau nötig, da ein erhebliches Misstrauen besteht. Ein dringender Unterstützungsbedarf besteht ebenfalls, der sich nicht nur auf eine Behandlung im engeren Sinne, sondern auch auf Hilfen im Alltagsbereich und beim Aufbau von Kontakten bezieht.

Die Grenzen ergeben sich in zweierlei Hinsicht: Erstens im Sinne der Frage, was im Rahmen einer kassenärztlichen Behandlung machbar ist, zum anderen hinsichtlich der bisher völlig ablehnenden Haltung gegenüber jeglicher Unterstützung. Eine solche könnte derzeit nur gegen den Willen der Patientin erfolgen, was die Traumatisierung erhöhen würde. Diese Ablehnung von Hilfe kontrastiert mit dem aus ärztlicher Perspektive gegebenen dringenden Behandlungsbedarf. Die Patientin ruft immer wieder zu Gesprächen an. Dabei belasse ich es derzeit in der Hoffnung und Erwartung, dass sich meine Geduld auszahlt und sie langsam Vertrauen fasst.

Möglichkeiten und Grenzen für selbstbefähigendes Arbeiten im Kontext einer psychiatrisch-psychotherapeutischen Praxis

Bereits in der Verknüpfung von Psychiatrie und Psychotherapie in *einem* Facharzt liegen Chancen und Grenzen selbstbefähigenden ärztlichen Handelns nahe zusammen. Die inhaltlich passende und organische Verknüpfung von Psychiatrie und Psychotherapie, für die Psychiater selbst jahrelang eingetreten sind, trifft auf eine von der kassenärztlichen Vereinigung vorgegebene starre inhaltliche und abrechnungstechnische Trennung in zwei Bereiche.

Für beide Bereiche werden verschiedene Ziffern abgerechnet. Der Bereich der klassischen Psychotherapie ist nur auf Antrag möglich, umfasst ein bestimmtes Stundenkontingent und bedeutet eine genau festgelegte Behandlungszeit pro Sitzung. Dieser Bereich war bislang vom Budget frei, d. h., es konnte mit einer festen Vergütung gerechnet werden, mittlerweile unterliegt auch dieser Bereich einem Budget, das sich an den Gesamtmitteln orientiert, d. h., es ist jederzeit möglich, dass die Vergütung pro Therapiesitzung drastisch sinkt. Im Bereich der Psychiatrie gibt es diese Budgets schon länger. Sie bedeuten, dass eine durchschnittliche Kontakthäufigkeit von rund dreimal im Quartal pro Psychiatriepatient vorgesehen ist. Dies ist zwar nur ein Durchschnittswert, er wird allerdings rasch überschritten, und der einzelne Kassenarzt macht sich von der zufälligen Patientenstruktur abhängig, die er nicht beeinflussen kann. Es ist für ihn zum Beispiel günstig, wenn möglichst viele Patienten nur einmal kommen, etwa zur Abklärung einer psychiatrischen Störung. Diese wirken dann als so genannte »Verdünner«, die es erlauben, andere Patienten häufiger zu sehen.

Dieser Formalismus mit Ziffern, Punkten und Punktwerten kann natürlich in Widerspruch zu einer freien, bedürfnisgerechten, auf Selbstbefähigung ausgerichteten Behandlung treten. Diese mitschwingenden formalistischen Anforderungen machen zunächst einmal im Kopf unfrei. Ich habe bisher noch keinen Patienten abgelehnt oder weniger häufig, als ich es für nötig fand, behandelt. Dennoch ist es schon bedenkenswert genug, dass solche Überlegungen überhaupt eine Rolle spielen müssen. Wissenschaftliche Empfehlungen zu bestimmten Therapieansätzen gehen häufig von ganz anderen Erfordernissen aus, als durch das Regelwerk der kassenärztlichen

Abrechnung nahe gelegt wird. So wird etwa von HEGERL und MÖLLER (2000) zur Behandlung der Depression bei alten Menschen mittels Antidepressiva empfohlen, vor allen Dingen in den ersten Wochen den Patienten einmal pro Woche zu sehen, was zur Beobachtung des Therapieverlaufs und zum Nebenwirkungsmonitoring wichtig ist.

Eine inhaltliche Trennung von Psychiatrie und Psychotherapie, wie sie durch die formale abrechnungstechnische Aufteilung nahe gelegt wird, erscheint völlig widersinnig. So kommen auch in der so genannten rein psychiatrischen Behandlung immer wieder psychotherapeutische Interventionen zum Einsatz, etwa die Modifikation depressiogener Kognitionen (BECK u. a. 1992) sowie der Aufbau positiver Aktivitäten bei depressiven Menschen, die psychopharmakologisch behandelt werden. Auch bei Patienten mit Wahnstörungen, schizophrenen Erkrankungen oder schizoaffektiven Störungen kommen fast regelhaft Elemente psychoedukativer Verfahren zum Einsatz, als da sind: Erarbeitung von Krankheitskonzept und Krankheitsbewältigung, detaillierte Aufklärung über Wirkungen und Nebenwirkungen von Medikamenten und die Förderung eines möglichst selbstständigen Umgangs mit dem Medikament, Erkennen von Frühsymptomen sowie eine Verbesserung der kommunikativen und allgemeinen sozialen Kompetenz. Diese Interventionen sind zeitintensiv, sodass immer wieder die Überlegung angestellt werden muss, ob doch eine Psychotherapie auf Antrag durchgeführt werden soll oder nicht.

Auch im Bereich der Psychotherapie ergeben sich Grenzen eines bedarfs- und bedürfnisgerechten Arbeitens. Trotz der nominellen Überversorgung von gut 200 Prozent mit Psychotherapeuten im Raum Memmingen-Unterallgäu, bestehen bei allen Kollegen Wartezeiten von neun bis zwölf Monaten bis zum Beginn einer Psychotherapie. Dies schränkt eine geeignete und zeitnahe sowie bedürfnisgerechte Behandlung von Betroffenen ein. Die augenblickliche hohe Motivation und die damit verbundene Änderungsbereitschaft, die auch die Empfänglichkeit für die Wirkfaktoren der Therapie erhöht, bleibt ungenutzt. Auch hier ergeben sich Lösungsversuche aus dem Mangel heraus: So versuche ich zum Beispiel bei Patienten mit Angststörungen, die keinen regulären Therapieplatz erhalten, eine intensivierte psychiatrische Behandlung durchzuführen. Diese schließt sowohl Informationen über Entstehungs- und aufrechterhaltende Bedingungen der Angstsymptome und das Wesen der rein symptomatischen In-vivo-Expositionsbehandlung ein – dabei werden auch kurz mögliche Übungsfelder besprochen – als auch eine medikamentöse Behandlung mit einem SSRI, Clomipramin oder Imipramin.

Im Hinblick auf die Pharmakotherapie möchte ich hier nur kurz auf die Schwierigkeiten eingehen, die sich im kassenärztlichen Bereich – nicht etwa bei Institutsambulanzen – aus dem Arzneimittelbudget ergeben. Es besteht folgende Dialektik: Einerseits ist dem Betroffenen die Möglichkeit einer Behandlungsfreiheit offen zu halten, wobei sowohl Patient als auch Behandler unter dem Druck der gewünschten raschen Symptomremission stehen. Andererseits soll der Patient, sofern er es wünscht, auch Zugang zu neueren Medikamenten erhalten, die entweder in bestimmten Bereichen eine bessere Wirksamkeit und / oder ein günstigeres Nebenwirkungsprofil zeigen. Hier wirkt sich das Arzneimittelbudget negativ aus, das die älteren, billigeren Antidepressiva und Neuroleptika gegenüber den neueren atypischen Neuroleptika begünstigt. In unserer Praxis führt dies dazu, dass wir unser Arzneimittelbudget überschreiten, obwohl wir verschiedene Patienten auch ohne Medikamente behandeln. Wir verschreiben unseren Patienten nicht am Ende des Quartals weniger Medikamente, wir bemühen uns aber verschiedene Indikationen zu beachten: atypische Neuroleptika bei verstärkten Nebenwirkungen unter klassischen Neuroleptika und/oder vermehrter Minussymptomatik, SSRI bei Angststörungen oder starker Angstkomponente im Rahmen der Depression, bei Nebenwirkungen unter den klassischen trizyklischen Antidepressiva. Vor allen Dingen bei älteren Menschen oder bei Patienten, die sehr ängstlich bezüglich Medikation und möglicher Nebenwirkungen sind und zu befürchten steht, dass sie bei einem komplizierten Aufdosierungsschema und mehrmals täglicher Einnahme sowie den typischen Nebenwirkungen von Trizyklika eine sinnvolle Behandlung ablehnen, wird die Therapie mit einem neueren Antidepressivum begonnen. Wir dokumentieren diese Überlegungen im Einzelnen und schicken sie regelmäßig zum Quartalsende zur Kassenärztlichen Vereinigung, um im Falle einer Beanstandung bereits eine fachliche Begründung für unser Handeln vorgelegt zu haben.

Fachärztliche Arbeit im Versorgungsnetz

In der sozialpsychiatrischen Diskussion und Theoriebildung spielt der niedergelassene Facharzt nur eine marginale Rolle. In der in den vergangenen Jahren dominierenden Diskussion über Effektivität und Effizienz der ambulanten psychiatrischen Versorgung chronisch psychisch Kranker gegenüber der stationären Langzeitbehandlung standen Institutsambulanzen und komplementäre ambulante Einrichtungen im Vordergrund (RÖSSLER u. a. 1995; HÄFNER u. a. 1986; BRENNER 1995). Verschiedene Gründe spielen hierfür eine Rolle: Die früheren Anstalten waren »der Stein des Anstoßes«, von ihnen nahm die Reform der Sozialpsychiatrie ihren Ausgang. Weitere Gesichtspunkte waren und sind die »Verflüssigung« des starren Krankheits- und Defizitkonzeptes, das dem medizinischen Denken inhärent ist, die Stärkung nicht medizinischer Berufsgruppen in der psychosozialen Betreuung psychisch Kranker und Behinderter sowie nicht zuletzt die zunehmende Autonomisierung von Betroffenen und Angehörigen (Selbsthilfebewegungen). Dadurch wurde die – mögliche – Rolle des niedergelassenen Psychiaters in der ambulanten psychiatrischen Versorgung teilweise völlig ignoriert bzw. in Frage gestellt.

Mittlerweile existieren vielfältige Angebote im stationären und ambulanten Bereich. Die ambulanten Angebote werden sowohl von Institutsambulanzen, von niedergelassenen Ärzten als auch von komplementären Einrichtungen, wie dem SPD, erbracht. Verschiedene Berufsgruppen arbeiten in der ambulanten Versorgung. Überschneidungen bleiben dadurch nicht aus. Die Beziehung der unterschiedlichen Anbieter ist teilweise noch sehr von Feindbildern geprägt: Die niedergelassenen Psychiater und Nervenärzte beäugen häufig misstrauisch die Institutsambulanzen, und die »Träger der sozialpsychiatrischen Fackel«, vor allen Dingen in den Kliniken, fühlen sich oft moralisch erhaben gegenüber niedergelassenen Psychiatern. Diese Gegensätze sind historisch zu verstehen, allerdings wäre eine »Verflüssigung« dieser Haltung wünschenswert, um die konkrete Zusammenarbeit zu verbessern.

Eine sinnvolle und geglückte Kooperation bedeutet immer eine optimale Nutzung der verschiedenen Ressourcen im Sinne eines Synergieeffektes. Es ist nicht nötig, dass eine Einrichtung oder eine Einzelperson alle Angebote vorhält. Eine solche Kooperation kann auf dem Boden gewachsener

Ressourcen und Strukturen erfolgen. Dies erhöht die Selbstbefähigung und damit die Zufriedenheit aller Beteiligten einschließlich der Betroffenen. Wie eine solche Kooperation im Konkreten, einschließlich der Schwierigkeiten, aussehen kann, möchte ich an einem Beispiel beschreiben:

Bei einer 27-jährigen Frau zeigte sich vor neun Jahren eine Borderline-Persönlichkeitsstörung. Die ersten Symptome bestanden in einem allmählichen sozialen Rückzug. Es erfolgten verschiedene stationär-psychiatrische Behandlungen, nur einmal wurde sie stationär-psychotherapeutisch behandelt. Einmal schloss sich an eine stationär psychiatrische Behandlung ein Aufenthalt in einer Wohngemeinschaft an. Die Patientin zeigt, wie für ihre Erkrankung typisch, vielfältige Beziehungs- und Identitätsstörungen, depressive Verstimmungen und suizidales sowie parasuizidales Verhalten. Es kam zu mehreren schweren Selbstverletzungen und einem schweren Suizidversuch. Schließlich gelang es nach einem langen stationären und teilstationären Aufenthalt, sie ambulant zu behandeln, sie wurde an das betreute Einzelwohnen des Sozialpsychiatrischen Dienstes angebunden. Die ambulante Behandlung wurde von verschiedenen kürzeren sowie einem langen stationären Aufenthalt nach einer schweren Beziehungskrise unterbrochen.

An diesem Beispiel lässt sich prägnant aufzeigen, wie bei einem Menschen, der in Krisenzeiten dazu neigt, sich in wahllosem Hilfesuchen zu verzetteln, eine tragfähige Kooperation der verschiedenen Bezugspersonen aus unterschiedlichen Bereichen unter Einbezug der Patientin selbst hergestellt werden kann. Anlass für unser Bemühen um verstärkte Vernetzung und Absprache waren anfängliche Schwierigkeiten in unserer Zusammenarbeit: Suizidäußerungen gegenüber der Sozialpädagogin des betreuten Wohnens, die die Patientin dem verantwortlichen Therapeuten nicht mitteilte, sowie häufige kurzfristige Klinikaufnahmen, die nicht abgesprochen waren. Hauptbezugspersonen der Betroffenen waren neben mir die Sozialpädagogin des betreuten Wohnens, eine Krankenschwester sowie ein Fachtherapeut der Klinik. Wir vereinbarten regelmäßige Gespräche 4- bzw. 6-wöchentlich, bei Bedarf auch öfter, um Rollen, Funktionen, Schwierigkeiten, aber auch positive Entwicklungen untereinander unter Einbezug der Patientin abzusprechen. Die Beteiligten kamen mir insoweit entgegen, dass diese Fallbesprechungen in meiner Praxis stattfanden. Ergebnis unserer Gespräche war, dass sich die Aufenthaltshäufigkeit in der Klinik reduzierte und die Zufriedenheit aller Beteiligten stieg. Keiner der verschiedenen Anbieter hätte alle Angebote vorhalten können, durch die Kooperation erst kam es zu einer günstigen Nutzung der verschiedenen Ressourcen. Für die Patientin selbst war es zudem wichtig, dass sie sehr viel Unterstützung auch außerhalb der Klinik erfahren konnte.

Solche multiprofessionellen Fallbesprechungen sind im kassenärztlichen Bereich nicht vorgesehen und können lediglich mit einer Ziffer für Fremdanamnese einmal pro Quartal abgerechnet werden.

Der niedergelassene Arzt als Koordinator

Ich möchte hier beispielhaft für eine zukünftige verstärkte Vernetzung der unterschiedlichen Berufsgruppen unter Einbezug der fachärztlichen Praxis abschließend die ambulante Soziotherapie mit dem niedergelassenen Arzt als Koordinator vorstellen:

Bislang gibt es im ambulanten kassenärztlichen Versorgungsangebot keine Behandlung, die im Rahmen eines so genannten Komplexleistungsprogrammes sozialarbeiterische und soziotherapeutische Behandlungsmaßnahmen beinhaltet (RÖSSLER u. a. 1995). Solche Angebote existieren derzeit hauptsächlich in Institutsambulanzen oder Sozialpsychiatrischen Diensten und sind in der Regel bei weitem nicht ausreichend. »Bei den durch die Personalverordnung deutlich verbesserten Behandlungsangeboten psychiatrischer Kliniken und bei regionaler Unterversorgung im ambulanten Bereich besteht dadurch die Gefahr einer Sogwirkung in die Klinik für Patienten, die bei ausreichendem ambulanten Angebot außerstationär behandelt werden könnten. Diese Sogwirkung wird möglicherweise noch durch die im GSG eingeführte Budgetierung aller Leistungen der ambulanten Behandlung verstärkt. Eine Konsequenz dieser Budgetierung kann die Überweisung kostenintensiver Patienten aus der ambulanten in die stationäre Versorgung sein.« (RÖSSLER u. a. 1995) Diese Budgetierung ist mittlerweile Alltag geworden.

Inzwischen gibt es erste Modellprojekte zur ambulanten Soziotherapie. So berichtet S. SCHRECKLING (1997), Nervenärztin und Teilnehmerin an einem solchen Projekt, von einer ungemein großen Nachfrage. Als Inhalt der Soziotherapie werden genannt: Motivationsarbeit, Erkennen von Krankheitszeichen, Umgang mit der Erkrankung, Einbeziehung der Familie, psychosoziales Kompetenztraining (z. B. Kochgruppe, Sportgruppe), psychoedukative Gruppen. Das Programm sieht 120 Stunden in einem Zeitraum von drei Jahren vor. Das oben genannte Modellprojekt ambulanter Soziotherapie wird vom so genannten Erftkreismodell getragen, das in einem multiprofessionellen Ansatz der Therapie psychotisch Erkrankter besteht. Darin finden sich Angebote verschiedener Einrichtungen und Initiativen, die sich zu einem »Verbund von Fachkräften, Laienhelfern und Fachärzten zur gemeinsamen Arbeit zusammengefunden« haben.

Mittlerweile ist die ambulante Soziotherapie in den Katalog kassenärztlicher Leistungen aufgenommen worden. Zwei Probleme tauchen auf. Das eine ist die Finanzierung. Für diese gibt es laut RÖSSLER u. a. (1995) zwei Möglichkeiten: Entweder wird sie als nicht ärztliche, zusätzliche medizinische Rehabilitationsleistung aus dem kassenärztlichen Budget finanziert, dies könnte finanzielle Einbußen für die Vertragsärzte mit sich bringen. Oder sie wird als ergänzende Leistung der Rehabilitation (§ 43, SGB 5) aufgefasst und außerhalb des kassenärztlichen Budgets definiert. Dann handelt es sich allerdings um eine Kann-Leistung. Ein weiteres Problem sehen Kritiker in der ärztlichen Dominanz. Eine Schwierigkeit liegt sicher in der Einzelabrechnung, die von den Kostenträgern immer mehr wegen der besseren Kontrollierbarkeit favorisiert wird, aber das Risiko einer nicht bedürfnisgerechten Starrheit in sich birgt.

Andererseits schließt ein solches Angebot eine Versorgungslücke und verschafft den Betroffenen mehr Gerechtigkeit gegenüber körperlich Kranken und Behinderten, die mehr Rehabilitationsleistungen von Krankenkassen und Rentenversicherungsträgern erhalten als psychisch Kranke und Behinderte, deren Rehabilitationsleistungen zu einem großen Teil von den Sozialhilfeträgern übernommen werden (RÖSSLER u. a. 1995).

Es könnte auch einen Schritt in Richtung einer Aufhebung der starren und in der Therapie psychisch kranker Menschen unsinnigen Trennnung von Akut- und Rehabilitationsbehandlung darstellen.

Die ambulante Soziotherapie berührt natürlich alle in der ambulanten Versorgung Beteiligten: Einerseits melden neben Kassenärzten auch Institutsambulanzen Interesse an der Soziotherapie an, andererseits sind auch die SPDs betroffen, die häufig ebenfalls soziotherapeutische Angebote – allerdings jenseits kassenärztlicher Leistungen – vorhalten. Durch die knapper werdenden Mittel im Gesundheits- und Sozialbereich entsteht eine vermehrte Konkurrenz. Bietet einer ein zusätzliches Versorgungselement an, fallen möglicherweise für den anderen Mittel weg. Ganz allgemein kann eine solche Konkurrenzsituation aber im günstigsten Fall zu einem inhaltlichen Wettbewerb der Anbieter um eine bestmögliche Versorgung führen. Die Betroffenen könnten davon profitieren und neue Entwicklungen anstoßen, mitentscheiden und mitgestalten. Leider sind Betroffene in Gremien wie Gemeindepsychiatrischen Verbünden (GPV) und psychosozialen Arbeitsgemeinschaften (PSAG) immer noch zu wenig vertreten.

Durch knapper werdende Mittel wird aber auch der Kooperationsdruck erhöht. Im speziellen Fall der ambulanten Soziotherapie ist zum Beispiel denkbar, dass sich verschiedene Psychiater in der Region zu einem Netzwerk zusammentun und eine nicht ärztliche Kraft zur Durchführung der Soziotherapie anstellen. Vorstellbar ist aber auch eine Zusammenarbeit von niedergelassenem Psychiater und SPD. Die drei Hauptäste der ambulanten Versorgung: niedergelassene Fachärzte, Institutsambulanzen und SPD werden jedenfalls nicht überflüssig werden, lediglich die Rollen müssen möglicherweise neu definiert werden. Es ist allerdings wichtig, darauf zu achten, dass im ambulanten Bereich nicht alle Angebote in exakt aufschlüsselbare Einzelleistungen umgewandelt werden, wie dies im kassenärztlichen Bereich und bei den Institutsambulanzen der Fall ist. Niedrigschwellige, gering strukturierte Hilfen, wie sie bei ansonsten kaum erreichbaren psychisch kranken Menschen erforderlich sind, drohen zu kurz zu kommen. Hier kommt den Sozialpsychiatrischen Diensten eine wichtige Aufgabe zu.

EVA MAYER

Nutzermitbestimmung in der psychiatrischen Arbeit – Patientenstärkung durch Teilhabe

Inwieweit Patientinnen und Patienten Einfluss auf die stationäre oder teilstationäre psychiatrische Behandlung nehmen können, hängt heute sehr davon ab, welche Bedeutung die jeweilige Klinik der Nutzermitbestimmung beimisst. In einigen Kliniken wird dieser Mitbestimmung von professioneller Seite eine relativ hohe Bedeutung beigemessen, so etwa in Bielefeld. Die dortigen Erfahrungen, Methoden und Hilfsinstrumente stehen im Zentrum der folgenden Darstellungen.

Nutzermitbestimmung findet in der psychiatrischen Arbeit auf einer *institutionellen* und einer *individuellen* Ebene statt. Auf der institutionellen Ebene ist in Bielefeld vor allem der Verein für Psychiatrie-Erfahrene Ansprechpartner für Professionelle und Angehörige. Mitglieder dieses Vereins und auch andere Psychiatrie-Erfahrene arbeiten mit im Trialog, in der Beschwerdestelle, im Psychose-Seminar und haben Projekte wie die Behandlungsvereinbarung und den Patientenfragebogen mit ins Leben gerufen und entwickelt. Sie spielen eine wichtige Rolle. Gemeinsame Projekte der Psychiatrie-Erfahrenen und der Professionellen, unter Beteiligung von Angehörigen, sollen hier beschrieben werden.

Nur eine kleine Gruppe von Menschen gestaltet in der genannten Weise die Psychiatrie mit. Was gilt jedoch für die anderen, für das Gros der Psychiatrie-Erfahrenen? Wo und wie treten sie in Erscheinung? Was brauchen sie in der psychiatrischen Begleitung?

Mitbestimmung auf der individuellen Ebene

Was würde *ich* brauchen, wenn ich selber krank in die Psychiatrie käme? Diese Frage sollte sich am besten jeder Mitarbeiter einer psychiatrischen

Einrichtung stellen, um eine Vorstellung von den Bedürfnissen von Patienten zu bekommen und seine Arbeit danach überprüfen zu können.

Zwei Beispiele aus meiner Befragung von Menschen, die noch nie in einer Psychiatrie waren, lauten:»Ich wünschte mir einen empathischen, sensiblen Umgang, der Rücksicht auf die eigene Person nimmt. Ich möchte, dass Professionelle stellvertretend für mich handeln, wenn ich nicht mehr dazu in der Lage bin. Sie sollten jedoch regelmäßig meine Entscheidungsfähigkeit und Handlungsfähigkeit überprüfen. Ich möchte die Möglichkeit haben, über Therapieverläufe, Medikation, stationären Aufenthalt und Freizeitbeschäftigung mitzubestimmen, und nicht genötigt sein, an jeder Therapie teilzunehmen. Möglichst möchte ich ein Einzelzimmer haben.«

Und:»Ich bräuchte eine Umgebung, in der ich mich wohl fühlen kann, einen eigenen Bereich, möglichst ein Einzelzimmer. Ich möchte nicht zu Therapien gezwungen werden und möchte bei der Therapieplanung mitbestimmen. Ich möchte, dass man mir hilft und Zeit und Verständnis entgegenbringt.«

Dies sind verständliche und vermeintlich banale Wünsche. Wie aber wird solchen Bedürfnissen entsprochen? Können Patienten tatsächlich in der gewünschten Form mitbestimmen?

Mitbestimmung in der stationären Psychiatrie

Gibt es in der Psychiatrie eine Mitbestimmung? Ja, es gibt Mitbestimmung in der stationären Psychiatrie, auch wenn diese immer noch unzureichend ist. Psychiatrie-Erfahrene und Professionelle haben eine unterschiedliche Einschätzung über das Ausmaß der Mitbestimmungsmöglichkeiten. Professionelle allerdings schätzen den Raum für Mitbestimmung viel größer ein als Psychiatrie-Erfahrene. Ich werde im Folgenden die unterschiedlichen Einschätzungen nebeneinander stellen.

In der Psychiatrie werden traditionsgemäß von den Mitarbeiterinnen und Mitarbeitern wichtige Entscheidungen getroffen über die behandelnde Station, den Bezugsmitarbeiter, die Therapieplanung, die Art und Dosierung der Medikamente, die Länge des Aufenthaltes etc. Letztlich entscheiden die Professionellen. Von einigen Psychiatrie-Erfahrenen kommt dabei heftige Kritik. Sie erleben, dass Mitentscheidung nur in unwichtigen Dingen möglich ist oder nur in wenigen wichtigen Dingen. Ohne den Abschluss einer Behandlungsvereinbarung sahen die Psychiatrie-Erfahrenen keine Mitbestimmung in den Punkten *Auswahl der behandelnden Station* und *Bezugs-mitarbeiter* aus der Pflege. Professionelle bestätigten, dass eine Wahl der Bezugsmitarbeiter durch Psychiatrie-Erfahrene in der Regel nicht vorkomme. Bei Patienten allerdings, die schon öfter auf der Station waren, wird versucht, dass möglichst derselbe Mitarbeiter, der den Patienten schon einmal betreut hat, wieder zuständig ist.

Bei der Therapieplanung gibt es nach Meinung einiger Mitarbeiter aus der Pflege Wahlmöglichkeiten, mitunter sogar viele. So würde zum Beispiel niemand gezwungen, an der Ergotherapie oder der Morgenrunde teilzunehmen. Trotzdem geben Psychiatrie-Erfahrene an, dass hierbei keine oder nur eine teilweise Mitbestimmung möglich ist. Eine Psychiatrie-Erfahrene dazu:»Je gesünder ich gewirkt habe, desto mehr waren die Professionellen bereit Zugeständnisse zu machen, um mich bei guter Laune zu halten.«

Pflegekräfte und Psychiatrie-Erfahrene schätzten gleich ein, dass es bei der Wahl der Medikamente nur wenig Mitbestimmungsmöglichkeiten gibt. Hier scheint es vor allem das unzureichende Wissen der Psychiatrie-Erfahrenen über die Medikamente zu sein, das einer Mitbestimmung entgegensteht. Bei erfahrenen Patienten ist augenscheinlich eine Wahl eher möglich; eine erfahrene Patientin berichtete jedoch, dass ihr immer wieder neue Neuroleptika angeboten wurden, mit denen sie sich nicht auskennen konnte. Über die *Dosierung der Medikamente* sagte eine Pflegekraft, dass Patienten dazu neigen, die Medikamente zu früh zu reduzieren. Eine Patientin beschrieb hierzu aus ihrer Sicht, dass sie nur unter viel»Druck und Nörgeln« eine Dosisreduzierung erreichen konnte.

Die *Länge des Aufenthaltes* wird, wenn auch nur teilweise, von Psychiatrie-Erfahrenen mitentschieden. Hier spielen neben einer Einschätzung der Gesundheit des Patienten auch andere Faktoren eine Rolle, etwa ob die Station überfüllt ist und daher dringend ein Bett für einen neuen Patienten benötigt wird.

Bei der Festlegung und Genehmigung der *Wochenendurlaube* scheinen Patienten vor allem gegen Ende des Psychiatrieaufenthaltes zunehmend mehr Mitbestimmungsmöglichkeiten zu haben. Auch bei der Abstimmung des Ausgangs überhaupt gibt es Mitentscheidungsmöglichkeiten. Auf die Wahl des Zimmers haben Patienten nur einen begrenzten Einfluss. Wenn es partout nicht mehr anders geht, zum Beispiel Patienten überhaupt nicht miteinander auskommen, werden sie auf andere Zimmer gelegt oder bekommen unter besonderen Umständen ein Einzelzimmer. Für Patientinnen und Patienten ist es wichtig, über ihre *Mahlzeiten* mitbestimmen zu können. Auf manchen Stationen gibt es eine Abstimmung über das gemeinsame Essen, was jedoch von einigen Psychiatrie-Erfahrenen eher als verwirrend und als bevormundend durch die anderen Patienten erlebt wird. Besser wäre es, wenn jeder sein Essen wählen könnte. Die bis auf Ausnahmen frei zugänglichen Teeküchen werden von den Psychiatrie-Erfahrenen sehr geschätzt.

Über die Themen in den verschiedenen Gesprächsgruppen, beispielsweise in den Psychosegesprächsgruppen, können Patienten mitentscheiden. Die Kritik, die Patienten zu bestimmten Gelegenheiten äußern, wird teilweise konstruktiv in der Gestaltung der Station und des Stationsalltags aufgenommen. So wurde etwa in einer Stationsdienstzimmertür auf Anregung der Patienten eine Glasscheibe eingebaut, ein anderes Mal wurde ein Informationsschild aufgehängt, welches anzeigt, dass gerade eine Stationsübergabe stattfindet. Auch wird mit den Patienten der Sinn der Stationsregeln besprochen. Gegebenenfalls werden die Regeln modifiziert.

Unterschiede im Ausmaß der Mitbestimmung

Das Ausmaß der Mitbestimmungsmöglichkeiten ändert sich für Patienten während des Aufenthaltes. Im Allgemeinen können sie mehr mitbestimmen, je gesünder sie im Verlauf des Aufenthaltes werden. Für beide Seiten, für die Psychiatrie-Erfahrenen und die Profis, ist es schwierig, das Ausmaß einer möglichen Mitentscheidung entsprechend der wiedergewonnenen Fähigkeiten adäquat einzuschätzen.

Das Ausmaß der Mitbestimmung wird wesentlich von der Grundeinstellung der Psychiatrie-Erfahrenen bestimmt. Es gibt jene, die konstruktiv Einfluss auf ihre Behandlung nehmen wollen, sich mit ihrer Erkrankung auseinander setzen und eine aktive Rolle übernehmen. Andere Psychiatrie-Erfahrene lehnen die Psychiatrie grundsätzlich ab und sind wenig kompromissbereit in der Zusammenarbeit. Wieder andere zeigen wenig Eigeninitiative und müssen zur Übernahme von Eigenverantwortung ermuntert und aufgefordert werden, beispielsweise in der Visite ihre eigenen Interessen auszusprechen und durchzusetzen.

In der traditionellen Psychiatrie ging es vielfach darum, fachlich untermauerte Sichtweisen der Professionellen gegenüber den Psychiatrie-Erfahrenen durchzusetzen. Den Psychiatrie-Erfahrenen wurde nur wenig zugetraut. Ein neues Verständnis von Kooperation ermöglicht es, in verstärktem Ausmaß die Sichtweise der Betroffenen zu berücksichtigen und in die Arbeit einzubeziehen. Professionelle sind flexibler geworden, mutiger und bereiter zuzuhören. Sie nehmen auch eher die Ressourcen der Betroffenen wahr und orientieren sich stärker an deren Wachstumsmöglichkeiten. Dadurch gibt es mehr Mitbestimmungsmöglichkeiten. Dies wirkt sich für Psychiatrie-Erfahrene spürbar aus, wird von ihnen bemerkt und anerkannt.

Psychiatrie-Erfahrene sehen aber eher auch, was noch fehlt und wozu sie in der Lage wären. Sie haben Wünsche und Vorstellungen, die teilweise weit über das Erreichte hinausgehen; sie üben zum Teil berechtigte Kritik.

Das Ausmaß der Mitbestimmungsmöglichkeiten wird unterschiedlich erlebt und eingeschätzt. Es hängt zum einen von der Erkrankung des einzelnen Patienten, zum anderen aber auch von der Bereitschaft und den Erfahrungen der Professionellen ab, die gesunden, entscheidungsfähigen Anteile neben der Erkrankung wahrzunehmen. Eine Möglichkeit, mehr mitzubestimmen, für sich eine individuell passendere Behandlung auszuhandeln, besteht für diejenigen, die gesünder sind. In Bielefeld ist auf Anregung einiger Betroffener und mit Professionellen in einer gemeinsamen Arbeitsgruppe die Bielefelder Behandlungsvereinbarung entstanden, die gerade dies ermöglicht.

Die Behandlungsvereinbarung als Instrument der Mitbestimmung

Ehemalige Patienten der Psychiatrischen Klinik besitzen in Bielefeld die Möglichkeit, nach ihrer Behandlung in der Klinik mit einem Team von Professionellen verbindliche Absprachen für den Fall einer erneuten Einweisung in die Klinik zu treffen.

Für diese Absprachen liegt ein von Psychiatrie-Erfahrenen und Professionellen entwickeltes Formular vor, in denen die wichtigsten Bedingungen einer Behandlung berücksichtigt werden (DIETZ u. a. 1998): Wahl der Station, Wahl des Bezugspflegers, Modalitäten des Aufnahmeprozesses, Behandlung auf der Station, Medikamente, Zwangsmaßnahmen, soziale Situation. Hier erleben Psychiatrie-Erfahrene tatsächlich mehr Mitbestimmungsmöglichkeiten. Mit ihnen wird zwischen einer halben und zwei Stunden über die Behandlungsmodalitäten verhandelt und über ihre Erfahrungen mit der früheren Behandlung und ihrer Erkrankung gesprochen. Professionelle erhalten dadurch wichtige Rückmeldungen über ihre Behandlung. Sie nehmen den Patienten im gesunden Zustand anders wahr. Sie lernen seine Eigenheiten, seine persönlichen Erfahrungen, seine besonderen Bedürfnisse in der Krise, seine Ängste, seine Wünsche, sein Erleben etwa von Zwangsmaßnahmen kennen. Dadurch wird das Bild des Professionellen vom Psychiatrie-Erfahrenen ganzheitlicher und er nimmt eher wahr, welche Ressourcen der Psychiatrie-Erfahrene hat. Auch für den Psychiatrie-Erfahrenen besteht die Möglichkeit, Professionelle in einem anderen Licht zu sehen. Da keine direkten Abhängigkeiten mehr bestehen, nehmen beide Parteien sich eher als gleichberechtigt und als Partner im Umgang mit Aufgaben und Problemen wahr.

Durch die Behandlungsvereinbarung kommt es zu einer konkreten Form der Nutzerkontrolle; sie ist ein wichtiges Instrument im Rahmen des Qualitätsmanagements.

In der Behandlungsvereinbarungs-AG wurde zudem ein Bogen zur Vorsorgevollmacht entwickelt. Des Weiteren ist geplant, die Behandlungsvereinbarung wissenschaftlich zu evaluieren und Wege zu finden, durch die möglichst noch mehr Patienten als bislang von einer Vereinbarung profitieren können.

Mitbestimmung auf der institutionellen Ebene

Der Trialog: Dreh- und Angelpunkt
vieler gemeinsamer Aktivitäten

Seit 1993 besteht der Trialog, ein vierteljährlich stattfindendes Treffen von Psychiatrie-Erfahrenen, Angehörigen und Professionellen aus stationären, teilstationären, komplementären sowie ambulanten Einrichtungen bzw. Diensten der örtlichen Psychiatrie. Förderlich für die Wirksamkeit des Trialogs ist die Beteiligung von Mitarbeitern verschiedener Bereiche und Hierarchieebenen inklusive Leitungspersonal. Der Trialog dient dem Austausch von wichtigen Informationen. Er ist ein Diskussionsforum für aktuelle Konflikte und Probleme sowie ein Startpunkt für viele gemeinsame Aktivitäten und Aktionen.

Jeweils eine der drei Gruppen lädt zum Trialog ein, moderiert ihn und verfasst das Protokoll. Es nehmen insgesamt 25–40 Personen teil, wobei es sich um ein offenes Treffen handelt, bei dem weitere Interessierte jederzeit hinzustoßen können.

Tabelle 3   Exemplarische Tagesordnung eines Trialog-Treffens

1   Stand der Projekte

1.1   AG Behandlungsvereinbarung

1.2   Psychiatrie-Seminar

1.3   Beschwerdestelle für Psychiatrie in Bielefeld

1.4   Psychose-Seminar

1.5   Finanzierung atypischer Neuroleptika

1.6   AG »Umgang mit der Gewalt in der Psychiatrie«

1.7   AG »Mahnmal für Sterilisationsopfer in Bethel«

2   Aktuelle Fragen / Themen

2.1   Umzug der Stationen / Änderungen in der Psychiatrischen Klinik Gilead

2.2   Stand des Gemeindepsychiatrischen Verbundes (GPV) und der Umstrukturierung bei der Stadt Bielefeld

3   Verschiedenes

In den aufgezählten Projekten der Tabelle arbeiten in der Regel alle drei Gruppen zusammen. Der Trialog wird von ihnen als positiv erlebt. Im Allgemeinen wird sehr konstruktiv mit den Problemen und Fragestellungen umgegangen, mitunter jedoch auch heftig gestritten. Ergebnis der gemeinsamen Auseinandersetzungen sind zum Teil die verschiedenen Projekte.

Ein Thema des Trialogs war die Begrenzung der Verschreibung atypischer Neuroleptika durch die Budgetierung der niedergelassenen Psychiater. Da es die gemeinsame Einstellung ist, dass mehr Psychiatrie-Erfahrene von diesen Medikamenten profitieren können müssen, wurde in der gemeinsamen AG ein Brief an das Gesundheitsministerium geschrieben.

Mitunter werden Streit und Missfallen sehr deutlich ausgetragen. Es wird von einigen Professionellen zum Teil als demotivierend erlebt, wenn nach ihrer Meinung ihre Arbeit in der Kritik zu sehr verzerrt wird. Aber gerade die Möglichkeit der offenen Kritik durch die Psychiatrie-Erfahrenen und die Angehörigen bietet ein wichtiges Mittel der Qualitätskontrolle der psychiatrischen Arbeit.

Patientenfragebogen

Im Trialog wurde 1994 eine Patientenbefragung beschlossen, die sich auf alle psychiatrischen Angebote in Bielefeld beziehen sollte. In einer trialogisch besetzten Arbeitsgruppe wurde ein detaillierter Fragebogen für die psychiatrische Klinik in Bethel entworfen.

Der Fragebogen umfasst folgende Themen: Aufnahmesituation, Angehörigen- und Besucherkontakte, Aufklärung über die Erkrankung und Behandlungsmethoden, Zwangsmaßnahmen, Entlassungsvorbereitung, Medikamente, nichtmedikamentöse Therapiemethoden, mitmenschlicher Umgang, räumliche Situation, Verpflegung, rechtliche Situation. Zunächst wurde ein Pre-Test auf einer ausgewählten Station durchgeführt und nach einem halben Jahr eine Befragung auf allen Stationen.

Im Trialog vom Mai 1998 wurden die Ergebnisse der Befragung unter 239 Patientinnen und Patienten (Rücklauf 168, also rund 70 Prozent) dargestellt. Insgesamt waren die Ergebnisse der Befragung nicht so kritisch wie erwartet und es gab überraschend positive Einschätzungen über den Kontakt zwischen den Mitarbeitern und den Patienten. Die Ergebnisse gaben wichtige Anregungen für Verbesserungen in der Klinik. So wurde bemängelt, dass es auf den Stationen kaum eine Möglichkeit zum ungestörten Telefonieren gab. Daraufhin sind mittlerweile auf allen Stationen geschlossene Telefonkabinen eingerichtet worden. Es wurde auch rückgemeldet, dass die nonverbalen Therapien positiver empfunden wurden als die Gesprächsgruppen. Dies war Anlass für eine Überprüfung der Gesprächsgruppen, woraus teilweise Veränderungen resultierten. Überraschenderweise zeigten die Ergebnisse, dass sich zu viele Patienten über Medikamente nicht ausreichend aufgeklärt fühlten. Dies war Anlass für eine systematische Integration der Medikamentenaufklärung, zum Beispiel in Form von regelmäßigen Medikamenteninformationsgruppen auf den Stationen.

Die Befragung ergab weiter, dass über die Hälfte der Patientinnen und Patienten meinte, Zwangsmaßnahmen wären vermeidbar gewesen. In der Folge wurde ein Anordnungsbogen für Zwangsmaßnahmen entwickelt, in dem außer der zeitlichen Begrenzung eine inhaltliche Begründung der Zwangsmaßnahme dokumentiert werden muss. Die Patientenbefragung gab also wichtige Impulse zur Qualitätsverbesserung in der psychiatrischen Arbeit.

Die Ergebnisse wurden in der wöchentlichen Fortbildung der Klinik und in allen Abteilungskonferenzen vorgestellt; es wurde vereinbart, die Befragung regelmäßig zu wiederholen.

Beschwerdestelle

Seit Januar 1998 gibt es in Bielefeld die Beschwerdestelle für Psychiatrie. Sie kümmert sich um Beschwerden von psychisch erkrankten und suchterkrankten Menschen sowie Menschen mit psychischen Erkrankungen im Alter und deren Angehörige. In der Beschwerdestelle arbeiten Mitarbeiter aus unterschiedlichen Einrichtungen und Diensten sowie Betroffene und Angehörige.

Ziel der Beschwerdestelle ist es, bei der Lösung von Konflikten zu helfen, die bei der Behandlung, Betreuung und Pflege psychisch oder suchterkrankter Menschen auftreten. Die Mitglieder der Beschwerdestelle arbeiten ehrenamtlich und haben die Unterstützung des Psychiatrie-Beirates der Stadt Bielefeld.

Die Beschwerdestelle bietet jede Woche eine zweistündige Sprechstunde für telefonische oder persönliche Anfragen von Betroffenen und Angehörigen.

Sie ist darüber hinaus auch postalisch und per Fax zu erreichen, wodurch die Kontaktaufnahme für Betroffene erleichtert wird. Bearbeitet werden Hinweise auf Missstände, Benachteiligungen und Beschwerden, die sich auf allgemeine Regelungen wie Hausordnungen oder Stationsregelungen beziehen. Über die juristische Fragestellung (Rechtsfindung) hinaus sollte die soziale und fachliche Dimension erfasst werden (Frage nach der fachlich geeigneten Hilfe). Voraussetzung für die Bearbeitung der Beschwerde ist eine vollständige Zustimmung der Beschwerdegruppe und dass kein juristisches Verfahren angestrengt worden ist. Informationen werden vertraulich behandelt. Durch klärende Gespräche konnte die Beschwerdestelle zur Zufriedenheit aller die Mehrheit der Beschwerden erledigen.

Im Jahresbericht der Beschwerdestelle von 1998 heißt es: »Für viele Beschwerdeführer war es wichtig, im Kontakt mit der Beschwerdestelle zu erfahren, dass sie angehört und ernst genommen werden. Es gelang fast immer, die notwendige Kommunikation zwischen den Beteiligten wieder in

Gang zu setzen. Die Zusammenarbeit mit den betroffenen Einrichtungsträgern und -leitungen war weit überwiegend vertrauensvoll und konstruktiv.«

Ein Psychiatrie-Erfahrener schildert als Mitglied der Beschwerdegruppe folgenden Eindruck: »Ich habe eine ganz schwierige und konkrete Situation erlebt, in der später unter Mitwirkung von zwei Mitgliedern der Beschwerdestelle in einem gemeinsamen Klärungsgespräch sehr sachlich und verständlich mit allen Beteiligten gesprochen wurde. So haben sich zum Beispiel bei meinem letzten Krisengespräch alle verantwortlichen Mitarbeiter bemüht, die Einschränkungen und die Notwendigkeiten zu erklären und Lösungen zu finden. Bei meinen früheren Aufenthalten vor 10 oder 15 Jahren war das nicht vorstellbar. Das ist für mich schon eine ganz tolle Entwicklung, die ich auch in den schweren und kritischen Gesprächen erlebe. Patienten werden sehr ernst genommen, allerdings kommen die verantwortlichen Mitarbeiter an Grenzen, an denen sie selbst etwa ein PsychKG beantragen und durchführen müssen.«

Ein Professioneller schildert aus seiner Sicht folgende Beschwerde: Herr X. war freiwillig in der Klinik gekommen und wurde trotzdem in einer Krisensituation kurzzeitig fixiert und zwangsmediziert. Da er davon überzeugt war, dass diese Maßnahmen rechtlich nicht zulässig waren, wandte er sich telefonisch an die Beschwerdestelle. Die Beschwerdestelle vereinbarte einen Termin mit dem zuständigen Oberarzt, der Stationsärztin und dem Patienten. Das Gespräch fand in einem Konferenzraum der Klinik statt. Die Moderation wurde von den Mitgliedern der Beschwerdestelle übernommen. Beide Seiten stellten die Situation aus ihrer jeweiligen Sicht dar. Bevor es zur Zwangsmaßnahme kam, fühlten sich die Mitarbeiter durch den Patienten, der stark erregt und unter verbalen Drohungen eine volle Wasserflasche in der hoch erhobenen Hand hielt, eindeutig angegriffen. Andere Lösungsmöglichkeiten, die der Patient sah, wie länger abzuwarten, waren aus Sicht der Behandler nicht möglich, da der Patient verbal nicht mehr erreichbar war und sich die Situation immer mehr zuspitzte.

Durch das Gespräch wurde die Situation für den Patienten transparenter und die durchgeführte Zwangsmaßnahme nachvollziehbar. Die Beteiligung der Beschwerdestelle wurde von beiden Seiten als hilfreich erlebt! Die Hinzuziehung unabhängiger Dritter erleichtert die gemeinsame Aufarbeitung schwieriger Situationen oder Entscheidungen und trägt zu einer Entspannung der Beziehung zueinander bei.

Trialog-AG »Umgang mit Gewalt in der Psychiatrie«

Im Trialog wird auch über die Gewalt in der Psychiatrie diskutiert. Den letzten Anstoß zur Bildung der trialogischen Arbeitsgemeinschaft »Umgang mit Gewalt in der Psychiatrie« gab ein Beschwerdebrief. Die AG besteht nun seit zwei Jahren. In dieser AG wurde intensiv über Gewalt, insbesondere die in der Psychiatrie, diskutiert. Es kam zu vielen intellektuellen Auseinandersetzungen, Austausch von Informationen und unterschiedlicher Perspektiven der Teilnehmer. In der psychiatrischen Klinik gibt es eine Reihe von Standards für den Umgang mit Gewalt. Folgende Standards wurden in der AG durchgesprochen und bearbeitet:

* Umgang mit Gewalt durch Patienten
* Umgang mit Gewalt durch Mitarbeiter
* Fixierung in psychiatrischen Notfallsituationen
* Isolierung in psychiatrischen Notfallsituationen
* Pflege bei isolierten und fixierten Patienten
* Umgang mit Psychopharmaka (auch gegen den Willen der Patienten)

Was wurde zum Beispiel in den Standards geändert?

Im Standard »Umgang mit Gewalt durch PatientInnen« wurde durch die AG erarbeitet, dass regelmäßig eine Nachbesprechung der Gewaltsituationen mit den Betroffenen sowie eine Dokumentation erfolgen müssen.

Eine vorgeschlagene Ergänzung des Standards »Fixierung in psychiatrischen Notfallsituationen« war, dass bei der Fixierung von Frauen möglichst nur Mitarbeiter*innen* hinzugezogen werden sollten.

Die Angehörigen erklärten, dass das Durchsprechen des Standards für sie eine Beruhigung sei. Mit Kenntnis der Standards ist es Angehörigen und Psychiatrie-Erfahrenen möglich, das Vorgehen in Gewaltsituationen anzusprechen und ggf. auch nachfragen zu können, warum zum Beispiel vom Standard abgewichen wurde.

Die überarbeiteten Standards wurden später an den Qualitätszirkel weitergeleitet, die Vorschläge wurden durchweg akzeptiert.

Weiterhin hat sich die AG an verschiedenen Fortbildungen, die Gewalt in der Psychiatrie zum Thema haben, beteiligt.

Die Teilnehmer der Gruppe beschrieben die Atmosphäre der AG als angenehm und erlebten den Austausch als sehr konstruktiv.

Was wird unter Mitbestimmung in der Psychiatrie verstanden?

Wie beschrieben geht die Einschätzung über das Ausmaß der Mitbestimmungsmöglichkeiten zwischen Psychiatrie-Erfahrenen und Profis mitunter weit auseinander. Deutlich wurde dabei, dass dies auf einem unterschiedlichen Verständnis des Begriffs »Mitbestimmung« beruht. »Mitbestimmung« kann bedeuten, dass Entscheidungen gemeinsam in einer Art demokratischem Prozess zu etwa gleichen Anteilen gefunden, getroffen und auch verantwortet werden. Mitbestimmung kann aber auch eher ein »Mitwirken, Mitgestalten, Einflussnehmen« sein. Mitbestimmung in der Psychiatrie ist zurzeit eher in dieser zweiten Bedeutung zu verstehen. Letztlich ist es weiterhin so, dass die Professionellen abschließend bestimmen, weil sie sich für die Behandlung verantwortlich fühlen. Gleichwohl tragen Betroffene und Profis die Behandlungsverantwortung gemeinsam. Nur wenn der Betroffene keine Verantwortung mehr übernehmen kann, dann muss der Professionelle sie voll tragen. Die Einschränkung der Entscheidungs- und Selbstbestimmungsmöglichkeiten ist für einen Teil der Psychiatrie-Erfahrenen eher frustrierend und teilweise kränkend. Der Spielraum, in dem Psychiatrie-Erfahrene tatsächlich Verantwortung übernehmen können und wollen, ist deshalb immer wieder erneut zu überprüfen.

Was bewirken Psychiatrie-Erfahrene nun durch ihr Engagement?

Psychiatrie-Erfahrene bewirken unter anderem eine Änderung der Haltung der Professionellen: Im Vorstand des Vereins Psychiatrie-Erfahrener Bielefeld gibt es hierzu folgende Ansicht: Die Beteiligung und die Initiative Psychiatrie-Erfahrener, insbesondere die Aktivitäten des Vereins in den letzten sieben Jahren, haben vor allem bewirkt, dass die Professionellen die Psychiatrie-Erfahrenen vermehrt in ihren Fähigkeiten und Ressourcen wahrnehmen.

Dadurch, dass sich in Bielefeld Psychiatrie-Erfahrene in Gruppen zusammenschlossen (in der Selbsthilfegruppe Manisch-Depressive bereits 1989 und in der Selbsthilfegruppe Psychose-Erfahrene seit 1991), kam es zu Begegnungen zwischen Professionellen und Psychiatrie-Erfahrenen, die unabhängig von den Einzelbegegnungen waren. Die Haltung der Professionellen veränderte sich durch die gemeinsame Arbeit an Projekten. Ebenso trug das zähe Verhandeln der Psychiatrie-Erfahrenen zur Änderung der Haltung bei.

Diese Haltungsveränderung zeigt sich im Umgang mit Problemen auf der strukturellen Ebene, die im Trialog angegangen werden, wirkt sich aber bis zum Umgang mit Problemen auf einer konkreten Ebene aus, die den einzelnen Patienten im Stationsalltag betreffen.

Entscheidend für diese Wirkung auf die Haltung der Profis war deren Bereitschaft, ihre Haltung zu ändern, Psychiatrie-Erfahrene anders wahrzunehmen und auf sie zuzugehen. Sie waren und sind bereit, sich etwa im Trialog und in den verschiedenen Arbeitsgruppen mit den Psychiatrie-Erfahrenen auseinander zu setzen. Dies führt etwa zu mehr Selbstbewusstsein bei den Psychiatrie-Erfahrenen und auch zu einer Änderung ihrer Haltung. Die verschiedenen Haltungen und Haltungsveränderungen bedingen sich.

Eine weitere entscheidende Voraussetzung für diese wirkungsvolle Arbeit der Psychiatrie-Erfahrenen ist die kommunale Orientierung der Psychiatrie in Bielefeld. Das Treffen im Verein der Psychiatrie-Erfahrenen, in den Selbsthilfegruppen und in den Arbeitskreisen mit Angehörigen und Professionellen ist nur möglich, wenn beispielsweise die räumlichen Distanzen zur Anfahrt nicht zu groß sind.

Die Psychiatrie-Erfahrenen arbeiten neben den bereits beschriebenen Tätigkeitsfeldern auf kommunaler Ebene in folgenden Gremien mit: Psychiatriebeirat, Arbeitskreis Frauen und Psychiatrie, Runder Tisch »Arbeit für psychisch Kranke«, Psychosoziale Arbeitsgemeinschaft.

Die nächsten Schritte

Wie könnte die Zukunft der Mitbestimmung Psychiatrie-Erfahrener aussehen? Wie kann die Mitbestimmung und Mitarbeit Psychiatrie-Erfahrener noch weiter gefördert werden?

Das Engagement der Psychiatrie-Erfahrenen, das über ihre persönliche Behandlung hinausgeht, muss zukünftig angemessen finanziert werden, etwa durch die Krankenkassen oder durch öffentliche Mittel. Diese Tätigkeiten können unter anderem sein: Beratung oder Mitarbeit in der Beschwerdegruppe. Warum? Psychiatrie-Erfahrene leisten durch ihre Arbeit in den verschiedenen Gremien und Arbeitsgruppen einen wichtigen Beitrag zur Förderung der Qualität psychiatrischer Arbeit. Um den Stellenwert dieser Arbeit zu betonen und diese zu fördern, ist es wichtig, dass diese Arbeit, wie andere Arbeit auch, bezahlt wird.

Die wichtige Rolle für das Qualitätsmanagement muss durch eine angemessene Honorierung deutlich werden. Bisher wird diese Arbeit von einigen wenigen Psychiatrie-Erfahrenen geleistet. Wenn sie nicht nur ehrenamtlich geleistet werden müsste, wäre dies eine Möglichkeit, mehr Psychiatrie-Erfahrene als bislang zu beteiligen, um auf diese Weise die besonders engagierten Psychiatrie-Erfahrenen zu entlasten und sicherzustellen, dass genügend Psychiatrie-Erfahrene sich auch in Zukunft beteiligen wollen und können.

In Hinblick auf den Einfluss Psychiatrie-Erfahrener auf die Qualität psychiatrischer Arbeit ist es vorstellbar, Psychiatrie-Erfahrene noch mehr bei Entscheidungs- und Planungsprozessen zu beteiligen. Denkbar ist es, Psychiatrie-Erfahrene themenbezogen etwa an Klinikleitungskonferenzen teilnehmen zu lassen. So könnten Psychiatrie-Erfahrene auf die Planung konzeptioneller Änderungen und Umbaumaßnahmen in der Klinik oder auf die Einführung neuer Angebote Einfluss nehmen, zum Beispiel auf die Einführung eines weichen Zimmers, von zusätzlichen Ruhezonen oder auf die Erarbeitung von Patienten-Informationsbroschüren.

Auf der persönlichen Ebene zeigt sich an den zu Beginn dargestellten Bedürfnissen für eine Behandlung in der psychiatrischen Klinik, dass es wichtig ist, einen eigenen persönlichen Bereich zu haben. Psychiatrie-Erfahrene sollten innerhalb dieses persönlichen Raums, am besten in Einzel- oder Zweibettzimmern, in Fragen der Gestaltung mehr mitbestimmen können, etwa für ihr Zimmer zwischen verschiedenen Bildern an den Wänden wählen können.

Sinnvoll ist es auch, Patienten noch mehr nach ihren Wünschen und Bedürfnissen zu befragen. So könnte man sie, vor allem wenn sie keine Behandlungsvereinbarung haben, zu Beginn einer Behandlung standardgemäß befragen – vielleicht in Form einer Bedürfnis- oder Wunschliste. Auch am Ende der Behandlung wäre eine Befragung sinnvoll, in der routinemäßig nach den Eindrücken über die Qualität der Behandlung gefragt wird und Gelegenheit zu evtl. Kritik gegeben ist. Dies sollte in ein Gespräch über die Erfahrung der Behandlung eingebettet sein.

Da das Ausmaß der Mitbestimmungsmöglichkeiten von Psychiatrie-Erfahrenen zu einem gewissen Maß von den ihnen zur Verfügung stehenden Informationen abhängt, müssen sie mehr Informationen bekommen als bisher (siehe den gesonderten Beitrag dazu in diesem Buch).

Dies könnte durch Informationsbroschüren oder Informationsblätter geschehen als Ergänzung oder Vorabinformation zu einem persönlichen Gespräch. Es wäre zweckmäßig, diese Informationen in unterschiedlicher Komplexität anzubieten, um ein breites Spektrum der Patienten anzusprechen.

Obwohl es mitunter sinnvoll ist, in Begriffen wie »Qualitätsmanagement«, »Nutzerkontrolle« und »Nutzermitbestimmung« zu denken, schadet es den Psychiatrie-Erfahrenen, den Mitarbeitern und der Qualität psychiatrischer Arbeit, wenn man sie immer mehr in das Korsett einer rein wirtschaftlich orientierten Denk- und Sprechweise presst. Psychiatrisches Handeln sollte über die klaren Verpflichtungen hinaus geprägt sein durch menschliche Qualitäten wie Empathie, Echtheit, Perspektivenübernahme und Partnerschaftlichkeit.

Gerade das Menschliche kann man hegen, pflegen, bedenken, erwägen, fördern, gestalten, aber nicht in allem kontrollieren – es entwickelt sich.

ROSA GEISLINGER

Eine komplizierte Beziehung: Psychiatrie-Selbsthilfe und professionelle Unterstützung

Selbsthilfe – was ist das?

Zur Verdeutlichung der Bedeutung von Selbsthilfe vorab eine Szene aus der Arbeit des Selbsthilfezentrums (SHZ) München: Beim monatlichen Treffen der Supervisionsgruppe für Kontaktpersonen, Berater sowie Leiter aus Gesundheits-Selbsthilfegruppen eröffnet uns Peter M., der Leiter einer Selbsthilfegruppe (SHG) für depressive und manisch-depressive Menschen, dass er gedenkt aufzuhören – mit der Gruppe, mit der Leitung der Gruppe und letztendlich auch mit der Teilnahme an unserer Supervision. Er ist zwischenzeitlich Vater geworden, schreibt gerade seine Diplomarbeit in Sozialpädagogik und ist »voll ausgelastet«, wenn nicht sogar überlastet. Seine Depressionen, sagt er, hat er mittlerweile als Bestandteil seines Lebens akzeptiert; sie seien auch nicht mehr so schlimm. Wir bedauern alle sehr, dass er geht, verabschieden uns von ihm, freuen uns aber gleichzeitig, dass er uns und die Selbsthilfegruppe nicht mehr braucht. Die Mutter seines Sohnes war zu dem Zeitpunkt, als die beiden zusammenfanden, Mitglied der Selbsthilfegruppe MASH (Münchner Angst-Selbsthilfe). Das Baby der beiden ist das erste »Selbsthilfebaby«, das wir kennen.

Sechs Jahre zurück, im Frühsommer 1993: Blass, angespannt und ein wenig ängstlich sitzt mir Peter M. gegenüber. Er ist zu den Öffnungszeiten der Kontakt- und Informationsstelle des SHZ erschienen, hat sich erschöpft auf einen Stuhl sinken lassen und gesagt: »Ich weiß einfach nicht mehr weiter.« Beim anschließenden Gespräch stellt sich heraus, dass er in einem furchtbar langweiligen Beruf gefangen ist (er ist Beamter in einer Verwaltung), dass ihn tagsüber Depressionen quälen, die ihn gerade eben noch seiner Beschäftigung nachgehen lassen, und dass er nachts wach liegt und grübelt, wie er sein »vollkommen verpfuschtes Leben« verändern könnte. Außerdem hat er keine Freunde, geschweige denn eine Freundin – er fühlt sich entsetzlich einsam. Wir pflücken seine Probleme ein wenig auseinander; es stellt sich heraus, dass er gerne das Abitur nachmachen würde und sich einen Beruf im Sozialbereich suchen möchte, dass er sich aber derzeit keine Veränderungen zutraut. Wir besprechen trotzdem, wie er an Informationen kommt, wie und wo man das Abitur nachholen kann und auch, wo man sich Unterstützung dafür holen kann – und dass es sinnvoll sein könnte, sich einer Selbsthilfegruppe anzuschließen.

Peter M. gehört zu denjenigen Menschen, die die Form professioneller Unterstützung, die ich als Psychologin im Rahmen der Selbsthilfearbeit anbieten kann, für sich nutzen können, und er hat im Laufe dieser Arbeit eine ungeheure Entwicklung gemacht. Nun ist Peter M. zwar kein Psychiatrie-Erfahrener im klassischen Sinne (er ist niemals stationär behandelt worden und hat fast immer seiner Arbeit nachgehen können), aber seine Geschichte ist ein Beispiel dafür, wie wirksam Selbsthilfe für Menschen in psychischen Krisen sein kann. Hier kann man natürlich einwenden, dass vielleicht auch eine Therapie oder ein anderes Ereignis eine ähnlich positive Veränderung hätte herbeiführen können, aber Peter M. sagt selbst, dass die Mitarbeit (und spätere Leitung) in der Selbsthilfegruppe und die Anbindung und Unterstützung des Selbsthilfezentrums für ihn entscheidend gewesen seien.

Selbsthilfe-spezifische Leistungen

Die Selbsthilfeunterstützung, d. h. die Unterstützung, die jemand *in einer Selbsthilfegruppe* erfährt, ist etwas ganz Spezifisches. Es ist eine Form von Unterstützung, die nicht nur das professionelle System mit seinen Hilfen ergänzt (Peter M. hat z. B. auch eine Therapie gemacht), sondern sie hat einen ganz eigenständigen Charakter. Grundsätzlich gilt, nachdem in unserer Gesellschaft psychische Erkrankungen immer noch große Angst hervorrufen und auch zur Stigmatisierung der Betroffenen führen, dass die Tatsache, dass sich die Betroffenen *nicht allein ihren Problemen ausgesetzt* sehen, gar nicht hoch genug einzuschätzen ist. Das Erleben, dass andere Ähnliches durchgemacht haben, normalisiert etwas die oft außerordentlichen und bedrängenden Erfahrungen. Neben dem, was die Krankheit an Kernsymptomen (Plus-Symptomatik wie Halluzinationen) bereithält, ist das Leben der Psychiatrie-Erfahrenen stark vom Gegensatz Norm versus Abweichung bestimmt. Die Nichtangepasstheit an gesellschaftliche Erwartungen (etwa im Arbeitsprozess und in sonstigen sozialen Bezügen) wird häufig mit dem Begriff der Minus-Symptomatik umschrieben, ist aber auch der Kern- und Angelpunkt des Ausgrenzungsprozesses. Vor allem im Umgang mit diesen Problemfeldern sind die Erfahrungen anderer Betroffener unendlich wertvoll, um die eigene Position wieder zu finden und das Spektrum der Bewältigungsmöglichkeiten zu erweitern.

Wer nun akzeptieren muss, »psychiatrieerfahren« zu sein, für den ist es (über)lebenswichtig, die *richtigen Informationen* zu bekommen, falls sich eine krisenhafte Entwicklung abzeichnet (viele Psychiatrie-Erfahrene haben ja auch sehr »gesunde« Zeiten). Wie wo welche Hilfe zu bekommen ist – und ob dies für die jeweilige Person wirklich eine Hilfe ist –, ist oft entscheidend für den Verlauf der (Wieder-)Erkrankung. Und niemand weiß besser über die Versorgung Bescheid als all jene, die sie selbst in Anspruch nehmen müssen. Diese Informationsquelle ist ein entscheidendes Plus und hilft mit, die Erkrankung zu bewältigen. Und auf diese Weise werden die professionellen Einrichtungen auch kontrolliert, denn die »Psychiatrie-Szene« tauscht ihre Erfahrungen aus und das wissen auch die Profis. Im Sinne von »Kunden- oder Nutzerorientierung« mag dies die eine oder andere Veränderung des professionellen Angebots nach sich ziehen.

Des Weiteren bietet die SHG den Menschen, die ohnehin schon Probleme mit sozialem Umgang haben, eine Möglichkeit, sich selbst und ihre *Erfahrungen zu reflektieren*. Mit-Betroffene sind oft die Einzigen, von denen kritische Anmerkungen angenommen werden können, ohne dass es zu größeren Verletzungen des Selbstwertgefühls kommt. In Psychiatrie-Gruppen ist Toleranz eines der obersten Gebote; dies ist besonders wohltuend für Menschen, die häufig an den Toleranzschwellen der »Normalwelt« scheitern. Hier kann auch meist deutlicher und klarer ausgesprochen werden, was am anderen »nervt« – und so besteht unter Umständen die Möglichkeit, genau diese Eigenschaft in der Gruppe schärfer unter die Lupe zu nehmen und vielleicht Veränderungen anzustreben. Oder sie zu akzeptieren lernen.

All diese Unterstützungsleistungen fallen unter das Stichwort »gegenseitige Hilfe«. Aber diese kann auch noch konkreter ausfallen: das Hüten von Wohnung, Pflanzen und Haustieren beim Klinikaufenthalt, Begleiten bei einer notwendigen Einweisung, Besuche im Krankenhaus, evtl. Erledigen von wichtigen bürokratischen Dingen usw. – es gibt ganz viele *konkrete Hilfeleistungen*, die innerhalb der Psychiatrie-Gruppen erbracht werden. Da das Verhältnis zu engeren Verwandten auf Grund der Erkrankung mitunter gestört ist, ist es wichtig, dass dafür eine Person des Vertrauens bereitsteht; und diese ist nicht selten ebenfalls »psychiatriebetroffen«.

Vertrauen in andere Menschen kann das *Selbstvertrauen* der Betroffenen wieder ein bisschen stabilisieren. Zum einen fühlt man sich sicherer auf dieser Welt, zum anderen ist die Tatsache, selbst einen Hilfedienst zu leisten und dafür Anerkennung zu bekommen, ausgesprochen wichtig. Und manch ein Schritt in die eigene Selbstständigkeit fällt leichter, wenn ein Netz von Unterstützung und solidarischer Anteilnahme vorhanden ist. Falls etwas schief geht, kann man sich beraten und überlegen, woran es gelegen haben mag und was jetzt zu tun ist.

Besonders stärkend für das Selbstvertrauen ist es, sich gemeinsam mit anderen für die *eigenen Belange* einzusetzen. Wie schon erwähnt, fällt Psychiatrie-Erfahrung unter die Dinge, die gesellschaftliche Anerkennung abhanden kommen lassen. Das Bild der Psychiatrie in der Öffentlichkeit ist stärker vom seelisch kranken Täter der Fernsehkrimis geprägt als von realen Gegebenheiten. Dies ist ein Punkt, gegen den sich die Betroffenen gemeinsam besser wehren können als jemand, der zum Einzelkämpfertum neigt. Ein weiterer Bereich für Aktionen sind die Versorgung und die zum Teil immer noch unzureichenden (oder falschen) Angebote bzw. die Rahmenbedingungen dafür. Nun ist es nicht jedem Menschen gegeben, in der Öffentlichkeit aufzutreten und von komplizierten Problemen zu sprechen, doch das trifft ja nicht nur auf Psychiatrie-Erfahrene zu. Aber in einigen Gremien, vor allem in den Psychosozialen Arbeitsgemeinschaften (PSAG) ist es mittlerweile so, dass der Platz für die Erfahrenen nicht mehr wegzudenken ist und dass ihre Einwände und Wünsche (meist) auch Eingang in die Diskussion finden. All diese Potenziale und Coping-Strategien (Art und Weise der Bewältigung) sind von U. SEIBERT (1998a) wesentlich ausführlicher und sehr präzise beschrieben worden.

Entscheidend aber ist die Tatsache, dass die Angebote der Selbsthilfegruppen in der Regel nicht in Konkurrenz zu den professionellen Angeboten stehen, sondern diese – mit ihrer *eigenen, ganz spezifischen Qualität* – sinnvoll ergänzen. Deshalb ist es notwendig, über eine engere Verzahnung des

Selbsthilfesystems mit dem professionellen System nachzudenken. Kooperation kann eine entscheidende Erweiterung der Möglichkeiten bedeuten; allerdings ist darauf zu achten, dass die professionellen Expertinnen und Experten nicht jene »in eigener Sache« dominieren, sondern dass sich die Fachleute hin und wieder auf die Stufe von Lernenden begeben, um ihren Standpunkt ein wenig zu revidieren und die Leistungen der »anderen Seite« als wertvoll anzuerkennen. In den USA ist diese Verzahnung der Systeme – gewährleistet durch spezielle Einrichtungen, die zum Teil auch von Professionellen besetzt sind und »Betroffenen-Büros« genannt werden – bereits gang und gäbe (siehe dazu auch den Beitrag von P. Stastny in diesem Buch).

»Professionelle« Selbsthilfe

Wie kommt man nun als Psychologin oder Psychologe dazu, mit der und für die Selbsthilfe zu arbeiten und eine gewisse Rollendiffusion auf sich zu nehmen? Für mich persönlich gilt: Schon während des Studiums erlebte ich Themen, die der so genannten »Mainstream«-Psychologie zuzuordnen waren, als wenig spannend. Dafür traf ich während der Suche nach einem Praktikumsplatz auf einen kleinen Verein, der sich der Unterstützung Psychiatrie-Erfahrener, aber in anti-psychiatrischer Tradition, verschrieben hatte. Dort arbeitete ich dann insgesamt zehn Jahre mit; zusammen mit Kolleginnen und Kollegen habe ich ein Arbeitsprojekt für Psychiatrie-Erfahrene aufgebaut. Ohne selbst Psychiatrie-Erfahrung gemacht zu haben, erschien mir, bedingt durch die Erzählungen der Betroffenen, die ich einige Zeit begleitet hatte, die institutionelle Versorgung meist menschenverachtend, gewissermaßen als »Strafe« für die Erkrankung ausgedacht. Ebenso berichteten diese Menschen, wie diskriminierend und ausgrenzend häufig mit ihnen umgegangen werde; das hat mich beschämt und ich glaubte etwas dagegen unternehmen zu müssen.

Die Rolle, die ich als Professionelle im Selbsthilfe-Kontext einnehme, kann man vielleicht mit dem Bild einer Brückenbauerin beschreiben – als den Versuch, eine Brücke zu bauen zwischen den Betroffenen und dem professionellen System. Ich versuche die eine Seite auf die jeweils andere zu locken, versuche die Professionellen an die Psychiatrie-Selbsthilfe heranzuführen und ihre Ängste zu beschwichtigen. Die Mitarbeiterinnen und Mitarbeiter von psychiatrischen Einrichtungen sollen animiert werden, ebenfalls Selbsthilfegruppen zu unterstützen, damit nicht das Selbsthilfezentrum die einzige Anlaufstelle bleibt. Einige Einrichtungen beginnen langsam sich für den Selbsthilfegedanken zu erwärmen.

Ebenso wünsche ich mir, dass die Erfahrenen die Profis nicht als Behandler, sondern als Verhandlungspartner ansehen und mit ihnen »gemeinsame Sache« machen – natürlich nur, wenn es ihren Interessen und ihrem Gesundungsprozess förderlich ist. Ich sehe mich immer wieder auf dieser neu gebauten Brücke (manchmal droht sie einzustürzen) hin- und herlaufen, Botschaften überbringend, Verbindungen knüpfend und Kooperationen anregend. Die Angst mancher Profis vor der scheinbar unberechenbaren Dynamik in Psychiatrie-Gruppen ist meist unbegründet. Die einzige Voraussetzung sind Kenntnis und Erfahrung in Moderationsmethoden – und eben die Bereitschaft, auch einmal einen Perspektivenwechsel vorzunehmen, sich also in die manchmal fremden Welten zu begeben. In der Regel wird man dort willkommen geheißen.

Das Zauberwort für dieses Vorgehen heißt »Empowerment«, lax übersetzt mit »(Wieder-)Gewinnung der Kontrolle über die eigenen Lebensumstände«, für Psychiatrie-Erfahrene eine existenzielle Angelegenheit. Allerdings beinhaltet dieses Konzept für sie auch eine gewisse Überforderung, zumindest wenn zu viel von »Power« die Rede ist. »Power« ist etwas, über das sie, vor allem in kritischen Lebensphasen, gar nicht, ungenügend oder aber im Übermaß verfügen. Mitunter wird auch angeführt, dass in diesem Konzept ein Leitbild von Gesundheit impliziert ist, das für chronisch Kranke gar nicht mehr erreichbar ist. Dennoch hilft das Konzept, (professionelle) Türen zu öffnen. Auch der in der letzten Zeit im Rahmen der so genannten Qualitätssicherung überstrapazierte Begriff der »Nutzer-Orientierung« kann hilfreich sein, wenn es um das Einbringen der Betroffenen-Anliegen in den Versorgungsbereich geht.

Die Philosophie, die unser Selbsthilfezentrum seiner Arbeit zu Grunde legt, beinhaltet, dass die Menschen, die zu uns kommen, als Nutzer und Kunden gesehen und behandelt werden. Wir haben ein Angebot, das abgerufen werden kann – oder auch nicht. Diese ausgeprägte Kundenorientierung erschließt denjenigen, die von der Psychiatrie zu Patientinnen und Patienten gemacht worden sind, eine neue Seite ihrer Identität: Wie alle Kunden können sie ein Angebot wahrnehmen oder es ausschlagen. Sie bekommen so einen aktiven Part und sind nicht (mehr) passive »Behandelte«.

Welche Leistungen können die Betroffenen erwarten?

Was ist nun eigentlich zu tun, wenn man als professionelle Selbsthelferin versucht, Menschen bei ihrem Empowerment-Prozess zu unterstützen? Wie kann sich jemand wieder der Bedingungen des eigenen Lebens bemächtigen, vor dem Hintergrund eines bestehenden Problems? Das kann eine seelische oder körperliche Erkrankung sein, die Tatsache einer Behinderung oder eines nichtdeutschen Passes oder auch, dass eine Scheidung bevorsteht oder nicht verkraftet wurde, dass das eigene Kind krank oder behindert ist oder dass man sich in den Fängen einer Sucht befindet, die das Leben langsam, aber sicher auffrisst. Ein Teil dieser Menschen nimmt im Laufe der »Karriere«, die das Problem für sie bedeutet, Kontakt mit dem Selbsthilfezentrum auf. Damit beginnt unsere Arbeit. Die grundsätzliche Überlegung ist: Was kann die betreffende Person unternehmen, um sich nicht mehr so allein gelassen und ausgeliefert zu fühlen, damit sie wieder Macht bekommt über ihr eigenes Leben? Und wie kann sie dabei unterstützt werden?

Der Versuch, Menschen auf dem Wege ihrer »Wiederbemächtigung« ein Stück zu begleiten, bedeutet vor allem, sie mit den richtigen anderen Betroffenen zusammenzubringen, auf dass sie *gemeinsam* lernen, mit dem jeweiligen Problem oder der Erkrankung umzugehen und sich nicht »unterkriegen« zu lassen. Die meisten Probleme aber, insbesondere die Psychiatrie-Erfahrung, sind so angelegt, dass sie die Betroffenen an den Rand der Gesellschaft verweisen, dass Arbeitsplatz, Wohnung und Freunde verloren werden. Jede Gesellschaft zeigt ihre Schwächen, aber auch ihre Stärken am deutlichsten dort, wo sich ihre Ränder befinden, wo unangepasste Menschen versuchen zu überleben. Wenn diese unangepassten Menschen es schaffen, ihre Lebensbedingungen positiv zu beeinflussen, so schaffen sie damit auch wieder Freiräume der Toleranz und Akzeptanz für andere nicht der Norm entsprechende Individuen. Diese Hoffnung steht immer im Hintergrund.

Beratende bzw. begleitende Unterstützungsformen

An erster Stelle steht, wie schon oben erwähnt, das Anliegen, mit anderen ähnlich oder gleich Betroffenen in Austausch zu treten. Dafür gibt es fast in jeder größeren Stadt mittlerweile eine ganz gute Auswahl an Möglichkeiten, die weiter unten beschrieben werden. Es gibt aber auch Betroffene, für die der Besuch einer SHG nicht (oder noch nicht) sinnvoll ist – weil sie zum Beispiel immer schon Probleme mit Gruppen hatten, weil sie sich unter mehr als vier Augen nicht auf sich selbst konzentrieren können, weil, weil, weil ... es gibt viele Gründe und die müssen zuerst einmal akzeptiert werden. Der ambulante Bereich hat ebenfalls eine Reihe von Angeboten und so wird sich mit hoher Wahrscheinlichkeit für jeden eine Gruppe, eine Einrichtung oder ein Projekt finden lassen, wo die jeweiligen Bedürfnisse befriedigt werden können. Gemeinsam herauszufinden, welche Unterstützung zum gegenwärtigen Zeitpunkt gebraucht wird (und vor allem, welche nicht), ist ein weiterer Schwerpunkt jeder Beratung – wir nennen dies »Clearing«, sich einen Überblick über die Möglichkeiten verschaffen.

Doch das Clearing im SHZ unterscheidet sich von Beratungen in anderen Einrichtungen: Vor allem bieten wir keine längerfristigen Beratungen an (wir wollen nicht mit anderen Einrichtungen in Konkurrenz treten), sondern verstehen uns als Wegweiser in kritischen Situationen, wobei das größte Hinweisschild auf die Selbsthilfe deutet. Anliegen und Standpunkte der Betroffenen haben hier für uns oberste Priorität.

Der Clearing-Prozess führt in vielen Fällen zu *Gruppengründungen*. Falls keine passende Gruppe zur Verfügung steht (nicht das richtige Thema oder aber die passenden Gruppen sind voll), unterstützen wir die Gründung einer neuen Gruppe. Nach ausführlichen Absprachen, die den Inhalt und die organisatorischen Aspekte beinhalten, werden Interessenten gesucht (etwa über eine Annonce in unserer eigenen Zeitung). Auch andere professionelle Einrichtungen werden mitunter von uns angeschrieben. Sind genug Kandidatinnen und Kandidaten zusammengekommen, gibt es ein Gründungstreffen, welches auf Wunsch begleitet wird (evtl. auch von selbsthilfeerfahrenen Mitgliedern einer anderen SHG). Den potenziellen neuen Mitgliedern werden die Prinzipien der Selbsthilfe und die Unterstützungformen des SHZ erklärt; außerdem gibt es einen kleinen Katalog von Grundregeln, die von der Gruppe beachtet werden sollten (aber nicht müssen!).

Das ausgesprochene Angebot, künftig gewissermaßen im Hintergrund zur Verfügung zu stehen, sollte es irgendwelche Probleme oder Konflikte geben (oder Krisen wie etwa den Suizid eines Mitglieds), erleichtert die meisten Gruppenstarts erheblich und gibt den Initiatorinnen und Initiatoren den Mut und die Sicherheit, sich auf ihre Gruppe einzulassen. Es folgt nach der Gründung gewissermaßen eine »stille Begleitung«. Aber auch diese Unterstützung besteht nur als Angebot, sie *muss* nicht in Anspruch genommen werden.

Im Lauf der Jahre hat sich noch ein weiteres Vorgehen zur Gruppengründung bewährt: die Organisation eines Informationsabends, beispielsweise zur Therapie der manisch-depressiven Erkrankung. Auf solchen Veranstaltungen werden Leistungen des professionellen Systems ebenso wie Leistungen, die selbsthilfespezifisch sind, vorgestellt. Es liegt dann eine Liste aus, in die sich an einer Gruppe Interessierte eintragen können. Kommen genug zusammen, gibt es (meist) eine weitere, kleinere Veranstaltung, die nochmals auf die Unterstützungen, die vorgehalten werden, aufmerksam macht – ab dann ist die SHG selbstständig. Aber auch in diesem Fall ist die stützende Begleitung im Hintergrund nur *ein Angebot*. Diese Form der Gruppengründung eignet sich vor allem für andere, nicht selbsthilfespezifische Einrichtungen, die auch die Hintergrundbereitschaft für Krisenfälle vorhalten können.

Existierende Selbsthilfegruppen
zu psychiatrischen Themen

Die Psychiatrie-Selbsthilfe ist in München mittlerweile *relativ gut ausgebaut*. Neben den Münchner Psychiatrie-Erfahrenen (MüPE), die unterschiedliche Gruppen bereithalten, sich aber vor allem der Interessensvertretung widmen (s. u.), gibt es eine ganze Reihe von »klassischen« SHGs, die psychiatrische Themen bearbeiten. Es existieren sechs Gruppen für Menschen mit manisch-depressiven Symptomen, davon eine nur für Frauen. Des Weiteren drei Gruppen, in denen sich Betroffene treffen, die »nur« mit Depressionen kämpfen. Darüber hinaus Gruppen für Zwänge, für das Gilles-de-la-Tourette-Syndrom, die Emotions Anonymous (EA). Dort treffen sich Menschen, die mit ihren Gefühlen und sozialen Beziehungen Probleme haben. EA ist nicht explizit für Psychiatrie-Erfahrene gegründet worden, aber besonders Menschen mit einer so genannten Borderline-Diagnose scheinen dort Hilfe zu finden. Außerdem gibt es die No-Mobbing-Gruppe (viele Mobbing-Opfer stehen nahe an einer Psychiatrie-Erfahrung) und die Nachsorgegruppen der psychosomatischen Kliniken.

Trotz all dieser Möglichkeiten entstehen immer wieder neue Gruppen (derzeit befindet sich eine reine Betroffenengruppe zu Psychoseerfahrungen in Gründung), und es würde Sinn machen, wenn auch zum Beispiel die Sozialpsychiatrischen Dienste Selbsthilfegruppen unterstützen und anbieten würden, denn es gibt etliche Betroffene, die wegen der Gruppen nicht durch die ganze Stadt fahren wollen oder können. So hätten sie eine dezentrale, näher am Wohnort gelegene Möglichkeit zum Gruppenbesuch.

Supervision für Gruppenleiter und Berater

Einen hohen Stellenwert in unserer Angebotspalette hat die *Supervision für Gruppenleiterinnen und -leiter* (aus dem Gesundheitsbereich insgesamt); sie dient eindeutig der Qualitätssicherung der Arbeit in den Gruppen. *Jede* Gruppe hat früher oder später eine dominierende Figur, die formal oder auch informell stärker das Geschehen beeinflusst und die Leitung übernimmt, sich mehr als die anderen nach außen wendet, die aber auch mehr von den anderen als Berater angesprochen wird. Als idealtypisches Modell schwebt uns zwar die Gruppe vor, in der die Leitung rotiert und alle in gleichem Maß beteiligt sind, aber die Realität und die Gesetze der Gruppendynamik ergeben ein anderes Bild. In den Supervisionsgruppen des SHZ finden wir überproportional viele Leiterinnen und Leiter aus Gruppen mit psychischen Problemen. Für sie ist es häufig eine große Erleichterung, festzustellen, dass die Leiter etwa einer Krebsgruppe ähnliche Probleme haben wie sie selbst, was ihre Rolle und ihre Funktion innerhalb der Gruppe anbelangt (Konkurrenzdenken, Überlastung durch zu viel Verantwortung, Abgrenzungsschwierigkeiten, Probleme mit Mitgliedern, die die Gruppe spalten u. Ä.). Durch den Austausch mit anderen Mitgliedern der Supervisionsgruppe relativiert sich vieles, bekommen die Schwierigkeiten einen »normalen« Anstrich und werden durch die Unterstützung der anderen auch lösbar.

Die Leiter, Berater und Kontaktpersonen in den Gruppen leisten meist eine differenzierte und von hoher Kompetenz geprägte Unterstützungsarbeit für andere Betroffene, eine Arbeit, die professionellen Angeboten durchaus ebenbürtig ist. Profis holen sich Hilfe in der Supervision und auf diese Weise können auch die »Berufsbetroffenen« aus den SHGs Unterstützung bekommen. Für uns als Supervisorinnen ergibt sich die gleiche Rolle und Funktion, als ob wir Berufskollegen supervidieren würden, denn unsere Kundinnen und Kunden sind »Experten in eigener Sache«. Es werden immer wieder Anfragen an uns herangetragen, diese Supervisionen nur für Psychiatrie-Erfahrene durchzuführen, dies scheitert aber gegenwärtig an mangelnden Ressourcen. Auch wäre die »Normalisierung« der angesprochenen Schwierigkeiten dann vielleicht weniger effektiv.

Die Supervision für diesen Personenkreis wird als *zusätzliches Angebot* des Selbsthilfezentrums von der AOK München finanziert. Gegenwärtig gibt es zwei Supervisionsgruppen für je sechs Personen aus Gesundheitsgruppen, die sich monatlich bzw. zweimonatlich treffen und von einer Kollegin und mir gemeinsam geleitet werden. Ein weiteres Angebot besteht aus zwei Wochenenden im Jahr für diejenigen, die nicht so viel Zeit investieren können oder die die Methode einmal kennen lernen wollen, um evtl. später in eine der festen Gruppen zu gehen. Die Supervision folgt einer relativ straffen Struktur: Eine/r erzählt zu Beginn zehn Minuten, welches Problem gegenwärtig akut ist, und formuliert am Ende zwei möglichst deutliche Fragen an die Runde, was reflektiert oder geklärt werden soll. Nach der Möglichkeit, Nachfragen an die vorstellende Person zu richten, wird der- oder diejenige zu dreißigminütigem Schweigen verurteilt – die restlichen sieben Teilnehmenden reflektieren das Problem; es sind auch freie oder ganz persönliche Assoziationen o. Ä. erlaubt. Bei einer abschließenden Auflösungsrunde versucht die Person, die das Problem eingebracht hat, eine kleine Bewertung im Sinne von »Was kann ich verwenden, was macht Sinn für mich?« usw. vorzunehmen.

Dieses Supervisionsangebot wird immer wieder als sehr hilfreich eingeschätzt.

Spezielle Fortbildungen

Besonderes Augenmerk legen wir auf spezifische Fortbildungen für Menschen mit Psychiatrie-Erfahrung. Das mittlerweile etablierte »Dialog-Seminar« (siehe SEIBERT 1998 b), welches 1999 zum fünften Mal stattgefunden hat, ist aus der Erkenntnis entstanden, dass zwar überall im sozialpsychiatrischen Bereich bereits vom »Trialog« gesprochen wird, wir aber festgestellt haben, dass der Dialog zwischen Psychiatrie-Erfahrenen und ihren engen Vertrauten (Verwandte, Ehe- oder Lebenspartner, aber auch Freunde) oft noch außerordentlich gestört ist. Themen wie »Verhalten in Krisen«, »Hält unsere Beziehung deine Erkrankung aus?« oder »Psychische Erkrankung und Einsamkeit« werden gemeinsam bearbeitet. Das Methodeninstrumentarium besteht aus gemeinsamen und getrennten Arbeitsgruppen und Plenen und dem Versuch, erarbeitete Inhalte aufzubereiten und festzuhalten. Wir beziehen in der Regel auch theater- und tanztherapeutische Elemente mit ein. Wir treffen uns jährlich für eineinhalb Tage, machen auch lange Pausen zum gegenseitigen Kennenlernen und sorgen für das leibliche Wohl. Dieses Seminar erfreut sich großen Zuspruchs, und es wird immer wieder gewünscht, es mehrmals im Jahr stattfinden zu lassen. Dies scheitert aber zurzeit an mangelnden Ressourcen.

Entscheidend ist die Art und Weise, wie das Seminar zustande kommt und wie die Inhalte und Themen erarbeitet werden. Das Seminar steht in der Tradition der Psychose-Seminare (BOCK u. a. 1997; BOCK u. a. 2000), die sich durch die gleichberechtigte Mitwirkung von Betroffenen auszeichnen. Veranstaltet wird es von MüPE (Münchner Psychiatrie-Erfahrene) und dem Selbsthilfezentrum gemeinsam. Für die Inhalte nehmen wir (eine Arbeitsgruppe aus Betroffenen und Profis) uns Zeit: Wir führen eine Reihe von Gesprächen, in denen wir sukzessive »unser« Thema finden, dem immer die Maßstäbe der Psychiatrie-Erfahrenen zu Grunde gelegt sind. Zuerst fragen wir: Womit haben die Betroffenen vor allem Schwierigkeiten – mit Beziehungen, mit Einsamkeit, mit den sozialen Auswirkungen der Krankheit, mit immer wieder auftretenden Krisen und Erkrankungen, mit Zwangseinweisungen usw.? So kristallisieren sich die Inhalte heraus, die wir dann gemeinsam (wobei das Augenmerk auf dem Dialog liegt) in eine Form gießen, die die Bearbeitung in einem Wochenendseminar möglich macht. Auch die Moderation wird teilweise von Betroffenen *und* Profis übernommen.

Was gibt es noch?

Nicht vergessen werden sollten die organisatorischen Angebote des SHZ für die Selbsthilfegruppen. Im Haus stehen sechs Gruppenräume zur Verfügung, die, obwohl dicht belegt, von den Gruppen ohne Kosten genutzt werden können. Es gibt ein (nicht bewirtschaftetes) Café, einen großen Veranstaltungsraum und ein Gruppenbüro. Auch Materialien und Medien können ausgeliehen werden. Es wäre sicher auch für andere Einrichtungen nicht schwierig, solche Räume für Selbsthilfegruppen zur Verfügung zu stellen.

Des Weiteren können Beratungen zu Organisations- und Vereinsproblemen oder auch Vereinsgründungen abgerufen werden, zudem Beratungen zu Finanzierungsmöglichkeiten. Falls Konflikte in der Gruppe auftreten, bietet das SHZ Unterstützung an. Wenn Bedarf an solchen Angeboten besteht, können andere Einrichtungen an uns verweisen. In den meisten großen und mittleren deutschen Städten gibt es mittlerweile eine Anlaufstelle für Selbsthilfe, die hier in Anspruch genommen werden kann.

Probleme und Schwierigkeiten

Die Selbsthilfearbeit führt immer wieder zu positiven Ergebnissen, die diesen Arbeitsansatz bestätigen, vor allem wenn sie sich so klar darstellen wie im eingangs beschriebenen Beispiel von Peter M. Dennoch sollte nicht verheimlicht werden, dass auch Schwierigkeiten und *Kommunikationsprobleme* auftauchen. Besonders dann, wenn jemand in der akuten Phase einer Psychose Kontakt aufnimmt und Dinge erwartet oder zu erwarten scheint, die einfach nicht umsetzbar sind. Es geht hier nicht um die Inhalte der Psychosen, die in vielen Fällen nachvollziehbar sind, sondern um die Erwartungen, jemand möge helfen die Welt wieder vom Kopf auf die Füße zu stellen. Es gibt im SHZ keinen, wie sonst üblich, Beratungskontrakt, entsprechend diffus können die Erwartungen ausfallen. Entscheidend ist dabei aber herauszufinden, was gewünscht oder gebraucht wird (und was nicht) und wo man es evtl. bekommen kann.

Ein anderes Problem ergibt sich auf der *Beziehungsebene*: Viele Psychiatrie-Erfahrene haben im Laufe ihrer Karriere *gelernt*, dass die professionell Helfenden häufig vorgeben viel besser zu wissen, was den Betroffenen gut tut, bzw. eher selten deren Wünsche wirklich ernst nehmen. Hier kommt sicher der häufig missbrauchte Begriff der »Compliance« ins Spiel, der Krankheitseinsicht (die früher oder später fast alle haben) und »Kooperationsbereitschaft mit den Behandelnden« umschreibt. Die einzige Antwort auf Probleme mit der Compliance ist: »Verhandeln statt behandeln« – das Motto der Psychiatriebewegung. Wie oft werden Wünsche (vor allem in der stationären Behandlung) missachtet, Wünsche nach einem anderen Medikament oder danach, ohne Medikamente auszukommen. Wie oft werden die Nebenwirkungen, die jede Lebensqualität abhanden kommen lassen, klein geredet? Hinzu kommen all die Dinge, die der institutionellen Versorgung selbst zuzuschreiben sind: wer wann und warum wohin verlegt wird, wann wer welchen Therapeuten oder welche Bezugsperson bekommt und Ähnliches mehr. Behandlungsvereinbarung und Krisenpass (DIETZ u. a. 1998), die sich langsam, aber sicher durchsetzen, können hier ein wenig Abhilfe schaffen.

Der advokatorische Ansatz

Ein weiterer wichtiger Punkt betrifft die Lobbyarbeit für die Psychiatrie-Selbsthilfe, und zwar vor allem in der so genannten Fachöffentlichkeit – und das, obwohl es sich in psychiatrischen Zirkeln langsam herumgesprochen hat, dass es die Münchner Psychiatrie-Erfahrenen gibt und dass diese Organisation sogar einen hauptamtlichen, selbst betroffenen Sozialpädagogen hat (»doppelte« Experten sind ideale Berater für andere Betroffene). Diese Errungenschaft wird aber von den Fachkolleginnen und -kollegen häufig sehr misstrauisch beäugt. Es kommt leider nicht so oft vor, dass sie andere Betroffene dorthin verweisen bzw. dass die Betroffenen als Experten in eigener Sache wahrgenommen werden und ihnen eine Vertretung ihrer eigenen Interessen zugestanden wird.

Es mag absurd klingen: Als Fachfrau und Nichtbetroffene habe ich mitunter eher die Chance, den Standpunkt der Psychiatrie-Erfahrenen zu vertreten als die Betroffenen selbst. Die Vertretung gestaltet sich nicht so schwierig, denn häufig handelt es sich um Probleme, die einfach mit mitmenschlichem Respekt und Anerkennung der Person in ihrem So-Sein (mit ihren Normabweichungen) zu tun haben. Dennoch: Man muss Freude daran haben, immer wieder die Perspektive zu wechseln. Dieser advokatorische Ansatz ist, zumindest in der BRD, nicht sonderlich bekannt und auch nicht so üblich; in den USA, den Niederlanden und in Großbritannien hingegen sind solche Vertretungsfunktionen gang und gäbe. Der Versuch, das öffentliche Bewusstsein hinsichtlich psychischer Erkrankungen ein wenig zu beeinflussen, ist vielfach Voraussetzung dafür, dass sich innerhalb der Versorgung auch etwas verändert.

Gegenwärtig sind in München Bemühungen im Gang (wiederum befördert durch eine »multidisziplinäre« Arbeitsgruppe von Betroffenen und Profis), eine Koordinationsstelle für Psychiatrie-Selbsthilfe in Oberbayern anzuregen. Diese Koordinationsstelle hat unter anderem die Aufgabe, psychiatrieorientierte Beratungsstellen im Einzugsbereich dazu zu animieren, weitere Gruppen – zu den schon bestehenden hinzu – anzubieten und zu unterstützen. Die Integration der Selbsthilfe in andere Arbeitsfelder als Aufgabe ist bisher keine professionelle Angelegenheit, aber eben das sollte durch die Schaffung dieser Stelle geändert werden.

Viele Betroffene wünschen und brauchen beides, die professionelle

Hilfe (Beratung, Therapie, angeleitete Gruppen) und die Selbsthilfe. Beide Bereiche ergänzen sich wunderbar, ergeben ein größeres, gemeinsames Ganzes und tragen vielen Bedürfnissen Rechnung. Der Austausch der Systeme kann im besten Sinne eine entscheidende Bereicherung bedeuten; zum Beispiel brauchen Gruppen besondere Unterstützung, wenn sich eine Krise ereignet, ein Suizid oder eine Wiedererkrankung die ganze Gruppe verunsichert – hier speziell könnten die Profis die Selbsthilfe unterstützen, ohne die Gruppe permanent zu begleiten.

Auf der anderen Seite ist bekannt, dass die Mitgliedschaft in einer Selbsthilfegruppe die Zahl der (Wieder-)Einweisungen in eine Klinik und die Aufenthaltsdauer dort verringern kann.

Der ökonomische Nutzen

Ein nicht zu vernachlässigender Aspekt der Selbsthilfegruppen sind die Auswirkungen im ökonomischen Bereich. Dies wird im Zusammenhang mit psycho-sozialen Problemlagen selten thematisiert – hier hat eine Gruppe aus Praktikern und Forschern eine Untersuchung vorgelegt (ENGELHARDT u. a. 1995) am Beispiel der Gruppe »Münchner Angst-Selbsthilfe« (MASH). Mit Hilfe einer Modellrechnung konnte nachgewiesen werden, dass einem Zuschuss von 100 DM für eine solche Initiative 1.500 DM Einsparungen der öffentlichen Hand gegenüberstehen. Im vorliegenden Fall ist es so, dass der Zuschuss von der Kommune, hier die Stadt München, geleistet wird, die Einsparungen sich aber vor allem auf die Krankenkassen und die Arbeitgeber auswirken.

Die Einsparungen haben folgende Hintergründe:

* Durch *frühzeitige Aufklärung* über das Krankheitsbild innerhalb der Selbsthilfe erfolgt eher eine richtige Diagnose. Angststörungen werden häufig etwa als Herz- und Kreislaufprobleme behandelt. Dies bewirkt, dass auch schneller eine angemessene Therapie gefunden werden kann und nicht so viele verschiedene Ärzte aufgesucht werden müssen.

* Die Behandlungskosten verringern sich durch die Unterstützung der Gruppe im Falle von *Krisen*. Die Nutzung notärztlicher Dienste vermindert sich, wenn Betroffene in eine Selbsthilfegruppe eingebunden sind.

* In Folge adäquater Krisenintervention, die zum Teil innerhalb der Gruppe geleistet wird, vermindert sich die *Zahl der Klinikaufenthalte*.

✴ Durch die Information in der Gruppe werden *Medikamente* seltener bzw. sinnvoller eingesetzt. Hier werden Nebenwirkungen reduziert und vor allem wird die Suchtgefahr, die mit einem Teil der verabreichten Medikamente einhergeht (Tranquilizer, Barbiturate), eher thematisiert.

✴ Dies gilt ebenso für die Gefahr der *Alkoholabhängigkeit*, die bei Angstpatienten wesentlich erhöht ist (bei MASH ca. 36 % der Betroffenen).

✴ Betroffene, die mit ihrer Krankheit besser umgehen können, behalten eher ihren *Arbeitsplatz* bzw. finden schneller in den Arbeitsmarkt zurück.

Nun lassen sich diese Ergebnisse, die bei der »Münchner Angst-Selbsthilfe« im Zusammenhang mit dem Symptombild ziemlich deutlich nachzuweisen sind, nicht in vollem Maße auf psychiatrische Erkrankungen übertragen, obwohl es viele Berührungspunkte gibt. Vor allem der Suchtcharakter der verabreichten Medikamente steht im psychiatrischen Bereich so nicht zur Diskussion, allerdings sind die Nebenwirkungen ebenfalls sehr weit reichend. Das Problem der Alkoholabhängigkeit hingegen stellt sich im Feld der Psychiatrie ebenso häufig (Stichworte: Doppeldiagnosen oder Komorbidität). Aus den Erfahrungen mit Gruppen für psychiatrieerfahrene Menschen kann man aber einen Effekt ziemlich sicher voraussagen: Für diejenigen, die durch die Anbindung an eine Selbsthilfegruppe stabilere soziale Beziehungen aufweisen, verkürzen sich die Aufenthalte in Kliniken.

Auch andere Teilaspekte ökonomischer Auswirkungen lassen sich innerhalb des psychiatrischen Bereichs beobachten. Wir können mit Sicherheit davon ausgehen, dass hier die Unterstützung von Selbsthilfe und Selbstorganisation positive Effekte in Form von Einsparungen bei den Kosten der Krankheit zeigt.

Eindrucksvolle Forschungsergebnisse – Schlussbemerkung

Vergleicht man Veränderungen im psychischen Befinden und in der Alltagsbewältigung bei Menschen mit chronischen Erkrankungen (also auch psychischen Erkrankungen), sind Ergebnisse einer qualitativen Studie spannend, die von 1994 bis 1996 im Rahmen des *Public Health Forschungsverbundes* in enger Kooperation mit dem Selbsthilfezentrum München gewonnen wurden (unveröff. Bericht, München 1997, Bezug über das SHZ München).

Die Forscherinnen und Forscher suchten nach »selbsthilfespezifischen Ressourcen und Strategien« und wollten wissen: »Was hilft in der Selbsthilfe?« Sie untersuchten die Münchner Selbsthilfe-Szene aus dem Gesundheitsbereich, besuchten Gruppen, interviewten die Teilnehmenden, analysierten Broschüren und Tonbandaufzeichnungen von Supervisionen. Die Ergebnisse zeigen: Vor allem die per Selbsthilfe aktivierten Ressourcen weisen Bestandteile auf, die man ohne weiteres auch einer angeleiteten Gruppe oder einer Psychotherapie zuordnen könnte. Insbesondere sind zu nennen:

* Gewinnung von Gesprächs- und Reflexionspartnern
* Wissensvermittlung
* Aneignung von Sinn, Krankheitserklärung und Identitätsmustern
* Entwicklung von Bewertungskriterien
* Zugang zu Ressourcen
* Aktivierung von Coping-Strategien etc.

All diese Elemente könnten oder sollten eigentlich auch Bestandteil oder Ergebnis einer Psychotherapie oder einer sonstigen Hilfeform sein. Darüber hinaus lernen die Teilnehmenden Techniken und Strategien kennen und ausüben wie:

* bekennende Beratung (Berater und zu Beratende sind gleich betroffen)
* Erfahrungsaustausch
* Entwicklung von Vergleichsmodellen
* Bildung eines Ratgeberpools
* positive Umwertung im Sinne einer kompensatorischen Kompetenz (kompensatorische Kompetenz bedeutet, aus einer Schwäche eine Stärke zu machen)
* Wahrnehmung von Rollenangeboten und -wechsel etc.

Diese *Strategien und Ressourcen sind selbsthilfespezifisch* und können nur in der gemeinsamen Arbeit unter Gleichbetroffenen entwickelt werden; innerhalb einer Psychotherapie oder eines anderen Angebots sind sie nicht abrufbar bzw. auch nicht intendiert. Nun soll hier nicht behauptet werden, Selbsthilfe sei die bessere Lösung bei seelischen Problemen, sondern dies sollte als Aufruf an die professionelle Seite verstanden werden, ihren Klientinnen und Klienten auch diese Zugänge zu öffnen bzw. sie als solche anzuerkennen und entsprechende *Kooperationsbereitschaft* zu zeigen.

Wenn nun gesagt wird, beim Clearing-Prozess in der Selbsthilfe wird nach Unterstützungspotenzialen gesucht, gleichgültig ob sie sich im professionellen Versorgungssystem befinden oder in der Selbsthilfe, so erscheint dies beliebig oder vielleicht austauschbar – das ist nicht so! Die Unterstützung, die Psychiatrie-Betroffene in der Selbsthilfe finden, ist im professionellen System gar nicht zu haben. Es gibt zwar Übergänge, aber eines können die Profis in der Regel nicht bieten: den Zugang und den Standpunkt der Betroffenenseite, die Position, für sich selbst und die eigenen Interessen einzutreten. Und das ist auf jeden Fall die beste Therapie.

PETER STASTNY

Strukturelle Etablierung von Empowerment-Projekten

Chancen und Grenzen am Beispiel der USA

Schnittstellen besetzen!

Seit nahezu 15 Jahren arbeite ich an einer Schnittstelle zwischen psychosozialem Dienst und Selbsthilfebewegung. Mangels eigener Erfahrungen als Psychiatriepatient war meine Stellung zwar keine leichte, aber wegen ihrer zweifachen Perspektive für mich umso interessanter. Seit meinem ersten Selbsthilfeprojekt in einer Landesnervenklinik und meiner derzeitigen Arbeit in der Verbreitung von Selbsthilfe und Empowerment in öffentlichen Ambulanzen des Bundesstaates New York hatte ich wiederholt Gelegenheit, die Entwicklung autonomer Projekte mitzuverfolgen, und die damit einhergehenden neuen Beziehungen von Profis und Betroffenen zu beobachten. Die Erfolge dieser Arbeit scheinen mir trotz aller damit zusammenhängenden Schwierigkeiten sehr wesentlich, obwohl gewissen ambitionierten Zielen durchaus Grenzen gesetzt wurden.

Unsere Projekte waren natürlich nicht nur von örtlichen Initiatoren abhängig, sondern auch von einer Reihe historischer und wirtschaftlicher Faktoren, ohne die unser Fortschritt nicht in dieser Form und diesem Ausmaß hätte stattfinden können. Zum Beispiel wäre unser erstes Selbsthilfeprojekt »Share your bounty«, eine Nahrungsmittelbank für Obdachlose in New York, ohne die Unterstützung des National Institutes of Mental Health nie zu einer selbstständigen Firma mit einem Jahresbudget von etwa 150.000 DM geworden. Ebenso wäre das »Peer Specialist«-Projekt ohne ausgiebigen Forschungsetat nicht zu dem wegweisenden Ergebnis gelangt, dass eigens ausgebildete Betreuer mit Betroffenenerfahrung spezifische Beiträge zur Besserung der Lebensqualität ihrer »Kollegen« leisten können.

Es ist allgemein bekannt, wie wichtig die Anfangsphasen sozialer Experimente sind. Die meisten Änderungsversuche scheitern am falschen

Beginn. Die Arbeit in einer relativ konventionellen Abteilung einer psychiatrischen Anstalt scheint a priori nicht als Übungsgebiet für Empowerment- und Selbsthilfeexperimente geeignet. Ein solcher Versuch sollte auf Grund der belastenden Anstaltsstrukturen und dem oft peinlichen geschichtlichen Hintergrund eher scheitern. Das Beispiel der »Psychiatria Democratica« Italiens hat gezeigt, dass Anstalten zwar als Startrampen für »Befreiungsbewegungen« fungieren können, aber im gleichen Zuge ihre Funktion einbüßen, um dann als ruinöse Relikte einer vergangenen Zeit dazustehen.

Andererseits gibt es vor allem in den USA einige Beispiele von Versuchen, die Entstehung von selbstverwalteten Projekten im Anstaltsbereich zu fördern. Allen voran steht das »Fairweather Lodge Modell« der frühen sechziger Jahre, in dem stationäre Langzeitpatienten gegenseitige Stützung und anstaltsunabhängiges Leben in der Gruppe erlernten (FAIRWEATHER u. a. 1969). Seit dem Fairweather-Experiment wissen wir, dass die Strukturen einer »therapeutischen Gemeinschaft« nur dann Erfolgschancen haben, wenn sich die erlernten Erfahrungen auf das reale Gemeinschaftsleben außerhalb der Anstalt übertragen lassen. Tatsächlich hat das »Fairweather Lodge«-Experiment gezeigt, dass viele Langzeitpatientinnen und -patienten durch Teilnahme an zunehmend anspruchsvolleren Gruppenerfahrungen einen hohen Grad an Unabhängigkeit erreichen können.

»Share your bounty« –
Von der Anstalt zur autonomen Firma

Den ersten Schritt zur Selbsthilfe auf unserer Station im *Bronx Psychiatric Center* tat ein junger Mann aus Jamaika, den störte, dass in Flugzeugen und Krankenhäusern wertvolle Nahrungsmittel verschwendet werden. Sein Vorschlag, diesen Überschuss zu sammeln und an Obdachlose zu verteilen, war der Anstoß für »Share your bounty«. Diese Idee wurde zu einer Zeit an uns herangetragen, in dem wir freundschaftliche Beziehungen unter Patienten aktiv unterstützten. Dies führte zu »Living with friends«, einem Programm, mit dem Gruppen von anstaltsabhängigen Menschen in gestützte Wohngemeinschaften übersiedelten. Damals hatten wir noch kaum Erfahrungen mit Selbsthilfe und autonomen Patientenorganisationen. Es gab entweder die radikale anti-institutionelle Kritik à la Basaglia, den »schizophilen« Ansatz von Laing und Cooper oder den banalen gemeindepsychiatrischen

Ansatz der Sektor-Bewegung. Von autonomen Patientengruppen war weit und breit nichts zu sehen, obwohl es sie natürlich längst gab. Nur fanden sie keinen Platz in den theoretischen oder gar den praxisbezogenen Überlegungen von Psychiatern und anderen Profis. Das Sozialistische Patientenkollektiv Heidelberg war vielleicht die einzige international bekannte Ausnahme.

Unser Mann aus Jamaika war der erste Lichtblick in dem säuberlich geschnürten psychosozialen Netz, mit dem die Gemeindepsychiatrie Ende der siebziger Jahre operierte. Etwa fünf Jahre lang blieb das Projekt auf Sparflamme. Einige Mitarbeiter fürchteten, dass vorzeitige Aufmerksamkeit, vor allem Außenstehender, dem Projekt mehr schaden als nützen würde. So bildete sich allmählich eine Organisation innerhalb unseres klinischen Betriebs heraus, deren Uhrwerk ganz von allein tickte. Jeden Tag gegen 10 Uhr klopfte ein junger Mann namens William an das Dienstzimmer und bekam den Schlüssel zum Projektraum ausgehändigt, wo 6–8 Leute mit den Vorbereitungsarbeiten begannen. Gegen 11 Uhr waren sie fertig und eine kleinere Gruppe machte sich auf den Weg nach Manhattan, bepackt mit Rucksäcken oder Einkaufswagen, aus denen sie Brötchen, Säfte und Milch an bereits wartende Obdachlose verteilten. Dies ging einige Jahre so, bis uns bekannt wurde, dass das National Institute of Mental Health ein Forschungsprogramm zur Förderung von Selbsthilfeprojekten ausgeschrieben hatte. Schließlich wurde »Share your bounty« als eines von dreizehn Projekten ausgewählt und war darunter das einzige, das seinen Ursprung auf einer psychiatrischen Station hatte.

Ohne im Detail auf die beeindruckende, aber letztlich traurige Geschichte von »Share your bounty« einzugehen, möchte ich trotzdem unterstreichen, wie wesentlich diese Organisation für die Weiterentwicklung der Patienten und, in geringerem Maße, der Therapeuten war. Es gibt nichts Eindrucksvolleres als die Äußerungen und Tätigkeiten von Menschen, denen man bis dato kaum ein sicheres Dasein außerhalb der Anstalt zugetraut hätte. Die Wandlung von Hilfesuchenden zu Hilfeleistenden war so dramatisch, dass keinem der Profi-Zaungäste je eingefallen wäre, das Projekt zu bremsen. Komplizierter war die Frage, wie man seine Begeisterung am besten ausdrückt, ohne das Projekt zu belasten. Pragmatische Stützung war der erste Ansatz, gefolgt von einem Hände-Davonlassen mit beständiger Bereitschaft zur gemeinsamen Lösung von Problemen.

Man darf nicht vergessen, dass die Regelungen psychiatrischer An-

stalten autonomen Patientenprojekten meistens Schwierigkeiten bereiten.
Zum Beispiel benötigten die Mitarbeiter sehr bald ein Fahrzeug, um weit
reichender und effizienter arbeiten zu können. Anstaltseigene Fahrzeuge
durften damals nur von Spitalsbediensteten gefahren werden, obwohl im
Prinzip nichts dagegensprach, dass qualifizierte Patienten als Fahrer zugelassen werden. Nach einigen Jahren gelang es uns tatsächlich, dies durchzusetzen. Eines Tages bemerkte unser Reha-Spezialist von der Gegenfahrbahn
aus, dass der SYB-Wagen eine Panne hatte. Beinahe kehrte er um und wollte helfen, besann sich aber eines Besseren, überzeugt, dass die SYB-Leute
auch mit dieser Situation zurechtkommen würden.

Zehn Jahre nach Beginn des Projektes waren die Mitglieder von »Share your bounty« gezwungen, ihre Firma aufzulösen. Weder die Stadt noch
der Bundesstaat New York sahen sich im Stande, die notwendigen Förder-
gelder nach Auslaufen der NIMH-Unterstützung zur Verfügung zu stellen.
Und die SYB-Leute weigerten sich, ihren Arbeitsbereich nach den Vorstellungen der örtlichen Behörden umzumodeln. Jeder ging seinen Weg und
heute, acht Jahre später, sind nur zwei der ehemaligen 16 SYB-Leute im
Selbsthilfebereich tätig.

»Peer Specialist« –
Von der autonomen Firma zurück zur Anstalt

Die Auflösung von SYB, so traurig sie war, konnte den weiteren Fortschritt
der Empowerment- und Selbsthilfebewegung in unserem Bereich nicht auf-
halten. Mehr oder weniger gleichzeitig entwickelten sich zwei Ansätze, deren Bedeutung wir damals noch nicht abschätzen konnten: Der Einsatz von
Leuten mit Psychiatrieerfahrung in der Betreuung von anderen; und die
Entwicklung von autonomen Selbsthilfeprojekten außerhalb der Anstalt.
Betreuung von Gleichgestellten (»peers«) war gegen Ende der achtziger Jahre
zwar nicht unerhört, aber unsere Vorstellungen unterschieden sich in einem
entscheidenden Punkt von den anderen Ansätzen: Wir wollten nicht beweisen, dass ehemalige Patientinnen und Patienten die Arbeit anderer Betreuer
übernehmen können, indem sie zum Beispiel als »case manager« arbeiten,
sondern dass sie einen *besonderen* Beitrag zur Gesundung (»recovery«) und
Lebensqualität ihrer Kollegen leisten können. Das Besondere dieses Beitrags
ergibt sich aus den speziellen Erfahrungen ihrer »Patientenkarrieren« und ist

daher von Menschen ohne Psychiatrieerfahrung nicht nachvollziehbar. Aus diesem Grund erfanden wir auch den Titel »Peer Specialist«, womit Gleichstellung und Expertise zum Ausdruck kommen.

Das »Wir« hatte sich inzwischen auch geändert. Während des Wirkens von »Share Your Bounty« trafen sich Kliniker und Betroffene je nur untereinander. Gemeinsame Begegnungen waren selten. Einige Kliniker fungierten als Gesandte zum Projekt, während das andere Personal die Entwicklungen nur von weitem mitverfolgte. Das »Peer Specialist«-Projekt war von Anfang an als kollaborativ konzipiert. Das Planungsteam bestand aus zwei Dritteln Profis und einem Drittel Betroffenen. Im täglichen Ablauf gab es keine separaten Treffen und die mittlere Verwaltung des Projektes befand sich ganz in Händen von erfahrenen Betroffenen.

Zwanzig Kandidaten bewarben sich um drei Stellen. Dazu bestellten wir einen »Facilitator«, der die Supervision der Peer Specialists übernahm. Nach Anstellung folgte ein sechswöchiger Kurs, in dem die Peer Specialists sowohl mit den Arbeitsmethoden des Krankenhauses und des »Intensive Case Management«-Programms als auch mit den Prinzipien der Selbsthilfe und des »Peer Counseling« vertraut gemacht wurden. Jeder Peer Specialist betreute etwa 6–8 Nutzer des »Intensive Case Management«-Programms direkt und hatte weniger intensive Kontakte zu den meisten der restlichen 100 Klienten des jeweiligen Teams. Das ICM-Programm war für eine Betroffenengruppe vorgesehen, deren Bedarf an Dienstleistungen als besonders hoch eingeschätzt wurde. Die Arbeit der Peer Specialists bestand hauptsächlich aus »Peer Counseling«, einer Beratungsform, bei der die gemeinsamen Erfahrungen als Betroffene im Vordergrund stehen. Dazu kam noch Freizeitgestaltung, soziale Fürsprache sowie Vermittlungsdienste zwischen Nutzern und professionellen Betreuern. In einer späteren Phase gründeten die Peer Specialists einen selbstverwalteten Klub gemeinsam mit ihren Klienten. Der Vergleichsgruppe standen drei paraprofessionelle Helfer zur Verfügung, die weder Patientenerfahrung noch fachliche Ausbildung vorweisen konnten. Die Paraprofessionals leisteten hauptsächlich Hilfedienste für die ICMs, zum Beispiel als Begleiter von Klienten zu Terminen und Erledigungen.

Unsere Forschungsarbeit ergab, dass Peer Specialists im Vergleich zu Paraprofessionellen einen zusätzlichen und besonderen Beitrag zur Lebensqualität ihrer »Leute« leisteten (FELTON u. a. 1995). Insbesondere berichteten die Klienten der Peer-Specialist-Gruppe nach einem Jahr über eine geringere Anzahl von Lebensproblemen und waren mit den finanziellen, rechtlichen und medizinischen Aspekten ihres Lebens zufriedener als die beiden Vergleichsgruppen (mit oder ohne zusätzlichem Betreuungspersonal). Dieses erfreuliche Ergebnis stellte sich trotz bedeutender Anfangsschwierigkeiten ein: Zwei der vier Peer Specialists mussten während des Projektes ausgewechselt werden; einer aus Überlastungsgründen, der andere, weil er eine besser bezahlte Stelle annahm. Der erste »Facilitator« konnte auf Grund einer neu diagnostizierten Krebserkrankung seine Dienstzeit nicht beenden und wurde durch eine Peer Spezialistin ersetzt.

Einige der Case-Manager zeigten offen feindselige Haltungen gegenüber den Peer Specialists, während die meisten entweder positiv reagierten oder neutral blieben. Dazu muss gesagt werden, dass wir die Peer Specialists aus wissenschaftlichen Gründen den ICMs willkürlich zuteilten, was nicht gerade für das beste Arbeitsklima sorgte. Der Selbsthilfeklub hielt sich in beschränktem Rahmen, letztlich bestehend aus zweiwöchentlichen, freizeitorientierten Zusammenkünften. Der große Erfolg lag primär in dem persönlichen Einsatz der Peer Specialists und der relativ besseren Lebensqualität ihrer Klienten laut unserer Vergleichsuntersuchung.

Mit diesem Ergebnis gelang es uns, den Titel »Peer Specialist« im öffentlichen Dienst des Bundesstaates New York einzuführen. Heute, fünf Jahre nach Ende des Forschungsprojektes, sind sehr viele Personen – ein winziger Bruchteil der Beschäftigten im psychosozialen Bereich – im Bundesstaat New York als Peer Specialists beschäftigt. Deren Tätigkeit zielt mehr auf Systemveränderung als auf die Lage Einzelner ab, in der Hoffnung, dass trotz der geringen Stellenanzahl eine möglichst breite Wirkung erreicht werden kann. Trotz dieses Erfolges bin ich mir nicht sicher, inwieweit eine Einbeziehung von Selbsthelfern in den klinischen Betrieb wirklich als Fortschritt einzuschätzen ist oder, im schlimmsten Fall, als neuerliche Einordnung ehemaliger Patienten unter das traditionelle klinische Regime. Die direkte Zusammenarbeit mit Peer Specialists ist sehr viel einfacher als die endlosen Machtkämpfe mit Klinikern und Forschungskollegen.

Ich selbst zog daraus die Konsequenz, im Wesentlichen nur mehr direkt mit Betroffenen zu arbeiten, ohne zu versuchen, unmittelbar auf die Einstellungen und Tätigkeiten meiner professionellen Kollegen einzuwirken. Diese Konsequenz brachte mir sicher bei den Kollegen keine Lorbeeren, dafür allerdings umso mehr positive Reaktionen aus der Betroffenenbewegung, wobei ich trotzdem hoffe, dass meine Kollegen die Erfahrungen des Peer-Specialist-Projektes in ihren Bereichen anwenden werden.

Selbsthilfe als Dienstleistung im ambulanten Bereich

Die Pendelbewegung zwischen intra- und extramuralen Interventionen – womit ich mich nicht nur auf die sichtbaren Anstaltsmauern, sondern auch auf die weniger deutlichen institutionellen Eigenschaften gemeindenaher Einrichtungen beziehe – begründet sich auf die wohl bekannte Dialektik zwischen systemimmanenten Änderungsversuchen und autonomen, antiinstitutionellen Ansätzen. Selbstverständlich waren dem revolutionären Potenzial von »Share Your Bounty«, auf Grund der Entstehung innerhalb des traditionellen Versorgungssystems, von vorneherein Grenzen gesetzt. Man kann sagen, dass nur ein echtes »Graswurzel«-Projekt Chancen auf autonome, nicht institutionelle Praxis hat. Es gibt zahlreiche solcher Organisationen in Amerika, doch sind auch diese inzwischen nicht mehr in der Lage, ihre Unabhängigkeit vollständig zu wahren. Mit dem Annehmen öffentlicher Gelder sind Konditionen verbunden, die ein unabhängiges Projekt unweigerlich näher zu den Werten und Vorstellungen der Geldgeber drängen. Nur völlig eigenständige Selbsthilfegruppen, die sich privat treffen und ohne großen Aufwand an Geld oder Infrastruktur auskommen, haben die Chance, wirklich eigene Wege zu gehen.

Nach dem Ende des »Peer Specialist«-Projektes nahm ich eine Stelle als Projektleiter im Büro für Betroffenenangelegenheiten (»Bureau of Recipient Affairs«) des New York State Office of Mental Health an. Meine neue Aufgabe bestand darin, innerhalb des Netzes von staatlich geleiteten, ambulanten Versorgungseinrichtungen einen Selbsthilfe- und Empowerment-Schwerpunkt zu propagieren. Dieses Ziel ergab sich aus der Überlegung, dass die angebotenen Dienstleistungen im ambulanten Bereich nicht nur die üblichen klinischen Interventionen anbieten, sondern auch mit den Entwicklungen im Selbsthilfebereich Schritt halten sollten. Konkret geht es darum, innerhalb von 75 Einrichtungen mit rund 30.000 Klienten Maßnahmen zu fördern, deren gemeinsamer Nenner die leitende und ausführende Rolle von Betroffenen ist. Die Motivation der Gesundheitsbehörde erklärt sich offiziell aus dem Interesse des Staates, Dienstleistungen »konsumentengerechter« zu verpacken. Dabei spielen finanzielle Faktoren sicherlich keine geringe Rolle. Das »Managed Care«-Prinzip beruht auf Einsparungen durch Senkung der Betriebskosten sowie auf Marktkonkurrenz durch Erfolg versprechendes Angebot und vermehrte Konsumentenzusprache. Dabei spielen Selbsthilfe und Empowerment eine zweischneidige Rolle: Einerseits tragen sie tatsächlich zur Verbesserung der Lebensqualität der Konsumenten bei, andererseits lassen sie sich oft als Kosten sparende Marketingstrategien einer minderwertigen Einrichtung entlarven.

Zunächst verlangten wir von der klinischen Leitung der Ambulanzen ortsspezifische Pläne, die aufzeigen sollten, wie Selbsthilfe und Empowerment eingeführt und möglichst vielen Interessenten zugänglich gemacht werden sollten. Das Ziel unserer Direktive war, innerhalb der einzelnen Ambulanzen eine sichtbare Präsenz des Selbsthilfeansatzes zu erwirken. Konkret bedeutete dies, dass jeder Nutzer über Selbsthilfe und Empowerment informiert werden sollte, um danach aus mehreren spezifischen Angeboten in diesem Bereich wählen zu können.

Nach Erstellung der Selbsthilfe-Pläne konstituierte sich ein Dreier-Team. Das Team entwickelte eine doppelte Strategie: Wir planten Besuche aller Ambulanzen, um Informationen über Selbsthilfe und Empowerment anzubieten und gleichzeitig Einsicht in die gängigen Strukturen gewinnen zu können; parallel dazu organisierten wir zentrale Zusammenkünfte von Betroffenen, die bereit waren eine aktive Rolle in der Verbreitung von Selbsthilfe in den Ambulanzen zu übernehmen. Diese Vernetzungsstrategie erschien uns als die beste Chance, mit relativ kleinem Aufwand einen möglichst großen Kreis von Interessenten zu mobilisieren. Der Frage, inwieweit unser Plan tatsächlich zu konkreten positiven Resultaten führte, gingen wir etwa ein Jahr später mit einer neuen Runde von Besuchen nach, diesmal mit explizit evaluatorischem Ziel.

Im Folgenden möchte ich zunächst das monatliche »Self-Help and Empowerment Seminar« in der Stadt New York beschreiben, welches seit drei Jahren Selbsthelfer aus etwa 20 ambulanten Einrichtungen zusammenbringt. Danach werde ich auf die Resultate unserer Evaluationsbesuche zurückkommen.

Das »New York City Self-Help and Empowerment Seminar« erwies sich als der stärkste Knotenpunkt unserer organisatorischen Arbeit. Daneben gab es dreimonatliche Treffen in Middletown, etwa hundert Kilometer nördlich von New York, und sporadische Seminare an entlegeneren Orten. Diese geographische Aufteilung ergab sich einerseits aus der Tatsache, dass zwei der drei Teammitglieder in der Stadt New York ansässig waren, andererseits daraus, dass nahezu die Hälfte der Nutzerinnen und Nutzer aus dem Einzugsbereich der Stadt kam. So trafen sich an jedem ersten Donnerstag des Monats zwischen 20 und 40 Betroffene aus neun Bezirken in und um New York City.

Das Format des dreistündigen Treffens entwickelte sich nach anfänglichen Unsicherheiten zu einer Runde von Berichten über die Begebenheiten des letzten Monats, einer thematisch begrenzten Präsentation des Teams oder geladener Experten und abschließend einer Diskussion von Möglichkeiten und Hindernissen in der Verbreitung von Selbsthilfeaktivitäten. Die Betroffenen kamen fast immer ohne Begleitung von Betreuungspersonen und in einigen Fällen sogar unter Benutzung der anstaltseigenen Dienstfahrzeuge. Etwa die Hälfte der Beteiligten erschien mit großer Regelmäßigkeit, während unter den anderen ein ziemlich reger Wechsel herrschte. Im Laufe der Zeit entwickelten sich viele der Beteiligten zu verlässlichen Selbsthelfern, die sich zur Aufgabe stellten, den Gedanken der Selbsthilfe unter die Nutzer ihrer jeweiligen Kliniken zu bringen. Während anfangs nur die wenigsten für ihre Anstrengungen bezahlt wurden, bekommt jetzt, drei Jahre später, etwa die Hälfte der Leute einen Lohn, wobei Einzelne sogar als Peer Specialists vollbeschäftigt sind.

Bei unseren Besuchen in den Stammeinrichtungen der Seminarteilnehmer ergab sich, wie erwartet, ein vielfältiges Bild von Selbsthilfe. Das Spektrum reichte von Kliniken, in denen nahezu nichts von Selbsthilfe zu bemerken war, zu komplexen Organisationsformen, die das Konzept unseres Netzes widerspiegelten. So zum Beispiel in dem New Yorker Stadtteil Queens, wo unter dem Einfluss der neuen Selbsthilfedirektive ein pyramidenförmig organisiertes Netz von Selbsthelfern entstanden ist. Beginnend mit freiwilligen Arbeitern, die für ihre Leistungen als Gruppenkoordinatoren nicht bezahlt wurden, bis zu »Senior Peer Counselors«, welche die Arbeit der anderen überwachten und den Kontakt zu den Profi-Betreuern aufrechterhielten, lehnte sich diese vierstufige Struktur an ähnliche Organisationsformen bei professionellen und paraprofessionellen Betreuern an, mit dem Unterschied, dass die Letzteren immer bezahlt werden. Die Erwartung, dass sich im Betroffenenbereich kooperative, nicht hierarchische Strukturen herausbilden sollten, erwies sich in diesen Einrichtungen als unrealistisch.

Auch in Queens gab es ein monatliches Treffen der Selbsthelfer von den vier Satelliten-Ambulanzen zum Zweck der gegenseitigen Unterstützung und des Informationsaustausches. Die Möglichkeit eines basisnahen Einstieges ohne große Verpflichtungen schien es den Leuten zu erleichtern, die Arbeit als Selbsthelfer auszuprobieren, wodurch sie sich besser vorstellen konnten eine ähnliche Arbeit mit größerem Zeitaufwand und Verantwortung zu übernehmen. Die Ambulanzen in anderen Stadtteilen wie Staten-Island und Südwest-Brooklyn entwickelten ähnliche Strukturen, mit dem Unterschied, dass sie »Kunden-Vertretung« betonten, während es in Queens um Selbsthilfe-Gruppen und gemeinsame Unternehmungen ging. In den Kliniken des restlichen Brooklyn (insgesamt 5 Millionen Einwohner!) entwickelte sich Selbsthilfe eher zögernd, und zwar bis zu dem Zeitpunkt im letzten Jahr, an dem vier Peer Specialists angestellt wurden. Seither sind sie mit der Verbreitung von Selbsthilfe bedacht und bieten den Nutzern ihrer vier Ambulanzen ein regelmäßiges Programm kollaborativ ersonnener Aktivitäten.

Konkret handelt es sich bei den neu eingeführten Selbsthilfe- und Empowerment-Aktivitäten in den New Yorker Ambulanzen in erster Linie um Gruppen, die von Freiwilligen geleitet und ohne Beisein von Betreuungspersonal im Rahmen des Wochenprogrammes angeboten werden. Am häufigsten sind es Selbsthilfegruppen, in denen es ohne vorgegebenes Thema um gegenseitige Stützung und Problemlösung geht. Außerdem gibt es spezielle Gruppen: Frauen- oder Männer-Gruppen, solche, die sich mit bestimmten Themen befassen (Depression, Stimmenhören, Freizeitgestaltung etc.), und letztlich auch 12-Stufen-Gruppen nach vorgegebenem Schema (»Anonyme Alkoholiker« etc.). In manchen Ambulanzen entwickelten sich kompliziertere Selbsthilfeeinrichtungen wie »Drop-In Centers«, verschiedene Kleinfirmen, soziale Dienste, Warm-lines (telefonische Bereitschaft), Ferienklubs und anderes.

Zusätzlich zu diesen »basisnahen« Aktivitäten, die prinzipiell für alle Interessenten zugänglich sind, gibt es Komitees und Ausbildungsveranstaltungen, die nur für speziell angemeldete Nutzerinnen und Nutzer bestimmt sind. In Buffalo, einer mittelgroßen Industriestadt an der kanadischen Grenze, nehmen zum Beispiel speziell ausgesuchte Betroffene an Verwaltungssitzungen des Spitals teil, womit sie eine Vermittlerrolle zwischen

Profis und den anderen Betroffenen übernehmen. In der Ambulanz des etwas entlegenen Ortes Carmel in Westchester County konstituierte sich ein »Peer Counselor Training Program«, welches Klienten zu Betreuern ausbildet. Nach Absolvierung eines achtwöchigen Kurses können die Teilnehmenden Telefonanrufe von krisenbedrohten Klienten entgegennehmen und verschiedene Selbsthilfegruppen leiten. Ähnliche Funktionen leisten die »Customer Representatives« (Kundenvertreter) und »Peer Advocates« (Fürsprecher) in anderen Ambulanzen. Viele der Ambulanzen stellen den Nutzern zumindest einen Raum als »Selbsthilfebüro« zur Verfügung, mit mehr oder weniger großzügigem Mobiliar wie Computer etc.

Zusammenfassend lässt sich feststellen, dass die Selbsthilfeprogramme der beobachteten Ambulanzen aus einer Mischung von Selbsthilfegruppen im engeren Sinn und fantasievolleren Anwendungen bestehen. In vielen Fällen gelang es den Profis, für die Tätigkeiten der Selbsthelfer bescheidene Gelder zur Verfügung zu stellen.

Diese bruchstückhafte Darstellung unseres Projekts der Selbsthilfe-Verbreitung soll aufzeigen, wie auf der Makroebene ein Versuch angestellt werden kann, die Mikroebene zu beeinflussen. Dies funktionierte zunächst auf Grund einer expliziten Direktive, dass Selbsthilfe und Empowerment als Dienstleistung anzubieten seien, und einem kleinen Team erfahrener Ausbilder. Nach einiger Zeit erschien es notwendig, die weitere Verbreitung von Selbsthilfen an örtliche Strukturen und das Personal zu binden, wozu ein größerer Finanzaufwand nötig wurde. Der Peer-Specialist-Titel erwies sich in diesem Zusammenhang als äußerst willkommen, wobei dessen Funktion jetzt mehr auf systemverändernde als auf einzelorientierte Interventionen abzielt. Peer Specialists werden dementsprechend in der Leitung von Selbsthilfegruppen, Ausbildungsveranstaltungen und anderen gruppenorientierten Aktivitäten eingesetzt. Sie haben keine spezifische Verantwortung für die Probleme einzelner Nutzer, obwohl sie natürlich des Öfteren mit Einzelsituationen konfrontiert sind. In solchen Fällen leisten sie in erster Linie Vermittlungsdienste, mit dem Ziel die verantwortlichen Betreuer zu unterrichten und gegebenenfalls im Interesse des Nutzers zu beeinflussen.

Das Hauptproblem dieser Arbeitsweise ist die große Distanz zwischen mir als Koordinator und jenen Leuten, die an der Basis arbeiten. Abgesehen von meinen beiden Teamkollegen und den Mitarbeitern des Betroffenenbüros habe ich kaum Kontakt zu den Dutzenden Selbsthelfern der jeweiligen

Lokalitäten. Meine Arbeit wurde somit verwaltungstechnischer, dafür aber auch deutlich weit reichender. Problematisch ist zudem die mangelnde Einbeziehung von Profis in diesen Prozess. Wir hatten zwar anfangs in jeder der 19 Anstalten eine Person als »Selbsthilfe-Liaison« eingesetzt, konnten aber wenig direkten Einfluss auf das andere Personal nehmen. An vielen Orten erschien es uns, als ob die Kliniken zweigeteilt wären – auf der einen Seite gab es einen mehr oder weniger autonomen Nutzerbereich, während sich das klinische Personal auf die andere Seite zurückgezogen hatte. Nur selten sahen wir eine wirklich integrierte Einrichtung, wo jeder Zugang zu allen Räumen hatte.

Wann immer wir direkt mit klinischem Personal interagierten, zeigte sich deren Ambivalenz gegenüber der Selbsthilfeentwicklung. Während viele den Einsatz von Selbsthilfegruppen im Rahmen des klinischen Betriebs begrüßten, konnten nur wenige etwas mit einem breiteren Empowerment-Ansatz anfangen. Daneben gab es auch einige offen ablehnende Stimmen, meistens von Seiten des medizinischen Personals, wobei oft stigmatisierende Haltungen zu Tage kamen. Für manche Psychiater ist die Diagnose »Schizophrenie« nach wie vor nicht mit der Teilnahme an oder gar der Leitung von Selbsthilfegruppen zu vereinbaren. Es ist noch zu früh, um festzustellen, ob sich die Einstellungen der Profis mit der Zeit ändern. Derzeit sind mehrere Studien im Gang, die uns Hinweise auf solche Entwicklungen liefern können. Die neuen Peer Specialists sind noch kein Jahr im Dienst und die Verbreitung der Selbsthilfe zeigt noch keine direkten Einwirkungen auf die Profis. Man kann aber mit Sicherheit sagen, dass viele Profis, deren Interessen bereits in diese Richtung gingen, jetzt konkrete Ansatzmöglichkeiten für ihre Ideen haben.

Für mich als Psychiater war es immer wieder eine traurige Erfahrung, dass mein Enthusiasmus gegenüber der Betroffenenbewegung nur von ganz wenigen Kolleginnen und Kollegen geteilt wurde.

Beteiligung von Betroffenen im Planungs- und Dienstleistungsbereich

Seit etwa zehn Jahren gibt es verschiedene Ansätze, sowohl eng umschriebene wie auch größere Versorgungsbereiche unter Beteiligung von Betroffenen umzuorganisieren. An der Westküste der USA, im Bundesstaat Oregon, entstand Anfang der neunziger Jahre ein Projekt, in dem eine Betroffenen-organisation (»mind empowered«) mit der Versorgung von etwa 100 Langzeitpatienten aus dem Landeskrankenhaus betraut wurde. In Kalifornien wurden in mehreren Bezirken selbstverwaltete Krisenhäuser ins Leben gerufen. Fast alle Bundesstaaten bekamen Unterstützung aus Washington, um ihre Versorgungssysteme unter Beteiligung von Betroffenen zu verbessern (»State Service System Improvement Grants«). Mit Hilfe dieser Gelder entstand zum Beispiel in Michigan ein dichtes Netz autonomer Selbsthilfegruppen; in ca. 20 Bundesstaaten entstanden Betroffenenbüros, die sich stark nach dem Modell des oben beschriebenen New Yorker Büros ausrichteten. Vor zwei Jahren wurde eine Ausschreibung durchgeführt, in der eine große Multicenter-Studie über die Wirkung von Selbsthilfeinterventionen gefördert wurde. Die Leitung dieses Projektes liegt in der Hand einer Forschungsgruppe, deren Mitglieder großenteils selbst Patientenerfahrungen vorweisen können. Zusätzlich existieren in den USA zwei Organisationen, die mit der Verbreitung von Selbsthilfe und autonomen Projekten betraut sind.

Diese weit reichenden Interventionen im Stile des oben beschriebenen Selbsthilfe-Verbreitungs-Projektes weisen bis dato noch keine konkreten Resultate auf. Man kann aber auch ohne harte Daten mit Sicherheit sagen, dass die Gesamtzahl der Betroffenen, die aktiv an Selbsthilfe und Empowerment beteiligt sind, in den letzten zehn Jahren mindestens um das Zehnfache gestiegen ist. Als grobe Schätzung für New York kann man annehmen, dass heute ca. 10 Prozent aller Nutzerinnen und Nutzer der ambulanten Programme aktiv an Selbsthilfe beteiligt sind. Im Rahmen der staatlichen Kliniken wären das ca. 3000 Personen und im Rahmen der Gesamtversorgung wahrscheinlich nahezu 10.000.

Was bedeutet diese Kräftepotenzierung? Hauptsächlich bedeutet sie, dass wir die obere Grenze der Selbsthilfe-Verbreitung noch nicht kennen. Warum sollten nicht weitere 30 bis 40 Prozent der Betroffenen an dieser Entwicklung teilnehmen? Sollte dies tatsächlich der Fall sein, müssten die diversen Infrastrukturen und das verfügbare Potenzial mit dieser Entwicklung Schritt halten können, was noch keineswegs der Fall ist. So stehen beispielsweise derzeit in New York insgesamt nur 40 Peer-Specialist-Positionen zur Verfügung, die bestenfalls 1000–2000 Menschen mit Selbsthilfe in Kontakt bringen können. Wahrscheinlich wären etwa 300 Stellen notwendig – sicherlich keine unrealistische Zahl, wenn man die Gesamtzahl der Profis im psychosozialen Dienst in Betracht zieht. Andererseits stellt sich die Frage, ob an einem gewissen Grad der prozentualen Beteiligung von Betroffenen ein Umkippen der herrschenden Betreuungsordnung stattfinden muss. Allerdings fragt sich: wenn umkippen, dann wohin umkippen?

Der ärztliche Leiter der psychiatrischen Versorgung von Malmö erklärte unlängst, dass er eine Umgestaltung des dortigen Systems unter Einbeziehung von Betroffenen auf allen Ebenen ins Auge gefasst habe. Auch in Malmö ist nicht klar, in welche Richtung diese Umgestaltung gehen soll. Einerseits könnte es sein, dass im Zuge der Einbeziehung von Betroffenen das medizinische und das psychosoziale Modell als überholt erkannt und durch ein »Empowerment-Modell« ersetzt werden müssten. Leider gibt es noch kein lebendiges Beispiel eines solchen Modells, und daher besteht die Gefahr, dass trotz Einbeziehung von Betroffenen keine grundlegenden Veränderungen stattfinden werden und, im schlimmsten Fall, dass gar allgemein abgelehnte Aspekte des medizinischen Modells durch diese Beteiligung stillschweigend »abgesegnet« werden.

Diese traurige Erfahrung musste ich jüngst in unserem Versorgungssystem in New York machen. Während Hunderte Betroffene hoffnungsvoll in Selbsthilfegruppen und sonstige Meetings pilgern, scheint sich an den Praktiken der psychiatrischen Versorgung wenig zu ändern. Die stationäre Behandlung ist weit gehend abgeschottet gegen jede Reformbewegung; die Gesetzeslage verschiebt sich deutlich in Richtung auf weniger Freiheit und mehr Kontrollmöglichkeiten durch klinische Interventionen; Medikamente werden immer mehr als das Ein und Alles der Behandlung angesehen, und kaum ein Mensch mit schweren psychischen Krisen kommt in den Genuss von Alternativmodellen wie Soteria, Windhorse etc. Der entscheidende Dialog zwischen Klinikern und Betroffenen über die Inhalte der Heilungsarbeit findet nicht statt, weil die Konflikte nicht offen ausgetragen werden – und niemand auf Machtpositionen verzichten will.

Auch das Übertragen sämtlicher Versorgungsfunktionen auf Betroffenenorganisationen, wie zum Beispiel im US-Bundesstaat Oregon, hat sich nicht als Wundermittel erwiesen, denn auch von deren Warte gibt es bis dato keine erprobten Ansätze, die zum Beispiel gewaltfrei mit schweren Krisen umgehen können. Daher kann sich nur die Hoffnung ausdrücken, dass in der nächsten Phase der Empowerment-Bewegung ein intensiver und praxisnaher Dialog zwischen Profis und Betroffenen stattfinden wird und dieser sich in der Verwirklichung von partnerschaftlichen Versorgungsmodellen niederschlagen kann.

Und Deutschland?

Das Zusammentreffen von professionellen Interessen und den Vorstellungen Betroffener in der Selbsthilfebewegung spielt sich derzeit auf vielen internationalen Schauplätzen ab. Die Inhalte variieren von organisatorischen, arbeitsorientierten Ansätzen, wie zum Beispiel in Deutschland und Italien (Selbsthilfefirmen), zu holistisch-gesundheitlichen Ansätzen wie in England und Holland (z. B. Stimmenhörerprojekte). Starke antipsychiatrische Modelle haben sich an einigen Orten herausgebildet (Weglaufhaus in Berlin, Holland, Australien etc.).

Die Intervention des Staates im Selbsthilfebereich, die vielleicht als Spezialität der USA angesehen werden kann, ist höchst problematisch. Einerseits ermöglicht sie durch bedeutende finanzielle Unterstützung eine rasche Entwicklung von Arbeitsplätzen und selbstverwalteten Projekten, andererseits verhindert der Staat gleichzeitig das Heranwachsen von wirklichen autonomen Organisationen. Es wäre vielleicht gut, jetzt einen Schritt zurück zu tun und sich mehr auf die Ziele und Inhalte der Selbsthilfe zu konzentrieren als auf die taktischen und finanziellen Notwendigkeiten ihrer Durchführung. Zum Beispiel wäre es sinnvoll, gemeinsam und separat, die altbekannten klinischen und »psychosozialen« Versorgungsansätze von Grund auf neu zu überdenken. Dabei sollte geklärt werden, ob progressive Ansätze wie Soteria, Windhorse, Weglaufhaus, Stimmenhörer etc. einen zentralen Platz im Gesundheitssystem einnehmen sollen oder weiterhin in ihre marginale Luxusrolle gebannt werden. Erst dann können die Fragen der Kontrolle und Finanzierung dieser Elemente geklärt werden.

Es ist sicher, dass in keinem der deutschsprachigen Länder sowie in den USA von Seiten der herrschenden psychiatrischen Strukturen eine Bereitschaft zur Machtteilung mit Betroffenen vorzufinden ist. Dies bedeutet, dass wir wahrscheinlich noch lange an einem zweigeteilten Gesundheitssystem herumlaborieren werden: einerseits die ärztlich verschriebene Ordnung, andererseits die von Betroffenen propagierte »Unordnung« der persönlichen Heilung.

ANHANG

Fragen zur Anregung von Empowerment-Prozessen

Die nachfolgenden Fragen dienen der Reflexion über Möglichkeiten zur Unterstützung von Empowerment-Prozessen im Einzelfall. Sie lassen sich beispielsweise im Rahmen von Supervisionen oder zur Behandlungsplanung nutzen.

Fähigkeiten entdecken! Der Empowerment-Ansatz geht davon aus, dass zahlreiche Fähigkeiten der Betroffenen von ihnen selbst und von professionell Tätigen nur unzureichend wahrgenommen und gewürdigt werden. Diese Fähigkeiten liegen nicht selten brach oder zeigen sich nur in Ausnahmesituationen. Die folgenden Fragen sollen helfen, die Wahrnehmung für diese Fähigkeiten zu fördern:

1 Welche Fähigkeiten hat sich der Betroffene durch seine Erkrankung angeeignet?

2 Welche Fähigkeiten muss der Betroffene haben, ohne die ihm seine bisherigen Lebenserfolge und die Bewältigung seiner Erkrankung nicht gelungen wären?

3 Über welche Fähigkeiten des Betroffenen war der Therapeut schon einmal verblüfft, was hatte er ihm nicht zugetraut?

4 Was kann der Betroffene, wofür er vom Therapeuten bewundert wird?

5 Welche Fantasien hat der Therapeut über die unerwarteten Fähigkeiten des Betroffenen?

Selbsthilfe ersetzt Fremdhilfe! Bei jedem konkreten Problem eines Betroffenen stellt sich die Frage, ob er dieses Problem allein lösen kann oder ob Fremdhilfe erforderlich ist. Wenn Fremdhilfe nötig erscheint, gilt es zu entscheiden, ob dem Betroffenen bestimmte Probleme abgenommen werden sollten, weil er sie nicht allein lösen kann (»einspringende Fürsorge«) oder ob er Beratung und Training zur Lösung der Probleme benötigt (»vorauseilende Fürsorge«). Es gilt der Grundsatz: »So viel Selbsthilfe wie möglich, so viel Fremdhilfe wie nötig.«

1 Hatte der Betroffene dieses Problem schon einmal und wie hat er es damals gelöst?

2 Was tut der Betroffene, damit dieses Problem nicht noch schlimmer wird?

3 Warum löst er dieses Problem nicht allein?

4 Welche Fähigkeiten sind erforderlich, um dieses Problem zu lösen bzw. besser zu bewältigen?

5 Welche äußeren Ressourcen hat der Betroffene, die mobilisiert werden könnten?

6 Erscheint Fremdhilfe erforderlich?

7 Was wäre entmündigende Fremdhilfe bei diesem Problem?

8 Was wäre »selbstbefähigende« Fremdhilfe bei diesem Problem?

9 Welche Selbstbeteiligung des Betroffenen ist möglich?

Wer will was? Es ist nicht leicht, fremde Lebensentwürfe zu akzeptieren, vor allem dann, wenn sie gar zu verrückt wirken oder den eigenen Lebensentwurf in Frage stellen. Bei der Empowerment-Unterstützung haben die Ziele der Betroffenen Vorrang vor denen aller anderen beteiligten Gruppen, soweit die Freiheiten der anderen dadurch nicht bedeutend eingeschränkt werden. Der Betroffene hat zudem ein Recht auf Irrtum; er darf seinen Lösungsweg ausprobieren, auch wenn er aus professioneller Sicht zunächst unrealistisch erscheint. Eine Klärung der verschiedenen Ziele aller beteiligten Personen ist hilfreich.

1 Welche Ziele hat der Betroffene?

2 Welche Ziele hat der Therapeut?

3 Widersprechen sich diese Ziele?

4 Welchen Auftrag gibt mir der Betroffene?

5 Welchen hätte ich gerne?

6 Was würde der Therapeut wollen, wenn er selbst betroffen wäre?

7 Kann der Therapeut die Ziele des Betroffenen akzeptieren?

Innere Barrieren Es gibt innere und äußere Barrieren, die die Selbstbefähigung Betroffener behindern. So entscheidet das Krankheits- und Behandlungskonzept des betroffenen Menschen darüber, wie stark sein Eigenengagement sein wird. Es gibt viele Krankheitskonzepte, die Eigenaktivität und Selbstbefähigung nicht »erlauben«. Auch ein geringes Gefühl von Selbstwirksamkeit kann einer zunehmenden Eigenaktivität im Wege stehen.

1 Welches Krankheitsverständnis hat die Person?

2 »Erlaubt« dieses Krankheitsverständnis eine Selbstbefähigung?

3 Welches Behandlungsverständnis hat die Person?

4 Welche Beziehung zwischen Therapeut und Betroffenem legt dieses Behandlungsverständnis nahe?

5 Wie stark ist das Selbstwirksamkeitsgefühl der Person?

6 Gibt es Traumatisierungen und erlernte Hilflosigkeit, wodurch die Möglichkeit zur Eigenaktivität eingeschränkt ist?

Die Persönlichkeit des Helfers Die Haltung der Umgebung des Betroffenen beeinflusst in einem großen Maße, ob es Betroffenen gelingt, ihre Selbstständigkeit und Eigenaktivität zu entwickeln. Das Maß an »Ermutigung«, das der Betroffene vom Therapeuten erfährt, hängt stark von dessen Persönlichkeit ab, etwa davon, wie gut er in der Lage ist aus angestammten Rollenmustern auszusteigen oder wie wichtig für ihn hilfebedürftige Klienten sind. Die Persönlichkeitseigenschaften des Professionellen werden moduliert durch die Person des Betroffenen, hier wirken Übertragungs- und Gegenübertragungsgefühle, die möglichst bewusst gemacht werden sollten.

1 Fällt es mir persönlich allgemein eher schwer / leicht, die Eigenaktivität und Eigenverantwortung meiner Klienten zu fördern?

2 Was muss ich aufgeben, wenn meine Klienten selbstständiger werden?

3 Fällt es mir bei dieser konkreten Person schwer / leicht, Verantwortung bei ihr zu belassen?

4 Wie schwer / leicht fällt es mir, ungewöhnliche Lebensentwürfe meiner Klienten zu akzeptieren?

Literatur

AEBI, E.; CIOMPI, L.; HANSEN, H. (Hg.) (1993): Soteria im Gespräch. Bonn.

ALANEN, Y. O. (1997): Schizophrenia. Its origins and need-adapted treatment. London.

ALANEN, Y. O.; ANTTINEN, E. E.; KOKKOLA, A.; LEHTINEN, K.; OJANEN, M.; PYLKKÄNEN, K.; RÄKKOLÄINEN, V. (1990): Treatment and rehabilitation of schizophrenic psychoses. The Finnish treatment model. In: *Nord. Psykiatr. Tidsskr., Suppl.*, 22, S. 1–65.

ALANEN, Y. O.; UGELSTAD, E.; ARMELIUS, B.-A.; LEHTINEN, K.; ROSENBAUM, B.; SJÖSTRÖM, R. (Hg.) (1994): Early treatment for schizophrenic patients. Oslo.

ALBUS, G. P.; KUBITZ, J.; LITZINGER, A.; SHER, R. (1980): Das Problem der Patienteninformation und seine Bedeutung für die Patientenführung. In: *Arzt und Patient*, 3, S. 124–128.

Ambulanter Krisendienst Nürnberg/Fürth (1999): Jahresbericht 1998. Nürnberg. (Bezug: Ambulanter Krisendienst, An den Rampen 29, 90443 Nürnberg)

AMELUNG, K. (1995): Probleme der Einwilligungsfähigkeit. In: *Recht und Psychiatrie*, 13, S. 20–28.

AMERING, M.; DENK, E.; GRIENGL, H.; SIBITZ, I.; STASTNY, P. (1999): Psychiatric wills of mental health professionals: A survey of opinions regarding advance directives in psychiatry. In: *Soc. Psychiatry Psychiatr. Epidemiol.*, 34, S. 30–34.

AMÉRY, J. (1976): Hand an sich legen. Diskurs über den Freitod. Stuttgart.

ANGERMEYER, M. C.; KLUSMANN, D. (Hg) (1989): Soziales Netzwerk: Ein neues Konzept für die Psychiatrie. Berlin.

ANGERMEYER, M.; ZAUMSEIL, M. (Hg.) (1997): Verrückte Entwürfe. Kulturelle und individuelle Verarbeitung psychischen Krankseins. Bonn.

ANTONOVSKY, A. (1997): Salutogenese. Zur Entmystifizierung der Gesundheit. Tübingen.

AYD, F.-J. (1977): Ethical and legal dilemas posed by tardive dyskinesia. In: *International Drug Therapy Newsletter*, 12, S. 29–34.

BAIIRS, O.; POHL, D. (1999): Interaktionsprozesse im Verschreibungsprozess. Poster auf dem Intern. Kongress Public Health vom 6. bis 8. 10. 1999 in Freiburg/Br. (s. auch http://www.gwdg.de/~psycho).

BÄUML, J.; PITSCHEL-WALZ, G.; KISSLING, W. (1996): Psychoedukative Gruppen bei schizophrenen Psychosen für Patienten und Angehörige – Methodik und praktische Durchführung in Anlehnung an die Münchner PIP-Studie. In: STARK, A. (Hg.): a. a. O.

BDP (1998): Psychologische Leitsätze zur Fortentwicklung des psychiatrischen Hilfesystems in der Bundesrepublik Deutschland. Thesenpapier des BDP zur Psychiatriereform. In: *Report Psychologie*, 8, S. 612–629.

BEBBINGTON, P. E. (1995): The content and context of compliance. In: *Int. Clin. Psychopharmacol.*, 9, Suppl. 5, S. 41–50.

BECHTER, K. (1993): Gestörte Krankheitsverarbeitung durch eigene Vorurteile bei Patienten mit schizophrenen Psychosen. In: *Psychiatrische Praxis*, 20, S. 148–151.

BECK, A. T.; RUSH, A. J.; SHAW, B. F.; EMERY, G. (1992): Kognitive Therapie der Depression. Weinheim.

BECKER, D. (1992): Ohne Hass keine Versöhnung. Das Trauma der Verfolgten. Freiburg i. Br.

BEHRENDT, B. (1996): Das Symptom-Managment-Modul als Standardbehandlung in einem tagesklinischen Setting. In: STARK, A. (Hg.): Verhaltenstherapeutische und psychoedukative Ansätze im Umgang mit schizophren Erkrankten. Freiburg, S. 161–184.

BEITLER, H.; BEITLER, H. (2000): Psychose und Partnerschaft. Bonn.

BELLION, R. (1997): Ich muss sehr früh merken, dass ich psychotisch werde, sonst ... In: KNUF, A.; GARTELMANN, A. (Hg.): a. a. O., S. 51–61.

BENDER, W. (1988): Krankheitseinsicht und Krankheitsgefühl bei psychiatrischen Patienten. Stuttgart.

BENEDETTI, G. (1983): Todeslandschaften der Seele. Psychopathologie, Psychodynamik und Psychotherapie der Schizophrenie. Göttingen.

BERG, I. K.; MILLER, S. D. (1998): Kurzzeittherapie bei Alkoholproblemen. Heidelberg.

BERG, J. W.; APPLEBAUM, P. S. (1999): Subject's capacity to consent to neurobiological research. In: PINCUS, H. A.; LIEBERMAN, J. A.; FERRIS, S. (Hg.): Ethics in psychiatric research: A resource manual for human subjects protection. Washington, DC.

BERGER, H.; SCHIRMER, U.(1993): Sozialpsychiatrische Dienste. Freiburg.

BERTOLUZZA, E.; GITZL, M.; RALSER, M. (Hg.) (1994): Pathos, Psychologie, Pathologie. Der weibliche Wahnsinn. Wien.

BESEMER, Ch. (1999): Mediation – Vermittlung in Konflikten. Königsfeld (Baden), Stiftung gewaltfreies Leben.

BINSWANGER, L. (1957): Schizophrenie. Pfullingen.

BLANCH, A.; FISHER, D.; TUCKER, W.; WALSH, D.; CHASSMAN, J. (1993). Consumer-practioners and psychiatrists share insights about recovery and coping. In: *Disability Studies Quarterly*, 13, S. 17–20.

BLANKE, U. (1986): »Weniger ist mehr«. Überlegungen zur Methodik in der Arbeit mit Angehörigengruppen. In: *Sozialpsychiatrische Informationen*, 1, S. 42–62.

BLEULER, M. (1976): Prävention der Schizophrenien – Winzige Körnchen Wissen in einem Meer von Nicht-Wissen. In: HUBER, G. (Hg.): Therapie, Rehabilitation und Prävention schizophrener Erkrankungen. Stuttgart.

BOCK, Th. (1997): Modelle gewaltarmer Psychiatrie. In: EINK, M. (Hg.): a. a. O.

BOCK, Th. (1997a): Lichtjahre. Psychosen ohne Psychiatrie. Bonn.

BOCK, Th. (1997b): Stimmenhören in Deutschland. In: ROMME, M.; ESCHER, S. (Hg.). Stimmen hören akzeptieren. Bonn.

BOCK, Th. (1998a): Empowerment und Nutzerkontrolle bei der neuroleptischen Medikation – Zur Qualität von Kooperationsbeziehungen in der Psychiatrie. Beitrag auf dem Kongress »Qualitätssicherung und Empowerment« der Dt. Ges. f. Verhaltenstherapie (München 9. / 10. 10. 98), unveröffentl. Manuskript.

BOCK, Th. (1998b): Zur Selbstverständlichkeit psychischer Erkrankungen – Argumente für eine anthropologische Sicht. In: BOCK, Th.; WEIGAND, H. (Hg.): a. a. O.

BOCK, Th. (1998): Partnerschaft – Perspektiven einer dialogischen Psychiatrie. In: Bock, T.; Weigand, H. (Hg.): a. a. O.

BOCK, Th. (2000): Wissen um Psychosen – 20 Thesen. In: BOCK, Th.; ESTERER, I.; DERANDERS, J. E. (Hg.): a. a. O.

BOCK, Th. (2000a): Professionelle Konzepte auf dem Prüfstand. Interviews mit verschiedenen TherapeutInnen und einer Psychose-Erfahrenen zu ihrem Psychoseverständnis. In: BOCK, T.; ESTERER, I.; DERANDERS, J. (Hg.): a. a. O.

BOCK, Th.; ESTERER, I.; DERANDERS, J. E. (1997): Es ist normal, verschieden zu sein. Bonn.

BOCK, Th.; ESTERER, I.; DERANDERS, J. E. (Hg.) (2000): Stimmenreich. Mitteilungen über den Wahnsinn. Bonn.

BOCK, Th.; WEIGAND, H. (Hg.) (1998): Hand-werks-buch Psychiatrie. Bonn.

BOCKOVEN, J. S.; SOLOMON, H. C. (1975): Comparison of two five-year follow-up studies: 1947 to 1952 and 1967 to 1972. In: *Am. J. Psychiatry*, 132, S. 796–801.

BÖKER (1999): Störungswahrnehmung und Krankheitseinsicht schizophrener Patienten. In: *Fortschr. Neurol. Psychiat.*, 67, S. 237–248.

BÖKER, W. (1980): Der Arzt als Dolmetscher. In: *Psycho*, 6, S. 381.

BÖKER, W. (1986): Zur Selbsthilfe Schizophrener. Problemanalyse und eigene empirische Untersuchungen. In: BÖKER, W.; BRENNER, H. D. (Hg.): Bewältigung der Schizophrenie. Bern.

BÖKER, W. (1997): Das Problem der Krankheitseinsicht und die Erarbeitung eines gemeinsamen Krankheitsverständnisses bei Ersterkrankten. In: BÖKER, W.; BRENNER, H. D. (Hg.): Behandlung schizophrener Psychosen. Stuttgart.

BÖKER, W.; BRENNER, H. D.; ALBERTI, L. (1982): Untersuchung subjektiver Neuroleptikawirkung bei Schizophrenen. In: *Therapiewoche*, 32, S. 3411–3421.

BÖKER, W.; SCHAUB, A. (1997): Bewältigungsversuche Schizophrener. In: BÖKER, W.; BRENNER, H. D. (Hg.): Behandlung schizophrener Psychosen. Stuttgart.

BRENNER, H. D. (1995): Sozialpsychiatrie versus Klinikpsychiatrie? Eine verfehlte Kontroverse. In: FINZEN, A.; HOFFMANN-RICHTER, U. (Hg.): Was ist Sozialpsychiatrie? Bonn.

BRENSING, A.; BENZ-STAIGER, P. (1999): Stationäre Gewalt als Hilfe oder Reglementierung? In: KRISOR, M.; PFANNKUCH, H. (Hg.): a. a. O.

BRILL, K.-E. (1998): »Die Freiheit der Person ist unverletzlich« (Art. 2 GG). Die Respektierung der Grundrechte als Leitlinie psychiatrischen Handelns. In: BOCK, Th; WEIGAND, H. (Hg.): a. a. O., S. 106–119.

BRILL, K.-E. (Hg.) (1996): Die Soteria-Idee lebt. Bonn.

BROWN, C. S.; WRIGTH, R. G.; CHRISTENSEN, D. B. (1987): Association between type of medication, instruction and patients knowledge, side effects and compliance. In: *Hosp. Comm. Psychiat.*, 38, S. 55–60.

BRÜCHER, K. (1992): Ein individualisierendes psychoedukatives Therapiekonzept in der stationären Behandlung Schizophrener – Modelle und eigene Erfahrungen. In: *Psychiatr. Praxis*, 19, S. 59–65.

BRÜGGE, C.; Wildwasser Bielefeld (Hg.) (1999): Frauen in ver-rückten Lebenswelten. Bern.

BUCK, D. (1992a): Unbewusstes in Traum und Psychose. In: BOCK, Th.; ESTERER, I.; DERANDERS, J. (Hg.). a. a. O.

BUCK, D. (1992b): Niemand wagt, über sein Psychose-Erleben zu sprechen. Die Suche nach dem Sinn im Wahnsinn muss Teil der Therapie werden. In: *Psychosoziale Umschau*, 4, S. 10–12.

BURKHARDT-NEUMANN, C. (1999): Bin ich wirklich schizophren? Die unsicheren Diagnosen der Psychiatrie. München.

BUTOLLO, W. (1997): Traumatherapie. Die Bewältigung schwerer posttraumatischer Störungen. München.

BUTTNER, P.; KISSLING, W. (1996): Psychoedukative Gruppen in psychiatrischen Kliniken: Ergebnisse einer Befragung zu Häufigkeit und Art der Anwendung. In: STARK, A. (Hg.): a. a. O.

CARPENTER, W. T.; MCGLASHAN, T. H.; STRAUSS, J. S. (1977): The treatment of acute schizophrenia without drugs: An Investigation of some Current Assumptions. In: *Am. J. Psychiatry*, 134, S. 14– 20.

CARPENTER, W. T.; SCHOOLER, N. R.; KANE, J. M. (1997): The rationale and ethics of medication-free research in schizophrenia. In: *Archives of General Psychiatry*, 54, S. 401–407.

CHAMBERLIN, J. (1988): On our own, patient-controlled alternatives to the mental health system. Reprint 1999: Berlin.

CHAMBERLIN, J. (1993): Erfahrungen und Zielsetzungen der nordamerikanischen Selbsthilfe-Bewegung. In: KEMPKER, K.; LEHMANN, P. (Hg.): a. a. O.

CHARLES, C.; GAFNI, A.; WHELAN, T. (1997): Shared decision making in the medical encounter: What does it mean? (Or: It takes at least two to a tango) In: *Soc. Sci. Med.*, 44, 5, S. 681–692.

CHARLES, C.; GAFNI, A.; WHELAN, T. (1999): Decision making in the physician-patient encounter: Revisiting the shared treatment decision-making model. In: *Social Science & Medicine*, 49, S. 651–661.

CHOUINARD, G.; JONES, B. D. (1980): Neuroleptic-induced supersensitivity psychosis: Clinical and pharmacologic characteristics. In: *Am. J. Psychiatry*, 137, S. 16–22.

CIOMPI, L. (1982): Affektlogik. Stuttgart.

CIOMPI, L.; DAUWALDER, H.-P.; AGUE, C. (1979): Ein Forschungsprogramm über die Rehabilitation psychisch Kranker. III. Längsschnittuntersuchung zum Rehabilitationserfolg und zur Prognostik. In: *Der Nervenarzt*, 50, S. 366–378.

CIOMPI, L.; KUPPER, Z.; AEBI, E.; DAUWALDER, H.-P.; HUBSCHMID, T.; TRÜTSCH, K.; RUTISHAUSER, C. (1993): Das Pilotprojekt »Soteria Bern« zur Behandlung akuter Schizophrener. Ergebnisse einer vergleichenden prospektiven Verlaufsstudie über zwei Jahre. In: *Der Nervenarzt*, 64, S. 440–450.

COLEMAN, R.; SMITH, M. (2000): Stimmenhören verstehen und bewältigen. Bonn.

CONEN, M. L. (1999): Aufsuchende Familientherapie – eine ambulante Hilfe für Multiproblemfamilien. In: *Sozialmagazin*, 4, S. 35–39.

CORIN, E.; LAUZON, G. (1992): Positive withdrawal and the quest for meaning – the reconstruction of experience among schizophrenics. In: *Psychiatry*, 55, 3, S. 266–278.

CULLBERG, J. (2000): The Parachute Project – A Swedish multicenter study of first episode psychotic patients. One year results. Beitrag zur Tagung vom 1. – 3. 3. 2000 an der Universität Hamburg.

CUSTANCE, J. (1954): Weisheit und Wahn. Zürich.

DAMMANN, B. (1982): Nachbemerkungen zu juristischen Fragen des Selbstmordes. In: GUILLON u. a. (Hg.): a. a. O.

DAUWALDER, H.-P.; CIOMPI, L.; AEBI, E.; HUBSCHMID, I. (1984): Ein Forschungsprogramm zur Rehabilitation psychisch Kranker IV. In: *Der Nervenarzt*, 55, S. 257–264.

DEEGAN, P. (2000): Reclaiming your power during medication appointments with your psychiatrist: http://www.power2u.org/selfhep/reclaim.html (zuletzt aufgerufen: 3/2000).

DEMAND, J. (1998a): Subjekt und Objekt – Anmerkungen zur psychiatrischen Sprache. In: BOCK, Th.; WEIGAND, H. (Hg.): a. a. O., S. 42–47.

DEMAND, J. (1998 b): Zwangsmaßnahmen – Umgang mit Gefahr und Gewalt. In: BOCK, Th.; WEIGAND, H. (Hg.): a. a. O., S. 457–469.

Der Brückenschlag (1997): Hilflose Gewalt. Gewalttätige Hilfe?, Bd. 13, Neumünster.

DGPPN (Deutsche Gesellschaft für Psychiatrie, Psychotherapie und Nervenheilkunde): Leitlinien für Schizophrenie: http://www.rz.uni-duesseldorf.de/WWW/AWMF/ll/psypn02.htm.

DIEHL, L. W. (1986): Aufklärung der Patienten – differenzierte Empfehlungen für Nervenärzte. In: *Spektrum der Psychiatrie und Nervenheilkunde*, 15, S. 30–36

DIETZ, A.; PÖRKSEN, N.; VOELZKE, W. (1998): Behandlungsvereinbarungen. Bonn.

DODEGGE, G. (1998): Die Gestaltung der Einweisungspraxis aus der Perspektive eines Unterbringungsrichters. In: KEBBEL, J. u. a. (Hg.): a. a. O.

DULZ, B.; SCHNEIDER, A. (1996): Borderline-Störungen. Stuttgart u. a.

DUSS VON WERDT, J.; MAHLER, G.; MAHLER, H. G. (Hg.) (1995): Mediation. Die andere Scheidung. Ein interdisziplinärer Überblick. Stuttgart.

EICHENBRENNER, I. (1999): Der Praktikant, die Wölffin und das Amt. Bonn.

EINK, M. (Hg.) (1997): Gewalttätige Psychiatrie. Ein Streitbuch. Bonn.

ENGELHARDT, H. D. (1991): Autonomie und Selbstbestimmung: Grundlegende Konzepte der Bioethik in der Psychiatrie. In: PÖLDINGER, W.; WAGNER, W. (Hg.): Ethik in der Psychiatrie. Heidelberg u. a.

ENGELHARDT, H. D.; SIMETH, A.; STARK, W. u. a. (1995): Was Selbsthilfe leistet ... Ökonomische Wirkungen und sozialpolitische Bewertungen. Freiburg i. Br.

SIMETH, S. E. (1989): Self, identity and subjective experiences of schizophrenia: In search of the subject. In: *Schizophren. Bull.*, 15, S. 189–196.

FAIRWEATHER, G. W. u. a. (1969): Community Life for the Mentally Ill. An Alternative to Institutional Care. Chicago.

FALLER, H. (1998): Krankheitsverarbeitung bei Krebspatienten. Göttingen.

FALLOON, I. R. H. (1992): Early intervention for first episodes of schizophrenia: A preliminary exploration. In: *Psychiatry*, 55, S. 4–15.

FARADAY (1993): Deine Träume – Schlüssel zur Selbsterkenntnis. Frankfurt a. M.

FEGERT, J. M. (1999): Patienten- und Elternaufklärung beim Einsatz atypischer Neuroleptika in der Jugendpsychiatrie. In: FEGERT, J. M.; HÄSSLER, F.; ROTHÄRMEL, S. (Hg.): Atypische Neuroleptika in der Jugendpsychiatrie. Stuttgart.

FELTON, C. J.; STASTNY, P.; SHERN, D. L. u. a. (1995): Consumers as Peer Specialists on Intensive Case Management Teams: Impact on Client Outcomes. In: *Psychiatric Services*, 46, 10, S. 1037–1044.

FENTON, S. W.; BLYLER, C. R.; HEINSSEN, R. K. (1997): Determinants of medication compliance in schizophrenia: Empirical and clinical findings. In: *Schizophr. Bull.*, 23, S. 637–651.

FIEDLER, P. (1999): Dissoziative Störungen und Konversion. Weinheim.

FILIPP, S. H. (1990): Kritische Lebensereignisse. Weinheim.

FINZEN, A. (1988): Der Patientensuizid. Bonn.

FINZEN, A. (1997): Suizidprophylaxe bei psychischen Störungen. Bonn.

FRANCKE, R. (1994): Ärztliche Berufsfreiheit und Patientenrecht. Eine Untersuchung zu den verfassungsrechtlichen Grundlagen des ärztlichen Berufsrechts und des Patientenschutzes. Stuttgart.

FRANK, A. F.; GUNDERSON, J. G. (1990): The role of the therapeutic alliance in the treatment of schizophrenia: Relationship to course und outcome. In: *Arch. Gen. Psych.*, 41, S. 228–236.

FRITZ, U.; MACK, B. (1993): Gewalt in der Psychiatrie. *Psychiatrische Praxis*, 18, S. 162–166.

GAEBEL, W. (1995): Neuroleptische Intervalltherapie – Eine Alternative zur Langzeitmedikation? In: HINTERHUBER, H.; FLEISCHHACKER, W. W.; MEISE, U. (Hg.): Die Behandlung der Schizophrenien – State of the Art. Wien.

GAEBEL, W.; PIETZKER, A. (1983): Indikation zur neuroleptischen Langzeitmedikation – Standardverfahren oder individual-prognostisch begleitete Intervention? In: *Der Nervenarzt*, 54, S. 467–476.

GALUSKA, J. (1998): Spirituelle Krisen. In: BOCK, Th.; WEIGAND, H. (Hg.): a. a. O.

GEISLINGER, R. (Hg.) (1998): Experten in eigener Sache – Psychiatrie, Selbsthilfe und Modelle der Teilhabe. München.

GILBERT, P. L.; HARRIS, M. J.; MCADAMS, L. A.; JESTE, D. V. (1995): Neuroleptic Withdrawal in Schizophrenic Patients. In: *Arch. Gen. Psychiatry*, 52, S. 173–193.

GOLDSTEIN, M. J. (1970): Premorbid adjustment, paranoid status and patterns of response to phenothiazine in acute schizophrenia. In: *Schizophr. Bull.*, 1, S. 24–27.

GRAWE, K. (1998). Psychologische Therapie. Göttingen.

GRAWE, K.; DONATI, R.; BERNAUER, F. (1994): Psychotherapie im Wandel. Von der Konfession zur Profession. Göttingen.

GRAWE, K.; GRAWE-GERBER, M. (1999): Ressourcenaktivierung. Ein primäres Wirkprinzip der Psychotherapie. In: *Der Psychotherapeut*, 44, S. 63–73.

GREEN, B. (1993): Disasters and Posttraumatic Stress Disorder. In: DAVIDSON, J. R.; FOA, E. B. (Hg.): Posttraumatic Stress Disorder: DSM IV and Beyond. 23–36. Washington.

GREENFELD, D.; STRAUSS, J. S.; BOWEN, M. B.; MANDELKERN, M. (1989): Insight and Interpretation of Illness in Recovery from Psychosis. In: *Schizophrenia Bulletin*, 15, S. 245–252.

GRISSO, T.; APPLEBAUM, P. S. (1995): The MacArthur treatment competence study III: Abilities of patients to consent psychiatric and medical treatments. In: *Law & Human Behavior*, 19, S. 159−174.

GUILLON, C.; LE BONNIEC, Y. (1982): Gebrauchsanleitung zum Selbstmord. Eine Streitschrift. Frankfurt a. M.

HAASEN, Ch. (1998): Leben in der Fremde. Zur Situation von psychisch kranken Migranten. In: BOCK, Th.; WEIGAND, H. (Hg.): a. a. O.

HÄFNER, H.; HEIDEN, M. an den; BUCHHOLZ, W.; BARDENS, R.; KLUG, J.; KRUMM, B. (1986): Organisation, Wirksamkeit und Wirtschaftlichkeit komplementärer Versorgung Schizophrener. In: *Der Nervenarzt*, 57, S. 214−236.

HAHLWEG, K.; MÜLLER, U.; FEINSTEIN, E.; DOSE, M.; WIEDEMANN, G.; HANK, G. (1991): Praxis der psychoedukativen Familienbetreuung. In: RETZER, A. (Hg.): Die Behandlung psychotischen Verhaltens. Heidelberg.

HALTENHOF, H. (1997): Die Fixierung − Relikt vergangener Zeiten? In: EINK, M. (1997): a. a. O.

HARDING, C. M.; BROOKS, G. W.; ASHIKAGA, T.; STRAUSS, J. S.; BREIER, A. (1987): The Vermont longitudinal study of persons with severe mental illness: II. Long-term outcome of subjects who retrospectively met DSM-III criteria for schizophrenia. In: *Am. J. Psychiatry*, 144, S. 727−735.

HARTWICH, P.; GRUBE, M. (1999): Psychosen-Psychotherapie. Tiefenpsychologisch fundiertes psychotherapeutisches Handeln in Klinik und Praxis. Darmstadt.

HEGEMANN, Th.; SALMAN, R. (2000): Transkulturelle Psychiatrie. Konzepte für die Arbeit mit Menschen aus anderen Kulturen. Bonn.

HEGERL, U.; MÖLLER, H. J. (2000): Pharmakotherapie der Altersdepression. In: *Der Nervenarzt*, 71, S. 1−8.

HERRIGER, N. (1997): Empowerment in der Sozialen Arbeit. Eine Einführung. Stuttgart.

HERRLICH, J. (1996): Einzelfall-orientierte ambulante Verhaltenstherapie bei schizophren Erkrankten. In: STARK, A. (Hg.): a. a. O.

HERZ, M. I.; MELVILLE, C. (1980): Relapse in Schizophrenia. In: *Am. J. Psychiatry*, 137, 7, S. 801−805.

HILSENBECK, P.(1998): Ein frauenspezifischer Blick auf die Psychiatrie. In: BOCK, Th; WEIGAND, H. (Hg.): a. a. O., S. 48−66.

HOFFMANN-RICHTER, U. u. a. (1997): Begleiteter Suizid. In: FINZEN, A. (Hg.): a. a. O.

HOGARTY, G. E.; ANDERSON, C. M.; REISS, D. J.; KORNBLITH, S. J.; GREENWALD, D. P.; ULRICH, R. F.; CARTER, M. (1991): Family psycho-education, social skills training, and maintenance chemotherapy in the aftercare treatment of schizophrenia. In: *Arch. Gen. Psychiatry*, 48, S. 340−347.

HOGARTY, G. E.; GOLDBERG, S. C.; SCHOOLER, N. R.; ULRICH, R. F. (1974):
Drug- and sociotherapy in the aftercare of schizophrenic patients: Two year
relapse rates. In: *Arch. Gen. Psychiatry*, 31, S. 603–608.

HOGARTY, G. E.; KORNBLITH, S. J.; GREENWALD, D.; DiBARRY, A. L.; COOLEY,
S.; FLESHER, S.; REISS, D.; CARTER, M.; ULRICH, R. (1995): Personal therapy:
A disorder-relevant psychotherapy for schizophrenia. In: *Schizophr. Bull.*, 21,
S. 379–393.

HOGARTY, G. E.; ULRICH, R. F. (1977): Temporal effects of drug and placebo in
delaying relapse in schizophrenic outpatients. In: *Arch. Gen. Psychiatry*, 34,
S. 297–301.

HOLDFORD, D.; KENNEDY, D. T.; BERNADELLE, P.; SMALL, R. E. (1998):
Implementing disease management in community pharmacy practice. In:
Clin. Ther., 20, 2, S. 328–339.

HORNUNG, P. (1998): Psychoedukation und Psychopharmakotherapie.
Zur Kooperation schizophrener Patienten. Stuttgart.

HORNUNG, P.; KIESERG, A.; FELDMANN, R. (1996): Psychoedukatives Training
für schizophrene Patienten (PTS) – Theoretischer Hintergrund, empirische
Befunde und praktische Erfahrungen aus der Tagesklinik. In: STARK, A. (Hg.):
a. a. O.

HUBER, G. (1987): Psychiatrie. Stuttgart.

HUNGELING, G. (2000): Patientenrechte und politische Teilhabe. In: Jahrbuch für
Kritische Medizin, 32.

HUNOLD, P.; RAHN, E. (2000): Selbstbewusster Umgang mit psychiatrischen
Diagnosen. Bonn.

HUTTERER-KRISCH, R. (Hg.) (1996): Psychotherapie mit psychotischen
Menschen. Berlin.

JOHNSTONE, E. C.; MacMILLAN, J. F.; FRITH, C. D.; BENN, D. K.; CROW, T. J.
(1990): Further investigation of the predictors of outcome following first
schizophrenic episodes. In: *Brit. J. Psychiatry*, 15, S. 182–189.

JOST (2000): Zeitstörungen. Vom Umgang mit Zeit in Psychiatrie und Alltag. Bonn.

JUNG, C. G. (1985): Psychogenese der Geisteskrankheiten. Gesammelte Werke,
Bd. 3. Olten.

KAHN, R. S.; DAVIS, K. L. (1995): New developments in dopamine and schizophrenia. In: BLOOM, F. E.; KUPFER, D. J. (Hg.): Psychopharmacology: The fourth
generation of progress. New York.

KANFER, F. H.; REINECKER, H.; SCHMELZER, D. (1991): Selbstmanagement-
Therapie. Heidelberg u. a.

SCHMELZER, P.; HORNBERGER, S.; KUCKUCK, R. (Hg.) (1997): Sport als Erlebnis
und Begegnung: Angebote in der sozialpsychiatrischen Betreuung. Aachen.

KARDORFF, E. v. (1999): Menschenbilder in der Rehabilitation. In: DÖRNER, G.; HÜLLEMANN, K. D.; TEMBROCK, G. u. a (Hg.): Menschenbilder in der Medizin, Medizin in den Menschenbildern. Berliner Studien zur Wissenschafts- philosophie und Humanontogenetik, Bd. 16. Berlin.

KAUDER, V.; APK (1997): (Hg.): Personenzentrierte Hilfen in der psychiatrischen Versorgung. Bonn.

KEBBEL, J.; PÖRKSEN, N.; Aktion Psychisch Kranke (1998): Gewalt und Zwang in der stationären Psychiatrie. Köln.

KEITEL, R.; THORWART, J. (1993): Krisenintervention in der Sozialpsychiatrie. In: BERGER, H. u. a. (Hg.): a. a. O.

KEMPKER, K. (Hg.) (1998): Flucht in die Wirklichkeit. Das Berliner Weglaufhaus. Berlin.

KEMPKER, K.; LEHMANN, P. (Hg.) (1993): Statt Psychiatrie. Berlin.

KESSLER, N. (Hg.) (1995): Manie-Feste. Frauen zwischen Rausch und Depression. Drei Erfahrungsberichte. Bonn.

KEUPP, H. (1993): Die (Wieder-)Gewinnung von Handlungskompetenz. Empo- werment in der psychosozialen Praxis. In: *Verhaltenstherapie und psychosoziale Praxis*, 3, S. 365–381.

KIEFFER, C. (1984): Citizen empowerment. A developmental perspective. In: RAPPAPORT, J.; SWIFT, C.; HESS, R. (Hg.): Studies in empowerment. Toward understanding and action. New York.

KIESERG, A.; HORNUNG, W. P. (1994): Psychoedukatives Training für schizophre- ne Patienten (PTS) – Ein verhaltenstherapeutisches Behandlungsprogramm zur Rezidivprophylaxe. Tübingen.

KIND, J. (1998): Suizidal. Die Psychoökonomie einer Suche. Göttingen

KLEIN, H. E.; WEISSAUER, W. (1994): Zur ärztlichen Aufklärung über medika- mentöse Behandlungen in der Psychiatrie. In: NABER, D.; MÜLLER-SPAHN, F. (Hg.): Clozapin. Pharmakologie und Klinik eines atypischen Neuroleptikums. Berlin.

KNUF, A.; GARTELMANN, A. (Hg.) (1997a): Bevor die Stimmen wiederkommen. Vorsorge und Selbsthilfe bei psychotischen Krisen. Bonn.

KNUF, A.; GARTELMANN, A. (1997b): Vorsorgen – Systematische Erarbeitung mit dem Vorsorgebogen. In: KNUF, A.; GARTELMANN, A. (Hg.): a. a. O.

KNUF, A.; WÖRISHOFER, G. (1998): Der Münchner Krisenpass. In: DIETZ, A.; PÖRKSEN, N.; VOELZKE, W. (Hg.): a. a. O., S. 163–167.

KOERFER, A.; THOMAS, W.; OBLIERS, R.; KÖHLE, K. (1999): Multimediales Lernprogramm zur ärztlichen Gesprächsführung. In: *Gesundheitswesen*, 61, S. 413–417.

KOPETZKI, Ch. (1997): Grundriss des Unterbringungsrechts. Wien u. a.

KRISOR, M. (1993): Auf dem Weg zur gewaltfreien Psychiatrie. Das Herner Modell im Gespräch. Bonn.

KRISOR, M.; PFANNKUCH, H. (1998): Aspekte zur Theorie und Praxis einer gewaltfreien Psychiatrie. In: KEBBEL, J. u. a. (Hg.): a. a. O.

KRISOR, M.; PFANNKUCH, H. (Hg.) (1999): Psychiatrie auf dem Weg. Lengerich.

KUIPER, P. (1991): Seelenfinsternis – Die Depression eines Psychiaters. Frankfurt a. M.

LANGE, H. U. (1981): Anpassungsstrategien, Bewältigungsreaktionen und Selbstheilungsversuche bei Schizophrenien. In: *Fortschritt Neurol. Psychiat.*, 49, S. 275–285.

LEFERINK, K. (1997): Die Person und ihre Krankheit. »Mangelnde Einsicht« als Identitätsstrategie bei Menschen mit chronischer Schizophrenie. In: ANGERMEYER, M.; ZAUMSEIL, M. (Hg.): a. a. O.

LEHTINEN, V. (1999): Need for an integrated and need-adapted approach in treating schizophrenia. In: MAJ, M.; SARTORIUS, N. (Hg.): Schizophrenia. WPA Series in evidence and experience in Psychiatry.

LEMPA, G. (1995): Zur psychoanalytischen Behandlungstechnik bei schizophrenen Psychosen. In: *Forum Psychoanal.*, 11, S. 133–149.

LEY, R. (1989): Improving patients' understanding, recall, satisfaction, and compliance. In: BROOME, A. K. (Hg.): Health Psychology. New York.

LINDENBACH, I.; KILIAN, R.; LÖBIG, U.; ANGERMEYER, M. (1999): Die ambulante ärztliche Versorgung aus der Sicht chronisch schizophrener Patienten – Ergebnisse einer qualitativen Studie. Vortrag auf dem Intern. Kongress »Public Health« vom 6. bis 8. 10. 99, Freiburg i. Br.

LINEHAN, M. M. (1996): Dialektisch-behaviorale Therapie der Borderline-Persönlichkeitsstörung. München.

LIPOWSKI, Z. J. (1970). Physical Illness, the Individual and the Coping Process. In: *Psychiatry in Medicine*, 1, S. 91– 102.

LOHSE, M. J.; MÜLLER-OERLINGHAUSEN, B. (1997): Psychopharmaka. In: SCHWABE, U.; PAFFRATH, D. (Hg.): Arzneiverordnungsreport 1997. Stuttgart.

LUCIUS-HOENE, G. (1998): Erzählen von Krankheit und Behinderung. In: *PPmP*, 48, S. 108–113.

LUDERER, H. J. (1989): Aufklärung und Information in der Psychiatrie. In: *Fortschr. Neurol. Psychiat.*, 57, S. 305–318.

LUDERER, H. J. (1994a): Informationsvermittlung in der Psychiatrie (I): Einzelgespräche, Informationsbroschüren, Informationsgruppen in der Behandlung von Schizophrenie. In: *Krankenhauspsychiatrie*, 5, S. 173–177.

LUDERER, H. J. (1994 b): Informationsvermittlung in der Psychiatrie (II): Diagnosemitteilung aus der Sicht von Arzt und Patient. In: *Krankenhauspsychiatrie*, 5, S. 121–126.

LUDERER, H. J.; BÖCKER, F. M. (1993): Clinician's information habits, patients' knowledge of diagnoses and etiological concepts in four different clinical smples. In: *Acta Psychiatr. Scand.*, 88, S. 266–272.

LUGER, H. (1998): Innovative Projekte – Reiz und Risiko. In: BOCK, Th.; WEIGAND, H. (Hg.): a. a. O., S. 661–678.

LUHMANN, N. (1989): Vertrauen. Frankfurt a. M.

LUPTON, D. (1997): Consumerism, reflexivity and the medical encounter. In: *Social Science & Medicine*, 45, 3, S. 373–381.

MARDER, S. R. u. a. (1994): Fluphenazine vs placebo supplementation for prodromal signs of relapse in schizophrenia. In: *Arch. Gen. Psychiatry*, 51, S. 280–287.

MARDER, S. R.; MEBANE, A.; CHIEN, C. P.; WINSLADE, W. J.; SWANN, E.; PUTTEN, T. A. v. (1983): Comparison of patients who refuse and consent to neuroleptic treatment. In: *Am. J. Psychiatry*, 140, S. 470–472.

MARDER, S.; KAMMEN, D. P. v.; DOCHERTY, J. P.; Rayner, J.; BUNNEY, W. E. (1979): Predicting drug-free improvement in schizophrenic psychosis. In: *Arch. Gen. Psychiatry*, 36, S. 1080–1085.

MARSCHNER, R. (1993): Juristische Aspekte sozialpsychiatrischer Arbeit. In: BERGER, H. u. a. (Hg.): a. a. O.

MARSCHNER, R. (1997): Rechtliche Aspekte der Behandlungsvereinbarung. In: *Recht und Psychiatrie*, 15, S. 171–174.

McGORRY, P. D.; EDWARDS, J.; MIHALOPOULOS, C.; HARRIGAN, S. M.; JACKSON, H. J. (1996): EPPIC: An evolving system of early detection and optimal management. In: *Schizophr. Bull.*, 22, S. 305–326.

MEICHENBAUM, D.; TURK, D. C. (1994): Therapiemotivation des Patienten. Bern.

MENTZOS, S. (1997): Psychose und Konflikt. Göttingen.

MOSHER, L. R. u. a. (1994): Dabeisein. Das Manual zur Praxis in der Soteria. Bonn.

MOSHER, L. R.; BURTI, L. (1992): Psychiatrie in der Gemeinde. Bonn.

MOSHER, L. R.; MENN, A. Z. (1978): Community residential treatment for schizophrenia: Two-Year-Follow-up. In: *Hosp. Com. Psychiatry*, 29, S. 715–723.

MÜLLER, D. (1978): Selbstmord und psychiatrische Behandlung. Bonn.

MUTHNY, F.; BRODA, M. (1999): Krankheitsverhalten. In: Enzyklopädie der Psychologie, Klinische Psychologie 3, Grundlagen der Verhaltensmedizin.

NEIDER, A. (1996): Psychose als Erfahrung – Qualitative Interviews mit Psychoseerfahrenen über biographische Aspekte ihrer Erkrankung. Unveröffentlichte Diplomarbeit. Tübingen.

NELSON, A. A.; GOLD, B. H.; HUCHINSON, R. A.; BENEZRA, E. (1975): Drug default among schizophrenic patients. In: *Am. J. Hospital Pharmacy*, 32, S. 1237–1242.

NOUVERTNÉ, K. (1993): Die Helfer. Was müssen MitarbeiterInnen mitbringen und welche Hilfe brauchen sie? In: WIENBERG, G. (Hg.): Bevor es zu spät ist. Bonn.

NOUVERTNÉ, K. (1998): Notfallhilfe – Kein Monopol der Klinik. In: BOCK, Th.; WEIGAND, H. (Hg.): a. a. O., S. 442–456.

OLBRICH, E. (1997): Die Grenzen des Coping. In: TESCH-RÖMER, C. u. a. (Hg.): Psychologie der Bewältigung. Weinheim.

ONG, L. M. L.; de HAES, J. C. J. M.; HOOS, A. M.; LAMMES, F. B. (1995): Doctor-Patient communication: A review of the literature. In: *Social Science & Medicine*, 40, S. 903–918.

PESESCHKIAN, N. (1979): Der Kaufmann und der Papagei. Geschichten als Medien in der Psychotherapie. Frankfurt a. M.

PETERMANN, F. (1997): Interpersonales Vertrauen in der Arzt-Patient-Beziehung. In: SCHWEER, M. (Hg.): Interpersonales Vertrauen. Theorien und Befunde. Opladen, S. 155–164.

PFANNKUCH, H. (1997): »Offene Türen überall«. Über die Selbstverständlichkeit des Herner Modells. In: EINK, M. (Hg.): a. a. O., S. 172–190.

PIETZCKER, A.; GAEBEL, W.; KÖPCKE, W.; LINDEN, M.; MÜLLER, P.; MÜLLER-SPAHN, F.; TEGELER, J. (1993): Continuous vs intermittent neuroleptic longterm treatment in schizophrenia – Results of a German multicenter study. In: *J. Psychiat. Res.*, 27, S. 321–339.

PODVOLL, E. M. (1994): Verlockung des Wahnsinns. Therapeutische Wege aus entrückten Welten. München.

PUTTEN, T. v.; MAY, P. R. A.; MARDER, S. R.; WITTMANN, L. A. (1981): Subjective Response to Antipsychotic Drugs. In: *Arch. Gen. Psychiatry*, 38, S. 187–190.

RALPH, R.; LAMBRIC, T.; STEELE, R. (1996): Recovery issues in a consumer developed evaluation of the mental health system. In: Proceedings. Sixth Annual Conference on State Mental Health Agency Services Research and Program Evaluation. Alexandria.

RAPPAPORT, M.; HOPKINS, H. K.; HALL, K.; BELLAZA, T.; SILVERMAN, J. (1978): Are there schizophrenics for whom drugs may be unnecessary or contraindicated? In: *Int. Pharmacopsychiatry*, 13, S. 100–111.

RAZALI, M. S.; YAHYA, H. (1995): Compliance with treatment in schizophrenia: A drug intervention program in an developing program. In: *Acta Psychiatrica Scandinavica*, 91, S. 331–335.

RENNER, G. (1998): Behandlung ohne Einwilligung – Zur Reaktion von Patientinnen und Patienten. In: KEBBEL u. a., (Hg.): a. a. O.

ROMME, M.; ESCHER, S. (1997): Stimmenhören akzeptieren. Bonn.

RÖSSLER, W.; SALIZE, H.J.; BIECHLE, U. (1995): Sozialrechtliche und strukturelle Defizite der außerstationären Versorgung chronisch psychisch Kranker und Behinderter. In: *Der Nervenarzt*, 66, S. 802–810.

ROTER, D. (1993): Doctors Talking with Patients – Patients Talking with Doctors; Improving Communication in Medical Visits. Auburn Ho.

ROTHÄRMEL, S. (1999): Die Einwilligungsfähigkeit – Ein janusköpfiges Institut. In: FEGERT, J. M.; HÄSSLER, F.; ROTHÄRMEL, S. (Hg.): a. a. O.

SACHSE, L. (1998): Heilsame Erfahrungen. Biotop Mosbach: Wegbegleiter durch psychotische Krisen. Neumünster.

SACHSSE, U. (1999): Selbstverletzendes Verhalten. Göttingen.

SAMMALLAHTI, P. R.; HOLI, M. J.; KOMULAINEN, E. J.; AALBERG, V. A. (1996): Comparing two self-report measures of coping – the sense of coherence scale and the defense style questionnaire. In: *Journal of Clinical Psychology*, 52, S. 517–524.

SCHAUB, A. (1993): Formen der Bewältigung schizophrener Erkrankung. Frankfurt a. M.

SCHERNUS, R. (2000): Die Kunst des Indirekten. Plädoyer gegen den Machbarkeitswahn in Psychiatrie und Gesellschaft. Neumünster.

SCHIED, H.-W. (1990): Psychiatric concepts and therapy. In: STRAUBE, E. R.; HAHLWEG, K. (Hg.): Schizophrenia – concepts, vulnerability and intervention. Berlin.

SCHIFF, J.; DAY, B. (1980): Alle meine Kinder. Heilung der Schizophrenie durch Wiederholen der Kindheit. München.

SCHMALZ, U. (1994): Rette mich wer kann. Bonn.

SCHOOLER, N. R. (1991): Maintenance medication for schizophrenia: strategies for dose reduction. In: *Schizophr. Bull.*, 17, S. 311–324.

SCHRECKLING, S. (1997): Sozialpsychiatrische Schwerpunktpraxis: Modell der Zukunft? In: *Kerbe*, 1.

SCHÜNEMANN-WURMTHALER, S. (1982): Empirische Untersuchungen zum Frankfurter Beschwerde-Fragebogen. Inaugural-Dissertation der Universität Frankfurt a. M.

SCHÜNEMANN-WURMTHALER, S.; SIBUM, B. (1995): Psychoedukative Gruppenarbeit als Projekt – Erfahrungen in der Entwicklungs- und Erprobungsphase. In: WIENBERG, G. (Hg.): a. a. O.

SCHWAPPACH, D. (1999): Analyse und Evaluation qualitätsfördernder Modelle in der ambulanten Versorgung: Informations- und Entscheidungssysteme für Patienten mit chronischen Erkrankungen oder vor elektiven chirurgischen Eingriffen. Projektbericht im Postgradualen Studiengang Public Health. Berlin.

SCHWEITZER, J.; SCHUMACHER, B. (1995): Die unendliche und die endliche Psychiatrie. Zur (De-)Konstruktion von Chronizität. Heidelberg.

SEIBERT, U. (1978): Soziale Arbeit als Beratung – Ansätze und Methoden für eine nicht stigmatisierende Praxis. Weinheim.

SEIBERT, U. (1998a): Unterstützungspotenziale in Selbsthilfegruppen von Psychiatrie-Erfahrenen. In: GEISLINGER, R. (Hg.): a. a. O.

SEIBERT, U. (1998b): Vom Trialog zurück zum Dialog. In: GEISLINGER, R. (Hg.): a. a. O.

Selbst-CheckerInnen (1997): Selbst-Checken – geht es wieder rund? In: KNUF, A.; GARTELMANN, A. (Hg.): a. a. O.

SELIGMAN, M. (1995): Erlernte Hilflosigkeit. Weinheim.

SELLSCHOPP, A. (1999): Das Traumakonzept im Spannungsfeld zwischen Geschichte, Klinik und Forschung. In: *Persönlichkeitsstörungen, Traumen und Therapie*, 3, S. 64–74.

SHAZER, S. de (1992): Muster familientherapeutischer Kurzzeittherapie. Paderborn.

SILVERMAN, J. (1975/76): Altered states of consciousness: Positive and negative outcomes. In: *J. Altered States of consciousness*, 2, S. 295–317.

SLADE, P. D.; BENTALL, R. P. (1988): Sensory deception: towards a scientific analysis of hallucinations. London.

SPRINGER, G. (1996): Neubeelterung – Zur Theorie und Technik der transaktionsalytischen Psychosentherapie. In: HUTTERER-KRISCH, R. (Hg.): a. a. O.

STARK, A. (Hg.) (1996): Verhaltenstherapeutische und psychoedukative Ansätze im Umgang mit schizophren Erkrankten. Tübingen.

STEIN, V. (1996): Abwesenheitswelten. Mein Weg durch die Psychiatrie. Frankfurt a. M.

STÖCKLE, T. (1993): Die Irren-Offensive. In: KEMPKER, K.; LEHMANN, P. (Hg.): a. a. O.

STOFFELS, H.; KRUSE, G. (1996): Der psychiatrische Hausbesuch. Hilfe oder Überfall? Bonn.

STRATENWERTH, I. (1999): Wahn & Sinn. Verrückte Lebenswege. München.

STRATENWERTH, I., BOCK, Th. (1999): Stimmenhören – Botschaften aus der inneren Welt. München.

STRAUSS, J. S.; HARDING, C. M.; HAFEZ, H.; LIBERMAN, P. (1986): Die Rolle des Patienten bei der Genesung von einer Psychose. In: BÖKER, W.; BRENNER, H. D. (Hg.): Bewältigung der Schizophrenie. Bern.

SÜLLWOLD, L. (1977): Symptome schizophrener Erkrankungen. Uncharakteristische Basisstörungen. Berlin.

SÜLLWOLD, L.; HERRLICH, J. (1998): Psychologische Behandlung schizophren Erkrankter. Stuttgart.

THURM-MUSSGAY, I.; GALLE, K.; HÄFNER, H. (1991): Krankheitsbewältigung Schizophrener: Ein theoretisches Konzept zu ihrer Erfassung und erste Erfahrungen mit einem neuen Messinstrument. In: *Verhaltenstherapie*, 1, S. 293–300.

TOLLEFSON, G. D.; BEASLEY, C. M. u. a. (1997): Olanzapin versus Haloperidol in the treatment of schizophrenia, schizoaffective and schizophreniform disorders: Results of an international collaboration study. In: *Am. J. Psychiatry*, 154, S. 457–465.

UPPENKAMP, R. (1998): Information – eine wichtige Säule jeder Therapie. Vom passiven Patienten zum aktiven Kunden. *FAZ* vom 14. 11. 98.

Verein für Sachwalterschaft und Patientenanwaltschaft (Hg.) (1999): Patientenrechte. Wien. (Bezug über: Verein für ..., Forsthausgasse 16–20, A-1020 Wien)

VIGUERA, A. C.; BALDESSARINI, R. J.; HEGARTY, J. D.; KAMMEN, D. P. v.; TOHEN, M. (1997): Clinical risk following abrupt and gradual withdrawal of maintenance neuroleptic treatment. In: *Arch. Gen. Psychiatry*, 54, S. 49–55.

VOELZKE, W. (1995): Experte für die eigene Erkrankung – Psychoedukative Gruppenarbeit aus Sicht eines Betroffenen. In: WIENBERG, G. (Hg.): a. a. O.

VOELZKE, W. (1998): Psychotherapeutische Behandlung in der psychiatrischen Versorgung aus der Sicht Psychiatrie-Erfahrener. In: *Verhaltenstherapie und psychosoziale Praxis*, 30, S. 47–67.

VOLLMANN, J. (1997): Die Selbstbestimmung von Patientinnen und Patienten in der sozialpsychiatrischen Praxis. In: *Psychiatrische Praxis*, 24, S. 181–184.

WEHDE, U. (1991): Das Weglaufhaus. Berlin.

WEIK, A. (1992): Building a strengths perspective for social work. In: SALEEBEY, D. (Hg.): The strenghts perspective in social work practice. New York.

WEISS, B. (1997): Das persönliche Krisenkonzept. In: KNUF, A.; GARTELMANN, A. (Hg.): a. a. O., S. 151–157.

WEIZSÄCKER, V. v. (1956): Pathosophie. Göttingen.

WERNER, W. (1998): Auflösung ist machbar. Vom Großkrankenhaus zur Dezentralisierung. Bonn.

WIENBERG, G. (1997): Gewaltfreie Psychiatrie – eine Fiktion. In: EINK, M. (Hg.): a. a. O.

WIENBERG, G. (Hg.) (1997): Schizophrenie zum Thema machen. Psychoedukative Gruppenarbeit mit schizophren und schizoaffektiv erkrankten Menschen. Bonn.

WIENBERG, G.; SIBUM, B. (1997): Psychoedukative Therapie schizophren Erkrankter: Einordnung und Überblick. In: WIENBERG, G. (Hg.): a. a. O.

WIENBERG, G.; SIBUM, B. (1997): Psychoedukative Therapie schizophren Erkrankter –Einordnung und Überblick. In: WIENBERG, G. (Hg.): Schizophrenie zum Thema machen. Psychoedukative Gruppenarbeit mit schizophren und schizoaffektiv erkrankten Menschen. Bonn.

WILLIAMS, S. J.; CALNAN, M. (1996): The »limits« of medicalization? Modern medicine and the lay populace in the »late« modernity. In: *Social Science & Medicine*, 42, S. 1609–1620.

WINZEN, R. (1999): Zwang. Was tun bei rechtlicher Betreuung und Unterbringung. München.

WIRTGEN, W. (Hg.) (1997): Trauma – Wahrnehmen des Unsagbaren. Psychopathologie und Handlungsbedarf. Heidelberg.

WÖRISHOFER, G. (1997): Von der Wiege bis zur Bahre – nichts als Formulare? Gedanken eines Psychoseerfahrenen zum Vorsorgebogen. In: KNUF, A.; GARTELMANN, A. (Hg.): a. a. O., S. 145–147.

WORTMAN, C. B.; BREHM, J. W. (1975): Responses to uncontrollable outcomes: An integration of reactance theory and the learned helplessness model. In: BERKOWITZ, L. (Hg.): Advances in Experimental Social Psychology, Vol. 8. New York.

WYATT, R. J. (1991): Neuroleptics and the Natural Course of Schizophrenia. In: *Schizophr. Bull.*, 17, S. 325–351.

WYKES, T.; TARRIER, N.; LEWIS, S. (Hg.) (1998): Outcome and innovation in the psychological treatment of schizophrenia. Chichester.

ZACHER, A. (1988): Kategorien der Lebensgeschichte. Berlin.

ZAUMSEIL, M. (1997): Modernisierung der Identität von psychisch Kranken? In: ZAUMSEIL, M; LEFERINK, K. (Hg.): Schizophrenie in der Moderne Modernisierung der Schizophrenie. Lebensalltag, Identität und soziale Beziehungen von psychisch Kranken in der Großstadt. Bonn.

ZAUMSEIL, M. (2000): Einleitung. In: HERMANN, A.; SCHÜRMANN, I.; ZAUMSEIL, M. (Hg.): Chronische Krankheit als Aufgabe – Betroffene, Angehörige und Behandler zwischen Resignation und neuem Aufbruch. Münster.

ZAUMSEIL, M; LEFERINK, K. (Hg.) (1997): Schizophrenie in der Moderne. Modernisierung der Schizophrenie. Lebensalltag, Identität und soziale Beziehungen von psychisch Kranken in der Großstadt. Bonn.

ZIMMERMAN, M. (1990): Toward a theory of learned hopefulnuss: A structural model analysis of participation & empowerment. In: *Journal of Research in Personality*, 24, S. 71–86.

ZÖLLNER, H.-M.; DOEPP, S. (1979): Die Einstellung depressiver und schizophrener Kranker zu ihrer Diagnose. In: *Der Nervenarzt*, 50, 28.

ZUBIN, J.; SPRING, B. (1977): Vulnerability – a new view of schizophrenia. In: *Journal of Abnormal Psychology*, 86, S. 103–126.

Autorinnen und Autoren

Volkmar ADERHOLD: Dr. med., medizinischer Leiter der tagesklinischen Ambulanz des UKE in Hamburg-Eppendorf.

Thomas BOCK: Jg. 1954, Dr. habil., Dipl.-Psych., Mitbegründer der Psychose-Seminare, tätig an der Tagesklinik des UKE in Hamburg-Eppendorf. Publikationen u. a.: *Lichtjahre. Psychosen ohne Psychiatrie*. Bonn 1997.

Rosa GEISLINGER: Jg. 1949, Dipl.-Psychologin. 1985–1989 Aufbau eines Arbeits- und Qualifizierungsprojektes für Psychiatrie-Erfahrene, 1989–1990 Koordination des Münchner WHO-Projektes; seit 1990 im Leitungsteam des »Selbsthilfezentrums München«, Herausgeberin von *Experten in eigener Sache – Psychiatrie, Selbsthilfe und Modelle der Teilhabe*. München 1998.

Andreas KNUF: Jg. 1966, Dipl.-Psych. und Psychologischer Psychotherapeut, Angehöriger, langjähriger Mitarbeiter der Teestube KontakTee in München, jetzt tätig in der Tagesklinik des BKH Memmingen, Mitautor von *Bevor die Stimmen wiederkommen*. Bonn 1997. E-mail: andreas.knuf@t-online.de (www.beratung-und-fortbildung.de)

Eva MAYER (Pseudonym): Jg. 1966, Psychiatrie-Erfahrene, Akademikerin und tätig in der Psychiatrie.

Helmut MAIMER: Jg. 1959, Dr. med., Facharzt für Psychiatrie und Psychotherapie, Studium in München, Facharztweiterbildung in Kaufbeuren und Memmingen, seit 1998 in eigener Praxis.

Ulrich SEIBERT: Jg. 1930, Dipl.-Psych.; 1961–1993 Hochschullehrer für Sozialarbeit/Sozialpädagogik (FH München und Universität Tübingen); Berater von Psychiatrie-Erfahrenen und Selbsthilfegruppen; Supervisor in der Gemeindepsychiatrie; Psychose-Seminare; internationale Projekte; zahlreiche Veröffentlichungen. Lebt in Uffing am Staffelsee.

Peter STASTNY: Dr. med., Facharztausbildung Psychiatrie. Forschungsarbeiten im Bereich Schizophrenie-Verlauf, Angehörigengruppen und Selbsthilfeapplikationen. Leiter mehrerer Modellversuche in der Einbeziehung von Betroffenen in Betreuung und Rehabilitation. Gastprofessor an der Universität Wien und Associate Professor of Psychiatry am Albert Einstein-College.

Wolfgang WERNER: Prof. Dr., von 1978 bis 1998 Ärztlicher Leiter des LKH in Merzig, danach Leiter der psychiatrischen Station der SHG-Kliniken Merzig. Publikation zuletzt: *Auflösung ist machbar. Vom Großkrankenhaus zur Dezentralisierung*. Bonn 1998.

Gottfried Wörishofer: Jg. 1953, Dipl.-Sozialpädagoge, zwischen
1972 und 1988 wiederholte Psychiatrieaufenthalte, langjährige
Berufs- und Beratungspraxis. Mitbegründer der Münchner Psychiatrie-
Erfahrenen, arbeitet dort seit 1997 als fest angestellter Selbsthilfe-Berater.

Manfred Zaumseil: Prof. Dr., Hochschullehrer am Institut für Klinische
Psychologie an der FH in Berlin. Publikationen u. a.
(zus. mit M. C. Angermeyer): *Verrückte Entwürfe. Kulturelle und individuelle
Verarbeitung psychischen Krankseins.* Bonn 1997.

Marianne Bosshard,
Ursula Ebert, Horst Lazarus
Sozialarbeit und Sozialpädagogik
in der Psychiatrie
Lehrbuch
ISBN 3-88414-234-8
416 Seiten, br., 49,80 DM
46 sFr / 364 öS

Dieses Lehrbuch thematisiert die Psychiatrie vom Standpunkt der
Sozialarbeit und der Sozialpädagogik. Neben erkenntnistheoretischen
Grundlagen und methodischen Vorgehensweisen bilden die
sozialpädagogisch-psychiatrischen Fallbeschreibungen das »Herzstück«.
Das Buch bietet relevanten Prüfungsstoff für alle Ausbildungsgänge. Es
dient als theoretische und praktische Grundlage für Praktika, Projekte
und Berufseinstieg in die Arbeitsfelder, in denen psychiatrische
Probleme sowie Sucht und Abhängigkeit von Bedeutung sind.

»Dem Autorenteam, Lehrende an der FHS Köln, ist ein großer Wurf
gelungen. Im Mittelpunkt stehen Lebens- und Krankengeschichten von
vier Menschen, mit denen psychiatrisch relevantes Wissen und
Perspektiven Sozialer Arbeit in einem herrlichen Erzählstil präsentiert
werden, anschaulicher und lehrreicher als die ewig gleichen Symptom-
Checklisten vergleichbarer Werke. Am Anfang dieses Lehrbuches mit
Bestseller-qualitäten steht nicht eine Übersicht zu Krankheitsbildern,
sondern eine kompetente Einführung in Theorie und Praxis Sozialer
Arbeit. Am Ende steht ein Kapitel zu Methoden der sozialpädagogisch-
psychiatrischen Arbeit, mit dem wohl endgültig der Mythos widerlegt
wird, nach dem soziale Arbeit für die korrekte Grundhaltung und den
Sozialhilfeantrag zuständig sei.« *Prof. Michael Eink, Ev. FHS Hannover,
in: Sozialmagazin*

Psychiatrie-Verlag Bonn
Tel.: 0228/72534-11 • Fax: 72534-20
eMail: verlag@psychiatrie.de • www.psychiatrie.de/verlag